文字の大陸 汚穢の都

明治人 清国見聞録

草森紳一

大修館書店

文字の大陸 汚穢の都 ——目　次

岡千仞の巻　117

榎本武揚の巻　217

伊藤博文の巻 311

尾崎行雄の巻

明治23年の第1回衆議院選挙以来、25回連続当選の記録を持つ「憲政の神様」は、若き日、新聞記者として上海へと渡った。

戦わずして降旗を樹《た》つ

明治十七年六月。幕臣の栗本鋤雲《くりもとじょうん》の主宰する民権派の『郵便報知新聞』の論説委員（論陣を張る記者として他に矢野龍渓《やのりゅうけい》・藤田茂吉《ふじたもきち》・箕浦勝人《みのうらかつんど》・犬養毅《いぬかいつよし》・森田思軒《もりたしけん》らソウソウたるメンバーが雁首を揃えていた）であった尾崎行雄は、同紙に

「我が漢学諸大家に望む所あり。諸君何ぞ支那朝鮮に向いて其《その》力を施《ほどこ》さざる」

という、題からして演説口調の論文を発表した。この時、二十七歳。世は「諸君！」を連発した自由民権運動がピークから前年より下降線をたどりはじめ、まさに坂道を一挙に転がり落ちたころに当るが（自由党解散、秩父事件）、新聞の文章にも「演説狂時代」の口吻がのり移っている。

尾崎行雄（安政五年生まれ、昭和二十九年没）の名を知るものは、今やすくなくなったようだが、私が中学生のころはまだ存命で、「憲政の神様」と呼ばれ、その白髯瘦骨《はくぜんそうこつ》、鶴の如き姿、いまだ記憶に残っている。

もちろん、この目で見たわけでないが、新聞雑誌の写真で見た。その記憶である。まだテレビなく、当時全盛のニュース映画にしばしばその姿が登場した。明治二十三年第一回総選挙以来、衆議院に連続当選した。昭和二十五年には、戦前にアメリカの駐日大使であったグルーを名誉会長とする「日本

問題審議会」の招きで、渡米している。九十三歳の時である。ホノルルで演説している写真を見ても背筋がシャッキリと伸びている。昭和二十八年、吉田茂首相の「バカヤロー解散」後の選挙ではじめて落選、翌年に没した。

我ながらなにか不思議な気もするが、九十七歳の長命であったから（けっこう、江戸生まれの人間が、まだ私の少年時代には生きていた）、なんとか私と同時代人たりうるのである。

さて、先の論説である。若き日の尾崎行雄はかく言う（伊佐秀雄《いさひでお》の『尾崎行雄伝』より孫引く）。

「我が国家を修飾し、我が文明の進歩を誘導せるに至ては、支那朝鮮、亦与《またあずかり》て大《おおい》に力ありし」

としたあと、今や日本は「東洋の先進国」であり、二国の文明は地に墜ちているから、これまでの「長恩に報ゆる」べく、日本の支那学士たち（漢学諸大家）は、「進んで彼（二国の人々）を教ゆ」べきだというのである。

ふつう、日本文化の恩人として中国のみをあげるのが常だが、中国文化の媒介者として朝鮮をきちんといれているところに、尾崎の独特がある。（アメリカから帰国後の（六月二十七日。二日前の二十五日に朝鮮戦争勃発）講演会でも、「元来日本はすべての点で中国や朝鮮の真似である、……日本人の頭といふものは本当は中国人や朝鮮人の頭と同じである、……これを本当に研究してもらいたい」とも言っているから、終世、かわらぬ考えだった。）

「碩学鴻儒《せきがくこうじゅ》、何ぞ支那朝鮮二国の民を提醒誘掖《ていせいゆうえき》して、之《これ》を文明世界に出でしめざる。何ぞ自ら其位置の高き、其智識の優《すぐ》れるを悟《さとり》て、二国人民の迷夢を攪破《こうは》するの大任に当らざる」

演説調といっても、漢文調である。幼時より漢文の素養が身についているので、口からほとばしり出る。

青年尾崎行雄には、徳川三百年の太平の中で、支那学が隆盛となり、ために碩儒輩出し「漢土を凌駕する」まで至っている前提の認識があっての発言である。当時の中国朝鮮の士大夫が、この言をきけば、なんと傲慢なと怒りだすかもしれぬ勇ましさだが、かならずしも完全否定できぬところもあるだろう。慶應義塾に一年半通い、教師をいじめすぎて退学したというほどだから、鼻っ柱は強い。（その意見に福沢諭吉の影響を感じないではないが、）とはいえ、日本の碩学鴻儒（中国崇拝者が多い）は、今や二国にくらべ「自ら其位置の高き」「其智識の優れる」をよくよく認識して、彼らの「迷夢」を醒まさせるべしというのは、当時にあっては、異端の発言であろうか。

それにしても二国に対する尾崎の優越感のみなもとはなにかといえば、いちはやく西洋文明をとりいれたからという一点に尽きる。ならば、どうして尾崎は、保守的な明治の漢学者たちの尻を叩いて、彼等が誇りだけあって、進取の気力を欠く「支那朝鮮二国の民」に対して、その「頑習陋俗《がんしゅうろうぞく》」を破り新しい文明世界へ一歩を踏みだすようにと助言（提醒）し、かつ導く（誘掖）役を割りふろうとするのか。日本の「碩学鴻儒」は、その「大任」に耐えられぬと考えなかったのか。

それには、当時の時代背景を考慮しなければならぬ。明治維新後、幕末の志士たちを鼓吹した日本の漢学は、「文明開化」の政策の前にたちまち色褪せたものになる。第二次世界大戦の敗北後もそうだったが、案外どころか、相当に日本人は変わり身が早いのである。近くは、すこし中国やインドの遅れを意識してか、「IT」に乗り換えるスピードも、呆れかえるばかりだった。

すこしく尾羽打ち枯らしていた漢学者たちが息を吹き返すのは、「西南の役」後、清国が公使を日本へ送りこんできてからである。公使及び館員（清末の代表的詩人黄遵憲《こうじゅんけん》もその中にいた）を招いて、筆談し、詩を応酬することが漢学者や漢詩をよくする官僚間に大流行する。めでたき「日中友好」の外交風景ともいえるが、尾崎行雄はにがにがしく思っていた。だからまちがった元気であるといわんばかりに、左の如くいう。

「一度支那人と対すれば、戦わずして既に降旗を樹《た》つ。……余輩、実に其心酔の実に過度なるを嘆ぜずんばあらざる也」

この中国崇拝熱が、なんとも不快というより、なさけなく尾崎には思われたのかもしれぬ。この崇拝は、急にはじまったわけではない。根は深い。日本開びゃく以来の伝統的心性である。幕末のころでも、関西方面から江戸に留学した書生は、学校が休みになって故郷へ帰る時、「君は師の国に近づくのだから、幸福である」と仲間は羨んだものだ、と尾崎行雄は弟子の伊佐秀雄に語ったという。たしかに地理的には、そうなる。

たとえば九州からだと、江戸へ行くのと（海を渡らねばならぬにしろ）朝鮮の京城や中国の西安までと、距離はさして変わらない。京城などは江戸より近い。いかに彼等書生が、まだ見ぬ中国に憧れていたかであり、逆には、いかに漢籍を勉強したかでもある。

日本の漢学が、停滞すること久しい中国のそれを凌駕していると尾崎は認めつつも、呆れかえっているところもある。尾崎の父は、幕末の志士であったが、和漢洋を修得し、それを子の行雄に教えている。早くから彼の中に「洋」があり、それ故に福沢諭吉の慶應義塾に学ぶ。

漢学者の「古文尊重癖」の愚や、やたらと難解な文章を否定している。その弊は、どうやら過剰な中国崇拝熱からきていると見ているらしい。泰西諸国の文章が「粗《ほ》ぼ言語と一致」しているのを見て、彼等は恥じるべきだとしている。

それにしても、尾崎行雄の文章とて、現代人にとっては、難しい漢語が多すぎるというものだろう。彼は雄弁家として知られるが、当時としては、わかりやすく、観衆も読者も、現代的で歯ぎれのよいものとして感じられたのだろう。彼はいう。

「本邦に在《あり》て、遠く時勢に後るる所の漢学者も、之を支那人朝鮮人の頑愚固陋《がんぐころう》なるに比すれば、先進先覚の士たり。其議論見識、遥《はるか》に彼が上に出でんこと必せり」

とおだてあげておきながら、

「本邦に在て時勢に並馳《へいち》せんと欲せば、漢学先生、固《もと》より洋学者の轅門《えんもん》（陣営）に降らざるを得ず」

幕末はいざ知らず、明治の世には、つかいものにならずと、ストンと落とす。無気力で文人気取りの彼等に対し、窮余の策を授けるという親切ぶりである。いらぬ御節介というより、腹が立ってしかたがないのだろう。

「力を支那朝鮮に施《ほどこ》さんと欲せば、労せずして毅然たる先覚先進の士と為《な》ることを得《う》、と謂《い》う可《べ》し。支那朝鮮は、天の（が）特に我が漢学者を、馳聘《ちへい》せんが為《た》めに設けたる好戦場なりと」

なんとも人を喰っている。これが『郵便報知新聞』に発表された時、その失業対策（天機とさえ言っている）まで教授された漢学者側からどのような反響があったのかは知らぬ。おそらく黙殺であろう。このアイデアは、これら漢学者たちが、中国語をしゃべれなくとも、漢文が書けるのだから、中国や朝鮮の遅れたるインテリたちと筆談ぐらいならできるではないかというアドバイスである。一種の皮肉であったが、真剣に考えてもいた。

だから日本の洋学者と相談し、西洋の書物を漢訳し眠れる「支那朝鮮」へ輸出しろとまでさし図している。

中国朝鮮は漢字文化圏であるという尾崎の認識からきている。どこまで彼自身、その実現を信じていたのか、きわめて怪しい。尾崎の処女出版は、アルフユース・トッドの翻訳『英国議院政治論』である。

ところが、かの『郵便報知新聞』に論文を発表してからまもなくして、清国とフランスの間に戦争がおこりそうになる。昭和十三年刊の『咢堂《がくどう》自伝』の中で、彼はつぎのように回想している。

「私は通信員となって、先《ま》づ上海に赴いた。当時日本に於ける支那崇拝熱と云ふものは、今日（昭和初年代か）の西洋崇拝熱どころの比類でもなかった。而《しか》も西洋崇拝熱も亦なか〳〵盛んであったから、私はこの両者を苦々しく思ひ、仏支相争《あいあらそ》ふのを幸にして、両者の実力を観察して来たいと思ったのである」

上海に向けて出発する明治十七年のころの日本は、（日本に清国が公使館を設けて以来の）「支那崇拝熱」と「西洋崇拝熱」（悪名高き鹿鳴館の時代だ）とが拮抗していたことが、これでよくわかる。「我が漢学者諸大家に望む所あり。諸君何ぞ支那朝鮮に向いて其力を施さざる」の論文より先に、尾崎行雄は「独逸学及び支那学」なる論文を発表していた。中国崇拝を非難する彼は、単なる西洋崇拝主義者ではなかった。

とかく支那学は、「古奇」なるものを追いがちであり、その道徳観とて、中国の歴史を見れば「恥《はじ》なく操《みさお》なく、実に卑劣の行《おこない》を極」めているのがわかると中国を攻撃している。漢籍を盲信している日本人は、そこに書かれた道徳（理想）を見て、中国人は、そのように生きているように思いこむ。歴史を読めば、めったにそのような理想（王道）が行われているはずがないと気がついてそうなものなのに気がつかない。

また日本の現政府が範としているドイツ学（政治経済法律）は、「理論に流れて実際に疎《うと》く、動《やや》もすれば、共和政体を無上の善制度」とする弊あり、と否定的であった（尾崎が模範とすべきとしたのは、皇室を尊ぶ英国の立憲政体である）。

尾崎が横浜を出港したのは、八月二十六日、帰港したのは十一月二十日。三ヶ月近い旅であったが、上海滞在は、約二カ月である。この間、『郵便報知新聞』に見聞記を送りつづけ、のちにそれをまとめたのが、『遊清記』である（『尾崎咢堂全集』第三巻）。

上海に尾崎が着いたのは、九月四日である。蘇州路にある、商店と旅館を兼ねた有名な田代屋に投宿している。翌五日、仏租界にある日本の商会へ友人の「本多兄」（孫四郎）とともに訪うている。もっぱら昆布を商っている洋行であるが、たまたまそこに「岡鹿門《おかろくもん》先生が寓している」と知り、さっそく新聞記者らしく、名刺を通して彼と逢っている。

岡鹿門（天保四年生まれ、名は千仞《せんじん》）は、旧仙台藩士であり、江戸の昌平黌《しょうへいこう》で、佐藤一斎《さとういっさい》に師事し、そのころより儒者として漢詩人として文名が高かった。奥羽戦争では、官軍に抗して獄に下っている。

彼は明治十七年五月二十九日に日本を出発して、清国漫遊の旅に出る。翌十八年四月十八日、香港や広東をまわって帰国している。

すなわち尾崎行雄より早い出発だが、滞在も彼より長い。杭蘇《こうそ》に遊んで上海に戻ったのは、八月二十一日である。その時の著作『観光紀游《きゆう》』は、岡の紀行文だが、その中に上海滞在中の「滬上《こじょう》日記」がある。果たして九月五日の項に「尾崎行雄本多孫四郎来訪、皆新聞社員。中法（清仏）の警《けい》（報）を聞きて、来観する者」とある。本多孫四郎は、尾崎とは新聞社が違い、時事新報社の特派員であった。

尾崎はその会見の模様を『遊清記』の中で、次のように記す。

「先生は本年陽春を以て遊清の途に就き、上海に在て文人墨客と詩酒、相徴逐《あいちょうちく》（親しく往来）すること数月、後《の》ち筆を載《の》せて蘇州に遊び、頗《すこぶ》る清間《せいかん》を領せられしが、」

「居《お》ること幾《いくばく》ならず仏清の和破れ、人心恟々《きょうきょう》として復《ま》た内地に安処《あんしょ》する可《べか》らざるが故、止むを得ず在滬諸友の勧めに従ひ、適意（気まま）の遊を中絶し、再び滬城《こじょう》（上海）に還《かえり》て、此熱鬧《ねっとう》（人が混み合って騒がしいこと）天地に墜《お》ちたりと云ふ。先生の失意、想ふ可《べ》き也」

尾崎は、あたかも岡鹿門がかく「云ふ」たが如く記しているが、取材（インタビュー）しながら、あとでまとめた原稿の匂いがする。そのまま読めば、どうということもない記事だが、日本の儒者や中国の文人に対する遊清以前の尾崎の意見を知っているものにとっては、かなり皮肉まじりの文章だとわかる。

たとえば「文人墨客と相徴逐」とか「筆を載せて蘇州に遊び」とかが、そうである。「適意の遊」

もそうである。みな文人同志が用いる紋切り言葉なのだが、尾崎行雄が用いると、ちょっぴり毒がこもる。「先生の失意、想ふ可き也」も、心から同情しているとは思えない。岡鹿門は、東京にあって、「支那公使を中心として開かれるのが通例であった」詩会に、群がり集《つど》う「中国心酔」の日本文人の一人であった。

この日、尾崎行雄は、中国の文人王韜《おうとう》（紫詮《しせん》）の所在を鹿門に問うている。ひょっとすると知っているかもしれぬと考えたからだ。ところが、どうだ。なんと彼は、この上海に住んでいるという。しかも午後に彼を訪う予定になっているので、連れていってもかまわぬと鹿門は答えるではないか。なんとも、間がよすぎる。

王韜が来日した時、日本の儒者や漢詩人たちは、本場中国の文人となにがなんでも「詩酒、相徴逐」せんとして、彼を招いては蟻《ぎ》集《しゅう》し、いわばスターとなった。そのむごく、あさましい光景を見て、時代遅れのように思い、尾崎は唾棄したにちがいない。この上海行は、今や堕落していると尾崎が断じている「中国の文人」の質なるものを、この目でひとつ、たしかめてやろうとしていたところがあったのかもしれぬ。

それにしても、すぐ王韜に逢えるとは思っていなかったので、嬉しいよりは、むしろ慌てた。ぜひ従うと言っておきながら、結局はその場で約束を反故《ほご》にしている。なぜか。

船便にまにあわせるべく新聞社へ送る急ぎ原稿が書き終っていないことを想い出したのである。けっして軽蔑すべき二人をあえて侮辱するための反故でない。客気満々の尾崎先生たるもの、なにやら急に神経質になってしまったのではないか。その気になれば、原稿は宿に帰ってから書く手もあったはずだが、船便は迫っていたのかもしれない。「終《つい》に鹿門先生の厚意を空《むなし》ふして、王学士を訪はず」と書いている。

上海に到着して、四日目に当る九月七日は、日曜日であった。日本から上海への船を同じくした自由党の小室信介《こむろしんすけ》（自由党解散は、十月十九日）、三井物産の社員福原氏と連れ立って、上海城内へ遊びに出かけている。文筆のたつ小室（案外堂）は、出発前に『自由艶絶女文章』を発表している。おそらく旅行中の九月に日本で刊行されている。

「城内は支那人の住する所にして、真の上海也。他の英仏米租界の如きは、皆新開の地に属す。故に城内を見ざる、是れ未《いま》だ上海を見ざる也」

そう直感的に感じとっていた尾崎は、上海の地理に精《くわ》しそうな人に逢うごと、その先導を頼んでいたが、なにやかにやと理由をつけて、いつも断られていた。なぜかわからなかったが、ようやくさきに体験ずみの二氏の承諾を得て、上海城内へ散策に出かけることにあいなった。

「余輩、大に喜び、人力車を駆《かっ》て英仏租界を横ぎり、人家狭陋《きょうろう》の所に至れば、先導の二氏、忽《たちま》ち車を止《とど》む」

どうしたのかと問えば、ここは「城内」への入口で、あまりに狭くて人力車は通れない、ために降りるのだと二氏は答え、さらに言う、

「（城内は）汚穢《おわい》甚《はなは》だしうして、臭気鼻を衝《つ》くが故、各《おのおの》皆、巻煙草に点火して防臭剤と為《な》す可きを以てす。余輩、謹んで命を奉じ、平生煙を嗜《たしな》まざる者と雖《いえど》も、皆巻煙草を口にす。是《ここ》に於《おい》て準備既

に整《ととの》ひ、諸友、斉《ひと》しく進んで、一小橋を渡り、一陋門《ろうもん》を過ぐ」

ニンニクを食べても、本人はなんとも感じないが、他者には臭い。しかしニンニクを食べた男女がキスしても、いっこうに匂わない。この伝である。上海の城内は、租界とうってかわって、汚穢が甚だしい。不衛生の場所である。そこで匂ってくる悪臭を避けるためには、あらかじめ巻煙草を喫しておくという知恵である。巻煙草は、吸わぬものには臭いものだが、吸っているものには、なんとも感じない、という理を逆利用しての知恵である。上海人に対し失礼といえば失礼だが、巻煙草を吸っているのなら、いやみにもなるまい、というわけだ。

当時の上海人に対して、無礼な「文明人」とやらの行動にも感じるのだが、尾崎行雄は、小室らの忠告に従う。そして、この汚穢の体験からジャンプして、中国人の言語感覚がなぜ美に巧みなるかということへ、深々と思いを致すのである。

巻煙草に点火して防臭剤

のちの彼は酒タバコ売春を悪のようにみなしていたが、若いころは、かなりの喫煙癖があったようだ。『風雲閣閑話』（昭和十三年刊）に次の如き感想がある。

「私は余程早くから煙草を吸うた。吸い初めに酔うたことがあるが、実に苦しかった。煙草に酔ふのには味噌汁がよいと云ふて味噌汁を飲まされた……苦しくはあるが、其れを我慢して吸ひ、馴れたら旨くなるのだと云ふことが、吾々には先輩の経験に依ってよくわかっている」

彼は、もっぱら刻煙草《きざみ》で、分量を減らすためシガーに変えた。紙巻きタバコは、「私に適しない」と言っている。過度の神経症を患った彼が禁煙に踏み切るのは、明治三十年頃だ。

いざ街の中へ入るやいなや、くさくて鼻がひん曲がるぞという先輩の忠告にしたがい、防臭剤としての巻煙草を口に咥《くわ》え、スパスパ喫《す》いながら、上海城内へと足を踏みいれた。

どうやら旅行中とて刻みの用意がなかったのか、紙巻きタバコを喫ったようだ。これでは、嗅覚に対しては、偽りの現地体験になってしまうが、その防衛策そのものが、面白いので、それをふくめて真の体験といってよいだろう。

「街衢《がいく》、狭隘《きょうあい》にして、横六七尺に過ぎず」

上海の街の中は、西洋人の住む租界とちがって極めて狭いのである。

「大小の石を畳《たた》んで、全く土を蔽《おほ》ふと雖《いへ》ども、汚物穢品《おぶつわいひん》、石路の上に散乱し、少しく注意を怠れば、忽《たちま》ち衣を汚すの恐《おそれ》あり」

尾崎のいう「汚物穢品」の中には、公衆便所などないため、路上に遠慮なく垂れ流され、放置されたままの人間や動物の糞尿をもふくんでいるのだろうか。それならば、臭い。すこしでも油断すれば、靴でグニャンとそれらを踏んづけて、ヒヤッと跳びあがる漫画を自ら演じてしまうだけでなく、よそゆきの衣裳の裾も、汚しかねないのである。

「両辺の商家、皆数個の大票板（看板）を連下《れんか》し、其《その》多きこと、家々悉《ことごと》く我が薬種屋の如くなるが故、街衢《がいく》の狭き者、益《は》々其《その》狭を覚ふ」

この腐臭を放ってやまぬ狭隘《きょうあい》なる路地の左右には、ぎっしりと商家がひしめきあって立ち並んでいる。狭いという感覚は、その商家の軒からぶらさがった看板群によって、倍加されているのだ、と尾崎行雄は発見している。看板は屋根の上とか下におさまっているとかぎらず（それでも、宣伝が本質なので厚ぐるしい）、人間の背丈より高い位置なら平気で路上にまで、はみだしてくるからだ。街のにぎわいに手を貸しているともいえるが、うっとうしくもある。

鋭い新聞記者の目というより、物ごとの構造を一発で見抜く詩人の直感（余技だと自ら述べているが、その生涯において、かなりの漢詩を残している）、というより、のちに政界に入り、また東京市長を九年もの長きにわたってつとめあげることになる為政者としての「公衆衛生」への目くばりのようなものを、先天的に彼は備えていたのでもあるのか。

江戸の看板は、洒脱諧謔《しゃだつかいぎゃく》に富み、なかなかのものだが、上海の看板に対し否定的に、尾崎は「悉く我が薬種屋の如くなる」と観じている。宣伝濃厚をいうか。

「悪臭の盛んなる果《はた》して聞く所に違《たが》はず、同行の士、皆鼻を掩《おほ》ふ。行くこと少しくして橋あり、小溝に架す。溝の汚穢なる、橋の狭隘なる、我が都人士の終生見る能《あた》はざる所なるべし」

この匂いのもとは、なにも糞尿のせいばかりでない。腐臭を放って流れるドブからの香りでもある。「同行の士、皆鼻を掩ふ」とあるからには、巻煙草というごまかしの煙幕さえ悠々と突破してくる、強烈な猛臭だったのだろう。

「我が都人士の終生見る能はざる所なるべし」

江戸以来、わが国へやって来た西洋人は、日本人の風呂好きな衛生感覚をやたらと賞《ほ》めたたえている。たいていは中国を経由してから訪日しているので、かかる比較の目をもてたのではあるまいか。いや、「文明開化」の西洋人とて、ほんの一昔前までのロンドンやパリの貧民街は、ディケンズやゾラの小説に見る如く、上海と似たりよったりのはずであった。ようやく衛生思想を獲得した西洋人が自国と比較しても、なかなか日本は綺麗だったともいえるのである。おそらく神道、仏教の「ケガレ」の思想がからんで、自然化しているともいえるが、倹約の精神の風化したものだとも考えられる。幕末に訪日したイギリスの園芸学者フォーチュンにいわせれば、鎖国日本は、世界唯一の自給自足の国だったのである。西洋の衛生思想などというものは、機械文明の落し子であり、ごまかしだともいえる。

では日本人自身にとっては、どうなのか。海外に出かけぬかぎり、比較の目をもてぬので、国内にあっては当り前となっていて、感覚が麻痺している、と考えなければならぬ。西洋人がワンダフルと叫ぶ日本の空間でさえ、細部のアラがよく見え、汚く感じられて、しかたなかったりする。とつぜんやってきた西洋人に賞められても、ただ鼻白むのみであろう。

とかく比較の目なるものは、あえて表層をよしとする「デザインの視覚」なので、複合の観念に乏しく、底が浅い軽薄なところがある。西洋の衛生思想が入ってからの日本人は、病疫退治には貢献大だったとしても、「人間的自然」との折り合いが悪くなっている。「綺麗好き」をオーバーして、神経症的に見てくれに支配されすぎるためで、グロテスクの美がわからなくなって、私の目からすれば、アラが露になって、不潔の王国と化しているのが、今日の姿である。

尾崎行雄は、上海で比較の目をもったばかりに、かえって日本のよさに気づいたともいえるが、へんな優越感を抱いたりすることはなかった。

「然《しか》れども支那人文字に巧みなる、必ず之《これ》を付するに美名を以てするならんと想ひ、試《こころみ》に其名を問へば北香花橋と答ふ」

ドブに架《かか》った橋からの発想である。つまり慣れ（人間的自然）によって汚穢と共存している中国人の生命力に感心したりもせず、文字の王国である中国人の伝統に想いをいたし、ドブに架った橋にも、かならずや美名をあたえ、一種の防臭剤にしているのだろうと想像するのである。かくて「試に其名を問へば」、はたして「北香花橋」なる名が戻ってきた。かえって、それをきいて、そら見ろと気分を悪くしたのか、

「渡らずして左折し、小池の辺に出づ。池水濃黄にして悪臭を噴《ふ》く。池心に茶亭あり。湖心亭と云ひ、亭に至るの橋を九折橋と云ふ」

「役夫等、裸体にして茶を飲み煙を喫す、橋を渡り亭を過ぎ、回《まわり》て其背に出《い》づれば廟《びょう》あり。関羽《かんう》張飛《ちょうひ》の諸公を祭る。正面、李鴻章《りこうしょう》奉る所の額を掲《かか》ぐ。結構、粗ならずと雖《いへど》も、汚穢厭《いと》ふ可《べ》し」

どうやら、鼻をつまんで上海の狭路を歩いているうち、名所の湖心亭や関帝廟にも行き当ったようだ。いちいち尾崎はその名をあげている。その汚穢は、これら名所に及んでいる。観光地は、客を出迎えるのだから、綺麗にしておくという「常識」がないことに、尾崎は感心したりしない（私なら危い）。おそらく、湖心亭でも関帝廟でも、汚穢を避けるため、紙巻煙草を吹かしつづけなければ、その結

構の美も鑑賞できなかったのだろう。まったく一服のタバコでない。市街地から観光名所まで、防衛一筋、休む暇もなく、吸いつづける。もはや拷問である。

中国人にしてみれば、綺麗であろうとなかろうとも、物にすべからく美しい名を附すのであって見れば、尾崎の発想、すこし偏りすぎだと笑うかもしれない。関帝廟とて、腐臭を消すためにその結構（建築デザイン）をわざわざ「粗ならず」ものに工夫したわけでない。結構は、あくまで結構なのである。

「一拝して過ぎ、再び街路に出て、益《ますま》す進めば悪臭益す甚だしく、間々無蓋《まゝむがい》の糞桶を担《にな》ひ走て、狭路に過ぐる者あり。余等避《さけ》んと欲して避くるの余地なく、止むを得ず走《はしり》て商家に入り、無用の品物を買うて、漸《ようや》く汚瀆《おとく》の難を免《まぬか》るゝを得たり」

このような風景は、西洋式の下水道の完備していない昭和三十年代の東京の市中にもまだあった。郊外にはまだ畑があり、肥料として糞尿は農作に欠かせぬものだったから、都会へ買いにくるのだ。汲みとりは、一つの職業として成立していた。まだバーキューームカーは出動していなかった。

だが、「無蓋の糞桶」は、見たことがなかった。地方では、天びん棒の前後に二つの桶を通して、よたよた歩いている危い光景も目撃したが、蓋《ふた》はきちんとかぶせられていた。ただ「臭いものには蓋をしろ」の諺《ことわざ》に従ってのことで、なにも日本の美学だとも思えぬ。もし上海で蓋なしで走っていたとすれば、中が覗けるだけでなく、発する匂いが抑えられぬばかりでなく、ピッピ、ピッピと、糞尿は外に飛びだし、宙に舞い踊るのも必定である。傍を歩いていれば、着ているものに雹《ひょう》の如く降りかかる。逃げの一手しかあるまい。

ここでふと思いだすのは、香水である。少年のころ、糞尿をさして、仲間たちは「アンモニア香水」

だと呼んで冗談めかす（美化しただけ、余計、クサクなる）のが流行していた。このところ、まったく耳にしなくなった他愛のない駄洒落だが、それなりのわけはある。

私は、女性の好む香水を好まぬ。日本人の体質は無臭なので、香水をつけると、せっかくのよい肌の匂いも不都合な化学的変化をおこす。それはちょうど人間の糞尿の匂いに似ている。香水の成分は、アンモニアである。

花の香りは、えもいわれぬものだが、もとをただせば、花の糞尿である。自ら放出しておきながら、人間の忌みきらう糞尿も、ひとたび慣れ親しめば、えもいわれぬ芳香を放つがごとく感じられるのかもしれぬが、腐敗すれば、人をも笑殺しかねない猛毒ガスを発する。

「同行の士、皆既に悪臭に飽《あ》き、強《しい》て巻煙草を吹《すい》て、為めに昏倒《こんとう》せんとする者あるに至る」

このうちの「悪臭に飽き」は、慣れて上海人なみになったというのでなく、いよいよ耐えられなくなったということである。かくて「悪臭」に対抗し防御するため、いよいよ巻煙草をぷかぷかとやけくそ気味に喫しつづけた。つまり、「悪臭」を対象化した。これでは勝てやしない。

尾崎は、工学寮時代（明治九年十年にかけて。のちの工科大学）、タバコをやめたことがある。それは、みんながやめるのがむずかしいというので、挑戦したのである。私も学生時代、友人たちに挑戦して、やめたことがある。やめるためにやめるのが、ふとバカバカしくなって、一年を期限にして復活させた。

『風雲閣閑話』によれば、かなりのヘビースモーカであったようだ。彼は刻煙草党である。江戸時代の吸いかたである。

「煙草入《いれ》に入れて、煙管《きせる》で吸うのであるが、一日に煙草入一ぱいでは足りないので、別に（煙草入れをもう一つ）持って居った。新潟新聞（福沢諭吉の命で、主筆として赴く。明治十二年、二十二歳）に居った頃は、火の用心と云ふのを買ったが、あれだと普通の煙草入の倍は入る」

かのように大喫煙家であって見れば、いかに巻煙草は、性に合わぬといっても、ちょっとやそっとで、へこたれることもあるまい。それにしても、なぜ用意してきたにちがいない刻煙草を、という気もするのだが、いちいち煙管に詰めなければならぬので、連れと一緒の巻煙草にしたのだろう。

悪臭防衛の煙草の喫いすぎで（子供でもあるまいに）、「昏倒せんとする者」さえでてくる始末であると彼はいうが、これは、誰であろうか。自由党の小室信介か、三井物産の福原か、まさか巻煙草の嫌いな尾崎自身ということは、あるまい。

尾崎行雄という人は、なにかにつけ洒落を連発する人間を嫌ったが、糞尿譚には笑いをもってすべしという原則をよくしっていて、このくだりをきわめて滑稽に描写している。郵便報知に掲載された時も、好評のくだりだろう。

しかし、倒れるものが出るに至っては、上海城内にこれ以上留まっていることはできない。「路を尋ねて疾行」し、「仏人居留地」の中へほうほうの態で逃げ込んでいる。かくて「始めて清気を呼吸することを得たり」と呟いているのも、なんともおかしみがある。

自らを滑稽化するテクニックをもっている尾崎の描写力、まるで、サイレントのどたばた喜劇を彷彿とさせる出来ばえである。

かかる尾崎行雄が、この体験からえた教訓は、「市街の汚穢なると名実の齟齬《そご》するとの一斑《いっぱん》」である。

「一斑」は、物事の一部分の意。「拙速時代」の明治は、やたらとこの言葉が流行した。

「支那人は文字を使用するに巧みなるが故、地名人名其の他、文字上に現はる者を見れば、甚《はなは》だ美にして慕ふ可きに似たり」

つまり中国における「名実の齟齬」を言わんがための糞尿譚でもあった。ついに幼少より漢学を叩きこまれた彼が、日本において中国文化に対しひそかに疑いを抱いていた「名実の齟齬」を体感できたのだ。中国人の文字（言葉）の「巧」と「美」の裏面をこの目でたしかめようとして、上海へやってきたともいえる。西洋崇拝と中国崇拝とで、ごったがえしている「日本」の運命（どちらをとるべきか）を占うためである。

「其《その》実を察すれば、忌む可く厭ふ可き者多し」

が、中国文明に対する結論であった。

「六尺の小巷《しょうこう》を名づけて大街と云ひ、溝上の小橋を名づけて北香花橋と云ひ、古池の破れ茶屋を称して湖心亭と云ひ、四、五万の徴募兵あれば、我に十万の貔貅《ひきゅう》あり、以て天下を横行すと雖《いえ》ども可なり、と云ふの類《たぐひ》、是れ也」（貔貅は、猛獣。勇猛な軍隊）

実に照らせば、中国の修辞なるもの、すべからく誇大にすぎ、名実一致していないと、尾崎は考える。

「世人（日本の読者）請ふ、其名の美なるに迷うて其実の粗悪なるを忘るゝ勿《なか》れ」

不平の魂をもってする中国の古典詩の修辞論からすれば、名実の不一致は、さして非難するにたらないし、誇張の中にも真実がある。軍事や政治の宣伝論からすれば、誇張の表現も容認できぬことはない。誇張なくして、死の戦場に赴けぬし、軍勢の誇張表現などは、敵も割引きして掛かるのである。

客を招く商家の看板文字の美も、また同じである。「名実不一致」が常識である。

だが、日本において、さんざん聖人孔子の漢学に従う時、うるさいまでに名実一致の理想論から入っていく。これが曲者だ。その理想のイメージは、幼時から叩きこまれるので、純粋培養され、ひとたび頭の中にインプットされてしまうと、日頃の行動ひとつさえもそれに呪縛されつづけていく。その呪縛は、まだ見ぬ中国ではみな当然の如く名実一致して生きていると考えてしまうのだ。いざ本場の中国に足を踏みこんだ時、そのあまりの名と実の落差に落胆したとしても、無理からぬ。と同情できるにしても、けっして中国人の罪にならぬだけでなく、そんな日本人を見て、彼等はウブだなといいつつ、おそれいるふりをするだけだろう。

上海の汚穢は、北京南京にくらべれば、まだましで清潔のうちだとも、尾崎は現地できかされたようで、

「果して然らば〈長安大道　直なること砥《といし》の如し〉と云へる大道も、五六尺の小街なりしならんか」と溜息をついている。「城」といえば、日本人の感覚からすると、江戸城、大阪城と「大」なるものである。ところが、「上海城」といっても、実は町のことをいい、「四方に囲ひある者は、皆附するに城名を以てすと知る可し」とし、その反動から「長安大道　直なること砥の如し」の詩句がでてくるのである。

その気持はわかるものの、やはりすこし考えすぎである。ここでいう長安の大路は、漢唐のむかしの話であるし、たとえ誇張ありとも、なによりも詩の真実であり、実際はそれ以上だったかもしれず、今ではだれにも実証できぬわけで、考えてみてもしかたがないのであるが、尾崎もいっぱしの漢詩人

でもあり、政治の理想を追って生きているので、やはり頭をかかえこんで考えこんでしまうのである。

父行正は、勤王の志士で、漢学を藤森弘庵《こうあん》に学び、国学は親族の落合直亮《なおあき》（直文の父）に学んでいる。その影響もあって、行雄は、漢詩も和歌もよくするが、秀れているとはいえぬ。伊佐秀雄の『尾崎行雄伝』によれば、父行正は、たまにふらっと故郷に戻ってくると、「何も知らないこの幼児（行雄）にイキナリ漢文を教え、しかも唐詩選の訳読などをして聞かせたのである。先生は〈学問というものは、実に難しい分らないものだ〉と思いながら勉強したとのことである」とある。

維新後、父は弾正台の小役人になる。上司は、熊本県知事の時、神風連の乱で殺される土佐の安岡良亮で、彼は漢詩をよくした。はじめて上京し親子安岡邸に止宿した時（十二歳）、安岡から、「七書」の講義を受けている。水戸の加藤桜老《おうろう》にも漢詩を学び、漢学には、かなりの自信があったようで、『遊清記』の中で、「貔貅」などという難語がすぐに出てくるのは、幼児期の学習によるものである。この語の出典である『史記』や『礼記』も暗誦させられたのだろう。

尾崎は、和歌も多作したが、漢詩もかなり作った。昭和三十年版の『尾崎咢堂全集』には、わずかしか漢詩が収録されていないが、大正十五年版の『尾崎行雄全集』には、「咢堂詩存」としてそれまでの作品が年代順に全ておさめられている。「咢堂詩存」には、明治十年からの作がふくまれているが、もっとも多作だったのは、明治十二年十三年十四年で、その中心は新潟時代である。伊佐の伝記によると、

「当時先生は漢詩の稽古に励み、数名の同好者を集めて〈一酔一吟社〉という詩会を興し、坂口五峰を師匠として盛んに詩を作った。坂口は当時の有名な詩人たる森春濤《しゅんとう》門下の俊才中に数えられ、

五峰小史の名を以て詩壇に鳴っていたが、先生が会って見ると先生より一、二歳年上の青年に過ぎなかった。しかしその詩といい、書といい殆《ほとん》ど老成大家の塁を摩《ま》するものがあったという」

もともと新潟は、漢詩のさかんなところで、負けん気の強い尾崎は、したたか刺激を受けたようだ。もとより坂口五峰とは、坂口安吾の父である。新潟へ赴く前の作に「予、体量甚だ軽し、戯れに作る」がある。瘦せてはいるが、「肩上　将《まさ》に天下を担《にな》いて重し」の句がある。「五江」（五峰ではないらしい）なる詩仲間が「年壮にして此の気魄あり。他日、台閣に列し、宜《む》べなる矣《かな》と謂うべし」と評している。明治十四年、帰京後の作に「記夢」がある。「鉄蹄　蹴りて　莫科城《モスクワ》を破らん」という大言壮語があるも、おしなべて凡庸である。新潟時代も似たり寄ったりで、力倆《りきりょう》が増したわけでない。

明治十七年、遊清中の尾崎行雄は、どうやら漢詩を作らなかったようだ。「咢堂詩存」に欠く。あれだけ批判したのだから、当然のような気もするが、明治二十七年、第三回総選挙では、大いに苦戦した彼は、ようやく当選し「嬉しまぎれに」漢詩を作ったようだ。「遺憾なり　中原に好敵無きを」「牛刀又是れ　雛鶏《すうけい》を割《さ》く」と。「漢詩はホラをふくのには至極、都合のよいものだ」と照れている（『咢堂回顧録』）。

それはともかく、糞臭を避けるため、紙巻煙草を吸いすぎて、ついに昏倒してしまったのは、連れ散歩仲間のうちの誰か、やはり気にかかる。幸いにも小室信介に『第一遊清記』（自由燈《じゆうのともしび》出版局）なる書物がある。明治十八年一月に出版されたものである。

始めて平生の迷夢を破る

「長ずるに及んで容姿美しく、好んで稗史《はいし》を読み、風流にして文詞に工《たく》みに、俊弁にして志気を尚《とうと》ぶ」友人古沢滋《うろう》の手になる、小室信介の墓誌銘である。宮津藩士小笠原忠四郎の二男として生まれたが（嘉永五年）、のちに足利尊氏の木像を斬ったことで知られる徳島藩勤王志士小室信夫《しのぶ》の娘婿となり、名を変える。土佐の古沢は、小室とともに英国に留学し、帰国後、板垣退助副島種臣《そえじまたねおみ》後藤象二郎《ごとうしょうじろう》らとともに民撰議院設立書に署名している。小室信介は明治十八年に没しているから（三十四歳）、尾崎行雄と上海で市内見物した翌年には、この世を去ったことになる。

安政五年生れの尾崎は、まだ二十七歳であったから、五つ六つ先輩に当る。小室は、自由党の『自由新聞』『自由燈』の特派記者として清仏戦争の情報を送るべく上海へ赴いたが、尾崎は、同じ自由民権でも、改進党であり、両派は仲が悪かった。性格にもよるが、外地という条件もあるが、よく仲良く市内見物にでかけられたものだともいえる。小室の直接の死因は、盲腸炎ともいわれるが、結核を患っていたともいわれている（柳田泉『政治小説研究』）。もし肺が悪かったとするなら、タバコをふかしつづけて「昏倒」してしまったのは、小室信介だったかもしれない。とも思ったりする。

そこで彼の『第一遊清記』を見ると（もう一度、清国を視察するつもりだったようだが、かなわなかった）、どこにもそれらしき模様が記されていない。尾崎の名も出てこない。この風流子たるに反し、なにを思ってか、尾崎のようには、上海観光の報告をしなかったようであるが、清国への落胆は語っている。

「予輩ハ幼少ヨリ漢籍ヲ学ビタル者ナルガ、故ニ支那人ノ文章ニ迷ハサレテ、大ニ其ノ実地ヲ悞《あやま》ル者多シ。今回ノ支那行ニ依テ、始メテ平生ノ迷霧ヲ破リタリ」

漢籍の弊を述べている。自分も幼少より学んだが、たいていの人々は、漢籍に惑わされて、そのまま中国の現実のように思いこんでしまうことが多いと。しかし、俺はそういうことはなかったといいたげであるが、そうではなく、俺もその一人だと読むべきだろう。

柳田泉によると、古沢の墓碑銘の他に「小室信介小伝」なるものがあり、それには二つあるらしい（同志社大学雑誌）。その一つには、

「幼にして慧敏《けいびん》、頗《すこぶ》る学を好み、衆童と相戯《たわむれ》るも、手に書冊を離さず」

という伝説が記されている。それだけでなく、

「其病に罹《かか》り、臥蓐《がじょく》に在る時と雖《いえど》も、朗々咿唔《いご》の声を発し、毫《ごう》も疾苦を覚えざる者の如し」

だったと。

伝説であるから、しばしば話は大袈裟になる。なにも中国人の特質でない。世界中の人間が、そのように伝説作りをする。話を面白くして楽しむためである。日々今もあちこちで生産されつづけている。ほとんど巷間衆伝にとどまるが、小室信介のようなそれなりの業蹟があるものは、文章にされてこの世に神童伝説として残ることもありうる。

そもそも伝記やそれに属す墓誌銘のスタイルは、中国からの移入であるから、日本人はその形式を

学んだのだから、大袈裟になってもしかたがない。それを忘れて、中国人をなじるのは忘恩のしわざだというより、伝記や墓誌銘は、もともと死者への顕彰であるから、必然の作業である。われわれの周辺で日常茶飯に行われている冠婚葬祭の挨拶の類を思い浮べればよい。

科学的でないといわれる伝聞伝説の類は、口伝であり、そのリレーの間話を面白くしてふくれあがっていくのが、その本質であるから、しばしば揶揄《やゆ》の誇張が入る。

それを伝記に採択する時は、すこしくもっともらしい顔つきをして、本当めかして執筆するのが常である。どちらが大袈裟かといえば、後者であろう。

神童も、二十をすぎれば、唯の人、というからかい文句もあるが、その神童ぶりがそのまま成人となっても発揮され、いわゆる「大物」となって開花する場合も稀にあったとしても、なんらおかしくない。そんな程度である。そのことをよくよく踏まえておけば、伝説の類をそのまま信じてもよいのである。

誇張の才は、中国人のほうが巧みだったとしても、急にだまされたといわんばかりに騒ぎたてるには、なんらかの（たとえ無意識であっても）意図あってのことであろう。それは、西洋文明をいちはやくとりいれて、なんとか生き抜こうとした「明治日本」の運命というものであろう。

事実、小室信介は、「秀才」であったようで、十六才で藩校である「礼譲館」の助教をしている。漢学の才が抜きんでていたのだろう。維新後も小学校の教師となったり塾を組織したりしているが、自由民権思想を抱いていた彼の運勢が急上昇するのは、小室信夫の娘と結婚する明治八年あたりからであろう。

明治十年の西南の役後、政府転覆の不穏分子の容疑で京都で逮捕されるも（土佐の林有造、大江卓らと交際のかどでか）、軽い刑を受けただけで、しばらくして釈放されている。獄中にあって漢詩を作ったようで、『鉄釘詩存』なるものがあるようだが、未見である。その後、自由民権派の『大阪日報』の記者となり（明治十二年）、明治十三年三月まで社長をつとめている。のちに古沢滋が社長。

愛国社の復興からはじまり、次第に全国へ拡大していって、自由党（明治十四年）として大同団結するまでの自由民権運動のプロセス（あまりにゴチャゴチャしていて、整理するのに頭がおかしくなる。附和雷同が本質の日本人がひとたび党派をなすと、こんな風になる）については、語らないが、小室信介の『大阪日報』は、「近畿自由党」のキーステーションであり、のちに国会開設の大詔がくだってからは、「立憲政党」（明治十五年）と名をかえ、『立憲政党新聞』となる。総理は、自由党副総理の中島信行。監事は、小室信介である。

十五年三月、自由党総理の板垣退助が、遊説の旅に出、四月五日の岐阜の演説会後の酒宴の席で（小室は板垣につづいて演説している）、刺客テロに遭遇する。この時、彼の側にかけつけ、介抱したのが小室信介である。ここで『政治小説研究』の柳田泉の言葉を借りよう（「案外堂主人小室信介」）。

「板垣は数創を負ふたが、重《おも》なものは胸部の二創であった。板垣は介抱してゐる人々に向って胸を二つも刺されてゐるからもう命はだめだといった。そこで側で介抱してゐた信介は、〈息にかゝりますが、声には変りないようですが〉といったので、板垣も始めて心づき、成る程さういへば息には障《さわ》りがない、助かるか知らんといったので、一同愁眉を開いた。信介は早速政党新聞へ電報をうって号外を出さしめた」

四月十三日、岐阜で政談大演説会が開かれた。この時、小室信介は演壇に立ったが、

「板垣死ストモ自由ハ亡《ほろ》ビズ」

がその演題である。「板垣死ストモ自由ハ死セズ」と板垣が呟いたと、少年のころ、教科書で教わって、てっきり死ぬ前の言葉のように思いこんでいたが、命はとりとめたのである。ワンフレーズの「スローガン」のおそろしさでもあるが、この場合、その張本人は、実に小室信介であったわけだというのも、妙なるかなである。このスローガン、その後も生きる板垣退助という存在をコケにしてしまって、なにをやっても、底の浅い凡庸な人格に落してしまったのである。ともかくお札の肖像画になっても、あの作られた叫びの中で、もう死んでしまっているのである。

その後、「立憲政党」の拡張のため（まだ政府は結社を認めていない）、小室は、実にこまめに山陰地方を行脚している。こまめに各村をまわり（松江では、一千名、ほとんどは、二百から五百、時に会衆五十名でもいとわない。「板垣遭難」の人気で盛りあがっていたのだろう）、まだ選挙は行われていないが、こまめに演説会、懇親会を開いている。その後身たる自由民主党のドブ板戦術の原型を見るようでもある。

自由民権運動は板垣の遭難によって盛りあがっているようだが（政府は運動の激化をおそれていたようだが）、偽りの盛装のようで、なんだか偽れる活気、後世の目から見ればその頽落《たいらく》が予想されるだけで、むしろ不吉である。なぜなら政府は、天皇の「勅」というかたちで（天下の宝刀）、国会開設を先取りしてしまっているからだ。

そのむなしさの如きものは、実は、あのスローガンを後世に不朽たらしめた小室信介こそが、熱心

に山陰地方を演説してまわった過程の中で深く感じていたのではないだろうか。行脚の終盤、「自由の大敵」という演題のものがある。これは、内容が記録されているのなら、読んでみたい気もする。

帰阪後、まもなくして、朝鮮事変がおこるが、彼のもとへ『立憲政党新聞』の特派員として韓国へ出張しないか、という誘いが舞いこむ。この時の遣韓大使は、参議井上馨《いのうえかおる》である。岳父小室信夫の親友でもある。この誘いは、国家権力側にある井上の、小室の一種の引き抜き工作であろうか。もっと広い視野をもてという二人の老婆心であろうか。立憲政党新聞の特派員という肩書きはあるものの、同志たちからその変節を指摘されかねない行動だともいえる。それを知っての渡韓だったとすれば、彼が自由民権運動に倦み、限界を感じ、いずれまもなく沈静化していくことを予感していたともいえる。

柳田泉は、この時の信介の収穫として、いくつか列挙しているが、その一つとして朝鮮にあって「支那の兵力が予想以上に」強いことを実感し、

「やがて東洋のバルカンとして、これに隣接する新興日本帝国のため、百年の禍患を生ずるに違いないことを察し、日本は早く朝鮮支那に対する覚悟を固むべきである」

と考えたとある（出典は、わからないが、帰国後の演説であろうか）。この渡韓は、尾崎行雄と上海で逢った明治十七年の渡清につながるものであり、帰国後に出版した『第一遊清記』の題における「第一」の語は、さらなる「遊清」を志したものであろう。

朝鮮滞在は（途中、疲労のためか病気となっている。考えてみれば明治十五年の彼は、多事多忙、八面六臂の活躍であって、蓄積された疲れがドッと溢れ出たともいえる）一ヶ月足らず（八月六日〜九月四日）であった

が、帰阪すると、このわずかな間に国内の事情も変化していた。立憲政党の結社許可は出たが、同機関紙の主幹であった古沢滋は（総裁の中島信行と不仲であった）東京の自由党本部の発行する『自由新聞』へと移っていた。

また自由党内にも、騒動がおこっていた。板垣の外遊問題がもちあがり、その費用が、政府から出ていると（井上の陰謀といわれている）、改進党系の『東京横浜新聞』が暴露し、怒った馬場《ばば》孤蝶《こちょう》、末《すえ》広鉄腸《ひろてっちょう》らは脱党している。

自由党はその報復として、大隈重信《おおくましげのぶ》の改進党が三菱からの献金を受けていることを暴露し、民権派同士の泥試合と化していた。華々しく活気に溢れているようで、このこと自体は、かつて政府を振撼《しんかん》させるほど激しかった自由民権運動が、急速に凋《しぼ》み、衰退し、音をたてて坂を転げ落ちていくようにも感じられる。

さらに明治十六年になって、あらたな騒動が発生する。政府は、民党同士の内肛《ないこう》を見逃すはずもない。大隈重信を応援している三菱の動きを心よく思っていない政府の肝入りによって三井系の「共同運輸会社」を設立する。信介の岳父信夫は、創立委員として名をつらねていたのである。信介にとってこれはなんともやりにくい情勢になってきたというべきだ。自由党は、三菱を攻撃し、改進党を非難したが、これでは政府と同じ立場になってしまう。

立憲政党内も紛糾していたが、このような情勢の中、小室信介は、俺は知らぬとばかりに東京に向う。その旅中の間、信介が幹事をつとめる立憲政党は解党（三月十五日）を決議している。

上京後（三月二十四日）、『自由新聞』の古沢をたよった信介は、その社友となるが、これまでのような政治運動から身を引き、『東洋民権百家伝』の執筆にいそしむ。かかる打ってかわった動きは、このままでよいのかという彼の反省と立場の苦渋を物語るものだが、同書の完成は、明治十七年の一月である。五月に入って姉妹紙の『自由燈』が創刊され、その紙面を通して、政治小説を発表するようになる。

そして清仏間の雲行きが怪しくなった八月二十七日、『自由新聞』『自由燈』の特派員として上海に向けて横浜を出港する。この舟の中には、「呉越同舟」、改進党系『郵便報知新聞』の特派員としての尾崎行雄が同船していたというわけだ。

大きく話は、それたようだが、腐臭を避けるため、紙巻き煙草を吸いながら、呉越同舟の尾崎と小室が、日本での舌戦を一時停止し、上海市内見物する「妙」を語るためには、小室の経歴を見ておく必要があったのである。残念ながら、小室は、その『第一遊清記』において上海の汚穢について語っていないが、尾崎と同じく、中国を考えるにあたって漢籍の弊を述べている。すこしだけ引いて、中断してしまったが、その続きを見ておきたい。

「支那人ノ古来ヨリ、文章ニ言語ニ、華麗、浮靡《ふび》、夸大《こだい》、大倨傲《だいきょごう》ニシテ、所謂法螺《ほら》ノ大ナルコトハ、曾《かつ》テ聞キタルコトナレドモ、此ク迄ニ大ニ甚シキモノトハ想ハザリシナリ」

尾崎と同様、国内にいる時から噂にはきいていたが、文章や言語における「法螺」について、実地にしみじみと感じとり、「平生ノ迷霧ヲ破リタリ」としている。尾崎よりは、謙虚の口吻である。

「蓋《けだ》シ支那人ハ、古来ヨリ見聞ノ儘《まま》ヲ掛値《かけね》ナシニ述ベタルコトナシ。故ニ其ノ習慣風俗、一切掛値ヨリ成立チテ、更ニ之ヲ怪ムモノナシ」

ここでは、「掛値」（ふっかけ）論が展開されている。「習慣風俗、一切掛値ヨリ成立」しているのが、中国であり、中国人だというのだ。商人の「正価」なるものも、安心できるようで内実はかなり怪しいものだが、「掛値」は、交渉の世界であり、どこまでが「掛値なし」の本当のところなのか、サッパリわからぬので、めんどうであるが、楽しくもある。

この掛値の発想が、商売とかぎらず、万般に行きわたっているのが、中国だというのだ。文章とて同じである。

「十ノ物ヲ百ト云ヒ、百ノ物ヲ千ト説クハ、普通ノコトナレバ、同国人ハ一般ニ之レニ馴レテ怪マズ、則チ文章中ノ百ト云フ字ハ、十ノ字ノ意味ナリ。千ノ数ハ百ノ物ナリト、自ラ意解シテ、更ニ其ノ法螺タルコトヲ覚ラザルナリ」

オーバーに述べたてても、なんら法螺と思わないのは、事実だとしても、詩文の受けとめかたとしては、無意識なまでに割引きして彼等が理解して考えるのは、どうかと思う。いちいち割引して受けとめていては、詩の味わいがふっ飛んでしまうのである。そういうものとして、まずは受けとめるべきである。

「日本人ニ於テハ、固《もと》ヨリ支那人ノ掛値多キヲ知ルト雖《いえ》ドモ、マサカニ十ヲ百、百ヲ千トハ説《と》クマジト思ヒ居レバ、支那人ノ説ク所ノ数ニ、二割三割ヲ掛ケテ想像スルガ故ニ、毎々《つねづね》其ノ事実ヲ悞《あやま》ルニ至ルナリ」

日本人とて、国内で掛値ナシで生活しているわけでない。吹っかけあってシノギを削っている。そういう中で中国は、「掛値多キ」の評判をきいて、そうか気をつけなくてはと、二割三割引いて考えたりするが、それは甘く、ケチというもので、むしろそのまま十倍と想像しなければ、ホゾを嚙むというのだ。

これは、どうかと思う。たとえ十倍百倍で考えたとしても、正解であるといえない。なぜなら、小室信介は、この商取引の掛値論から、比喩として「支那人ノ書籍ニ記スル所」の表現にまで及ぼそうとしているからだ。

「四書六経ヲ問ハズ、歴代ノ史類ハ勿論、詩文ノ末ニ至ル迄、其ノ説ク所、記スル所、其ノ実ハ十分ノ一、或ハ二十分ノ一ト云フ程ノ比例ヲ以テ推量セザルベカラズ」

これは、無理がある。四書六経は、ある意味で理想であり言葉がいかに強くても、守られない故にありうるのだ。数字で十分の一、二十分の一といっても意味がない。鎖国日本にあって、これらはすべて実行されていると純粋培養的に暗記させられもし、教えこまれたとしても、それは教授法の問題である。

しかも彼は一挙に上海の新聞記事のありようにまで、然《しか》りと飛んでいく。

「申報滬報《しんぽうこほう》ノ如キ、支那人ガ木鐸《ぼくたく》トシ、耳目トスル所ノ者ナレドモ、其ノ記載スル所ハ、中ヲ尊ビ外ヲ賤《さげす》ミ、自ラ夸大ニシテ広ク海外ノ事情ニ通ズルコトヲ欲セズ。頑陋《がんろう》自ラ安ンズルガ如キハ、以テ支那人文章家ノ弊習ヲ見ルベキモノナリ」

これは、ジャーナリズムの記事でしかない。「支那人文章家ノ弊習ヲ見ル」のには、疑問がある。「中（国）ヲ尊ビ外（国）ヲ賤ミ」は、頑陋であっても、世界ジャーナリズムの「通弊」である。明治十七年の各党に属する日本の新聞とて、党利中心になって報道の中正など歪み、「頑陋」そのものである。「近来、清仏事件ノ報道ノ如キモ一トシテ其ノ実ヲ伝フルモノナク、……自国ノ事ニ付キ、些《いささか》ノ誇ルベキコトアレバ、誇大溢美《いつび》、殆《ほとん》ド嘔吐ニ堪ヘザルモノアリ」

そもそも上海に来て、当地の新聞を基礎資料として、まず読むというのは、自然である。が、福州で膠着状態を続けている清仏戦争そのものの取材ならぬところからやむをえず現地の新聞をたよりにしようとするが、その報道、日本へそのまま送るにはお粗末すぎてままならぬとすぐわかったのは、よしとしても（英字新聞のほうが、よしとしている）、その記事に対して「誇大溢美、殆ド嘔吐ニ堪ヘ」ズといってみたところで、その点では自国の新聞とさしてかわらない。

鼻クソ目クソである。自国の新聞記者とて、幼時より漢学の素養を受けているのだから、その新聞記事の文章は、当然の如く「誇大溢美」にならざるをえない。

自分が属する日本の新聞に送った尾崎行雄と小室信介の文章とて、漢字を使用しているかぎりは、どうしても「溢美」というほどでなくても、「誇大」にならざるをえない。

ただ尾崎は昭和の最晩年でも、漢字を排し平易なカタカナのみで文章を書こうとしている。小室は、この時点で（『第一遊清記』）、すでに漢字カタカナ混じりの文章を試みている。

しかし文体そのものは、漢文脈であり、平仮名にすべきところを片仮名にしたにすぎないのであり、尾崎よりは漢字の使用のしかたが、平易であるという差しかない。

さらに小室の中国の新聞批判はつづく。清仏戦争に対する外人の「華字新聞」がなければ、その「法螺」は発見できなかったし（ここにも、問題ありだが、西洋近代ジャーナリズムの一端が、そこにあったともいえるが、その是非はあるのに、全肯定してしまっている)、一挙に次の如くジャンプする。つまり漢学そのものの否定である。

「若《も》シ前代ノ歴史(中国の史記にはじまる二十四史や春秋左伝の類)ナラバ、予輩モ亦《ま》タ、其ノ真偽ヲ判定スルニ於テ、多少ノ思慮ヲ費サヾルヲ得ザルベシ」

としながら、上海で発行されている中国の新聞と西洋の新聞の比較をえた今、

「是ヲ以テ、前代ノ歴史ヲ推スニ、彼《か》ノ漢学者ガ廿一史ト称スルモノ、如キモ、或ハ申報滬報ノ流タラザルナキヤヲ疑ハシムモアリ。況《いわ》ンヤ彼ノ文集子伝ノ如キモノヲヤ。世ノ漢学者タル者、一タビ彼地《かのち》ニ遊バヽ、茫然自失スル所アルベシ」

日本人がまるごと信じた、これら中国の史書類が、政治権力の虚構の産物であるのは、あきらかだとしても、西洋の歴史書もまた成立事情は同じである。そのあたりは捨象されているが、信介は、尾崎行雄と同じく、上海へきていた日本の漢学者岡千仭《せんじん》と逢っているのである。岡が「茫然自失」したかどうかは、別の章で見る。


すこしく小室信介にかまけすぎたので、ここらで尾崎行雄に戻る。彼が不潔の他に、もっとも驚いたのは、路上の罪人と野に放置された墓である。

「余、城内に散策するに方《あたり》て、最も驚きたるは、罪人を路傍に放置し、其路人を見て、銭を乞ふことを許すの一事也」

城隍廟《じょうこう》の門前を通った時、大首械《しゅかい》(首枷《くびかせ》)を施された罪人四名が、尾崎たちの姿を見て銭を乞うた。

中国では罪人に乞食たることを許可しているのかと、びっくりしている。

「想ふに政府は、罪人、罰に苦しむの惨状を公示して、衆人を戒しむるが為《た》め、之《これ》を縦横四達の地に暴《さ》らすなる可しと雖ども、罪人は毫《ごう》も之を恥ぢず、却《かえっ》て首械を以て憐《あわれみ》を請ふの具と為すこと、恰《あたか》も不具なる乞児《きつじ》が、頻《しきり》に其不具なる所以《ゆえん》を示して、路に憐を請ふに異ならず」

と解釈している。わが非を悔いぬ中国の罪人の逞《たくま》しさに感心している。さらしものの刑に処しながら、乞食を認可する中国の官憲の不可解さにも驚愕したというべきか。尾崎行雄が気になったのは、乞食で得た金の行方である。

「因て得る所の財銭は、如何《いか》に之を処分するや、半ば之を官に没し、半ば之を罪囚に給する乎《か》、将《は》た全く之を罪囚の有と為す乎」

しきりと、その財銭の行方を気にしているのもおかしいが、未来の政治家としての心配でもある（すでに彼は大隈の改進党の幹部であったが）。おそらく、罪人と官憲の間でとりひきされる「賄賂」とからんでいる。中国の官吏の基本給は安い。そのかわりに賄賂を黙認している。そのことと、大いにからむはずだ。

この日の午後、尾崎らは上海の東郊に遊んだ。「市街を離るれば、外人の別墅《べっしょ》（別荘）と諸般の（洋式の）製造所と、路の左右に点綴《てんてつ》し、光景甚だ美なり」。やはり尾崎も、時代の子であり、漢学国学の他に洋学も学習した尾崎は西洋の文物にも「美」を感じている。さらにしばらく行くと、黄浦江の望める一帯に陸田が見えてくる。そこに不思議なるものを目撃した。

「高二三尺より四五尺に至るの小丘あり。之を問へば皆死者の棺と墓と也。死後三年間は棺の儘《まま》にて、之を畝畑《ぼうはた》（畑は国字）の間に曝《さ》らし、既に葬を終れば、或《あるい》は土を其上に盛て小丘を築き、或は其四方を塗《ぬり》て上に屋根を造る」

「既に碑を建てず、又其周囲に繞《めぐ》らすに欄椚《らんもん》を以てせず、棺榼《かんがい》墳墓、田畝《でんぼう》の間に乱点《らんてん》し、死者の父兄たり子孫たる者、日々其傍《かたわら》に耕種し、古き者は壊《こわし》て豆麦の肥料と為し、新《あたらし》き者は暫《しばら》く存して、風雨の壊崩《かいほう》するに任ず」

尾崎は、かなりくわしく調べて書いている。民俗学はまだ勃興していないから、新聞記者としての習俗への視線である。この棺のごろごろ田畑に転っている光景は、日本人にとっては、カルチャショックだったようで、これまで私は、諸々の本にそれに類した記事を見ているが、たいていは異様なる印象にとどめ、判断停止しているので、尾崎との大いなる違いである。さらに彼は一歩進めて、次の如き政論を吐いている。

「父母兄弟子孫の墳墓を毀《こわし》て粟を種《う》え、孝悌《こうてい》の道に於て欠くる所あるが如し。何ぞ孔孟の教《おしえ》を以て此の陋習《ろうしゅう》を一掃せざる」

ここまでは、月並みな批判で、ひょっとして孔孟の教に反しないのかもしれぬ。尾崎の発想の面白さは、この陋習に文明開化の花たる鉄道敷設への反対運動を結びつけた点である。中国の反対者の意見は、どうしても田畑の上に線路を敷かねばならぬのなら、その時は、父母の墓も破壊されるというものだったからである。これに対する尾崎の意見は、こうだ。

「田畝を以て墳墓に供するの習慣あるの国に在《あり》ては、鉄路を築く、固《もと》より墳墓を避くる能《あた》はず。苟《いやしく》も墳墓を避けんと欲せば、鉄路築造を論ずる勿《なか》れ、耕耘《こううん》の業も亦《また》、之を営む能《あた》はざる也」

中国の伝統的な親に孝の儒教道徳と、西洋思想の流入とによって生じた矛盾を反対運動に感取した尾崎は、ならば「鉄路築造を論ずる勿れ」とまで言い切っている。

鉄道については、小室信介も、いささか意見を述べている。それは、北京公使の榎本武揚《えのもとたけあき》のもとへ、清国の軍機大臣などが訪ねてきた時、たまたま岡千仭が居合わせていた。その際の笑話として鉄道問題があるのである。

鉄道の利害を公使に問うたのは、軍機大臣からであったという。いちはやく鉄道をひいている日本の公使として榎本は、次のように答えた。

「鉄道ノ事ハ、未ダ利害ヲ説ク可《べか》ラズ。方今、世界文明社会、開進ノ気運駸々乎《しんしんこ》タリ。苟《いやしく》モ国民ヲシテ此ノ開進ノ気運ニ伴ヒ、文明ノ域ニ進マシメントセバ、鉄道ヲ設クルモ、政府タルノ職（務）ナリ。初メヨリ、其ノ損益ヲ見ルベカラザルコト、猶《なお》彼ノ学校病院ノ如キモノナリ」

すると、かの軍機大臣は、その意味がさっぱりわからぬようで、

「我邦ニ於テ、鉄路ヲ設クルハ、利少クシテ害多キヲ見ル故ニ、上下之ヲ好マズ」

と答え返してきた。そこで、榎本公使は、幕末のヨーロッパ体験者らしく、次のように述べた。

「西人ノ諺《ことわざ》ニ云フ。時間ハ金貨ナリト。貴国ノ商人、利ニ精《くわ》シキコト、或ハ西洋人ニ勝《まさ》レルモノ有リ。豈《あに》此ノ理ヲ知ラザランヤ。想フニ鉄道ノ利ヲ知ラザル者ハ、卿《けい》等政局中ノ人ニ止ルノミ。商人ノ如キハ、必ズ其ノ設ルコトノミ速《すみやか》ナルヲ好ムナラン」

と榎本は皮肉っている。商才は、西洋人より中国人の方が上であると榎本が認識しているのも、面白い。ところが軍機大臣は、頭をふって否定した。

「否《い》ナ、鉄道ハ、我国朝野ノ別ナク、官民皆、之ヲ嫌フ」

たしかに尾崎行雄は、官民等しく反対しているさまを報告しているから、もし彼がこの場に居合せたなら、その通りと同意したかもしれない。しかし榎本は、軍機大臣に対して、それならばとしつこく鉄道の利害（害のほうは、おそらく中国人と違っているのだろう）を「縷々《るる》数千言ヲ費シ」コンコンと説諭したらしい。榎本らしいといえるが、岡千仭の証言を記す小室は、はからずも「縷々千言」などと中国の誇大語を思わず使ってしまっているのも、愛敬である。その大臣は、どうしたか。

「彼レ、頑然、竟《つい》ニ解ラズ。終リニ及ンデ、岡氏ニ向ヒ、鉄道ノ利害、兄《けい》ハ如何《いかん》トナスヤト、其ノ判決ヲ請《こ》ヒタル由」

この大臣は、おそらく科挙の進士出身の秀才で、岡千仭が日本の儒学者だと知って、榎本に対してより深々と敬礼し、筆談して、詩まで論じあった男なのである。これをきいた小室信介の感想は、かくの如くである。

「嗚呼《ああ》、公使ニ《(の)》十年経験ノ言《げん》、只一儒士ノ信用ニ及バズ、驚クベキコトト謂フベシ」

尾崎は、同じ上海にあっても、小室と違い、官民等しくかかわる「墳墓」の問題であることを知っている。つまり、儒教の根幹にある親に孝の道徳である。鉄道の敷設は、あちこちの田圃にある墓地を破壊しなければ、不可なのである。

しかしそれでも、中国では、圧倒的な反対運動がおこっていたとしても、西洋の圧力を受けている政府にとっても喫緊の課題であったことを示している。

支那の文章は古《いにしえ》より事を皇張《こうちょう》す

それにしても尾崎は、漢語をよく知っている。苦もなくほとばしり出てくるのだろう。

「好晴、微風柳葉を払ふ、颯々《さつさつ》秋声あり」

尾崎行雄の『遊清記』は、日記体をとっている。右記は、明治十七年九月二十八日の出だしである。漢詩の教養が生きたその日の天候の描写である。

漢学者の難解を極める「古文尊重癖」を嘲笑する尾崎だが、やはり訓読体からくる漢文のスタイルを用いずには、彼とて文章を書けぬという矛盾がついて廻っている。過去の言語感覚は、しつこく彼についてまわり、自らの先取の観念を裏切って、一朝一夕では、引っ込まず、おそらく内心では、苦悶しているのであろう。

新聞記者であった尾崎は、漢文脈の文章（れっきとした日本の文語体である）を駆使する名手であるが、日本の新聞は、ほぼ明治いっぱいまで、言文一致の口語体に踏み切れなかった。漢文脈の文章にも、巧い下手がある。誰が書いても同じになるというものでない。漢学者が用いれば、知識過剰がたたって、生硬になる。和漢洋の才子福地桜痴《ふくちおうち》、早くから清国入りしている岸田吟香《きしだぎんこう》、漢学者を父にもつ犬養毅《いぬかいつよし》は、なかなかの名手である。中江兆民《なかえちょうみん》、その弟子の幸徳秋水《こうとくしゅうすい》も巧い。

「余の清国に遊ぶ、固《も》と山を品し、水を評し、風流艶冶《えんや》の楽を買ふが為《た》めに非《あら》ず。亦因循《またいんじゅん》、客舎《かくしゃ》に閉居し、時に迂儒陋学《うじゅろうがく》と往来して、古文辞を修《おさ》めんが為めに非ず」

このころ、上海を訪れる日本人は、商売にしか目のないものか、なんとか本場の「迂儒陋学」の士と交際しようとする「中国崇拝」の文人ばかりである。上海に来たって、時（世界情勢）の行方を見さだめようとするものは、きわめて少なかった。尾崎は、俺は違うぞと言わんばかりに、こう言う。

「一は大陸の形勢を踏験《とうけん》して他日の考資《こうし》に供し、一は仏清交争の実情を報道し、我が報知新聞の読者をして、勝敗利鈍《りどん》の因《よっ》て起る所を知らしめんが為め也」

ところが、そうは行かなかった。

「既に三旬に垂《なんな》んとするも、両国未《いま》だ一兵を交《まじ》へず、人をして隔靴掻痒《かっかそうよう》の感に堪へざらしむ」

これでは、特派員の役目が果たせない。

「因《よっ》て想ふに、清廷の虚弱なる、進んで仏軍を攻むるの気力ある者に非ず。故に戦《たたかい》は皆仏軍より起らざる能《あた》はずして、駐清の仏軍に陸兵なし。何《いず》れの地を攻むるも、唯《た》だ之を撃破するに過ぎず、決して之を占拠防守する能はず」

清仏戦争がコウチャク状態なのは、なぜか。清兵の無気力と仏軍に陸兵がないためだ、と尾崎は判断している。

「是《こ》れ仏将の福戦（福州の戦い）以来、未だ一兵だに動かさざる所以《ゆえん》也。今後と雖《いえ》ども、（仏軍は）大兵本国より至らざる間は、決して活潑なる運動を為す能《あた》はざる可《べ》きのみ」

尾崎は、小室と違って、清仏戦争にからむ上海の新聞の悪口は、ほとんど述べていない。同じ「遊記」でも、自由党直属の『自由新聞』特派の小室と、改進党系といえ、より大衆を相手とする『郵便報知新聞』特派の尾崎とでは発想が違うからであろう。読者の嗜好も違うので、上海の状況を書き送るだけでも、十分に用が足りると思っていたからであろう。

あのタバコぷかぷかの事件後も、尾崎は小室とは、二度ほど上海で遊んでいる。九月十日、仙茶園で「清戯」を見物している。同行者は、小室の他に、『北清日報』の森常太、駅逓局の官僚の渡辺豊である。「本邦の演劇（歌舞伎）に比すれば及ばざること遠し」が尾崎の感想。舞台装置の変化なきも、その欠点としている。

十八日も、馬車を雇い、「本多小室の二氏と徐家匯《じょかわい》に遊ぶ」とある。本多（孫四郎）は、時事時報の特派員。郊外に出たのである。上海が見下ろせる西洋人の建てた旅館（ホテル）で遊ぶ。「楼上洋婦両三名あり。美婦盛粧。欄に倚《より》て茶を喫す。……洋琴を鼓し、洋歌を唱ふ」とある。小室信介の反応は記述されていなく、彼もまたその著でなんら感想を語っていない。

翌日、乍浦《さくほ》路に寓居を持ち、日本のスパイとして暗躍していた曾根俊虎に逢っている。彼は、清仏の対峙する福州に入ることのできた人物である。ここで情報をとった尾崎は「福戦余聞」を本社に送っている。小室より、取材がうまい。

二十六日の夜、「小室信介氏、北京に向て発せんとするを以て、寓楼、酒を酌み、聊《いささ》か離杯の儀に充《あ》つ」とある。翌二十七日、「小室氏送（り）て、汽船武昌号に至る」。船客の中に岡千仭《おかせんじん》（鹿門《ろくもん》）がいた。

この日、尾崎は、『申報』の社長メジョー氏（西洋人の経営か）を訪れている。日本へ出張中のため、留守で逢えなかったが、同社の新聞を手にとって読んでいる。

そこには、「福州戦に関する上諭」が掲載されている。これは官報であるから、小室のいう如くその文辞誇大ということはあるまい。日本公使であった何如璋《かじょしょう》が、「懲宣《ちょうせん》」の処分に附されたことを知る。

「余、上諭を一読して言路壅壅《ようよう》の致す所、下情の上達せざるを嘆ず」

批判といえば、批判である。あくまで官僚人事で、言論機関は、官と民の間に立ち塞っていてなんら民情とかかわらぬ下情の意見が上達されることなきことを嘆いている。自由民権運動への弾圧や発行停止があるものの日本のほうが、まだましだと思ったであろうか。

かくして尾崎は、上海を離れていく仲間の動きを見てか、自らもしばらくこの地を離れ、人並みに「英雄豪傑の古跡を弔《とむら》ふに如かず」（二十八日）と考える。長江をさかのぼって鎮江南京九江漢口へと遊ぼうかと思いたち、さっそく英語のできる通訳の手配を知人に頼んだ。

これは、どういうことだろう。尾崎は、会話はともかくとして、これまで英学を学び、まがりなりに翻訳の仕事もすでにある。が、どうせ通訳を雇うくらいなら、日本語のできる中国人のほうがよいと思われるので、ひとつ理解できない彼の行動である。中国にあっては、日本語より英語のほうが通じると思ったからか。

というより、日本語も中国語も英語もたんのうな通訳という欲ばった希望なのだろう。南方には、外国人も沢山いる。彼等から情報をうるための記者魂か。

それとも漢文は読めるが、中国語のだめな尾崎は、現地人に用あらば、意を英語でもって通訳に伝え、中国語で交渉して貰うということか。まもなく知人が英語と日本語がともにできますという通訳を連れてきた。さっそく尾崎は彼の能力をためしてみた。

「余先《ま》づ英語を以て之を試《こころ》む。何事を問うも唯《た》だ『エース、エース』と答ふるのみ。転じて日本語を試む。亦《また》唯だ其両三語を解するのみ、乃《すなわ》ち謝して還《かえ》す」

「エース」は「イエス」、これは、一体どうしたことだろう。知人某氏は、なんとも無責任な中国人を紹介したものだが、想像するにその男は通訳（舌人）なのでなく、ただの旅案内人で、英語日本語が駄目でも、あとは心臓ひとつで商売をするといった手合いなのだろう。

しゃべれなくとも、最後の手段に「筆談」がある、と必ずしもいえない。なぜなら筆談は、清国にあってインテリの間でしか通じない方法だからである。看板をふくめ、漢字の氾濫している国であるから、不思議のようだが、当時の中国人の大半は、文字の読み書きができないのである。尾崎がいざ「筆談」を試みると逃げ出すという経験をすでにしている。（中国は、意味よりも、文字〈書〉そのものの魔力なるものを認めている国だ。）それにしても尾崎の記者としての能力は、なかなかだ。

さて尾崎行雄は、上海に居住している文人王韜《おうとう》（紫詮《しせん》）には、なかなか逢えないでいた。せっかく岡千仞（鹿門）が紹介の労をとってくれたのに、自ら約束を破ってしまったその罰でもあるかのようにである。まず九月十二日に、尾崎は石路《せきろ》の懐仁里《かいじんり》に彼を問うた。「病を以て客を謝す、面ぜずして帰る」と日記にある。居留守の可能性もある。

その後、「雨を捲《ま》き、戸の隙《げき》（すき間）、皆鳴る」暴風の夜（九月二十三日）、客舎に閉じこもり、尾崎は太平天国の乱にかかわる彼の詩を読んでいる。いつの日か、必ず彼に逢いたいものだと思い、その時のため、すこしでも彼の仕事を勉強しておく気でもおこしたのか。文人嫌いの尾崎にしては、殊勝である。左記は、彼の「髪賊《はつぞく》征討記」を読んでの感想であり、清仏戦争に思いをめぐらした時の意見である。

「当時、諸将の偸安姑息《とうあんこそく》なる、全く今日に似たる者多し」

「今日諸将軍の為す所を見るに、皆徒《いたず》らに保塁《ほるい》を築き、石船を沈むるに過ぎず。敵来れば即ち遁逃《とんとう》して、辛苦経営せる金城鉄壁をして、空《むな》しく敵の手中に落ちしむ」

彼の「髪賊征討記」は未見だが、詩で以って記した個所があるようだ。つまり王韜の太平天国の乱を諷した詩は、たとえば

　昨者将軍大出兵
　三日猶未行一程
　但看白日坐釈甲
　誰肯黒夜前斫営

といったものである。尾崎は、これを漠然と読めば、「平々他奇なきもの」に思えるかもしれぬが、「細《こま》かに実情に対照すれば切実、実に驚く可き者あり」と感心している。

　吏才惟見籌軍食
　将略徒聞築堡硼

に対しては、「詩句の虚構ならざるを知る可し」と、やや見なおしている。中国の詩全体に対してでなく、王紫詮の詩がそうだったということであろうが、中国の誇大癖の観点から、すべてを否定してしまう

ようなのではなく、いかに誇大に見えても、まだまだ言いたりないようなものも、その詩世界にはあるのだと、やや認識したとも言える。

それにしても尾崎のいう「平々他奇なきもの」とは、きわめて用心したいいかたではないか。まず、幼時より中国の詩文の体験によって培《つちか》われたイメージがまず尾崎にあり、上海に来て見て、あまりに実態と違うので裏切られたという心理的前提がある。だから「平々他奇なきもの」として漠然と読むのは、一つの防衛である。これは詩文への対しかたとして、きわめて不幸な読み方である。誇張の真実というものがあるからである。しかし、尾崎は、上海に在ってコウチャクした清仏戦争を見守る中にあって、あたらしい発見をしている。

中国の詩は、かならずしも誇張ばかりでない、と。太平天国の乱を諷した王韜の詩と清仏戦争の実状との照合によって、それを感じとる。つまりその表現がいかに大袈裟と見えても、まだまだ実態に及ばない事実も中国にある、と。

たとえば、かつて中国の山水画のイメージをそのままに信じていたが、中国人特有のオーバーな表現であると認識をあらためたものがいたとする。だが、中国の山岳に接し、やはり現実描写だったのか、その迫ってくる威容感からすれば、まだまだ描きたりないと思うのに、尾崎の発見は似ている。

「詩句の虚構ならざるを知る可し」

これが、嵐の夜の尾崎の感慨であり、がっかり続きの上海における大収穫であった。

九月二十七日、尾崎は天津北京に赴こうとする岡鹿門と逢い、彼を見送ったのち、その足で王韜を訪うている。この時も不在であった。気をなおしてか、三十日にも訪うた。今度は、ついに逢うことができる。

「余が至ると聞て大に喜び、倉皇《そうこう》（として）出で迎へ、一面には余に筆紙を与へ、一面には自ら筆を執《とり》て、前二次（にあって）敬迎の礼を欠けること（留守）を謝し、且つ栗本翁藤田兄其他社友の起居如何《いかん》を問ふ」

「栗本翁藤田兄」というのは、報知新聞の上司である。栗本鋤雲《じょうん》・藤田茂吉のことである。彼等は王韜が来日した時、詩を交していた。また「一面には余に筆紙を与へ、一面には自ら筆を執て」というのは、「筆談」をさしている。なんの一面か。机のことだろう。王韜は、在日中、日本の文人たちの筆談攻めにあったので、そこはよく心得ているのである。

「中国の大、華人の衆、以て仏（国）を制する能《あた》はず、唯だ当時者（の）因循、一速字を服膺《ふくよう》する能はざるに因るのみ」

「一速字を服膺」、この言葉はわからぬが、「決断」のことか。中国の軍人や官僚は、引き延し、先き送りの病いにかかっているので、いかに領土が大で、衆が多であっても、わずかな海兵のみの仏軍にさえ勝てぬと王韜は言い切ったのである。

尾崎行雄は、さすが泰西（西洋）に遊んだことのある人の発言であると感心するが（近代兵器の差の認識）、「一速字を欠くを以て清廷の弊根《へいこん》と為す」という意見に対しては、この人、本気でそう考えているのかといぶかっている。いまや中国の官僚主義の弊は、いかに一速字の特効薬を飲んでみても、すでに手遅れである（清国は滅びる）と考えており（「一速字」という薬名か）、開明派のインテリ（老儒）

王韜とはいえ、中華意識が心の底に眠っており、そうは思いたくないだろうと想像し、次の如く「筆談」の語を返した。

「北京に在《あり》て局に当る者、皆先生の見識あらば、今日の如き失体《しったい》はなかる可《べ》しと雖《いへ》ども、然《しか》れども積弊《せきへい》の致す所、容易に之を振刷《しんさつ》して、清国の面目を一新する能《あた》はざる可き」

阿片《アヘン》に蝕まれている老儒に向って、若き日本のジャーナリスト尾崎行雄は、客気満々、無情の斧をズドンと彼に向ってふるい落し、来るべき清国の運命に引導を渡している。それに対して王韜はどう答えたのか、黙したままだったのか、『遊清記』に記載を欠く。ただ、こう記すのみである。

「筆談の際、夕陽既に窓に映ず。辞して還らんとすれば、蘅華館詩録《こうかかんしろく》を贈らる、即ち先生の詩鈔《ししょう》也」

尾崎は翌十月一日から、長江の旅に出るつもりであったが、仏軍が台湾に向ったという情報がはいり、「揚州《ようしゅう》観月の遊」を中止している。新聞記者魂をとって、ひきつづき上海で報を待っていることにしたのである。

上海における尾崎の仕事は、続々と入ってくる情報の分析である。清国とフランスが戦っているのだから、外国の租界がある上海に滞在していれば、戦場にいないという恨みはあっても、自らの聞きこみや、耳に入ってくる噂や、新聞の報道などによって、両軍の情報が集ってくる。

「余、其《それ》、或《あるい》は虚構ならんを疑ふ」

「強《あなが》ち虚妄ならざるが如し」

という風にその真偽を判断していかねば、日本へニュースも送れない。尾崎は中国人の誇張癖のみならず、現実に比して誇張が足りぬ場合もありうることも、中国で学んでいる。あくまでも判断の基準は、誇張の有無である。あるいは、誇張の中にふくまれる真実の見極めである。

十月五日。尾崎は、張佩綸《ちょうはいりん》と何如璋《かじょしょう》両大臣が、福州の戦況を北京の朝廷へ奉ったという奏報なるものを入手した。何如璋は、かつて来日し、日本の文人にも人気の高かった初代清国公使である。

「舞文《ぶぶん》、過《あやまち》を飾るの巧妙なる、人をして一読、噴飯に堪えざらしむ。其《その》怯を転じて勇と為し、惰《だ》を化して勤《きん》と為すの手段に至《いたり》ては、丹を練るの道士、空中楼閣を築くの小説家と雖ども、恐くは三舎を避く可し」

進士出身の清国の高級官僚が作る上奏文は、みな曲筆の「舞文」であり、言語による巧妙なる錬金術であると尾崎は考えているので、その誇張と歪曲のテクニックに感心するあまり、噴飯ものだと感じとるような心理状態にある。

「総て支那人の事を記するや、耳目の見聞する所に拠《よ》らずして、想像の馳聘《ちへい》する所に拠る。故に其《その》記事の皇張《こうちょう》誇大《こだい》なる、遠く本邦人の意想外に出て、動《やや》もすれば一二尺に足らざるの白髪を、皇張して三千丈と云ふに至る」

李白の「白髪三千丈」を例にとって、中国の誇張癖をいうように日本でなったのは、いつごろからか。すくなくとも、尾崎が『遊清記』にそう書いた明治十七年にその先例がある。

ここで尾崎は、さきに「悪臭鼻を衝《つい》て、暫《しばら》くも留まる可《べか》らず」とした上海の「湖心亭」に対する文章例を引いてみせる。「滬城《こじょう》（上海）の某学士」が、「巧みに之を粉飾し」た遊記で、観光案内のパンフレットの中にあるのかもしれぬが、「支那人の事実を顧みず、筆に任せて虚妄を逞《たくまし》ふすること、凡《およ》そ此くの如し」として引用している。

その中に、たとえば月並みなほめ言葉の「清曠絶俗《せいこうぜつぞく》」なる語があり、この文が書かれた時点では、まだ湖心亭は悪臭を放っていなかったのかもしれないが、そのまま宣伝文として流用されたため、手厳しい尾崎の目にとまってしまった、と見るべきか。

「俗語に話し半分と云ふこと有れど、支那人の記事は、皆百分の一位《くらい》に見て適当なる可し。若《も》し史上英雄の言行を見て其人を慕ひ、或は文人学士の遊記文を読んで、其地《その》に遊ばんと欲するの念を起すが如き者あらば、是れ支那の文法を知らざる者のみ」

小室信介と同じように「百分の一」といった数字をもちだしてしまっている。「史上の英雄」の言行録は、一種の顕彰文であり、文人の「遊記」は、あくまで文学的行為（時に宣伝に手を貸すが）のはずであるが、何如璋ら政治家（文人でもある）の清仏戦争に対する「舞文」（司馬遷の『史記』ですでに使われている言葉だ）と、尾崎は同一視してやまない。

「支那の文章は、古《いにしえ》より事を皇張《こうちょう》して、少《すくな》きも数十倍、多きは則ち数百倍に至る者と知る可し。故に文を習ふとは、唯だ字句を修むるの謂《い》ひに非ずして、盛んに想像力を磨き、猪を見れば直ちに筆を援《おくり》て、虎と書するの謂《い》ひ也。後の漢文を脩むる者、宜《よろ》しく之を銘す可し」

ついには、漢文教育論になっている。引き算は想像力である。もし（なんでもそのまま信じたがる）日本人に逞しい「想像力」があれば、このような難癖はつけないだろうという矛盾もある。中国の官僚のものす伝統的「舞文」とは、また別の問題だろうと思うが（まったく無縁ともいえないが）、清仏戦争の経過を正確に伝えたいと念じている尾崎行雄は、かく結論づけてはばからぬ。

「読者、若《も》し余が言《げん》に疑あらば、去《いき》て張佩綸、何如璋の奏報を見よ。深く文章を修めて衆に超ゆるの想像力を磨き得たる者に非ずんば（誇張の技術）、決して彼が如き巧妙なる奏報を揑出《ねっしゅつ》する能はざる也」

中国の政治的上奏文は、「小説」である、と言っているも同然である。事実、中国人は政治というものに対して「小説」以上の虚構世界である、と考えているところもあるのだ。上奏文は、本来、中国文学の雄でもあり、それにくらべ「小説」は、あくまでも小さな説《はなし》の集積にすぎない。

十月三十一日、船政大臣であった何如璋、福建巡撫《じゅんぶ》の張兆棟《ちょうちょうとう》が、革転（左遷）された。ところが、尾崎は、嘘の上奏をした報いだと見ない。清朝の官僚、みなそうなのだからと、むしろその左遷に同情さえしている。ことがうまくいかなければ、だれかが責任をとらされる。その裏に官僚間の勢力争いが、必ずからんでいるだけのことである。

尾崎行雄の横浜到着は、十一月の十九日である。彼を出迎えたものの中にひとりの「漢学先生」がいた。彼は問う。

「君の清国に在る、六旬を過ぐ。詩を得る、必ず多かるべし」

尾崎は戯れて（心は、胸を張ってだろう）答える。

「余に詩骨なきや……況《いわん》や身を支那の俗境に置《おき》て、日々俗人と交はるをや。一詩を賦せんと欲して能《あた》はざりし」

「咢堂詩存」によれば、たしかに明治十六年から十九年の間、一詩も作っていない。

帰国後、尾崎は、怖るるにたらずと、熱烈なる征清論者となるが、さて北京に向った小室信介のその動きを見ておきたい。タバコをふかして腐臭を避けた上海での汚穢体験を省いた彼だったが、北京では記さないではいられなかったからだ。

まず信介は、清朝の首都北京では（十月九日）、文廟《ぶんびょう》（孔子廟）を訪れている。（北京城ノ安定門ノ東南、崇教坊成賢街《すうきょうぼうせいけんがい》ノ国士監ノ東ニ在リ）

「支那人ハ、一二憂国ノ人モアルベシ、又忠君ノ民モアルベシト雖モ、概シテ之ヲ言ヘバ、貪欲愛銭ノ小人ノミ。廉恥《れんち》モ知ラズ、忠義モ無キ、只《ただ》私利ヲ営《いとな》ムコトニノミ、営々汲々トシテ俛焉《べんえん》（つとめいそしむ）、他ヲ顧ミザルモノナリ」

と例の『第一遊清記』で強調的に語っているが、この気風は、今も昔もかわらないところのものである。

「孔孟ノ教ヘニハ、仁義道徳ヲ説キ、礼儀廉恥《れんち》ヲ教フルモ、其ハ古書ノ事ニテ、今ハ行ハレザルモノカ。但シハ、往昔ニテモ、其ノ教ヘ高尚ニシテ、中人以下ニハ行ハレザリシモノカ。何《いずれ》ニシテモ、今日ノ支那人ヲ見テハ、孔孟ノ門弟トハ受取レズ。支那国ヲ以テ、孔孟ノ教《おしえ》アルノ国トハ信ズベカラザルコトニテ、漢学者ニハ気ノ毒ナレドモ、実ニ軽蔑スベキ国柄ト云フヨリ外《ほか》ナシ」

このような発言は、上海での体験もあるが、「規模甚ダ宏壮」の孔子廟を訪れた時、決定的になったようだ。その門に到ると、まず乞食が待っていて、金を要求する。渡すと小門を開いてくれ、中に入ることができる。ところが、ひとたび門内に入るや、

「草茫々トシテ、人ノ脛《すね》ヲ没シ、人糞犬矢《けんし》、四辺ニ狼藉タリ。屋漏《も》レドモ葺《ふ》カズ、草埋《うま》レドモ掃《はら》ハズ。

殿内ニ入リテ見ルニ、孔孟十哲ノ霊牌ハ、皆塵埃《じんあい》ノ中ニ没シ、或ハ倒レ或ハ傾キ、児童ノ玩弄《がんろう》ニ任セテ、毫《ごう》モ顧ミルモノナキガ如シ」

これは、すでに上海などで呆れはてていたといえ、幼時より孔孟の教えを暗誦してきた小室信介にとっても大ショックであるといわざるをえまい。しかも、この文廟の隣りには国士監があり、そこでは今も孔孟の教えは機能しているのである。

逆に私などは、中国の凄さを感じてしまうが、小室信介とて、びっくり仰天せざるをえない。反動的に軽蔑を感じても、再反動して、中国の凄さを感じたりしない。このころの日本の運命からすれば、軽蔑することにより、危機感を覚え（中国、組しやすし）、というより、中国が列国の餌食となってその危が日本へ及ぶことを怖れ、懸命に軽蔑することを学習したのだと思われる。

それが日清戦争にもつながり、中国人をチャンコロ呼ばわりするようにもなるのも、なんとも哀しくむなしいが、必然の道であったともいえる。

小室信介は、ここではじめて「人糞犬矢（犬の糞）」について触れている。またその不潔も語るようになっている。北京は、その不潔たるや、上海より凄いぞときいてはいたが、その通りであったことも、「一大帝国ノ帝都ナレバ」の意識で、まさかと思っていたので、ショックも大きかった（中国人にしてみれば、勝手に崇拝しておきながら、急に軽蔑とは、なにごとだというものである）。

「帝都ノ不潔ハ、朝鮮王都ニ倍セント」と驚き、その具体的模様を描写しないでは、もはやいられなくなっている。

「街路人行ノ繁《しげ》キ場所ニ於テ、市民ハ路ノ左右ニ踞《きょ》シテ、大便ヲ為ス者、数フルニ遑《いとま》アラズ。其多キハ、五人乃至《ないし》十人、臀《しり》ヲ列《つら》ネテ、之ヲ為ス。其ノ為ス者ハ、人ノ之ヲ見ルコトヲ耻《は》ヂズ、通行ノ男女、之ヲ見テ怪《あやし》ミヲ為スモノナシ」

日本では、二十年前（維新前）までは、立小便はあったが（これだけは、今でもある）、「白昼ニ臀ヲ露シテ大便ヲ為ス者ハアラザリキ」と大ショックを受けている。大便もやむをえざる時は、「草間林下無人ノ地」でしたと、漢学で教わった廉恥の成果を強調している。しかし、その本家の中国はなんたることだという驚きである。サプライズというより、ショックであり、それをいやすには、軽蔑に転化せざるをえないともいえる。

「路上、人糞ノ外ニ、駱駝《らくだ》、馬、騾驢《ろば》、犬豚等ノ糞有リ。糞穢畳々《ふんわいじょうじょう》トシテ、大道ニ狼藉《ろうぜき》タリ」

「故ニ道ヲ行ク者ハ、意ヲ注セザレバ、足、糞穢ヲ履《ふ》ミ汚サレザル者ハ稀レナリ」

人家もまた凄い。日本では「番町辺ノ旗本御家人屋敷」に匹敵する士人の家でも、圊厠《せいし》（トイレ）がない。

「滞寓中ハ、庭隅又ハ屋霤《おくりゅう》（雨だれ）ノ下ニ於テ、大小便ヲ為シタリ。故ニ数日ヲ経ルトキハ、邸内ノ空地、到ル処、糞穢、堆《たい》ヲナシ、足ヲ容ル、地ナキニ至ル」

「又、夜間ノ如キハ、自己ノ用ヲ達セントスルニ臨《のぞ》ミ、他人ノ糞穢ヲ履マンコトヲ恐レザルヲ得ズ。雨中ニ於テハ、右手ニ傘ヲサシテ、左手ニ裳ヲマクラザルヲ得ズ、甚ダ困難ナルコトナルガ、幸ニ雨少ナクシテ、雨中、上厠ノ困難ニ値《あ》フコトハ稀ナリキ」

段々と糞尿譚の滑稽に信介も近づいてきた。ひとたび語りだすと、もうとまらない。上海の尾崎以上である。

小室信介は、北京滞在中、同じ自由党の杉田定一《すぎたていいち》などと宿は一緒だったが、毎日のように顔を合せれば糞尿の話となり、「談笑」の種となったという。

「此ノ満城ノ人畜ガ垂《た》レ流シタル糞矢《ふんし》ハ、如何ニナリユクモノゾト、疑ヒ質《ただ》セシニ、拾糞人アリテ、日々街上ヲ馳廻リテ、此ノ糞穢ヲ拾採シ、コレガ為メニ路上ノ糞土モ新陳代謝ナシ、人ヲシテ便通ノ余地アルヲ得セシムモノナリ」

もし、この拾糞人の活躍がなければ、

「北京ノ街道、糞ノ為メニ壅塞《ようそく》シテ通ゼザルニ至ラン、実ニ想像スルニ畏《おそ》ルベキノ事ナリ」

もうこうなると、想像力が増進し、その酸鼻の光景を面白おかしく語り、笑うしかないだろう。現今の中国とて、これほどではないだろうが（観光政策の手前もあり）、これに似た状況は残っているだろう。北京オリンピックでは、どう変るのか。お楽しみというものだ。清潔といわれた日本も、長らく汲み取り式の便所であり、東京オリンピックでは、水洗トイレの施設が促進されたという。

いったい拾糞人が拾った糞矢は、どこに捨てられるのか、信介はずっと考えていたらしい。もう頭が糞尿のことでまみれている。

「一日、予ハ馬車ヲ飛バシテ城外ニ遊ビシトキ、安定門外ヲ過タルニ、一陣ノ秋風、臭ヲ送リ来リ、穢気、鼻ヲ衝《つ》キ、殆《ほとん》ド堪フベカラズ」

「首ヲ回《めぐ》ラシテ、其ノ臭気ノ因《よ》テ来ル所ヲ験《けみ》スルニ、左辺城壁ノ下ニ於テ、数基黒色ノ丘陵アルヲ発見セリ。之ヲ諦観スレバ、則チ糞山ナリ」

「蓋《けだ》シ彼ノ拾糞者ノ拾集セル所ノ糞穢ハ、皆茲処《ここ》ニ輸シ来リ、泥土ニ和シ、炭団《たどん》様ノ糞塊ヲ作リ、積ンデ丘ヲ為シ、日ニ曝《さら》シ、乾燥シテ、而《しか》シテ後ニ之ヲ苞《つつみ》ニシ、以テ南方諸島ニ輸送シテ、肥料トナシ、利ヲ得ルモノナリト」

合理的処置ともいえるが、日本人には、この糞山は堪えられぬとしている。

原敬の巻

史上初の政党内閣を率いて大正デモクラシーの立役者となった「平民宰相」も、外交官として最初に赴任したのは、天津であった。

「平民宰相」天津へ行く

ひとたび、人に貼られて世に流布したレッテルは、悪名であれ美名であれ、なかなか剝《は》がれないものだ。

「平民宰相原敬《はらたかし》」の場合も、その例である。まあ、美名であるし、「平民」であるのにはちがいないのだが、ひとたび政治的に、或いはマスコミがレッテル化すると、スローガンの宣伝的要素さえ帯びるにいたり、ちょっとやそっとでは剝がれにくくなる。

しかし、「平民」なる語は、華族士族平民の垣根の消えた敗戦後から、すでに六十年以上の月日が流れ去り、もはやとうの昔に死語である。それなのになお生きながらえているのは、教科書などで日本はじめての「平民宰相原敬」の称号が、そのまま歴史化されてしまっているからだろうか（幸徳秋水の『平民新聞』は、有名だが、官憲の弾圧による第二次廃刊の際は、原敬、内務大臣であるのも妙だ）。もしくは、現代にも生きながらえている「大衆」・「民衆」の語と同一視されている「誤解」にもとづくものか。

原敬は、安政三年（一八五六）盛岡で生まれている。南部藩の家老（一千五百石）の子（次男）であるから、明治に入って江戸時代の士農工商の身分制度が廃されたのちも、「士族」の名は残った。しかし、同藩は、官軍に抗した。賊軍とされた藩の子弟が、維新政府に出仕することは、まずおぼつかないとされていた。明治八年、原敬は、分家独立した際、「平民」となっている。

息子（養子）の原奎一郎《はらけいいちろう》の書いた『ふだん着の原敬』によれば、「（士族間の）養子縁談に対する対策」だったと聞いているとしているが、「そもそもさいしょから平民になることを望んで平民になったのではなかろう」と推測している。

大正七年、原敬は、内閣総理大臣となる。「平民宰相」といわれるのは、この時だが、奎一郎の回想によれば、「お父さまが総理大臣におなりになってから、平民食堂っていうのが方々に出来ました」と原敬に伝えると、ニッコリ肯いたという。平民食堂とは、簡易食堂のことである。

「平民が自慢だった」ともいう。薩長閥に反意の念を燃やし、民権尊重の意志もあった彼だが、「士族」を誇る風潮を忌《い》いつつも、心の裏にはその誇りがあっただろう。長身の美丈夫であった原敬の姿には、庶民的というより、士魂の面影がある。士族では、食べていけない。官軍に抗した藩の士族が、明治を生き抜くためには、「平民」であったほうが逆説的にかえって生きやすいという処世術があったかもしれず、また首相になってからは、すでに大衆の時代（大正デモクラシー）にはいっており、「平民宰相」というレッテルは、政治宣伝的にも有効であると考えていたにちがいない。

「板垣死すとも自由は死なず」も、板垣退助への歴史的レッテルとなり、後世の人間は、刺客に彼が襲われた際、てっきりそのまま死んだものと思いこんでいる。大正十年、東京駅で暗殺される原敬の「平民宰相」の場合とそれは、やや似ている。その年の暮れに緊急出版された井上雅二の『平民宰相　原敬』は、その目次を見ると、二十九章中、十七章の表目に「平民宰相」の語が乱発され、強調されている。単純化に向かうのが、レッテルの威力である。社会主義者である幸徳秋水の「平民」と、政党政治家原敬の「平民」とでは、ずいぶんと違うが、人はいちいちその意義を腑分けしない。

「いや、あれはいけない。政府の方に内通してゐる、怪しい奴だから、放逐しようと思ってゐるところだ」

と首を横に振ったのは、『報知新聞』の新社主、政治小説『経国美談』で名を馳せた矢野龍渓《りゅうけい》である。「あれは」の「あれ」は、若き日の原敬である。

明治十五年のはじめころ、『報知新聞』（明治五年創立）は、いわゆる「十四年の政変」で下野した大隈重信《おおくましげのぶ》が作った改進党の御用新聞となった。かつては同社の記者であったが、官僚となって、いったん離れていた改進党三田派の矢野龍渓や犬養毅《いぬかいつよし》・箕浦勝人《みのうらかつんど》らが戻ってきて、論説委員として再入社した。同じ改進党三田派の尾崎行雄も、論説委員となって入社するが、かつて同新聞の記者だったことはない。

さて矢野のいう「怪しい奴」とは、明治十二年に入社していた「原敬」にほかならぬ。矢野龍渓に「いや、あれはいけない」と拒絶を受けたのは、「尾崎行雄」である。

『報知新聞』編集局には、上局と下局があった。論説記者は、上局である。雑報記者や翻訳方は、下局である。尾崎行雄は、『新潟新聞』主筆のころより、『報知新聞』の論説を書いている原敬の文章に感服していたので、入社するやすぐに逢いたいものだと彼をさがしてみたが、上局にはいなかった。

「不思議に思ってきいたら、原君は仏語の翻訳方をする下局の記者で、翻訳だけではひまなので、退屈しのぎに論説の手伝ひをしてゐたのであった」

と尾崎行雄の『咢堂回顧録《がくどう》』にある。つまり尾崎は、ぜひとも原敬を上局の仲間にしたいものだ、と矢野龍渓に図ったのだが、論説委員たちとともに反対された。

編集局の上下あるは、「官僚式」差別だ、と思っていた尾崎は（上局の論説委員は、お抱えの黒塗りの人力車をあてがわれていた）、なんとか優秀な原敬を上局へひきあげようとしたが、社長の矢野から返ってきた答えは、放逐するつもりだというすげないものだった。それでも尾崎は、なんとか救う道はないかと、いろいろと矢野に進言してみるが、

「いやいかん、渡辺洪基《こうき》などのともをして、地方を巡回したりしている。とにかく（原は）政府員（同然）であるから、我々の仲間におけぬ男だ」

とケンもほろほろである。

たしかに原敬は、明治十四年五月から十月にかけ、のちに帝国大学総長ともなる渡辺洪基（この時は、学習院所長か）に随行して、東北・北海道を周遊、『報知新聞』にその紀行文（「海内周遊日記」）を発表している。もともと原敬を入社させ、彼に論説を書かせたのは、（明治八年入社の主筆）藤田茂吉《もきち》（矢野龍渓と同じく旧佐伯藩出身）である。改進党三田派の彼は、『報知新聞』の再編後も残ったが、矢野らは原敬に対しては「我々の仲間におけぬ」と強く反対した。

乾元社版の『原敬日記』によると、明治十四年十二月二十七日の項に

「報知新聞は従来小西義敬《ぎけい》・行岡《ゆきおか》庄兵衛の所有なりし処、矢野文雄・藤田茂吉にて買受け、犬養毅・尾崎行雄・箕浦勝人を補助として聘用《へいよう》することとなり、多少の改革をなせり」

とある。翌十五年一月七日の日記には、「余少しく考ふる所あり、出社せず」とある。なにを少しく考えたのか。新人事（矢野らの出戻り）により、たえず「怪しい奴」と見なされるようになり、一種のいじめのために居づらくなったのか。「出社せず」は、一種のサボタージュか。退社の意志表示か。

その後、ずっと記載なく、二十五日になって、

「余の意見は報知新聞今回の主義に合せず、又余同社に在りて人に其志《その》を伸《の》ぶるに由《よし》なき（彼等に党せざるが為《た》めに）に依《よ》り退社の意ある久し。而《しか》して今回同社に改革あり、其主義急進に傾く、依《より》て断然退社に決し、左の書面を送り退社を申込たり」

と書したのち、矢野藤田両者宛てで社に病気を理由とする「辞職願い」を書写している。また、同日付けの藤田の返書（矢野氏も病気にて出社不致《いたさず》、小生一名にて決し難き宗旨）も同時に日記に写しとっている。

たとえ偽りの「病気」であろうと、それを理由として辞職する時は、いかなる説得にも、まず人は決意を翻すことはない（まあ、本復したのち出社せよの慰留もあるが、辞意を翻すはずなしを前提とした方便であることが多い）。

翌二十六日の夜、原敬は、辞表を受けつけなかった藤田の自宅を訪ね、

「身を閑《ひま》にし、保養旁《かたがた》学問せんと欲すれば」として強引に退社の承諾をえている。尾崎がいうごとく、矢野は原の「放逐」を考えていた。とすれば、あとは恩のある藤田の承諾さえあればよい、ということであろう。

その後、原敬の運命は急速に変貌をとげる。

まもなく明治政府についている帝政党（一月十五日結成）の御用新聞『大東日報』に、主筆として三月に入社（月給八十円交際費三十円）している。しかし社内の記者と意見合わず、早くも十一月に退社している。

辛抱なきようだが（下手をすれば、退社癖がつく）、むしろ決断につながり、彼の人生にとって好転に向かう機へつながっていく。つまり官僚への道が開かれるのである。

明治十五年十一月、外務省御用掛《がかり》・公信局勤務。明治十六年七月、太政官《だじょうかん》文書局兼務。十一月には、天津《てんしん》領事を命ぜられる。トントン拍子である。

当時、清国とフランスの関係は、険悪な状態を迎えていた。明治五年、仏国牧師から学んだ「フランス語」の能力を買われての抜擢人事であった。以後「フランス語」の能力が、一貫して青年原敬の運命についてまわる。『報知新聞』で記者たらんとする初志に反し、翻訳などの下局にまわされてしまったのも、フランス語の能力が仇《あだ》になった。

原敬が、任地に向かうべく日本より出発したのは、明治十六年の十二月五日である。『原敬関係文書』（第四巻、書類篇一）所収の「赴任日記」によれば、その日「妻幷《ならび》従者徳丸作蔵下婢むめを携て午後一時新橋を発す」とある。

妻というのは、奇人官僚として知られる旧薩摩藩出身の中井弘《ひろし》（号は桜州、漢詩をよくした）の娘貞子で（媒酌人は渡辺洪基）、まだ十五歳である。原敬は二十八歳。

原敬は官軍に抗した盛岡藩の出身であり、官界入りは不可とされていたが、『大東日報』に推挙してくれた井上馨《かおる》を通して伊藤博文ら長州閥とつながった。いままた中井の娘との結婚によって薩摩の人脈ともつながった。異端児の中井は薩州閥といいかねるが、長州の井上馨と親しい。井上の妻は、かつて中井の妻であった。貞子は、放蕩児中井の後妻の子である。

上海到着は、明治十六年十二月十二日である。さっそく品川忠道《ただみち》総領事に「面晤《めんご》」（面会）、その夜は田代屋（明治十七年九月、尾崎も泊まった）に宿した。

天津領事ともなれば、連日、御馳走責めである。到着の夜は、田代屋に宿していた外交官町田の部屋へ妻と行き、小酌ですんだが、翌十三日は、志士的密偵軍人ともいうべき曾根俊虎《としとら》らの「饗莚《きょうえん》に赴」き、翌十四日は公使の榎本武揚《えのもとたけあき》が北京から到着、総領事の署内で、上海紳士商をまじえての「饗」につらなる。十五日の夜には、品川総領事が原敬を招いて日本料理をふるまう。胃が丈夫でないと海外勤務の外交官はつとまらぬ。招き招かれの「饗宴」合戦は、情報蒐集《しゅうしゅう》の場でもあるから、拒否は職務怠慢である。

すこしく宴から解放されたのは、東京へ一時帰国する榎本公使を午前十一時、波止場より送った十二月十六日である。その時、まだ少女同然の妻を同伴したのかどうか、日記にないが、「午後、市内外を回覧す」とある。まあ、上海の市内と郊外の見物である。

「回覧之《の》行程、五マイル許也《ばかりなり》」

「外人ノ遊歩ノ為メに造れるもの丶如く思はれ、道路頗《すこぶ》る宜《よろ》し」

「但《ただ》し山と石とを見ず、大陸之光景自《おのづか》ら備はれり」

これらの感想は、「外人ノ遊歩ノ為メ」とあるので、租界内の光景であろう。

「途中之民屋は、瓦を以て屋根とし、矮屋《わいおく》（小さな家）と雖《いへど》も外見は左《さ》まで不潔ならず。内部は頗る汚猥《おわい》なりと聞く」

上海の不潔ぶりは、東京にいたころより、さんざん彼も聞かされていたと思われる。もしこの回覧で、それほどでもないじゃないかと原が言ったとすれば、案内する人間は、いやいやと首をふり、外はともかく中が凄《すご》いんですよ、とその「汚猥」のほどを強調したのかもしれぬ。

「処々に芥《あくた》場の如き塚あり、皆墳墓なりと云ふ。墓表も碑も共になし。乞食あり。車を逐《おう》て来る」

これは、尾崎行雄も、見て驚いた墓の風景である。感想は記されていないが、漢籍（中国の古典文には、墓誌銘の類が多い）を幼少より学んできた原敬、「墓表も碑も共になし」は、予想外の光景であったように思われる。中国は「孝」の国のはずである。墓は、孝の象徴である。原敬は親孝行をもって知られるが、この日記の上では、黙している。

どうやら、原敬の上海回覧は、市内よりも人力車を雇って郊外へ郊外へと向かうものであったようだ。人力車なら妻同伴はありうる。幼妻を慰めるための見物であったかもしれぬ。原敬の天津赴任までの道程は、当時の日本人としては稀有な新婚旅行も兼ねていた。

「城郭の石垣とする場所ハ皆煉化《れんが》（瓦）なり、成程《なるほど》、上代の城に似たり。此城中は純然たる支那街にて不潔甚《はなはだ》しと聞く」

城郭の煉瓦は、原敬も身をもって知っている銀座の西洋式の煉瓦街のそれとは違う。中国の煉瓦である。「上代（中国古代）の城に似たり」というのは、それである。この城門をくぐれば、尾崎行雄が案内人の忠告に従い、腐臭を避けるため紙煙草を喫しながら歩いた名にし負う「支那街」になる。どうやら妻を気づかってか、この時は中に入らなかったようだ。ただし夜は、芝居見物（清戯）と洒落ている。

「夜、天山茶園の演劇を見る。蓋《けだ》し上代の衣服ならん。頗《すこぶ》る美なり」

尾崎行雄は「本邦の演劇にも比すれば、及ばざること遠し」と非難したところのものである。

「新富座《しんとみざ》よりハ、狭しと雖も清潔なり。只夕《ただ》鳴物多くして人をして殆ど聾《ろう》せしむるの恐《おそれ》あり」

うるさい鳴物にまいった尾崎も「唯《た》だ囂《かまびす》しきのみ、一事の見るに足る者なし」と酷評したが、場内は「清潔なり」としている。原敬は、東京を出発する前から、不潔の先入観におびやかされていたのかもしれない。だから、それほどでもないではないかという感慨から「清潔なり」といってしまうのである。

この夜の観劇が女房連れだったとしたら、昼間の人力車での見物を彼女が好まず、あまりにきげんが悪いので、ならば芝居見物とでも考えたのだろうか。つゆ原敬は我儘《わがまま》娘とも知らず、官界の階梯《かいてい》を登らんとする野心を見抜かれて、しぶしぶ押しつけられてしまったともいえる。

酒と女で人生を押し切った快男児中井には、我儘娘貞子の他に三人の息子、三人の庶子（男）がおり、こぞって放蕩児（みな神経症気味である）、のちに、その後始末を婿の原敬がしてまわることになる。つけといえば、つけである。

旅の疲れは、我儘を露出させてしまうのが人の慣《なら》いである。上海にやって来て、原も一種の「清潔病」になっている。我儘娘を気づかってのこととは、かならずしもいえぬ。この場合は、事前に上海の不潔がインプットされていたためで、ことあるごとに点検しないではいられなく、いちいちやはりそうだったのか、それほどでもないじゃないかと気になってしかたないのである。

この「不潔」の定評は、ついには中国人への軽侮とつながり、さらには組み安しとみなし、中華思想にあぐらをかく清国と構えるに至るその引金になっていくような気がしてならぬ。人間の物の考えかたは、生理から入っていく。

中国人は不潔なりの先入観は、清国を見物した人の口から伝わることにもまして、案外と横浜の南京町がモデルになっていたのではないか。このあたりのことは、未確認だが、とかく人間が「清潔」を口うるさく言う時は、危険信号である。個人的には、神経症の徴候だが、政治的には、軽侮の徴候を生みだすからだ。

十九日の夜は、品川総領事の自邸に招かれた。雨が降っていたが、妻も同行した。

「帰路、車なし。泥濘《でいねい》靴を埋《うめ》んとす。僅《わずか》に一輛の腕車（人力車）を得、妻を乗せ、予（は）徒歩して帰る。時に十二時なり」

原は、なかなかの洒落者で（子供のころから「白足袋」で有名だったらしい）、報知新聞時代もカツカツと皮靴の音をたてて社内を歩いていたという。雨がふると、たちまち泥濘となるようなところに品川総領事は住んでいたのか。ならばピカピカの靴も、泥の中に埋まってしまうであろう。おそらく洋装の妻の靴も、等しくそうなったであろう。日記には書かれていないが、まだ十五歳の彼女は、泣きじゃくったのではあるまいか。

人力車は一台しか見つからず、雨中、原敬は徒歩である。膝に彼女を抱いて乗る手もあったと思えるが、もちろん原にそこまで大胆な勇気はない。

二十日、原は「不潔甚《はなはだ》しと聞く」城内に踏み入り、遊歩を試みている。どうやら、この時は我儘娘の幼き女房を連れて行かなかったようだ。

「豚（の）群を逐《お》ふに遭《あ》ふ。泥中に馳《はせ》て行く。道路狭隘《きょうあい》、醜（臭）気鼻を衝《つ》く」

なかなかの場景描写だ。上海名所の関帝廟では、線香の煙もうもうとあがる匂いにむせて、ふだんなら厭うはずなのに、「此日醜気に苦しみたるを以て却《かえっ》て快を覚ゆ」とやけくそである。帰路、植物園に入っている。ミカンの香りで「僅《わずか》に鼻の洗濯せり」と記す。

清潔の国の悪臭

原敬は、子供のころから「評判のお洒落」だったという。母親のしつけに負うところも大であったようだが、「原のオジッコの白足袋」と呼ばれていた。

「毎日藩学へ通ふ（少年時代の）平民宰相は、原家の定紋たる三割桜を浮した、黒羽二重《くろはぶたい》の羽織を着て、折目正しき仙台平の袴《はかま》を穿《は》き、細身の大小を手挟み、鳥毛のやうな前髪の美さにくっきりと色白き其容貌は、実に堂々たる貴公子であった」

と井上雅二は、英雄伝特有の想像力でもって、少年時代の原敬を描写している。「いつもきちんとせる風采を瘠に障《さわ》る」と「貧乏士族の腕白少年」たちのいじめにあったりすることもあったようだ。道徳的な身だしなみと個人的な綺麗好き、そして清潔の風習は、微妙な差異があり、たえず同一といえないが、大いに重なるところもある。

スウェーデン人のC・P・ツュンベリーがオランダ使節の医師として長崎に到着したのは、一七七五年である。

「私は道沿いのあちこちに、大きな穴が掘られているのを見た。その穴には農夫が根気よくせっせと集めた糞尿が蓄えられている。農夫は自分の耕地を肥沃にするためにそれを使う。しかしその多くは、通行人が吐き気を催すような堪え難い悪臭を発する」

とツュンベリーは『江戸参府随行記』（東洋文庫・高橋文訳）の中で書いている。これは、長崎の町はずれの農地での体験である。長崎の中心地は、清潔であるともなんとも書いていないが、彼には、ケンペルやシーボルトと同じく植物の採集という大きな目的があったので、つい郊外にまで足を運ぶため、農家の肥え溜に遭遇し、その悪臭に鼻をつまんだのである。

江戸参府に同行したのは、一七七六年の三月四日である。三日目の六日には肥前の嬉野《うれしの》に着いて、牛津で泊っている。嬉野か武雄での体験と思われるが、温泉についての記載がある。

「熱湯は給湯管を通していくつかの場所に配られており、病人はそこに逗留して湯と水の両方の栓から好きなだけ出すことができる。水もまた人工的にここに引かれている。その他に、湯につかったあと横になったり休んだり、また散歩したりするようないくつかの設備が備えられており、おしなべて大変こざっぱりとしていて清潔である。日本人は性病・麻痺《まひ》・疥癬《かいせん》・リウマチ等々の病気に対し、この温泉や国中にあり余るほどにあるこの種の湯治場を利用する」

ツュンベリーは、ここではじめて「清潔」の語を用いている。日本人が、もし清潔好きな民族（単に生理的好みというより観念化もされている）であったとするなら、水の豊富にもまして（「禊《みそ》ぎ」などという神道的なものも、清潔好きにつながるが、やはりその場合も、水である）、温泉が全国に湧出しているからであろう。（一八二六年〈文政九年〉、シーボルトは、嬉野で肥前藩主の浴場に入る許可をえている。『江戸参府紀行』によれば、「木製の浴槽で、湯元から湯が運ばれた。その清潔さは驚くほどで、もともと水晶のように透きとおった湯をまえもって馬の尾で作った細かい篩《ふるい》でこすのである」としている。〈東洋文庫・斎藤信訳〉）

途中、「塩田」も通過地点の一つであったが、ここは、甕《かめ》の産地で、オランダ商人によってバタビアに送られ、取引きされていた。

「甕は、水の貯蔵に使われる。日常の飲料水はこのなかで清潔に冷たく貯《たくわ》えられ、さらに沈殿物は底に沈んでいくので、水はより清浄になり、健康に良い」

とりわけ排水用の溝を備えた道路の状態が良好なことには、感嘆している。

「オランダ人の参府の旅と同様、毎年、藩主たちが参府の旅を行わざるを得ないこの時期は、とくに良好な状態に保たれている。道に砂がまかれるだけでなく、旅人の到着前には、箒《ほうき》で掃いて、すべての汚物や鳥糞を念入りに取り払い、そして埃《ほこり》に悩まされる暑い時期には、水を撒《ま》き散らす」

「開化」を誇るヨーロッパでは、右側（下りの旅）左側（上りの旅）通行のルールさえないと彼は嘆いている。道路の清掃状況は、たえずそうだったといえないが、お上の命令で、そうなるにしても、埃をしずめるため水をまく知恵は、ふだんでも習慣化していたように思われる。封建制度のたまものだともいえるが、幕末に吹き荒れる攘夷の嵐も、やむをえぬともいえるのである。たとえば「清潔」本位にいえば、「文明開化」なるものは、これらの状況を崩すといえるからだ。「退化」たりうる。ヨーロッパ文明を導入しても、すべてそれまでの風習を棄てたのではなく、チャッカリと折衷し、日本化する器用さがあったので、西洋を呪わずにすむのである。

「投錨すると、日本人はしきりに陸に上がって入浴したがった。この国民は絶えず清潔を心がけており、家でも旅先でも自分の体を洗わずに過ごす日はない。そのため、あらゆる町や村のすべての宿屋や個人の家には、常に小さな風呂小屋が備えられ、旅人その他の便宜をはかっている。貧しい者は、わずか数エーレ（スウェーデン通貨の最小単位）支払うだけで利用できる（銭湯か）」

この風呂好きは、清潔好きのせいもあるが、日本の風土の汗ばむ湿度と深く関係しているように思われる。今日でも、海外へ旅をしても、入浴の設備にラフだったりすると、パニックして心的飢餓状態になる。

「その国のきれいさと快適さにおいて、かってこんなにも気持ち良い旅ができたのはオランダ以外にはなかった」

彼は、特別待遇されたので快適だったともいえるが、当然、日本人にとっては、あたり前化していて感激などしない。異国体験という比較の目をもつことによって、はじめてそのあたり前に気づくにすぎない。ただ彼は、伊勢地方を通過した時には、相当にへいこうしたらしい。それは、糞臭である。その匂いを避けるため、乗り物（駕籠）の窓を閉めっぱなしにした。

「各家に不可欠な私的な小屋（厠《かわや》）は、日本の村では住居に隣接して道路に向けて建てられている。

下方は開いているので、通りすがりの旅人は表から、大きな壺のなかに小水をする。壺の下部は土中に埋められている。尿や糞、また台所からの屑類は、ここでは耕地を肥沃にするために極めて丹念に集められているが、暑熱下にしばしばそこから非常に強く堪え難いほどの悪臭が発生する」

これは、どう解釈すべきなのであろうか。外便所内便所の併用は、かつての日本にあった風習であるが、外便所は、道路に向けて建てられていたとはいえない。伊勢地方特有の風俗なのだろうか。伊勢参りの旅人への便宜をはかっての特別な設計であろうか。それとも臭気を逃がすため喚気通風の装置として、戸の下部は開いているのだろうか。旅人に供するためのものだとすれば、彼等が用を足したあとの悪臭は、吾が主屋に向けるわけにいくまい。しかも、ちゃっかりしていることには、肥料として活用するつもりでいるのである。

「それは鼻にどんな詰め物をしても防ぎ切ることはできないほどの、またふんだんに香水を使いこんでも無駄なほどの悪臭である」

これは尾崎行雄らが、上海で体験したところのものだが、ツュンベリーが旅したころの日本の農村地帯には、存在しえた。いったい彼が感心している日本人の「清潔さ」の本質とは、いったいどこにあるのだろうか。

彼は、この厠に公衆道徳性よりも、したたかな「経済性」を感取している。肥料として転化できることの他に伊勢参りの旅人が落す金銭に対するサービスまで洞察していたかどうかわからない。ただ医師として、つぎのような欠点を指摘している。

「彼らの目にはとりわけ有害であることがわかった。というのは、そこから発散される蒸汽に国民は徐々に馴化してしまっているが、それは目を強く刺激し、大勢の人々とくに高齢者はそのために目が真っ赤になり、痛み、そして目やにを出している」

慣れによって、臭気を感じなくなっていたにしても、かならずしも衛生的でないと考えている。たしかに水洗トイレのなかった私の十代のころまでは、たしかに老人で、目を真ッ赤にして、目やにをためているものは、ままみかけた。それは、溜め桶形式の厠から発するアンモニアの毒性のせいなのだろうか。食生活のせいにも思われるが、そのあたりよくわからない。

清潔さは、人に好感をあたえる外面的行為だが、臭いものに蓋をしろ的な欺瞞性もある。彼がびっくりしたのは、托鉢の熊野比丘尼である。

道中、オランダ人から金銭を恵んで貰おうとして、駕籠に一人づつ随伴したといっている。

「服装はこざっぱりとして清潔だったが、しかしそのたゆみない物乞いには、まったくうんざりさせられた」

「その執拗な物乞いを除けば立居振舞は上品であり、山伏と称するこの国の山にいる一種の修行僧の娘であるということであった」

通詞の口から彼女らは、物乞いによって生計を立て、一定額の税金を伊勢の社に支払わねばならず、

「その見かけによらず、また我々が思っているほど、おっとりとしてはいない――貞淑でもないと話した」

つまり売春もいとわぬことをほのめかしたのである。日本人の清潔とは、「見かけ」の重視からきているのだろうか。あくまで日本人の生理に根ざしているのか。どちらかのみということはありえな

いが、「見かけ」の美学であるなら、「見かけによらず」という大胆不敵な裏返しの逆転は常に横たわっている。（事実、シーボルトは、『江戸参府紀行』を読むと、小倉で、慢性の皮膚病眼病の患者を診察しているが、その病状から〈われわれがこの町にはいって来た時に驚いたこぎれいな住居は、ただ貧困をかくしているにすぎないことを打明けていた〉としている。この目を獲得したからには、簡単に彼は清潔、綺麗を乱発しない。）

英国の園芸学者ロバート・フォーチュンが清国経由で日本にやってきたのは、江戸末期の一八六〇年（万延元年）である。ツュンベリーより、八十年位あとになる。

「道路は、シナに較《くら》べると、広く清潔であるが、商店は概して見すぼらしい」

長崎に上陸しての感想である（『幕末日本探訪記』三宅馨訳・講談社学術文庫）。旅人の視線は、自らの歩く路からはいるのである。長崎から横浜へは、船旅である。日本への外国人の旅行者は、一六九〇年のケンペルの旅行記をかならず読んでいて、それを念頭に日本を見物する。そして支那経由の来日なので、その比較の目をたずさえている。

フォーチュンは、英国公使オールコックの招きで江戸に入った。江戸の近郊では混浴の風景にでっくわし、「奇抜な観物《みもの》」だったとしている。

「入浴は日本人の習慣の一つで、シナ人の喫茶の風習と同様、日本人の生活の必須条件である。午後でも夕方でも深夜でも、いつでも入浴している。家族用に自宅に風呂場を備えつけている者や、貧しい人達は、ごく安い湯銭で公衆浴場で満足している。長旅から帰った時、昼間の労働で疲れた時、日本人は、入浴がとりわけ気持よく、愉快だと考えている。おそらく、入浴は以上のような理由と、清潔についても同様で、一般に利用されている」

疲れをとるという医療性、気持いいという快楽の他に、清潔行為を見ているのである。竹で編まれた日本の畳は、「清潔」と感じたようだ。横になって昼寝を楽しんでいる。一八六一年八月、フォーチュンは上海に戻り、船で芝罘《チーフ》に着いて、白河《ペイホ》を渡り天津に上陸する。

天津の城外にある繁華街には感心しているが、城内に対しては、点が辛い。

「シナの町は、概して清潔ではない。いや、それどころか、不潔と悪臭の点では有名である。けれども私のシナ旅行全体を通じて、また他国でも、天津ほど胸がわるくなるような、汚い所へ行ったことはなかった。舗装道路の大半は、年久しく積もったような泥に埋まっていた。だから天気の日はまあよいが、雨天の時は、靴を泥だらけにしないで歩くことは不可能だ」

上海どころではないという感じである。糞尿を下肥えに利用することは、日本とかぎらず、中国も同じである。

「ここでは下肥えは、南方（上海もふくまれる）のように、はっきり用途を認めていないので、人々の習慣は極めて不潔である。城砦の上、空地、しかも街路でも所構わずで、その悪臭は堪えがたい」

わが原敬は、フォーチュンが眉をひそめる不潔と悪臭の都天津へと向うのである。

糞を争うこと喧嘩の如し

原敬が、天津領事として赴任するにあたり、たとえ一週間であっても、上海に滞留し、市内見物の時間をもてたのは、到着早々に、

「モハヤ白河《ペイホ》が氷結して大沽《ターク》行の便船がない」(『懐旧談』)

と知らされたからである。これでは船で天津には行けない。

『原敬全集』所収の『懐旧談』(明治三十三年)によれば、白河が氷結によって閉ざされるのは、十一月の末から十二月初である。「氷の解けて河を開くには、早きときは二月中旬、晩《おそ》ければ三月初旬になる」。

このことは、東京を出発(十二月五日)する前から情報をえていたはずで、しっかり了解していたと思われるが、上海到着は十二月十二日。白河氷結が「十一月の末から十二月初」という統計的推量資料に対しては、すこし遅れた上海到着だったが、ギリギリにセーフなるかと原は期待していたかもしれぬ。が、残念ながらアウトだった。

「尤《もっと》も閉河といった所で、必ずしもこの時に河一ぱいに氷が張るといふ訳ではないが、閉河のころになれば、絶えず氷塊が流れてをり、烈風が吹くか又は何かの故障でその氷塊が河中に停滞すると、

一夜の中に堅氷を以て全く河を鎖《とざ》さるゝのであるから、ヨシ河が氷結してをらずとも、何時氷結するか知れぬから、大沽より河を溯《さかの》ぼることが甚《はなは》だ危険でもあり、又大沽沖は遠浅で加ふるに風浪の烈しき所であるから、閉河の頃になれば、河が実際氷結してをってもをらんでも、北清の航海は来春まで停止せらるゝのである」

後年の記述であり、その後の知識も加わっているかもしれぬが、その文は「。」なしですべて「、」でつないで長々と語られている。「息」の休みがない。次々と情況の変化が脳裏に浮ぶので、彼の息がとまっている。「白河」についてこれだけ至れりつくせりの解説がなされたものを見たことがない。あえて私が、長々と引用したゆえんである。

あたうるかぎり、あらゆる情報を蒐集し、ありとあらゆる場合を想定し、物ごとに対し執拗に誠実に思考をつみ重ね、そのことに倦《う》むことをしらぬ原敬の性格がよく出ている。これは、おそらく彼の人間との対応や、政治のありようともつながっている。繰り出される自らの思考をじっともう一人の自分が観察しているようなところもあり、ためにパノラマのようなファンタジーを展開する。実務家ともいわれることのある原敬は、想像の才に恵まれている。真の実務家は、想像力がたくましいに違いない。策略家ともいわれるが、実務に立った想像力の産物である。

いずれにしろ原敬は、上海に滞留中、これより船便で凍結していない芝罘《チーフ》まで行き、そのあとは「陸路天津に赴任」するしかないと決定した。白河の氷が解ける春まで、外交官としては待ってなどいられないと決断したのである。上海見物も一週間が限度と見切った。芝罘到着は、明治十六年十二月二十五日。かくて十二月三十日よりの陸行は「十六日間を費し」、翌十七年一月十四日に赴任地の天津へなんとか到着した。

もちろん、徒歩でない。なにより十五歳の妻を伴っている。その旅は、寒威凛冽《かんいりんれつ》、道路なし、宿不十分。馬車を雇うしかない。それも馬と驢馬《ろば》の交雑種である「騾《ら》」が牽く馬車である。

明治二十三年の正月、原敬は、むかしの日記（明治十六年）をとりだして、「記憶せし事実を加え」（日記とは、簡単な記述でもそれを後に本人が読むならば、他の書かなかったあれこれが急に思いだされてくるマジック装置である）、あらためて『天津紀行』を書いているので、以後それを以て見る。

「予の一行は、予と妻と随行の日本人二名従僕支那人一名と北京ニ留学する人一名と、騾車一輌に一人の御者にて、車数四輌なれバ、合セテ御者四人なり。一車ごとに二頭の騾なれバ、之《これ》を合計して惣《そう》人員十名車四輌騾八頭なり」

「第一の車にハ従僕の支那人一名に荷物毎日の食物幷《ならび》に勝手道具一切。第二の車にハ随行の日本人一名と留学生一名。第三の車にハ予と妻と、第四の車には随行の日本人一名にて荷物と同車せり」

片仮名と平仮名と漢字のシェイクがよく利いた独特の文章であるが（「ハ」と「は」を使いわける）、それよりも随行のメンバーの紹介ぶりが、これまた絵巻的である。手際よく分類区分するというより、順々に原の一行の絵（全容）が仕上がっていく、そんな語り口である。原敬は、実務官僚としても秀《すぐ》れていたというが、単にその一端を示す分類区分の才のみならず、なかなかに芸才もあったといえる。

原敬と妻が乗る車には、日本の国旗が立てられていた。「外国官吏の旅行にハ各其《おのおのその》国旗を建《たて》る習慣あれバなり」と書いているところを見ると、日本人の外交官としては、原がはじめて国際的慣例に従って採用したのだろうか。

各自が乗る「騾馬」の牽く車には、どうやらおおいがあるようだ。寒さをしのぐため、みな厚着をしているので、車中は狭く、身動きもできない。そのため、

「車の動揺にて頭を左右の柱に打たれたるにハ如何《いかん》とも防ぎ様なし、何故に車は斯《か》くまで動揺するやといふに第一此《この》車にはバネなし。道路の甚だ嶮悪《けんあく》なり」

原は叙述していないが、十五歳の妻、我儘娘の悲鳴がきこえてくるようだ。原は、それを見て、なんと言って慰めたのだろう。ところが、

「御者は如何《いか》なる処にも平気にて騾を駆り、騾も亦慣れたるものにて如何なる処にも進めり。川あれバ馬車のまゝにて川を渡る。氷は破れて騾は腹まで水に浸《ひた》さる。彼岸に達して見れバ騾の尾は凍《い》て錐《きり》の如し」

まるでアメリカの西部開拓時代を扱った映画の一シーンの如しである。荒野を行く幌馬車である。原は北海道のルポを『郵便報知新聞』（明治十四年）に執筆している。汽車は既に走っており、天津への旅ほどまでには驚いていない。「世人、口を開けば未開の地を以てす。北海道、果して未開なるか」と言っているほどだ。私は北海道生まれだが、東京へ出てきた学生時代（一九五〇年代の後半）、よく仲間にこんなウソをついた。知らぬまに小学校の教室へ熊が親子連れでノソノソ入ってきていて、一番うしろの壁のところで、じっと授業をきいているんだといったら、みなへエと信じた。疑わないのは、未開のイメージが北海道に対してあるからだ。

「定まりたる道路あるやなきや、御者は勝手次第の処に車を駆り、方角を定めて山にても原にても川にても直進する故に車中の人は釜中《ふちゅう》の団子に同じ。動揺と云はんよりは、寧《むし》ろ顚倒錯乱《てんとうさくらん》といふべし。

眩暈《めまい》もし嘔吐《おうと》も催し、苦しかりしなと云はん方なし、数里を隔て村落あれども休憩することなし」

揺れの激しさから、船酔い現象をおこし、ヘドさえ催している。文中にある「苦しかりしな」の言は、幼い新婚の妻のセリフかもしれぬ。旧サムライの原とて我慢しえただろうか。そんな日本人一行の悲鳴を無視して、ブインブインと騾の尻に鞭打つ中国人の御者の得意げな表情も浮かんでくる。一日一日、村落を通過するごとに、原はつぎのような体験をした。

「二三人の若者はザルを担《にな》ふて予輩の車を追躡《ついしょう》し来れり。始めは何の為《た》めなるや解せず、怪しき者ならんなと噂せしが、怪しき風の者にもあらず」

他国の研究には、じかに感覚に訴えかけてくる自国ともっとも異なる「風俗」から入るのが、オーソドックスな手法である。天津へ赴任するにあたり、原敬には、幼児期よりの漢学の知識の他に、記者時代にえていた清国の情勢への見解を抱いていたと思われるが、この目で現地を見るのは、はじめてである。先入観に惑わされず、風俗に対して敏感な反応をする原の感性の奥には、すべてを外交官として役立てようという魂胆がしっかと座っている。

はじめのうちは、なぜ村の若者たちがザルをかついで車のあとをついてくるのか、原にもわからなかった。「日本人」に対する物珍しさだけなら、ザルなどいらない。物乞いするにしては、かつぐほどのザルを必要としまい。

「彼此《かれこれ》する内に騾の糞をするや否や、此《この》二三人は争ふて之《これ》を取る。其《その》状喧嘩の如し。蓋《けだ》し発見者は先取の権ありなと主張するものにや。或人は斯《か》く騾糞（馬糞も同様なるべし）を争ふハ肥料に供する為《た》めならんと、又或人は否な焚料《ふんりょう》にする為めならんと。此時は争論決せざりしが、追々各地を経過したる後にて考ふれバ、焚料との説、当れるが如し」

私が子供のころの北海道には、冬になると馬ソリが街中を走っていた。雪スケート（氷上は無理）をはいた子供たちはその疾駆する馬ソリの後尾につかまる。一種のスケート遊びだが、馬の尻のところに大きな袋があった。尻尾をまきあげて馬が糞をする時、それを受けとめる袋である。馬糞風の弊を防ぐための条例でもあったのかもしれぬが、保存しておけば、あとで肥料にもなるのは、たしかなのである。東北の盛岡で生まれた原の記憶には、馬ソリの体験が埋めこまれていたのだろうか。この場合、原敬は、「肥料説」よりも「焚料説」をとっている。暖をとるため、燃やすのである。

「此等の地方は樹木甚だ稀《ま》れにて、山あれども雑木すら多くは見へず、其他の地は雑木もなけれバ、家は大概瓦か泥にて造れり。左《さ》すれバ、一般に薪炭《しんたん》に乏《とぼ》しきハ、勿論《もちろん》の事にて、現に馬糞を焚《た》きて食物を煮ることは予輩の度々《たびたび》実見せし所なり。何様糞を争ふ実況は奇怪千万なりし」

とかく旅人の感じる「奇怪千万」なるものも、多くはその土地の常識を知らないだけの話だが、原敬の追求癖は、なかなかである。この日は、登州府黄県に宿した。翌二日、

「予輩未明に出発せしが、城門堅く鎖《とざ》して出る能《あた》はず。孟嘗君《もうしょうくん》に非《あら》ざれバ、鶏鳴《けいめい》の客もなし。馬夫をして門番に請願せしむ。門番 幸《さいわい》に諾して開き、通過せしめたり。天漸《ようや》く明けたれバ、極目渺《びょう》として山を見ず、何十里何百里の平原なるや実に驚くべきものなり。殊《こと》に吾々日本人、山多き地に生活したれバ、奇異の感を起せり」

この記事には、二つのイメージの問題が出されている。一つは、日本にあって本などで知っているものの、どこかモヤモヤしていたものがサーと解決した例である。

中国の市街地は、日本とちがって、みな周囲がぐるりと城壁で囲まれている（また日本の常識イメージにあって、「城」といえば、天守閣をもつ高層の大名の居城である）。その門は、夜になると閉められる。内にいるものは、外に出られなくなる。外から来たものも開かなければ、中へ入れない。日本で若いころから司馬遷《しばせん》の『史記』などで、原は、食客をひきつれて城からの脱出を図る孟嘗君の故事を読んで知っている。中国の都市が、城壁で囲まれているのは頭で知っていたはずだが、いざ我が目でみて、なるほどと思ったにちがいない。鶏の鳴き声を真似して、もう夜もあけたかと、うっかり城の番人が門をあけてしまい、一行はまんまと脱出に成功する孟嘗君伝説の面白さも、ここで、はっきりしてくる。外交官原にとっては、中国理解のはじまりとなる。

もう一つは、中国大陸の広さへの驚異である。狭い島国の日本人にとって、この曠漠《こうばく》の大地は、けっこうなロマンチシズムとなる。中国人にとっては、当り前の厳しい現実にすぎないのだが、日本人にとって、この他愛なさは、いたしかたない。しばしばロマンチシズムは、無知のなせるしわざである。無知の積極的肯定である。原敬も、ころりと参っている。

この素朴な憧れのイメージが、のちに政治宣伝によって増幅され、ついには中国侵略のセットとなって機能する。このロマンチシズムの尻尾と、侵略の贖罪《しょくざい》意識が、日中関係を困難にしているが、容易に払拭できるものではないし、中国は中国で、その弱味をついてくる。それは、理というもので、政治というものだ。

一月五日は、昌邑県《しょうゆうけん》上家荘《じょうかそう》というところの旅店に泊まった。その夜、娼妓が二三名、原敬一行を「襲撃」した。わが身を買えと迫ったのである。ツュンベリーが、まんまとだまされた熊野比丘尼《びくに》の優雅な図々しさとは、違うのである。
「一同、大声之《これ》を叱《しっ》したれども、彼（娼妓）驚かず。随行の人々、夫人の前も憚《はばか》らず、あまりに無礼なりとて、捉《とら》へて戸外に放逐せり」

ここでいう「夫人」とは、原敬の幼妻をさすのであろう。原は驚かないにしても、「夫人」は大いに目を白黒させたであろう。

「斯《か》くて予等は寝に就《つ》きたるが、跡《あと》にて聞けバ、夜半に又随行の人々の室に来たりしが、丁度其時随行の一人は日本刀を磨し居たれバ、戯《たわむれ》に其刀を以て脅《おびや》かしたれども、彼れ甚だ平気にて、刀の何たるを知らざるもの丶如し。依《よっ》て燭を執《とり》て其兇器なるを示したれバ、始めて戸外に走り去りたり」

だが、彼女たちは（原敬は「彼」としている）、商売熱心であった。出て行けと、放逐されたぐらいでは、あきらめない。むしろ、拒否している相手が笑って（しかたがないなと）あきらめるのを待つのである。そのために執拗をきわめる。

原敬には、夫人同伴と知って、さすがの彼女たちも敬遠したらしいが、他の随行員たちの部屋は、襲われた。まさに売春訪問である。その中の一人は、なにものぞと手入れしている最中の日本刀を突き出した（すでに廃刀令はでていたが、軍人でもない随行員にも、帯刀が特に許されていたのか。それとも武官か）。それでも彼女たちは驚かない。さすがわが身を売るだけあって、こわいもの知らずよ、ともいえるが、そうでなく、宿の部屋の中は、薄闇だからである。それを知って、彼は燭台に灯をともし、日本刀の白刃をわざわざ示している。いやはや親切なことである。その鋭い刃《やいば》を見て、おおこわとようやく彼女たちは逃げ去るのである。

「一同一笑して、遠く去りたらんと思へたるに、図《はか》らざりき、暫《しばら》くして戸外より徐々に去り行くを見たり。蓋《けだ》し小足の為めに疾走するを得ず、一時戸外に潜《ひそ》み居たるならんと云へり」

ここでいう「小足」とは、「纏足《てんそく》」のことである。「纏足」では、急いで逃げられない。つらつら考えてみるに「纏足」の妻は、家の中に監禁されてるのだともいえる。

「何《い》づれの国も僻地《へきち》に到れバ、此類《このたぐい》あり。独り支那に限るにあらず。然《しか》れども又旅中の一奇事なりし」

清国の常識は、しばしば日本人にとって驚きであるが、こと娼婦に関しては、世界共通だというわけだ。こころみにこの紀行のもととなった原日記を見ると、娼妓たちが、値段交渉までしているのがわかる。「価五十銭ト云《いう》。始メハ一弗《ドル》ナラント云へリ。結局外国人ト見テ貪《むさぼ》ルモノラシ」とし、顔は「白粉壁ノ如ク塗」って厚化粧し、その「音声野鄙《やひ》」にしてかつ「下品」な彼女たちに対し「其価ハ三文モナシ」と原敬の点数はからい。一文の価値なしとしていないところが、おかしい。

その後も、氷塊の浮く黄河の氾濫などで旅は難行するが（原の黄河への先入観念に反し、「案外大ならざるを覚へたり」としている）、外交官特権で、清の官兵の先導によって、なんとか路中の苦難を切り抜けている。一月十二日、天津まであと三日というところまでこぎつける。この日、塩山県で昼御飯をとったが、その時、

「数人の婦女、沢山の児童と共に来り見物せしが、誠に愛らしき児童なりしかば、妻は菓子など与へたるに何《いず》れも外国人なりとて忌《い》む如き風情なく、親昵《しんじつ》の態なりし」

ここで、はじめて紀行文の中で、原敬は新妻の行動を描写している。彼女は、大人たちに囲まれての長旅で、自分とそう齢のかわらぬ中国の子どもたちを見て、ほっとしたのかもしれぬ。或いはこの

日の彼女、あと三日の我慢だと知ってか、きげんもよかったのかもしれぬ。このくだりは、原作の日記にもないので、『天津紀行』を執筆中にかかる光景をふっと想い出したのだろう。

翌十三日、興済という地に到着、そこで午食をとった。ここには、一万の兵を擁する軍営があった。「予を見物せんとて来る者、甚だ多く、殆《ほと》んど食事する能《あた》はず。随行員、旅亭主人と力を合せて放逐を勉《つと》めたり」

外国人を見て人が群がるのは、世界共通という自覚もあったが、この日の原敬、相当にキゲンが悪い。「予を見物せんとて」と自分を特殊化している。原敬は、美男であるにしても、他の随行員も沢山いるのに、とくべつ目立つような服装でもしていたのか。それとも新任の天津領事だという評判をきいて（先導の官兵が噂をまき散らしたのか）、一目見ようと人がつめかけてきたのか。

食事の時など、車中の窮屈から解放されて、せっかく「人間世界に出でたる如き心地」でいるのに、中には無遠慮に彼の衣装までひっぱり、あげくにあれこれ品評までする見物人には閉口している。だが、原敬が彼らを追い払った時、「群衆喧噪《けんそう》せり」と紀行文にある。

「後に聞けば、洋鬼なり。殺すべしなどと叫びたる者もありしと云へり」

清の軍隊の駐屯地であり、もともと物騒な土地柄なのである。疲れがたまっていることもあり、原敬もつい邪険に人払いしたのだろうが、土地によっては好奇心と排外意識とがいっしょくたになっているところもあり、きわめて危険な行為だった。この夜の宿で、琴を弾く音が部屋に流れてくるのを聞く。いらだつ心が、思わずなごんだのであろうか。誰が弾いているのかと調べさせたのか、盲人が演奏しているのだと知る。原には、詩魂がある。一月十四日、ついに天津に到着した。

「黄昏《たそがれ》、天津城に入り、城内を通過して紫竹林《しちくりん》、即ち外国人居留地に入り、遂に我（が）領事館に着せり」

この紀行文の原作になった日記には、「郊外ニ兵営アリ。操練中ナリシ。蓋《けだし》李氏之《の》親兵ナラン」とある。「李氏」とは、天津在住の直隷《ちょくれい》総督李鴻章《りこうしょう》のことである。

原敬の『天津紀行』には、この旅の総括ともいうべき「補遺」の七ヶ条があり、その一つに「便所」の感想がある。

「途中不便を感じたるもの、最も甚しかりしものハ、大小の便所なきことなり……此の便所なきが上に見物人甚だ多く困却極《きわま》りなし。已《や》むを得ず交《かわ》る〴〵立番《たちばん》して其用を弁じたり。但し処によりては稀れに便処と称するものあれども、平地に僅《わず》かの障壁を設けたるまでなれば、不潔にして入るを得ざるものなり」

このような感慨は、今日でも中国を旅行してきた日本人の口からよくきかれる。だが、それは「不潔」といってよいのか。日本人と中国人の「自然観」の違いにすぎないのではないか、と思うことがある。糞尿も自然のうちである。

もともと清潔好きの日本人は、明治以後、西洋の衛生思想をとりいれ、今や水洗トイレの時代である。「便所」もベンジョという濁音を嫌い、もっぱら「トイレ」と呼ぶが、かえって不潔な民族になりさがったような気もする。まして「おトイレ」という手合いには、腹が立つ。開放経済で国際化している現中国の大都市にも、「トイレ」の波が押し寄せているにちがいない。

それにしても、原敬の「困却極りなし」の弱りようは、ともかくとして、彼の少女妻のほうは、どうしたのだろう。便所がないので、しかたなく物影で彼女が用を足している時、見物人にどっと囲まれようものなら、キャッと声をあげて、まさに恐慌状態となったであろう。原敬なら随行員が立番すればよい。妻の場合は、随行員というわけにもいかず、よしよし大丈夫と原敬がなだめすかしながら立番したのか。それしか手はあるまい。

貪欲愛銭ノ小人ノミ

「天津への赴任は新婚旅行となった訳だが、此の新婦年僅《としわずか》に十五といふのだから、新郎の手の掛ること一通りでない」

『原敬全集』(原書房)の下巻の末尾に彼の「逸話・挿話」を集めた一章がある。その中の一篇として「新婚旅行の苦しみ」の項目がある。この題は編者のものと思われる。本文中の「手が掛ること一通りでない」という言葉も、はたして原敬が誰かに語ったのを編者が拾ったのかどうかわからない。

ある時、新聞記者の誰かと天津領事時代の話になったとする。「手が掛って大変でしたでしょう」。気の毒そうにその誰かが問う。その時、かりにふふと原敬が笑ったとすれば、それでもう「手が掛ること一通りでない」と自ら語ったことにしてしまうのが、ジャーナリズム流の文章テクニックである。まるで、ごろつきギャングだ。それが幾人もの手や口によってつぎつぎ伝達されていくうち、「逸話・

挿話」となる。面白ければ、さらに膨らんで「伝説」と化すかもしれない。

しかし、よくよく考えれば、なにも悪名高きジャーナリズムの特権的手法でない。悪意があるようでないような「人間《じんかん》」世界、つまり世間一般の誇張行為である。つまりは人生を渡っていくための娯楽の構造（面白がって憂さを晴らす）であり、飛び火すれば、噂の構造圏に突入し、ごろごろ坂を転って、針小棒大化していく。

言ったか言わぬかで、仲の良かった友人同士が大喧嘩となり、時に殺人事件にまで発展することもありうる。これが「人間《じんかん》」のならいというものだ。このしわざを公的の場でやってのけるのが、ジャーナリズムである。「世間」の代理人だともいえ、あまり面白がってやりすぎると政府権力の弾圧の対象となる。政治生命も危くなる。むろん、原敬の十五歳の妻にからむ逸話は、他愛のない逸話に属するが、のちに原は、この少女妻と離婚するので、単なる笑話ですまなくなるともいえるのだ。

「……陸路十数日を費して天津に向ふことゝなったが、汽車がある訳でなく粗末ながた〴〵馬車で行くのだから動揺甚しく、新婦は嘔吐《おうと》するやら、腹痛を起すやら、行旅大《こうりょおおい》に悩んだ」

右のくだりも原敬が暗殺されたのちに（まだ『天津紀行』は公刊されていない）、刊行されることになる全集で巷間に伝わっている逸話の一つとして編者がまとめあげて収録したものである。まあおおよそ間違っていないと思うものの、本人が生きていたなら、これを読んで笑ってすましたかどうかわからない。原敬にとって、中井弘の我まま娘である妻のあれこれは、新婚時代といえ、トラウマに属し、悪意のない記事だと思うが、人間は、その日のきげん（天気のようなものだ）ひとつで、他者の同じセリフに対し、寛大になったり、カンシャクをおこしたりするのだ。いや、「他者の同じセリフ」とて、日々変る「きげん」につきまとわれており、お追従が入ったり、皮肉がまじったりする。ちょっとしたニュアンスの違いに人は怒ったりするものであるからだし、事実、そのささいなところから、他者の想像力を刺激し、口はすべり、雪だるま式に話はふくらんでいくのだ。さらに逸話はつづく。

「……天津に着いて漸《ようや》く安堵したもの丶、女中といふものを連れて行かなかったから、新婦は髪を結《ゆ》ふにも困るといふ始末。その度毎《たびごと》に少し手伝って頂戴よなどと（新婦の貞子に）云はれるので、これには原も弱った」

上手にまとめている気もするが（きわめて好意的にも見えるが）、それはあくまで他人の勝手な意見というものである。本人が不快なら、もうどうしようもないのである。ただ安心できるとするとすれば、原敬すでになく、天津に向う馬車の中で「嘔吐」した妻の貞子とは、生前に離婚していることである。狭い馬車の中での嘔吐。匂いはたちこめたはずで、綺麗好きの原の苦渋の顔が浮ぶ。

もし生前にこのエピソードが発表されたなら、原敬は、人間（いわゆる人という意味でも、世間という意味でも）の構造をよく知っていただろうから（慎重に政敵に利用されないようにと注意しながら）、笑ってすましたかもしれないが、いつも彼を困らせた、離婚前の妻の貞子なら、顔を真赤にして激怒したかもしれない。

「髪を結ふにも困る」という話などは、天津領事時代の原敬の日記にでてこない。その日記は、極度に私的記述を排しているためだが、それでも三度ほど妻の病気のことが簡潔に書かれている。あとで自らが読めば、その時のあれこれが本人にだけ具体的に思いだされるようになっている。手足まといになる幼な妻のあれこれも想い出される仕組なのである。ただし他人はあとで日記が公開されても、その内容を具体的に知ることができないので、原夫妻の私生活に興味をもっているものがいれば、かえって想像力に火をつけるかもしれない。これが、あさましき人間《にんげん》の業《ごう》だ。

明治三十三年、原敬は『懐旧談』を発表した（談話記事に自ら手を入れたものか）。天津時代について、あれこれを語っているものの、そこにも、妻のことは述べられていない。ただこの一文から、日記に欠けている政治的な裏話を、すこしだけ窺うことができる。

日記のみだと、彼がその日、誰と逢ったかについて刻明に知ることができる。が、その具体的な裏をとるには、他の公的資料をたよりに推測するしかない。唯読みすすめるだけでは、彼がその人と逢ってなにを感じ、どのように手を打ったのかという「政治的生活」の側面は、「私的生活」と同様にあきらかになってこないうらみがある。その意味で『懐旧談』は貴重な文章で、研究諸家がこぞって利用するところのものである。

この『懐旧談』で貴重だと思える話は、そのころの紫竹林にあった天津の領事館を「建物」として語っているくだりである。「私的生活」も「政治的生活」も、この建物が舞台となる。「公私混同」は、戒めの言葉だが、あくまで心持ちの問題で、空間的には、どうしようもなく混同する環境であった。（空間的に別々であったとしても、人間の心とからだは一つであるから、混同するのが自然だともいえる。）

「吾輩のをった頃は、領事館の周囲に家はなかった。後《うしろ》に当る所に居留地の公園と称する所があったが、なに公園らしいことも何もない、ちょッとした草花を植ゑておいたり、つまらない溜池を拵《こしら》へたりしてをったやうなことであったが、先《ま》づそれが公園、それから少しその脇になってをる所で、大沽《ターク》道路に沿うて、波止場で使ふ人足の長屋がある。これは、家は不潔でないが、不潔なる支那人が多数住んでをった。それから領事館の右隣も左隣も空地で、前には何か知らぬが支那風の家が一軒あったやうに思ふが、先《ま》づさふいふ訳で、今日の事情とはまるで違ってをった」

これは領事館の周辺の環境である。原敬は、まったく不思議な人だ。領事館という建物そのものの説明から入らず、その周辺から語りはじめている。おかげで想像力の足を伸ばして、まだ十五歳の原敬夫人の心細げな洋装姿をこのあたりに立たせることができる。「不潔」の語が二度も出てくる。「波止場の人足の長屋」のくだりである。覗いてみたのか、そばを通っただけなのか、「不潔」でないとしている。しかし「不潔なる支那人」が住んでいると書く。おそらく長屋の内部は「不潔」と見なしたのであろう。

「天津領事館の地所は広かったが、領事館は誠に狭い。書記生随行員などのをる長屋の外《ほか》には、事務所が別棟にて二タ間あり、領事の官舎は客間に食堂書斎と寝室と外に一ト間にてツマリ五つしか室《へや》がなかった。それもドウいふ訳かアノ地方に似合はない、硝子《ガラス》も二重でなかったり、廊下に硝子障子が立てをらなかったりするやうなことで、冬になると幾《いく》ら火を焚《た》いた所が室が暖まらない、実に困難なことであった」

寒冷地の建築としては、まるで体をなしていないのである。事務所と領事用の官舎は別々だとわかるが、事務所が「二タ間」だと、客を泊めることもできない。

天津に領事館ができたのは明治十年である。初代領事は池田寛治である。明治四年に欽差全権大使伊達宗城《だてむねなり》が天津で日清修好条約を交換した時も、明治六年に特命全権大使副島種臣《そえじまたねおみ》が条約の批准交換した時も、大久保利通が台湾問題の解決に天津へやってきた時も、まだ領事館はなかったことになる。『天津居留民団三十周年記念』なる書によれば、明治八年に池田は副領事として天津に着任、建物はアメリカ人のメドーヌ未亡人の邸宅の一部を借り受けたものだった。明治十年、ようやく日本は紫竹林に敷地を買い入れ、領事館を新設し、それとともに池田寛治が初代領事に昇任した。二代目（明治十三年）は、李鴻章の序文さえ貰うことになる『桟雲峡雨日記《さんうんきょううにっき》』で、内外に名を轟かせた文人官僚の竹添《たけぞえ》進一郎（井井《せいせい》）である。明治十七年の三代目が、原敬にほかならぬ。竹添は、朝鮮の公使に転出していた。

「前任者みな（池田竹添）それを凌《しの》いでをったのであるから、凌いで凌がれぬといふことはないが、外国人が来ても気の毒で堪《たま》らぬ、室が寒くって……」

冬の寒さに対しては、さすがの（東北生れだが、寒さが比較にならないほど、天津は酷烈である）原も愚痴っている。これは、まだ少女といってよい原夫人のこらえしょうもない愚痴でもあるだろう。

「……のみならず甚だ不潔な話をするやうだが雪隠《せっちん》がない。長屋の所に一つあることはあるが何《な》んでも荷造《にづくり》に使った箱でも壊《こわ》して造ったものと見え、極めて粗末なものが一つあって、それでみな用を便ずるのであるが、客でも来てモシ便所の入用があったら行く所がない」

ここで「雪隠」の話がでてきた。「甚だ不潔な話をするやうだが」と前置きしている。前置きしたからといって、かえって匂いを発し、脱臭するわけでないが、日本流の礼儀作法である。原敬は糞尿譚を好むタイプでないが、清潔好みの反動として、どうしてもこのような言葉が多出するのである。「極めて粗末な」雪隠がこの領事館に一つしかない。「客でも来てモシ便所の入用があったら行く所がない」

の語の裏には、唯一人の女性である十五才の新妻の困惑が想像されるのである。

初代の池田寛治は、天津の建築業者に、洋風であれ和風であれ、いっさい設計の指示をしなかったのであろうか。洋館を手がけたことのある中国人の建築家なら、西洋人に倣って作ってみせたはずだ。それとも同じ東洋人のくせに、日本人が洋館とはナマイキだと手抜きしたのだろうか。原の思い出からは、ひたすらに貧弱な建物しか、想い浮かんでこない。

原は、「トテもこれでは体面どころでない」と日本の外務省に談判した。外交には、国としての「体面」が重要だと彼は考えている。「体面」には、「清潔」が入る。「経費不足」のため、増築は許されなかったが、二重窓にし、廊下に硝子障子をはめる費用だけは出た。雪隠については、なにも述べていないので、そのままになったのであろうか。もちろん原敬の二種の日記を見ても、かかることは「立派な公用」のはずなのに、いっさい省略されている。

原敬が天津領事に抜擢されたのは、個人的コネ（井上、伊藤の長州閥）もあるが、清仏戦争にからみ、彼がフランス語に堪能であったことによると思われる。日本は清国とフランスを両睨《にら》みしながら対処せねばならぬ緊張した立場にあった。

天津には、各国の領事館がおかれている。なによりも清国海軍を牛耳る北洋大臣であり、直隷《ちょくれい》省総督の李鴻章が天津にいる。鎌倉の源頼朝における京都の如く、宮都のある北京を天津の地から遠隔操作し、諸外国の外交官を煙りにまいていたのである。原の役目は、天津在住のフランス領事などにひんぱんに逢って情報を手にいれることの他に、この李鴻章の動きを見守ることにある。

このころ清朝を訪れた日本の知識人の特徴は、尾崎行雄に見た如く、おそるべき中国の不潔さと漢学の衰退を語ることの他に、物ごとを誇張して言う習性（大陸的詩的感性とも知らず）をたしかめ、これまでの畏敬の念をわが心から追い出し、「蔑視」をかためるのに役立てている。おそるべき単純さである。しかしこの反動的単純さは、日本人の力でもあって、案外とおそるべき力を発揮する。

上海で、尾崎は彼と同じく「清仏ノ戦況ヲ視察」にやってきた自由党の小室信介に逢っている。小室はその『第一遊清記《ゆうしんき》』の中でこう書いている。

「支那人ノ書籍ニ記スル所ハ、四書六経ヲ問ハズ歴代の史類ハ勿論《もちろん》、詩文ノ末ニ至ル迄《まで》、其《そ》ノ説《と》ク所記《き》スル所、其実ハ十分ノ一或《あるい》ハ二十分ノ一ト云フ程ノ此例ヲ以テ、推量セザルベカラズ」

小室は漢学者の岡千仭《せんじん》（仙台藩の儒者）に逢った時などは（芝罘《チーフ》から天津への舟の中で）、「翁ノ失望想像ニ堪ヘザル所ナリ」と彼の心を勝手に先取りし、かくの如くに問いかけをしている有様だ。

「支那国ノ風俗ノ頽廃《たいはい》実ニ甚シト謂フベシ。絶《たえ》テ書物上（に）聞ク所ノ者ノ如クナラズ。三代ノ世ハ決シテ此ノ如クナルベカラズ」

岡千仭はこの問いに対し、笑ってこう答えた。

「否、予ノ想フニ、中国固《もと》ヨリ此《かく》ノ如クナリシナルベシ。只、西洋及ビ日本ノ数歩前進シタルガ故ナラント」

むかしから中国は、そうだったのだから、驚くに足らぬというのは、彼の見識である。彼は史家でもあったから、中国の史書によって、どの時代も四書五経や漢詩通りであったためしがないことを百も承知である。だからこそ「四書五経」も漢詩も価値がありつづけていると思っている。それでも西洋や、西洋を真似た日本が、中国より「数歩前進」したと彼がいうのは、はやりの進歩思想に立っていて、時代遅れの腐儒を脱しているが、小室信介への世辞ともいえる。

「不潔」に対しても、小室信介は、かくの如くである。

北京では、「一大帝国ノ帝都ナレバ斯《か》ク迄ノ不潔ナラントハ想ハザリキ」としている。小室は、さきに北京で不潔体験を終えているのである。そして朝鮮の王都での不潔体験を語らないでいられない。

「朝鮮ハ貧弱ノ国ニシテ、取ルニ足ラザルノ国柄ナレバ、其《その》不潔モ亦《ま》タ、当然ノ事トシテ之ヲ恕《ゆる》シタリキ」

と傲慢に嘯《うそぶ》いたのち、

「然《しか》ルニ思ハザリキ、此ノ朝鮮ガ大国ト尊ビテ、敬事スル所ノ帝都（北京）ノ不潔ハ、朝鮮王都ニ倍セントハ」

と、大袈裟に驚いて見せている。

これではまだ抽象的すぎると反省してか、北京の市民が男女を問わず人多き街のどまん中で、「五人乃至《ないし》十人臀《しり》ヲ列《つら》ネテ之（大便）ヲ為ス」さまを活写してみせる。不潔を非難しながらその具体例をこれでもかこれでもかと言わんばかりにイキイキと、いや喜々として表現している。

そもそも日本人はなにものであろうか。どうやらラブレーの『ガルガンチュア物語』に見る如きスカトロジーの才が、日本人にはあるようだ。もともとスカトロジーを嫌悪の屈折なく喜々として好むのは、幼児である。日本人のことを西洋人も中国人も「チャイルド」と悪口をいう。そのこととつながっている一つの性向なのか。

原敬にもスカトロジーなところがある。清潔好きは（衛生思想でない）糞尿に対し、反動として豊かな感性（愛）をもっているのかもしれない。その不潔に閉口しているが、ただし中国恐るるに足らずとは決して考えたりしないが、文明開化の小室信介は、蔑視の反動として用いようとする。

「支那人ハ一二憂国ノ人モアルベシ、又忠君ノ民モアルベシト雖《いえど》モ、概シテ之《これ》ヲ言ヘバ、貪欲愛銭ノ小人ノミ。廉耻《れんち》モ知ラズ忠美モ無キ、只私利ヲ営《いとな》ムコトニノミ営々汲々《えいえいきゅうきゅう》」

と自説を披露している。それでも、ふと岡千仭の言葉が想いだされたのか、孔孟の教えが行きとどいたのは、むかしの中国の話で、今は仁義道徳がすたれているのか、と自らの悪罵にやや反省を加えるものの、それでも心が落ち着かぬのか、

「其ノ教ヘ高尚ニシテ、中人以下ニハ行ハレザリシモノカ」

と口ごもっている。

「中人」という限定は、ケチなものいいで、「教ヘ」は、あくまで「教ヘ」、むかしも今もほとんど上中下みなそうだったと言い切れぬところが、おかしくもある。幼時から教えこまれ、叩きこまれた学恩の観念が、ためらわせるのか。言い切れぬだけ、かえって、それが激しい軽蔑のパッションに向かわせる。

南校（東大の前身）を二番でパスし、すでに漢籍を読破すること、同輩にくらべ抜群であった秀才原敬には、そのような単純なところはない。原敬にパッションがないのでなく、それを抑える理性がある。その理性によってパッションが死ぬのではない。その証拠に外交官としての行動力がある。

原敬は、天津で逢った李鴻章について、『懐旧談』の中でこう語る。原敬が中国を組みしやすしと

思わないのは、曠漠《こうばく》たる原野を行くきびしい陸行体験の他に、李鴻章という人物体験があったからと私は見ている。

「吾輩の観察では、李鴻章は或る人々が褒《ほ》むるほどエライとも思はれないが、さりとて或る人々が誹《そし》るほどエラクないとも思はれぬ。少くとも東洋における大人物には相違あるまい。殊《こと》にたびく外交の難局に当りたる人でもあれば、国際上の関係をアノ人くらゐ知ってをるものは恐らく清国内にあるまいかと信ずる」

李鴻章の権謀術数

原敬が、任地の天津に到着したのは、明治十七年一月十四日であるが、直隷省《ちょくれい》総督兼北洋大臣の李鴻章をはじめて訪うたのは、二十三日である。三十日（清国の新年）には、各国領事とともに李鴻章と道台（地方長官）の周馥《しゅうふく》の官邸に赴き、新年を賀している。おそらく顔合わせ程度のことで『原敬日記』を見ても、「李鴻章」に対する感想はなんら述べられていない。

後年の『懐旧談』で、「李鴻章は或る人々が褒《ほ》むるほどエライとも思はれないが、さりとて或る人々が誹《そし》るほどエラクないとも思は」ぬとし、「少くとも東洋における大人物には相違あるまい」としているくだりには、原敬独特の思考形式がある。一種の弁証法であるが、左右の意見を精査した上で、厳しい統一的見解を示す中庸的発想である、ともいえぬこともない。ヘーゲルの哲学は、まだ日本人の思考に侵入していると思えないので、後者（中庸）であろう。

「李鴻章は、なかなか食えないおやじだ。彼が先年（明治二十八年）小山六之助に狙撃せられたときも（日清戦争の下関講和の時に来日し、狙撃された）、痛いとも、かゆいとも何とも感ぜぬふうで、自国の医者が、ちゃんとついているにもかかわらず、いわば敵国（日本）の医者の治療を受けて、少しも疑わなかったところなどは、さすがは李鴻章だ。どこに底があるのやら、ちょっとわからない男さ」（吉本襄《よしもとじょう》編『氷川清話』）

と勝海舟は評している。原敬が「エライ」とほめた「或る人々」の中に海舟などもはいるのだろうか。（勝の『氷川清話』の刊は、明治三十一年。原の『懐旧談』の発表は、明治三十三年である。）

勝海舟は、李鴻章に逢っていないが、『氷川清話』の翌年に刊された厳本善治《いわもとよしはる》編の『海舟座談』の「附録」に北岡文兵衛なるものが、維新前に勝の依頼（命令か）で李鴻章の所へ「探偵」として赴いた話が語られている。これが事実なら、海舟の政治的目配りは、たいへんなものだというべきである。面白いので、左に引く。侵入先は天津か。

「李鴻章に妾《めかけ》があるから、其《その》近所に行って、探偵しろと云ふことで、夫《それ》から、ソノ通りにすると、妾の（が彼を）気に入って、一度李鴻章が妾の家に遊びに来た時、（彼女は）日本からコウ〳〵云ふものが来て居るから、逢って御覧ナサランかと（李鴻章に）云ふ」

すでに海舟は、日本にいながら李鴻章の妾情報まで取得していたとわかる。

「会ふと、暫《しば》らく（李鴻章が日本の密偵を）見て居た相《そう》ですが、夫《それ》から二階に上《あげ》て、人を遠ざけて、李鴻章が言ふのに、〈お前は勝安房守《かつあわのかみ》の探偵で来たのだらふ、白状をすれば善《よ》いが、左様でなければ、縛して殺して仕舞ふ〉と云ふ事で、ソの男が、大胆な人物でしたから、在《あり》のまま言って仕舞った」

つまり李鴻章は、自分の妾のもとへ日本の密偵がしのびこんでいることを、自らのまわしておいたスパイの報告で、事前に知っていたことになる。ありのまま日本の密偵が白状したのが（ふつうならナサケナイ密偵だが）、かえって「肝あり」と気にいられたのか、自分の邸へ来いと李鴻章はいう。

「家へゆくと、三千人も食客が居る……コ、に居て、夫《それ》から学校に通はして貰って居た相ナが、（勝に送る報告書はあらかじめ李鴻章に見せるのが条件なので、それを示すと）之《これ》はかう〳〵、あ、〳〵と言って、一層こまかに（わざわざ秘密情報を李鴻章は日本のスパイへ）話して聞かせた。夫《それ》で、維新後三四年まで、そうして居たが、〈モウ勝さんも入り用でなからふから、帰れ〉と言ふ」

その時、李鴻章は、勝宛に「書」を揮毫し、「海舟」と印まで彫って、その男に土産として持って帰らせたという。密偵に学校までかよわせ、日本へ送られる探偵報告書にごていねいに添削までするとは、なんとも人を喰った男だ。

とりあえず、この話をそのまま信じるとして、勝海舟が、後年、「さすがは李鴻章だ。どこに底があるのやら、ちょっとわからない男さ」と述懐している。彼は、原流に「東洋における大人物」と褒めている部類の政治家に入るのだろう。

「どこに底があるのやら」と思わせるのは、中国の伝統的な腹芸であるが、これは、日本人になかなかできない。おそらく落莫たる風土のもたらしたもので、なにがいつおこるかわからないこの世に対処するには、「どこに底があるのやら」で自らをガードしておくようにつとめなければならぬ、という身についたポーズのとりかたが、李鴻章の場合、抜群のセンスに恵まれている。中国人でもこの腹芸を観念的にやると人に見抜かれ、恥をかく。陰謀術数は、この「どこに底があるのやら」の中から飛びだしてくる。大陸的不安がもたらした生きんがための芸である。

これまで私は、李鴻章をあしざまに悪くいう明治の日本人の例をほとんど文献的に目にしていないが、原敬は、『懐旧談』の中でかくいう。

「李鴻章は権謀術数ばかりで凝《かたま》ってる横着《おうちゃく》もの、やうにいふ人もあるが、吾輩は公務上でも私交上でも一週に何回といふほど面会したが、ソンナ人物とは思はない」

悪口の例として「権謀術数」の人であるというのがあったとわかる。はたして政治世界において「権謀術数家」といわれるのが悪口に当るのかどうか、よくわからない。まだ幕臣であったころ(奉行職をはじめ、宰相的な任にある時もあった)の勝海舟が、ひそかに放った密偵のエピソードに見た如く、敵が報告せんとするスパイ情報をとりあえず抑えたのち、さらに完全なものに添削して、あえて筒抜けにするなどというのも、「権謀術数」だといえる。(情報蒐集にたけ、くわえて分析力と行動力をもった原敬も、政界に入ってから、陰謀家といわれたが、「どこに底があるのやら」のタイプでない。武器は、誠実である。)

おそらく勝海舟は、外国勢力の力をかりて鎮圧した太平天国の乱の余波が日本に押し寄せてくるのをおそれ、中国の運命の鍵を握っている李鴻章にあえて密偵を送ったのだろう。しかしそれを見破るだけでなく、報告書にまで添削してやった彼の行動に対し、不気味なまでのお人よしと見るわけにいかないだろう。このあけっぴろげな対応は、中国大陸そのものだともいえるし、なにも隠さないこともまた、権謀術数のうちでもある。
なによりも日本は、李鴻章にとって敵国のうちに入っていない。「機密」の解釈の幅も違う。むしろ漏らした方が、清国と同じ東邦の西洋に攻めこまれている小国の日本を救うことになり、ひいては自国のためにもなるぐらいには、李鴻章も考えていただろう。

原敬は、一週のうち何回も彼に逢ったと語っている。とすれば、多分、日本人のうちで、原ほど李鴻章に直接顔を合わせた人物もいなかったのではないだろうか。ちなみに明治十七年二月に原が何度逢ったのか、日記で検閲してみる。

十日「李鴻章を訪ふ」。十二日「李鴻章、海関道（周馥）以下、諸人と同伴して来訪せり」。いわば十日の訪問への返礼である。即ち原敬が李鴻章と親しく面談したのは、十日が最初とわかる。十五日「琉球使臣 尚《しょう》文光《ぶんこう》、魏元才《ぎげんさい》なる者、李鴻章を訪ふ」。日本にとって琉球の使臣の訪問は、物騒だが（琉球は、江戸時代から清国と日本〈薩摩〉の両国に帰属するという高度でアクロバットな二面外交を展開していた。明治になってからも帰属をめぐり日清両国の紛争の対象となっていた）、なによりも李鴻章の動きが日本の運命にかかわるものとして、原が気をつけていたということであろう。二月は、三日しか逢っていないが、三月はどうだろう。

五日「李鴻章を訪ふ」、二十八日「李鴻章を訪ふ」と二回である。ただし二十九日「李鴻章、海軍演習見分《けんぶん》のため太沽に赴く」。三十一日「雪降る。李鴻章、海軍演習より帰津す」といった動向記録がある。清国を牛耳っている李鴻章をマークしているのである。

四月はどうか、二日「李鴻章を訪ふ。銅の件なり」、十六日「李鴻章を訪ふ」と二回である。そのかわり、李鴻章に英国公使が逢いにいったこと（八日）、ドイツ公使が逢いにいったこと（十八日）、朝鮮使臣の訪問（二十八日）が記されている。他に李鴻章にかかわる情報もある。十五日には、李鴻章が北京の中央政府から弾劾されたという記事がある。二十六日には、上海総領事の品川忠道《ただみち》より、「昨日李鴻章死去の風説あり」として、その真偽の問い合わせがあり、「虚報」であると原は答えている。

もちろん原は、週に何回というほどには、李鴻章と逢っているわけでない。五月は、二回。六月はゼロであるが、そのかわり呉大澂《ごだいちょう》、左宗棠《さそうとう》、伍廷芳《ごていほう》、張之洞《ちょうしどう》ら高級官僚の来津を記録している。七月は、一回。二十日に「妻病気に付《つき》、医師を招く」の記事がある。八月、二回。そのうちの一度は、北京公使の榎本武揚《たけあき》と一緒に李鴻章に面会した。九月は、四回。二十七日に自由党の杉田定一《さだかず》が領事館を訪れている。

十月は、四回。二日、小室信介（新聞記者としている）が北京への途中だといって来着。六日、岡千仭が来津、領事館に宿泊、九日には道台へ紹介の労を彼にとっている。私個人としては、函館の五稜郭に立て籠もって官軍と戦った旧幕臣の松平太郎が、茶を試売する出願のため原敬と逢っているのに、興味を抱く。写真師になったという噂もあったが、反乱軍の総裁であった榎本武揚をたよって清国へやってきたのだろうか。十一月は一回。

しかし、この年の暮れの十二月になると、のちに回想する原敬の言葉に違わず、李鴻章との会見は八回を数えるに至る。それは、これまでの清仏戦争にくわえて、隣の朝鮮で事件が勃発したためである。日清の兵が京城で衝突、閔妃《びんぴ》暗殺などの報が入り（原の前の天津総領事であった竹添進一郎が、朝鮮の日本公使として赴任しており、権力を握っていた閔氏一派の排除を期すクーデタをおこすが、その陰謀は清国の介入もあって失敗に終る）、日本の外務省からも、正しい情報を送れという電報がくる。くわえて幼な妻は、またも発病（二日）で、公務に私事が喰い込んでくるわけで、原敬も大童《おおわらわ》だったようだ。

二十一日、その日記に、次のごとき李鴻章へのきつい表現がある。

「李鴻章を訪問し、其《その》談話に反して（朝鮮に）兵を送りたる理由を詰《なじ》る。彼云《いう》、（戦艦）凌雲《りょううん》にて送兵の事は虚聞なり、但《ただし》（朝鮮に派遣の）呉大澂は官位も高し、故に清国の例として五百人の護衛を附する筈《はず》、（ために）二隻の清艦に（兵を）分載すべしと弁疏《べんそ》す」

呉大澂は、篆書《てんしょ》をよくする文人官僚として知られる。彼の篆書は、日本で人気が高く、原敬も彼の「書」をもっていたようだ。原の見幕に李鴻章は、たじろいでいるようでもある。三十一日にも李鴻章を訪れ、清国の派兵を問責している。ここでは、呉大澂がそれ（護衛）を強く主張したからだ、と逃げている。「ぬらりひょん」は、中国のお家芸でもあるが、李鴻章の得意芸である。これに対し原は、

「清国、兵を送らざれば日本は決して之《これ》を送らざるべしと、且《か》つ彼をして若《も》し派兵のある時は、余に告ぐべきを約せしむ」

と談判している。

原が、かくも強気なのは、外務卿代理の伊藤博文に宛てた報告書からでも、その理由が推測できる。つまり李鴻章は、今や清国がフランスと険悪な状況にあり、これ以上、朝鮮事件において日本とことを構えたくないが、外交術として日本を「籠絡《ろうらく》」しておかねばならないと思っているその魂胆を、原が見抜いていたからであろう。

原敬は、李鴻章に対して権謀術数の権化なりと、一方的に見ず、無邪気なところのある人だと考えていたようだ。『懐旧談』の中でかくいう、

「タシカ十八年の一月であったかと思ふが、李鴻章が或る政略上の意味にて、朝鮮における日清両国官吏の極めて親密なる（らん）ことを頻《しき》りに説《と》き、呉大澂より斯々《かくかく》の報告も来たといふから、その報告を拝見する訳には往かぬかと出しぬけに問ふたら、お易《やす》いことなりとて、直様《すぐさま》持って来いと家僕に命じたが、家僕がまだ持って来ぬ中《うち》にハヤ後悔した色が現はれ」

たと。機密の書類を平気で原敬に示すのは、勝海舟の密偵をろうらくしたごとく、いつもの李鴻章の手なのだが、すぐに「しまった！」という表情をするのもまた、彼の自然流ともいうべき手のうちである。たえず李鴻章には、バレテモトモトという構えがある。

「その報告は支那流の書翰箋《しょかんせん》に書いたものであったから、一枚づつ取りて左右の手で両端を押へ、僅《わずか》に一二行づつ顕《あら》はして読みながら、貴官は支那文を読むかといふから、読むといったら、ます〳〵窮した様子にて、イヤ御覧に入れるよりはこの中にある要点を私が書いてあげるとて、直《ただ》ちに筆を執り数行を謄写《とうしゃ》してくれたが、今でもその窮状は吾輩の眼に見ゆるやうだ。コンナ工合で大に無邪気な所のある人だ」

原敬の観察は、甘いともいえるが、そうでもないだろう。時に「無邪気」をさらすのも政略のうちと李鴻章が考えているのを原敬が看破していなかったわけでない。彼の権謀術数は、人がいうほどに狡猾《こうかつ》なものでなく、幅の広さと深さがあり、わがうちの狼狽を人に示しても平気な「無邪気」さがあると見ているのである。いい加減さの中の深慮とも逆にいえるから、油断ならない。そのことは次の

言葉からでも十分に推察できる。

「吾輩は支那に往《い》って文学の交《まじわ》りをする積りは毛頭なく、随《したが》って字などを書いて貰ふ量見は少《すこし》もなかったのであるから、手紙の外《ほか》に書いたものは一枚もないが、アノ時の事情があまり面白いから、今に李の謄写したものは保存してある」

窮状をさらして平気な「無邪気」さの記憶が「保存」させたのである。困った際の無邪気さを愛すべしと賛してのことでなく、一本お面をとった己れの勲章としてでなく、なおわからないところがあるからである。

漢詩を作ることと書の揮毫に対してあさましき文人気取りのスノビズムとして毛嫌いしていた原である。李鴻章と親しくなってからも、やたら人々のほしがる彼の「書」（独特のなめらかな縫い目のない「書」だが、「詩」と同じく、凡庸のうちで、李鴻章でなければ、尊重されるしろものでない、と私などは思っている）を所望する気もなかったが、外交戦の角逐の中で、珍しき彼の筆蹟をはからずも手にいれてしまったことになる。

もちろん、わが周章狼狽を隠さず無邪気にふるまう李鴻章の頭のすみには、俺の「書」は高いぞ位の意識があるのは、原も見抜いているのであって、心のうちで微笑しながらも、この人物はあとでゆっくり考えるに足る面白さがあるとして、直筆の「要点」を記した彼の珍しき「書」を受けとったのである。

原敬は、晩年になってようやく書を揮毫するようになり、俳句も作る。漢詩だけは作らなかったようだが、詩心がなかったわけでない。天津の風土に対して、原敬は、

「塵埃《じんあい》の立つことが夥《おびただ》しい、庭前の樹木がそのためにハッキリ見えなくなり、日光も朦朧となる。紅塵万丈《こうじんばんじょう》などといふことは、この地方では決して詩人や文人の法螺《ほら》ではない」

と喝破しており、中国人の表現を大袈裟と見て、他愛なく蔑視する尾崎行雄や小室信介の詩心とは、雲泥の開きがある。

原敬は、清仏戦争の体験により、どうしてかくも中国内部がギクシャクして一つにまとまらぬのかに思いをめぐらし、それは古来からの「南北相い関せず」の国情によると考えた。(この考えは、大正になって内閣総理大臣になってからも変えない。)

「左宗棠が南にをれば李鴻章が北に居て、おの〳〵その幕下が軋轢《あつれき》するといふやうな訳である」

そういう中で、南北のどちらかで紛争がおこっても、まるで「他国の出来事」のように思えてしまう。日清戦争も、日本と北洋艦隊を握る李鴻章との戦いだという評もあったが、そこからきている。南方の人々は、中国が日本に負けたと思っていない。

李鴻章は、もともと南方の出身であるが、太平天国の乱以後は、北方が根拠地となった。彼の陰謀術数は、この南方と北方の気質をあわせ呑んだところから生まれているのかもしれない。即ち風土の中に陰謀術数が隠れているのだともいえる。清仏戦争における李鴻章の中に、どこか我れ関せずの風のあるのを感じとっていた原敬は、つぎのように自らの疑惑に対して解決してみせている。中央政府は、南方の役人と北京の攘夷家が一緒になって戦争をしても、どうせうまくいかないと見ている。そこで、

「ニッチもサッチもゆかぬ困難に陥れば、李鴻章を呼び出すので、それが即ち李鴻章が外交の経歴

を積んだ理由でもあり、又非常な外交家の如く評判される原因でもあるが、兎《と》に角《かく》さういふ次第であるから、李鴻章は平然としていたのである」

原敬の「エライ」ところは、天津の風土を熟視するが如く、その中で生きる中国人の言動を等しく見たことであり、その中の傑物である「李鴻章」とそうそうに出会えたのは、幸運だった。

岡千仞の巻

幕末、日本全国を駆けめぐった尊皇攘夷の漢学者は、老境を迎え、「中国」なるものをその目で確かめんと、横浜より船に乗った。

浄潔

旧仙台藩士で、幕末にあっては勤王の志士であった岡千仞《おかせんじん》（字《あざな》は振衣、又は天爵。号は鹿門《ろくもん》）は、明治十七年（光緒十年）五月二十九日、早朝に新橋駅を出発、三十日横浜港から、東京号に乗船し清国に向った。岩崎弥太郎が「余の志を深く嘉《よみ》し」切符の手配をしてくれたと日記にあるので、東京号（丸）は、三菱の汽船であろう。ヨーロッパの旅客船でない。

まず千仞が、中に入ってびっくりしたのは、食堂の豪華さである。その「案卓帷帳《いちょう》」（おそらく西洋式）のインテリア装置に「瓓璨《らんさん》、目も眩《くら》む」と書いている。

船内には、客室が左右に並び、各部屋には、「盥嗽《かんそう》器具」が備えられていて、かくて「極めて浄潔たり」とその感慨を日記（『航滬《こうこ》日記』）にしたためたのである。「盥嗽」の「盥《たらい》」は、ホーローの洗面器のことか。「嗽」は、うがいだとすれば、その器具とは、ガラス（或いはホーロー）のコップか。それらは、なるほど、竹製木製の顔を洗うたらいや、口を漱《すす》ぐひしゃくにくらべ、はるかに「浄潔」そうに見えたかもしれない。新しいうちは、洗えば再び清潔そうに戻る。

千仞が清国見物を企てたのは、明治十七年。明治維新後、すでにかなりの月日が消えている。「文明開化」の東京にあって（芝愛宕下の仙台屋敷に住居す）、新政府の官僚にも彼はなったし（修史局編修官）、明治三年に上京後、自宅に私塾の「綏猷《すいゆう》堂」（人々は岡塾と呼んだ）を開いていた（閉塾は、十八年という。帰国は、同年三月であるから、それ以後の閉塾である）。門弟四千というから、たいへんな繁盛ぶりであり（彼は、幕末以来の世にきこえた名士でもあった）、同塾の出身者には尾崎紅葉、石井研堂、呉秀三、福本日南などがいる。漢学の塾であったと思われるが、洋学を教えているわけでもないのに、この繁昌である（明治十三年から十五年がピークという）。幕末に仏国志米国志を著作し、こちこちの尊王攘夷論者でなかったから、海外の動きにも敏感であり、ましてや新政府に出仕後、外国の文物に接する機会も多かったと思われるが、東京丸の食堂に驚き、客室の設備にも「浄潔」なりと目を丸くしているのである。

いくら東京が文明開化しているといっても、横浜の外人居留地に自由に出入りしたわけでもない。なによりも、船は、海を走る種の奇なる西洋建築物である。従来の日本の貨客船とは違う。その建築的空間に驚嘆するのも、むべなるかなである。トイレは、水洗だったと思われるが、そのことについては触れられていない。

最初の彼の予定では、東京で知己の間柄になっていた清国の文人王紫詮《おうしせん》（王韜《おうとう》）が香港にいるということで、そこにまず彼を訪れて、大陸西方への旅のプランを相談して練りあげるつもりでいたが、上海に移居したという通知を受けとる。かくて東洋一の貿易港上海へ直航することにあいなる。

旅の道連れは、清国の日本公使館員であった楊守敬《ようしゅけい》である。たまたま任期を終え、帰国することになっていたからである。江戸以来の漢詩人たちは、明治になると、箔をつけるため、公使館員との交際を求めた。彼等は、みな一応は漢詩を作るインテリである。本場中国人との詩の応酬は、勲章になりうる。昌平黌《しょうへいこう》の出身でその舎長まで勤めた岡千仭だが（漢詩よりも漢文を得意とした）、そういう風潮ににがにがしく感じ、逆うなんてことはしなかったと思われる。そういう素直さの中で、考証学者で、日本近代の「書」の夜明けに寄与した恩人とされている「楊守敬」とも親しき知己の関係を結び、清国漫遊の道案内人ともなってくれる。任期明けという偶然もあるが、千仭の人格や清人をおびやかす豊富な漢籍への知識やその見解（つまり知見）の鋭さなしに、こうはならない。

岡千仭には、もう一人の随行者がいる。甥の濯である。千仭は、五十歳前後だったと思われるが（長旅には、ギリギリの年齢とでも自ら分別したか）、甥は、いくつ位であったかわからない。『航滬日記』では、守敬（惺悟《せいご》）は、「伴」であるが（旅の同伴者）、濯は「従」である。「従」は、従僕。甥は、いわゆる世話係の「カバン持ち」なのである。この『航滬日記』は、千仭の旅の成果である『観光紀游』十巻全三冊（明治十九年刊）の巻一にある。この『観光紀游』における全「校訂」は、岡濯となっている。各巻の「撰著」者である岡千仭の真横に「校訂」者として彼の名が堂々と置かれているのは、原稿の整理の労もあるが、旅に一貫して従い、あれやこれやとめんどうをかけた甥への感謝のしるしであろうか。同格扱いである。親族といえ、校訂するくらいだから学もある。千仭の私塾の学徒ないし、教師でもあったか。

東京号には、上海に帰る清国人の馮耕三《ふうこうさん》、王惕斎《おうてきさい》（彼については未知である）も同乗していた。馮耕三は、有名な筆墨商であり、早くから日本を往来している。日本の官界に喰いこみ、商いの成果をあげている。この春には濹堤《ぼくてい》（たしか向島）に筆の祖である将軍「蒙恬《もうてん》」の碑を彼は建てている。その碑の撰銘は、楊守敬である。商人といっても、馮は、文人商人である。おそらく千仞とは顔見知りの間柄だったと思われるが、惕斎（仁乾）のほうは、いまのところ、その経歴がよく私にわかっていない。この二人とは、神戸を目指して進む船の中で、おしゃべりをかわしたようだ。

「中土（清）の風俗というのは、日東（日本）と、さして変っているというわけでないよ。ただ違っているのは日本にくらべ、やたらと〈浄潔〉につとめるようなところはないというところぐらいかな」

これは、「二人曰《いわ》く」とあり、二人の意見が、ひとまとめになっている。ここでも「浄潔」の漢語が強調されているが、一思いに「清潔」と訳したほうがよいのかもしれない。二人は、日本人の清潔好きに感心したふりをしながら皮肉をこめていたのかもしらず、おそらく千仞が驚くにちがいない中国の不潔さに対し予防線を張ったのかもしれない。そこで岡千仞は二人に向っていう。

「我が国は、近く洋風を学び、競って外観を事《まね》て、だんだんと本色を失っていった」

と。二人の皮肉に対して、反論することなく、正直にこう反省的に返答している。このあと、日記は部屋（客室）に戻って睡《ねむ》ったとある。とすると、馮耕三らとの会話は、食堂かロビーでの会話であったのだろうか。馮らは、多分日本語が達者であったと思われるので、「筆談」の必要はなかったのだろうか。

客室は、どのように等分けされていたのだろうか。特等一等が上室で個室、下室はその他大勢の広間になっていたのか。千仞は下室には二百余名の男女が「雑沓《ざっとう》」していたとしている。それにしても、どうして三人の会話は、「浄潔」の問題に及んだのだろうか。千仞があまりに客室の「浄潔」さについて感嘆するので、二人の中国人は、すこしからかう気にでもなったのか。

むかしからの日本人の清潔好きは、世界中の常識である。東洋の中国人とて否定はしまい。しかし千仞は近代西洋人の浄潔さをこの目でみたわけでない。西洋式客船「東京丸」の中に、「西洋」を見て驚いているのにすぎない。文明開化の彼等の日常生活もこんなものかもしれないと推理したにすぎない。

江戸時代からの旅好きだった彼は、いつも徒歩というわけでなく、船便も利用したはずで、その比較から「浄潔」の語が飛びだしてしまったのかもしれない。つまり、日本人はいくら清潔好きであっても、船ともなると、そうもいかず、しばしばへいこうする体験をこれまで彼は味わっており、そのため洋式化された東京丸に驚き、それを二人の中国人に語ったため、いささかひんしゅくの逆襲を買ったのだといえる。

千仞は、まだ中国をこの目で見ていないが、汚穢の噂は耳にしていたにちがいなく、二人の中国人と会話する機会の中で、あえてその問題（西洋人も日本人も呆れる）をぶつけてみたのかもしれない。しかし、二人の皮肉にあい、岡千仞、すこし考えこんでしまったのではないか。それは、日本人特有の清潔好きの習性のまま、西洋機械文明の道具としての清潔にそのまま自分の気持をのせて称賛していることの誤謬についてである。似ていて非なるものである。

馮らは、そのあたりの千仞の矛盾を見抜いていたわけでないが、日本人の外国かぶれを中国人独特の暗喩の語法をもって、からかったにちがいなく、そのあたりのことを敏感に嗅ぎとった千仞は、西洋の外観ばかり真似て、本色を失っていると、彼等の前にその通りだと頭をさげたのである。

この自己批判は、かつての尊王攘夷論者であり、条件つきで心のうちでは開国論者であった千仞が明治の世を十五年以上経過する中で、日頃から思っている持論であり、心ある中国人、いや心ある西洋人の共通意見でもあったのだ。

「就室一睡」。「一睡」とあるが、目をつむってベッドに横たわっているだけで、心千々に乱れ眠れなかったのではあるまいか。西洋と日本のありよう、そのことを考えるために岡千仞は、かつて日本が多大なる影響を受けた中国漫遊の旅に出たのだともいえる。現に昌平黌の秀才であった彼は、旅日記をすらすらと漢文で書いているのである。

「もう、紀州の海が見えてきたよ」

と甥の濯の声ですぐ起きあがる。熟睡していなかった証拠のようなものだ。デッキに出て漁村の家々が点在するさまを眺めやる。「船の上から那智の滝が見えるというのをきいたことがあるが、まだか」。濯も一緒にデッキに出ていたのか、「もうとうに過ぎてしまったよ」という濯の答が返ってきた。

五月三十一日、船は神戸港に入って停泊した。千仞は、楊守敬とともに、小船にのって市内へ上陸した。神戸の領事館に顔を出すためである。領事の黎汝謙《れいじょけん》が出迎えた。彼もまた当然漢詩を作って外交のできる文人官僚である。通訳の案内で、「泉亭」（料亭か）へ行き、一風呂そこで浴びている。こう風呂好きでは、その前途が読者の私としても、なんだか心配になってくる。

この泉亭で、領事黎汝謙主催の宴が開かれる。夜宴ではなく、午食の接待であろう。それが終ると、楊守敬と汽車に乗って大坂に赴いている。

「楊君、古書癖有り。心斎橋の書肆を歴訪し、宋版尚書を得る。大悦、五十元を投じ購取し、神戸に帰る」

楊守敬は、すでに中国では手にはいらない日本には現存する書物の発見に狂奔している。中国の古典を博覧している岡といえ、考証学に興味を有したと思えないが、どういう気持で楊守敬の狂奔を見ていたのか。

日暮れ近く神戸に戻り領事館に寄ると、昨日、船中で「浄潔」について論じた王惕斎馮耕三の顔がそこにあった。黎領事は、送別にあたり、長篇賦を岡千仞に贈った。ただちに岡は和答した。詩賦は大得意としないが、それぐらいの力はある。飲酒の宴はつづき、夜遅く三更になってからようやく船に戻った。

翌六月一日早朝、東京丸は動きだし、瀬戸内海に入った。欧州人が「嗟賞《さしょう》して已《や》まざる」場所であることが千仞の知識の中にはある。楊守敬と甲板の上に立ち並んで、その風景を眺めやる。楊守敬は呟く。

「揚子江の一帯は、多分にこの間の風景に似ているんだよ。唯、沿岸の山の樹木はみな伐採されてしまっていてね、みな禿頭なのさ。ここのように鬱蒼《うっそう》と樹木が茂って、愛すべき様子であるのとは、似ても似つかない」

と慨嘆した。これは、彼の母国の憂鬱である。

千仞は、別のことを考えていた。かつて姫路に遊んだ日のことである。船を海に浮べ釣った鱸《すずき》を料理し、三日つづけて諸友と轟飲《ごういん》した思い出に襲われている。おそらく彼等は国を憂えて、談論風発、高歌したにちがいない。「あれから二十年、彼等の存没はわからない。生きているのやら死んでいるのやら」。かつての勤王攘夷の志士は、「愴然《そうぜん》」としている。

東北の諸藩は、薩長の官軍に抗すべく「奥羽列藩同盟」を結び、仙台藩は、その盟主であった。そのころ、仙台に帰り、藩校で教鞭をとっていた岡千仞は、勤王の精神からその不可をとなえ、獄につながれた。のちに列藩同盟はもろくも崩壊していく。各藩は、つぎつぎと球つき状態に恭順の意を示して官軍に降る。千仞が、藩主の謝罪とともに獄を出て、明治新政府に仕えるに至るのは、このような経過があったからである。

賊軍の汚名を着せられた仙台藩士には、官界への道は閉ざされたから、俗にいえば、千仞の任官は、異例の出世なのである。千仞は、出仕と私塾の二足草鞋《わらじ》をはいていたが、官界を去る動機は、そのようなところから生じたのだろうか。

二日、赤間関《あかまがせき》で東京号は一時停泊した。山陽南海道に向う客が降りるためである。まもなく玄海洋《なだ》を渡り、長崎港に到着すると、旧友の丸山子堅《しけん》（鑽）が小舟に乗って出迎えていた。こういう「出迎え」の形式も、当時はあったようだ。鹿児島県の地方官僚である彼は、百里の遠きもいとわず、わざわざ逢いに来てくれたのだ。「三日も待った」と開口一番に彼は言った。丸山は、信濃の旧飯田藩士で、『観光紀游』に序を寄せているが、明治になって千仞が「大学」の助教になった時の教え子である。東京時代は、清客と遊び、「詩酒徴逐《ちょうちく》談論激昂」するのが「天下の楽しみに適《かな》う」ものだったと自ら述べている。「大学」（昌平大学ともいう）は、明治にはいってからの昌平黌の後身である。明治を通して漢詩人としての名声が高かった。

楊守敬と一緒に長崎に上陸し、中国領事館に立ち寄り、理事の余鑴《よせん》に逢った。書家で名高い中林梧《ご》竹《ちく》とも親交のあった文人官僚である。領事館の壁間に、二年前、長崎に立ち寄った際、守敬が揮毫《きごう》した「書」のかかっているのを見た。その夜は、丸山の招宴に応じた。歌妓を侍らせての酒宴となった。「酔を尽し、而して寝る」。丸山の手配した歌妓と一夜を伴にしたとまでは書いていない。

それにしても、岡千仞は、日本を出発した時から、中国人に囲まれ、これから訪れる大陸への助走をしているようなところが結果的にある。清国の公使館が日本に置かれたのは、西南の役の終息した、たしか明治十年の終りか十一年の初めのはずだ。それ以後、中国の文人官僚が来日したということで、漢学者や漢学の心得のある日本の官僚たちが、彼等のもとに殺到したのである。文明開化でイケイケドンドンであった明治初年代に息をひそめていた漢詩漢学の気運がまきおこるのは、この公使館の設置を抜きにして考えられない。その館員の中で、優秀な詩人といえば、黄遵憲《こうじゅんけん》があり、学者でかつ書家の楊守敬ぐらいで、ほとんどは凡庸だが、詩を作り書をものすぐらいは、みな教養としてできるのである。過剰な洋化の風潮への反動として盛りあがったのである。千仞の塾の隆盛もそれを抜きにしては考えられないが、明治十五年、千仞は、自らの体験を基にした幕末史『尊攘紀事』八巻四冊を刊行し、清国漫遊寸前の十七年には、『尊攘紀事補遺』四巻二冊を出版している。いずれも漢文である。「尊攘」とは、「尊皇攘夷」である。新政府となって「尊王」は引き継がれるが、「攘夷」のほうは、「開国」に転じられる。当時、評判になった書物だが、新政府に仕えた自らになんらかの結着をつけるための著述だったに違いない。その自序を読むと、彼が江戸の昌平黌に入った翌年にペリーの黒船が来航して以来、明治維新に至るまでの間、日本はめまぐるしく変遷するが、天地の間における「自然の大勢」であったというとらえかたをしている。

翌三日の朝、丸山子堅とともに台湾西南の両役の戦死碑を見学している。前夜の酔いは、もう醒めていただろうか。ともに維新後の戦役であり、とりわけ西南の役からは、六、七年しかたっていない。おそらくその祭られている「戦死」者には、賊軍となった西郷隆盛側の死者はふくまれず、官軍（政府軍）側のみであろう。その戦死碑には、のちに東京大学教授となる重野成斎《せいさい》が文を書いている。「書」は、童話作家巌谷小波《いわやさざなみ》の父であり、日下部鳴鶴、中林梧竹らと並び明治の三筆と称される官僚の巌谷一六《いちろく》である。重野は、旧鹿児島藩士であり、昌平黌で共に学び、共にその舎長となった。彼は、漢文をよくし、日本近代史学をリードし「抹殺博士」ともいわれた（西郷とも因縁は深い）。重野巌谷は、五月二十九日、新橋駅に見送りに来ており、数日前に顔を合せたばかりであった。この時点での重野は文部省の修史局、巌谷は内閣書記官か。いずれも、明治の「お偉方」といってよい官僚であり、漢詩漢文をよくする名士である。

明治は、わが国空前といってよい巨碑が処々に誕生した時代であるが、中国にならって「漢文」で碑文がなされ、刻される文字が「書」たるべきを求められるので、重野巌谷は引っぱり凧であり、この碑の建立ブームが、衰退していた「漢文」の有用性を認識させ（ゲーム性や社交性のある短くてすむ漢詩は息を吹き返すが、長くなる漢文のほうは一般化したといえない。和漢混交文に呑みこまれていく）、「書」の推進に貢献したのは、まちがいない。

千仞は、その戦死碑を見上げながら、「大石巍然《ぎぜん》」、「極めて巨観を為《な》す」としている。世界を相手に背伸びした明治は、日本の歴史にあって空前といってよいほどに巨碑の時代なのである。

そのあと千仞は、小曾根乾堂《こそねけんどう》を尋ね、久闊《きゅうかつ》を叙した。長崎の大商人であるが（機を見るに敏な彼は、安政年間、まもなく外国の通商が盛んになるのを予想し、大坂の海を埋め立て、その地を小曾根町としている）、書画をよくする文人で、とりわけ篆刻をよくした。「国璽《こくじ》」「玉（御）璽」は、彼の手になるものである。明治四年には、旧宇和島藩主伊達宗城《むねなり》に従い、清国に赴き、通商条約の締結に尽力している。彼の経歴（長崎の商人、文人趣味、外交官の資格として十分である）を買っての起用であろうか。

乾堂と千仭が知りあったのは、幕末であろうか（昌平黌時代の仲間である松本奎堂《けいどう》、松林飯山と三人で大坂に塾を開いたころ）、それとも修史局時代か。いずれにしろ、清国漫遊に赴く彼が逢っておいてよい人物である。

その夜、余理事の晩餐の招きに応じ、中華料理を食している。同席者は、楊守敬と西岡宜軒《ぎけん》である。詩をよくする西岡は、旧佐賀藩士であるが、この時は、長崎県知事か。西岡の案内で、人力車を雇い、港内を一望に見渡せる酒楼に登り、洋食の接待を受けている。この夜は、中華料理に洋食である。東京丸からの号砲を合図に船に戻っている。

翌四日、長崎を出港。いよいよ国内を脱して清国へ赴く。横浜を発した時は、二百余名の乗客も、二三十人に減って、船内は「間寂《かんじゃく》」としている。急にほっとしてか、手持ち無沙汰になってか、千仭は、楊守敬を相手に囲碁をはじめる。

「余、極めて低手《ヘボ》。楊君亦《また》格に入らず」つまり共にヘボ碁のため、勝ってニッコリ（欣然）、負けてもワッハッハ（可レ笑《わらうべし》）のなごやかの勝負である。この日の日記は、なにを思うてか（おそらく出版の際の日本の読者を予想して）、楊守敬の紹介に費やしている。

「楊君の金石学、優に一家を為し、東游（来日）以後、好事家に就き、隋唐古書を捜索し、同異を考証す。大いに得る所ありて、曰く。余、貴国に官して四年。涓滴《けんてき》、国に補するなし。唯、黎公（汝謙）の為、古書を罔（網）羅し、古逸叢書二十六種を刻す。隋唐逸書、百余筐《きょう》（箱）を購《まかな》い得る。此外《このほか》、古書を参考にし、日本訪書録二十巻を撰す。此れ皆、宋元諸儒、未だ夢にも見ざる所、故に嚢橐《のうたく》索然（財布が空っぽ）とすると雖《いえど》も、少しも悔いず」

どうやら楊守敬、すべて官費で、日本にある中国から舶来され、本国にない古書を買い漁ったのではないらしい。「書物」の魔力、というか、書物をめぐる人間の狂気が、岡千仞の描く楊守敬の像の中にある。

だが、楊守敬の述懐は、この船中のものと思えない。おそらく日本滞在中のものである。その述懐をきき、千仞は、松崎慊堂《こうどう》の『彙刻《いこく》書目』を示したという。儒者慊堂は、その日記『慊堂日歴』で知られているが、開国論者として渡辺崋山《かざん》（三河田原藩家老）が疑獄にかかった時、助命嘆願に奔走したことでもよく知られる。

私は、その日記といわず「書」も「詩」も好きだが（二十代のころ、中途挫折したが慊堂の長編年譜を志したことがある）、日本における考証学者としての足跡も見逃せない。千仞は、楊守敬の熱狂興奮ぶりにすこし水をさすかのように慊堂の『彙刻書目』を彼に示したのである。

慊堂は、昌平黌（林述斎門）の大先輩である。弘化元年に没している。千仞は、嘉永五年に昌平黌に入学しているので、謦咳《けいがい》に接する機はなかったものと考えられるが、その事跡と名声は耳にしていたであろう。

各藩の英才が集った昌平黌の出身者は、退寮後も交を結び、セッサタクマするところがある。千仞の旅立ちを見送りにきたものに南摩綱紀《なんまつなのり》、すでにひいた重野安繹《やすつぐ》（成斎）、秋月胤永《かずひさ》がいる。秋月、重野は、岡を加えてみな舎長経験者である。「観光紀游」と題字を書したのは、昌平黌のすこし先輩である藤野正啓《まさひら》（海南）である。大学及び修史局の同僚。序を寄せたものの中に、亀谷行《かめたに》（省軒《せいけん》）。最年少で送別会に出席し、序を寄せた内村資深は、出雲出身とあり、松江藩士で同窓の内村鱸香《ろこう》の親族か。父の代理参加か。出発にあたり、墨東の双橋楼で、餞宴が開かれ、百名の参加をみたが（みな「送篇」を寄せたという）、その中に安達清風がいる。

ともあれ、千仞から松崎慊堂の『彙刻書目』を示された楊守敬は、「わが訪書の材料（資料）として、この書は大いに役立ちそうだ」と答えた。私は、このくだりは、東京におけるやりとりではないかと推測したが（日記では、ままあることなので）、千仞は、清国漫遊の際、文人や学者に逢うことを予想し、彼自身、考証学に興味はないが、大和魂として披瀝すべく自らの行李の中にあらかじめ用意しておいたものかもしれない、と思うものの、なお曖昧である。

筆　談

五日、早くも船は、上海に到着す。午後、海水が「溷濁《こんだく》」してきたので、濁った東洋一の大河「揚子江」

支流の水が注ぐためだと合点している。こういう知識は、時前に千仞が勉強しておいたものだろう。黄浦江《こうほこう》で、潮の関係で船は半日ほど碇泊することになるが、帰心矢の如しの楊守敬は、出迎えのランチ（小輪船）に乗り移り、一緒にどうぞとすすめたが、断って明日の上陸ときめる。

六日の午後、ついに上海に到着する。岸田吟香《ぎんこう》が出迎えていた。まず吟香につれられて上海に支店を出している広業洋行に案内されたのち、社員に招かれ楼上で午食をとっている。吟香と広業洋行の関係はよくわからない。上海に進出している三大洋行の一つ。他は、高崎炭鉱の石炭を販売している三井洋行（三井物産）、雑貨をあつかっている大倉洋行（大倉商事）。広業洋行は、北海道の海産物を輸出していた。

吟香の名は、今は息子の画家岸田劉生の名声の影に隠れてしまっているが、稀代の才物であり、多彩なることはじけるような奇才であり、明治きっての名物男である。吟香と千仞の出迎えにくるような関係は、今のところよくわからない。吟香は、津山の出身で、十八歳の時、江戸へ出て林述斎の塾に入っているほどだから、漢才もあるが、ヘボンの英和辞書を手伝ったことでも有名である。慶応三年には、日本最初の合資会社を作り、横浜東京間の往復便を走らせていた。

時代の先取り感覚に鋭く、なにをやっても早くなってしまうようで、しかも実行力がある。明治元年には、横浜で新聞（『もしほ草』）を発行、同五年には、『東京日日新聞』の創刊に参劃《さんかく》、その主筆となり、台湾の役では、現地に赴き日本最初の従軍記者となり、ルポルタージュを発表した。なによりも彼を富豪としたのは、ヘボンに教わったとされる目薬（「精錡水《せいきすい》」）の成功である。海上売薬王の号もある。海上は、上海である。明治十年には、早くも上海に支店「楽善堂」を設置、販路を中国全土に拡大している。文化事業としては、日清貿易研究所、東亜同文会の設置に関与し、日中の政治、文化にかかわってくるのである。千仞との関係は、どのあたりであろうか。地誌地図の仕事も多く、これは国家戦略にもからむものだろう（日置昌一編『日本歴史人名辞典』）。

さっそく漫遊指南役として彼が期待している王紫詮を訪ねる。開口一番、「来るという手紙をもらってからというもの、毎日、夜、君がいつ来るのかと待っていたぞ」と彼は言った。この日は挨拶だけで、後日の面接会談を約してそうそうに立ち去ったと思われる。

その夜、おそらく楼舎にだろうと思われるが、歓迎の宴が用意されていた。上海領事の品川忠道と曾根俊虎とが、海軍の松村少将をひっぱりだして一緒に挨拶に見えた。別室に坐って、客の倪耘劬《げいうんく》（鴻）と「筆話」していたが、やがて酒が出て諸賓客と酌み交し、そのためか急に目まいがして、さらに二度ほど吐いた。

「蓋《けだ》し、連日の舟走。神気、未だ復せざる也。飲半ば、辞して帰る。寝に就けば、即ち復す」

上海到着早々に尋ねてきて筆談した倪耘劬は、いったいどういう人物なのか。それは翌七日の日記で、ややわかってくる。筆談中に、千仞は旅の疲れ、つまり本人が意識できない精神の緊張から物を吐いたと思われるのだが、翌朝には、ふたたび倪耘劬は、宿を尋ねてきているのである。とつぜん眩暈して倒れた千仞が申し訳なく思い、そのように彼に指示して帰したのかもしれない。なぜ彼が上海に着いたばかりの初日の夜というのに千仞を尋ねてきたのか。想像するに、顔の広い岸田吟香の手配によるものだったかもしれない。千仞は、日記にこう書いている。

「余、曩《さき》に其の著洞蔭清話を閲《けみ》しおり、故に一見して神契」

あらかじめ東京から吟香のもとへ、できれば『桐蔭清話』の著者に逢いたいと伝えてあったのかもしれない。その日の筆談の内容を示す資料が、岡家に残っているのかもしれないが、日記からでは、さしてのことは、わかってこない。

幕末の志士たる千仞は、学識は豊かでも、書斎人でなく、行動的で、てきぱきと情報蒐集に余念がない。これは、幕末に日本の山野をくまなく駆けめぐった際の身についた習性であろう。彼は、単に旅好きなのではなく、来るべき日本の姿を考えるために「観光」したのである。各地で出逢った人もまたその地の風景とともに「観光」のうちである。情報蒐集は、次の行動をおこすためのイメージ資料であり、バネである。ただ情報蒐集で終れりということはない。文人趣味はあるが、文人趣味に堕することはない。本質は、慷慨家である。

上海における千仞のスケジュールは、いっぱい詰っている。余続和《よぞくわ》なる中国人を呼びだし（これも、吟香の手配によるものか）、「上海の名流」、つまり、どのような文人が住んでいて、幅をきかしているのかのさぐりをいれている。

「胡公寿《ここうじゅ》、揚佩甫《ようはいほ》、葛隠耕《かついんこう》、袁翔甫《えんしょうほ》、銭昕伯《せんきんはく》、万剣盟《まんけんめい》、呉鞠潭《ごきくたん》、黄式権《こうしきけん》」

の名があがっている。まちがいなく筆談の効果である。人間の脳は、中国語がわかっても名前の列挙の記憶に耐えられない。全国的な文名はなくとも、地方の名士というものは、かならずいる。私が知っているのは、袁翔甫ぐらいであるが、なまじ上海を知ろうとするなら、その地で勢力を張っている名士の分布図をよく把握しておかなくてはならない。志士の戦略でもある。

千仞も列挙された名のうち、清代きっての大文人袁枚《えんばい》の孫で太平天国の乱によって上海に流寓している袁翔甫の名には､聞きおぼえがあっただろう。明治十一年に日本で葛元煦《かつげんく》(理斎)の『上海繁昌記』(原題は『滬遊雑記《ざっき》』)が翻刻された。その序文を袁翔甫が寄せており、千仞は、この手頃なハンドブックを読まなかったとは、まず考えられない。なおこの翻刻のアイデアを出したのは、山東直砥《さんとうなおと》(一郎)である。彼は日本に「洋薔薇」を普及させた人物として、その世界で今も有名であるが、千仞とも深い縁がある。大坂で、昌平黌時代の仲間で作った私塾「双松岡」で学僕をしていたからだ。

もちろん、この日は、名をメモしただけだが、千仞は、日本の文林にあって「著名人」となり、彼自身も上海であてにしている「王紫詮」のランクを(余続和の列挙の中にその名がなかったので)おそらく問いただしている。「第一流」というのが、その答えであるが、世辞をふくんでいると考えなくてはなるまい。著作があるといえ、香港から移ったばかりの王韜(紫詮)は、上海の名士(俗物)になっていないとも考えられるのだ。

つづいて門人(おそらく岡塾)平野文夫の来訪があった。彼は、海軍少尉となって扶桑艦に勤務して上海にあった。前夜逢った松村少将はその艦長であり、彼の口から岡千仞が来ていると知らされたのだろう。

まもなく五日に別れたままの楊守敬がやってきて、芝居を見ようという。これには、岸田吟香と平野文夫、甥の濯も一緒することになった。だしものは、人気のある歴史上の人物「岳飛」と「包拯《ほうじょう》」のものである。

「余、華語を解さず。楊君、傍《かたわら》より、筆により大要を示し、稍《やや》、一斑を了(解)す」

守敬は、日本語をあやつれるが、場所が場所、劇場内のことなので、観客をはばかって、声をだして説明するわけにもいかず、筆で示すことになったのだろう。「大要」だけでは、なまじ中国文を読める千仞にとって、もどかしいものだったろう。守敬にとっても、セリフの一一を筆で彼に示すわけにいかない。岡には、芝居の趣味はなかったようで、観劇の予定はなかったので、事前に調べることもなかったのである。それにしても、「岳飛」などは、幕末の志士の英雄である。その時歴は頭に叩きこまれているはずで、いくら芝居風に翻案されているといっても、想像力の働かしどころというものだが、舞台の「煤燈爛燦《ばいとうらんさん》」「鼓板喧闐《こばんけんてん》」に惑わされ、この夜半過ぎまでのオプションは、ひとつしっくりとこなかったようだ。

ここで、中国語（華語）の問題が出てくる。当時の日本のインテリは（漢文と呼ぶ）中国の文語しか知らないのである。いや、文語（なかんずく古典文）のみ、中国人のインテリ（楊守敬のような学者は、中国でも稀なのだ）よりもなまじ学習している。筆談で、さして不自由なく切り抜けてきたが、この楊守敬の案内による雑劇見物には、対話を要せず、ただ見ているだけでよいのに、かえって内心、プライドが傷つき、いささかなりともへいこうしたにちがいない（日記にそう書いているわけでない）。上海で見た雑劇は、男女の大衆のみならず、中国の少数の文人階級をも感動させ、楽しませるものだが、「漢文」を読みこなす異邦人としては、やたらとうるさいものとしか映じないもどかしさがある。

『観光紀游』の「例言」を見ると、その一つに次のような言葉がある。

「余、中（国）語を解せず。……馬童舟卒、皆文字を解せず。故に地名村名、多《しばしば》闕《か》きて録せず」

中国語ができるようになったとしても、しゃべるのがにが手でもヒアリングだけは、なかなかだったとしても、すぐに方言の問題がたちはだかったはずだが、岡千仞は、そのレベルにまだ至っていない。中国の古典文を読みこなし、文語の漢文がものせるという、はじめから変態的（日本的）頂点に立ったところから、現場に立つのである。

日常会話の不可は、その解決手段として通訳を雇えばよいともいえるが（これもまた難題だ）、中国は日本と違って文字の読めない人の多い国で日本の知識階級が羨望する「文人」が成立するのも、そのためである。そのあたりの認識は、日本にいてもわかっていたはずだが、「馬童舟卒皆文字を解せず」という不便に直面するのである。上海では、知識人階級とつきあっていればなんとかなるが、蘇州杭州と旅を進めていく中で、筆談の不可の空間に入りこまざるをえず、しばしば不如意の仕儀に至ったにちがいない。通過した場所の地名村名を土地の人にきいて記せないのは、なんとも紀行という文章（記録）の性質からして不如意であるにしても、記してしまった場合もあり、その誤謬あるをおそれるとまことに慎重なのは、この『観光紀游』が中国人（知識人）の目にも触れると知っているからで、その誠実なる予防線は、いやらしくもある。

四日目の八日、その日は晴れていたが、市街見物に出かけている。市街といっても、英米仏の租界からはじまる。彼が注目したのは、洋製の鉄の「馬車」である。木製の人力車は東（洋）製である。千仞が気になるのは、西洋の象徴たる「鉄」である。租界内の電柱には、電信線、電燈線が走る。これを「二鉄線」ととらえるところに千仞のユニークな発想がある。羨望しているわけでないが、西洋の「力」を感じている。

租界内の大道は、五条あり、それを「馬路」という。『上海繁昌記』によれば、どうやら路は、雨が降っても、泥濘化し、汚穢化することない石畳ないしコンクリート、アスファルトになっているようだ。溝もある。毎日、路は清掃されている。道に鋪《し》く石を砕くのも、鉄の力である。しかし中国人の住む市街区には、人力車は入れても馬車が入れない。馬は可である。差別というより、道が悪く、狭いからか。千仞は、いわば判断停止で、その狭隘《きょうあい》と殷賑《いんしん》ぶりを安堵しているわけでもない。

千仞は、この日、有名な書肆「掃葉山房《そうよう》」に立ち寄っている。本は、そこにたくさんあるが、そのほとんどが、「半熟の書」で、たまに「生の書」があっても、ありふれた坊間の陋本《ろうほん》ばかりだといってはばからない。この切りすてるような物言いは、書架に並んでいる本の装幀のことをさしているのか、それとも中味を言っているのか。日本の書肆との比較の目も働いているのか。ここ掃葉山房には、なんだ、これが本場かよという落胆の心と軽蔑の心がこもる。おそらく千仞は、目の色を変えて、日本の古書肆を買い漁っていた楊守敬の狂態を思い浮べ、中国本土の漢籍の低調ぶりの証拠であるかのように確信している。

またこの店で、銭子琴《せんしきん》評で板刻された頼山陽の『日本外史』を手にとっている。幕末の勤王の志士の必読本で、維新の回天の原動力となった書物の一つである。

この銭子琴は、明治十年前後に漫遊した元外務卿の副島種臣が可愛がった中国の文人の一人で、日本の文人たちに人気があった。来日したこともあり、その時、日記によれば、岡千仞は彼と筆談している。子琴は日語ができず、筆談となったようだが、

「筆話、語を成さず」

と手厳しい。文章がなっていないというより、千仞の問いに対し十分な答えができなく、その教養を疑ったのだろうか。そのことを吟香にいうと、「外史の評は、其の師である斉学裘《せいがくきゅう》の手になるものだ」といい、学識が欠けていても、しかたがないという風に答え、出版の裏事情を打明けた。よくあることだが、つまりその出版は中国人相手というより、銭子琴の評としたのは、彼の人気を当てこんでの策略（出版宣伝術）で、日本人目当てのものだったのかもしれない。

師の斉学裘は、上海流寓中の副島種臣《そえじまたねおみ》も世話になり、尊敬もしていた文人である。著書もある。弟子の銭子琴の評をのせて出版するという話をきき、心配になって、手を加えたのかもしれないが、本当のところはわからない。かくいう私も、銭子琴評『日本外史』をいまだ入手していず、その「評」のでき具合いを確認していない。

それにしても、岸田吟香は、上海出版界の裏面にも、深く侵入しているのに一驚する。またその銭子琴が、三年前に死亡し、妻は貧に窮し、しばしばやってきて私に「憐みを乞う」のだとも吟香はあかした。

「中国人は、ようやく東洋の大勢に気づくようになった。東瀛詩撰《とうえいしせん》、朝鮮志略、安南国志の書が盛んに売られるようになった」

と吟香は呟いた。『東瀛詩撰』は、兪樾《ゆえつ》が日本歴代の漢詩人からその作を選んで編したものである。討幕ののろしをあげた天誅組の乱の首謀者の一人で自刃した松本奎堂《けいどう》は、またとない千仞の友人だったが、兪越は彼の詩を二十首選び、「小詩流麗」「古詩頗《すこぶ》る奇気」と「評」した。彼は詩に婬《いん》せず、国事への行動を重んじたが、たしかにその詩に「流麗」と「奇気」はある。

どうやら吟香は、千仞の市内見物の案内役であったようだが、帰りに彼の店の楽善堂に立ち寄り、そこで晩餐を供されている。その時、到着の日に逢ったきりの王韜の話がでた。

「どうも紫詮は頭痛がひどいようで、坐っていることもできないらしいよ。多分、阿片にやられてしまっているようだな」

と吟香は言った。これでは、彼に逢うこともできないなと、千仞は思ったであろう。

九日、張経甫《ちょうけいほ》、葛子源《かつしげん》、范蠡泉《はんれいせん》、姚子譲《ようしじょう》が宿に来訪した。いずれも、どのような人物なのか、わからない。日本の文人が上海に来ているという噂をきき、学徒が押しかけてきたのだろうか。東京に清の文人が来ているときいて、漢詩人が押しかけるが、その逆か。それとも吟香のあっ旋か。名前まで日記に録しているのは、彼等が名刺をさしだしたか、彼等に紙片をあたえ名を記させたからであろう。

その中の一人葛子源（『上海繁盛記』の作者葛元煦と同一人物ではあるまい）の阿片（洋烟）についての談話を千仞は書きとめている。千仞が「紫詮も最近、阿片を喫っているのか」ときくと、葛子源はこう答えている。

「阿片は流行しています。憤世の士が、阿片を借りて、一切の無聊《ぶりょう》を排することもあり、特に庸愚《ようぐ》の小民のみが誤って喫うとはかぎりません。聡明の士人とて、しばしばその毒にやられます」

千仞のコメントはない。この日の午後、門人平野少尉の案内で、扶桑艦を見物している。この日本の軍艦は、英国製である。ここでも「鉄」を感じている。軍艦は、四囲皆鉄、鉄のかたまりなのである。上海には、扶桑の他に天城の二艦が碇泊していた。松村少将とも面接したが、彼は英国に留学すること十年、日本が所有する軍艦三十隻すべてを彼は統轄していた。

日本の軍艦が上海にいるのは、なぜか。清仏は安南をめぐり揉めていたが、もし交渉が決裂して両国の間で戦争が勃発した時備えるためである。こういう緊迫した経験は、東京ではかなわない。

艦を辞すにあたり、音楽隊の演奏があった。とりわけ八人の水兵による喇叭《ラッパ》の吹奏をきき、「其の声、悲壮」としている。たしかにトランペットの音は、だれが聴いても、悲しい。悲壮哀烈である。

十日、徐允臨《じょいんりん》、林曾来《りんそうらい》、楊誠之《ようせいし》、王維圻《おういきん》、王維勤《おういきん》、王維藩《おういはん》がやってきて会見した。「皆、姚子梁《ようしりょう》の学友」という。この姚子梁は、初出の名なので、前日に来訪した姚子譲のこと（つまり誤写誤字）か。「学友」というからには、おそらくどこかの書院（塾）に属す若者で、前日の四人もそうだったと見るべきか。ならば、日本人の学者が来ているので、野次馬的に逢ってみようとなっても不思議でない。

岡千仞は、拒否することなく、彼等と集団面接し、あわよくば清末の中国の未来を占う情報を摑もうとしている。若き学徒である彼等となら、筆談も可能である。しかし、楊誠之なる青年とは、五大州（世界）の情勢を論じあったりしたので、すこし匇卒《そうそつ》だったかな、と反省している。

午後、二宮（おそらく広業洋行の社員）と品川領事を尋ねている。上海領事館にではなく、郊外の自宅である。彼は領事生活も十年となり、土地を買って郊外に日本風な竹籬《たけまがき》の茅舎を建てて住んでいる。世界の外交官を招待するのによしという配慮も彼にあったかもしれない。だが「蕭然野趣」の茅舎に彼は不在であった。が、家の中には二宮の説明もあってか招かれたようで、茶をご馳走になっている。

夫人が接待したのか、「帰路、夜に入る」とあるので、ずいぶん長居をしたことになるが、品川の帰宅を待っていたのかもしれない。英米の租界経由で帰館しているが、徒歩であろうか。あるいは人力車か。そのあたり、日記では判然としない。橋は、三橋あったようだが、ガス燈電燈と昼のように明るい第二橋を渡り、吉祥街を通って帰館している。千仞の毎日は充実している。

十一日、倪耘劬《げいうんく》と連れだち、楊守敬宅を訪れている。そうか、耘劬は、守敬の友人だったのかと、ようやくわかる。最終的に日記は（手紙もそうだが）、自分だけがわかればよいところがあるので、しばしば説明不足となる。読者は、知識と想像力を総動員して読まねばならぬが、わからぬことは不快ということもない。

ここで、彼が編した日本滞在中の大成果である『古逸叢書』を拝観している。不意に、蘇杭に千仞と一緒に遊んでみないかと、楊守敬がいいだした。耘劬もまた、

「蘇杭の魅力は、ただ山水だけじゃありませんよ。人文の淵叢《えんそう》の地ですよ」

と横合いから口を添えてすすめる。「俺の悩みは、舌人（通訳）がいないことなんだ」と千仞は呟く。横浜を船で出発した時に守敬と一緒に上海へ帰った王惕斎《おうてきさい》もそばにいて、彼はいう。「舌人を煩わすことはいりませんよ」と。ここで、はじめて千仞は、王惕斎のことを日記で説明している。「（彼は）日本に久しく住み、東京語をよくする」と。耘劬をのぞけば、この日の会話は、かなり日本語が飛びかったと思われる。

この日、吟香と一緒に曾根俊虎を訪ねるが、病気で寝ていた。千仞の頭の中には、蘇杭のことがあ

り、中国全土、早くから視察（スパイ活動）の旅をつづけてきた曽根の意見をききだしたかったのかもしれない。病気では、そうもいかない。上海の浄土真宗の支部である本願寺に立ち寄る。孝純（丸子）という僧に逢う。福州から安徽《あんき》浙江《せっこう》の二省を経由して、ちょうど今、上海に戻ったところだという。「武夷の旧跡には、まだ朱子の学舎がありましたよ。そこには道士が今も住んでいました」といい、千仞の旅心をゆさぶる。

夜、二宮と平野少尉、三人で市街を散策していると、「洋烟」二字の看板のかかった店を発見し、中へ入って見る。千仞、好奇心が強い。頼りにしていた王韜を倒した阿片の実態と阿片窟なるものをこの目でたしかめたいと思ったのである。へたをすると、清国は、阿片禍で崩壊するとまで考えたかどうかは知らない。

阿片を喫し、「佳境」に入っている烟客を見ながら、「昏然と眠るが如く、陶然と酔うが如く、恍然《こうぜん》と死するが如し」と呟き、雍正《ようせい》年間からはじまった風習について思いをおこし、道光の時代、林則徐が厳禁の令を発するが、むなしく烟禁は解かれ、一応官人、科挙を目指す士人、営兵には禁ぜられているものの、そのような禁令はあってなきが如き有様である。実に阿片を輸出しているのは、英国である。

「往年、英国は国会を開き、洋烟の販運を禁ずべきかを議す。時に郭嵩燾《かくすうとう》、公使と為りて英国に在り。（英国政府に）上書して曰く。阿片の害、除かずんば、（その）勢い、必ずや将に中国の人を尽くし、皆その生理を失い、槁頂黄馘《こうちょうこうけき》、気息綿綴《めんてい》、残廃の人と異なる無きに至らんと」

「今や英国、其の毒の烈害を為すと、中国の毒を受ける深きとを知る。相いともに公会を設け、阿片販売を禁止するを謀《はか》れ。臣、之を聞きて大いに慚《は》ず。請う、三年を以て期と為し、法を設けて禁止せよ」

しかし、英国は、今日に至るまで、いまだ解答していない。「噫《ああ》」と千仞は嘆息している。

礼教

十二日、上海に上陸して、はや七日目に当る。毎日、スケジュールは、いっぱいである。この日、平野文夫を従え（千仞の世話をしろという松村少将の特別許可でも出ているのか）、租界でなく中国人が住んでいる汚穢と悪臭で名高き城内を遊覧している。

「街衢《がいく》狭隘《きょうあい》、穢気《わいき》鬱攸《うつゆう》。悪臭、鼻を撲《う》つ」

これまで千仞は、租界内で行動していたので、汚穢について語ることがなかったが、思わず右のように叫ばざるをえなかったのも、おかしい。見た目の「汚」、鼻を撲つ「臭」、みな感覚への襲撃である。筆の商人耕三は、その日本人の敏感さを笑ったのだ。しかし中国人の鈍感さ（麻痺）は、中国哲学の感覚に惑わされるなというものが下敷きになっているにしても、にわかに清潔の思想を身につけた近代西洋の剝きだしの牙に向って、これからもぐだらぐだらの柳腰で対応しきれるのか、本来、儒教の徒であった岡千仞は、老荘を学んだようだが、西洋の清潔と違う日本独特の綺麗好きの伝統は、やはり彼にも残っていて、中国の匂いには、おそらく目と鼻をかばって顔をそむけたにちがいない。

この日、千仞は、城隍《じょうこう》廟、東園と名所を廻る。有名な湖心亭とその池にかかった九曲橋も見物したが、「一卉《いっき》（草）木も栽《う》えず、些《いささ》かの幽趣もなし」としている。事前の知識を蓄え、イメージもあったはずだが、落胆しているのか、軽蔑しているのか、ひとつわからない。

夜、甥の濯を連れて（いつも日記に彼の名は書かれるとかぎらないが、ほとんど千仞のそばにつきしたがっていたと見るべきだろう）、「紫詮の邀《まねき》に赴く」。ようやく阿片に悩まされている王韜から、家に来てくれという招待の声がかかったのだ。その日、紫詮の家には、劉子良《りゅうしりょう》（初出）、袁翔甫、姚賦秋《ようふしゅう》（初出）、倪耘劬、銭昕伯が来会していた。まあ、「上海の名流」たちである。

千仞がもっともその名士の中で興味を示したのは、「袁翔甫」である。日本の文人や儒家で知らぬもののない袁枚《えんばい》（随園先生）の孫である。おそらくこの日のメンバーは、通訳の可能な人は見当らぬので、筆談であるが、つぎの如き問答を彼と交した。

岡「小倉山房を問う（小倉山房は、有名な隠遁した袁枚の住居にある書斎名である。今もあるか、ときいた）」

袁「已《すで》に火（太平天国の乱で消失）」

岡「随園三十種を問う（随園は、袁枚が小倉山房に築いた庭である。早くから袁枚の「随園」の名を附した膨大な著作シリーズは、江戸の日本に入っていた）」

袁「大版は已に亡《ほろ》ぶ」

簡潔な問答である。前提になる知識を共有しているので、このような筆談は成立する。千仞が帰国してから、このようにまとめたというより、筆談のメモがそっくり残っていたと思われる。

「随園、一代の泰斗。名は海外に藉《ひろま》るも、未《いま》だ三世ならずして、子孫飄零《ひょうれい》。遺著散逸す。此れ、嘆かる可《べ》しと為す」

袁枚の名は、日本のみならずヨーロッパの東洋学者はもちろん、知識人の間にも広まっていた。世界ではじめて『源氏物語』を訳した英国の東洋学者アーサー・ウェリーには、『袁枚伝』がある。

この日、紫詮の体調は、良好だったようで（だから人を招いた）、紀念の詩を作った。千仞も、坐客とともに詩を和して答えた。このような礼的な風習は、中国歴代文人（官僚）から学んだもので、日本でも、ひんぱんに行われたから、千仞はお手のものなのである。翌十三日の日記に、この間のことを示す言葉がある。

「我が邦《くに》の風化（風俗文化）、皆中土を源《みなもと》とす。故に中土の風俗、我れとともに出入す。今、此の一二（の例）を挙げん。凡そ中人、始めて相見《まみ》えれば、先《ま》ず姓名を問う。次に郷貫《きょうかん》を問う。次に父母兄弟、具《つぶ》さに在るかを問う。次に眷族《けんぞく》の多少、次に年庚《ねんこう》、幾何《いくら》かと。人と逢えば食いたるか否《いな》かを問う。蓋《けだ》し安否を問うの儀なり」

さらに列挙はつづく。手紙のこと、食器のこと。茶をはさんでの賓客と主人のありよう、婚葬の重視、とくに葬儀を派手にして、しばしば破産することなどをあげている。

なぜ十三日の日記に、こんなことだけを書いたのだろう。上海で（東京での体験をふくめて）中国人と対する中で、日本人の習慣との共通点を感じ、あれこれ思い浮べて列挙してみたのだろうか。そういうところがあるこれからの日本人の運命を考えたのか。この日は、誰にも会わず、どこに寄らず、じっと宿にいたようでもある。

十四日、海軍士官の平野文夫がやって来て、外国、中国、日本を考える上での貴重な情報をもたらしてくれた。

日本の海軍は、大砲の操練、航海測量に一人として外国人の力を借りていない。そこまで進歩したということでもある。

中国の海軍は、機関の運転に外国人を雇っている。

もし有事の状況が中国に発生した場合、一体、どうなるか。各国は中立を宣言する。となれば、お雇い外国人は、敢えて力を尽そうとしない。あらゆる機関は、運転を中止してしまう。これでは、戦争にならない。

ふと、私は戊辰戦争を思いだす。諸外国は、たしかに局外中立を宣言したが、フランスの士官は、榎本武揚の脱走艦の旧幕府軍に従い、箱館にまで転戦し、軍事指揮をしている。こういう場合もありうるが、例外で、平野海軍少尉の意見は、まず正統である。

千仞は、日本にくらべ中国がきわめて危険な情況にあることを認識せざるをえなかっただろう。次に彼は、「軍礼」なるものについて述べた。

日本の扶桑艦が上海の呉淞口《ごしょうこう》に入った時、皇帝の寿を祝して二十一発の祝砲が放たれた。ところが中国の砲台から、お返しの礼砲が放たれなかった。軍礼は、各国一律のものだが、清朝の海軍は従おうとしない。そこで日本海軍は、士官を派遣して、なぜかを問わせた。

ところが、中国の士官の姿が一人も見当らないので、道台（長官）に直接談判し、なぜかを問うた。

答は、明瞭そのものだった。

「欧米の軍艦で、かかる礼を行うものはない。中国が軍礼を講じないから、各国も行わないのだ」

礼砲を放って入港してきた扶桑艦が、欧米の軍艦でなく、日本の軍艦であることが識別できなかったのだろうか。それとも日本を欧米なみの国と見なしていたのか。砲台に一人の士官もいなかったということで（みなサボッている）、軍礼の管理がまったく機能していなかったにちがいない。それでも、道台は恥を認めず抗弁する。

「夷狄《いてき》（欧米人）は、特殊な人類（種）である。礼義を知らない」

外国人から見れば、どちらが礼儀知らずかというものだが、その「礼」に対する考えかたの違いが、今日の結果になっている。

千仞にとっては、中国は「礼教」の国である。日本人の礼儀正しさは、中国の「礼」の教えの日本化、俗化、風俗化である。それなのに、どうして、このような事態が、今の清国ではおこるのだろうと、しばし考えないわけにはいかなかったであろう。

これまで、清国は、中華思想の尊大さを内に秘めつつ慇懃無礼の「礼」をもって西欧の侵略の牙からガードしてきたが、結局は、武力に押しまくられ、ズルズル諸外国の要求をひきのばす外交戦術をとるものの、伸びすぎたゴム紐には限界があり、上海には租界を承知せざるをえなくなる。近代海軍の創設にしても、積極的洋化でないから、軍事貿易の手段として作らされたようなものである。軍艦は、西洋から買ったものだから、それをもって列強を追い払う力などない。せいぜいアジアの日本や韓国に対しての備えにしかならない。西洋に勝る最新の兵器を、いくら金になるからといって売るはずもないから、しょせんはお古である。西洋から買うしかないということでは、日本とて同じようなものだが、（清仏戦争の）有事に備えて、上海に英国製の扶桑艦を送りこんでいる日本は、すくなくとも操縦技術者として外国人を乗り込ませないところにまで進歩している、と岡千仞は諒解したであろう。しかし、軍礼は、どうなのだろう。日本の軍礼ではなく、万国公法に縛られた西洋の軍礼に従っているのである。清国は、西洋の礼観念を認めない。洋化しても、奴等は野蛮だと頑固に思っている。

十五日、倪耘劬《げいうんく》が、杜邠農《とひんのう》という客を連れてきた。彼は、旅宿の壁に大字十数文字の書軸をかけた。「極めて奇異」な見たことのない文字であり、書きっぷりにびっくりしていると、「北魏の碑板から仿《ほう》（模写）したものです」と彼は言った。

康熙乾隆の二朝は、もっぱら董其昌《とうきしょう》の書法を重んじたので、以来ずっとそのスタイルであったが、ようやくここに来て、それは陳腐と見なされるようになり、今や人は競ってこういう「古怪」の文字を尊ぶようになっており、世は変るものだなという感慨を千仞はもらしている。千仞の「書」はさしてのものと思えないが、見識はあった。董其昌が江戸時代に日本に入ってきて尊ばれたことも知っているのである。漢魏の碑字の影響は、まもなく明治の書道界にも流れこむ。

九日に訪れてきた四人のうちの一人、張経甫から出迎いの遣いがくる。私は、学生ではないかと推測したが、そうではないことが、この日の日記でわかる。若者の「蒙養無法」を憂えて、書院を設立し、生徒は百余名在籍しているというから、院長なのである。学舎の新築なり、その祝宴に招かれたのである。「葛姚范三氏来会」とある。この三氏は、九日に張経甫と一緒に岡千仞を訪ねてきた人たちである。東洋の風俗と政体の特質、海外の大勢との関係を語りあったというが、内容まではわからない。まもなく別室に移り、点心の馳走になったが、その時、連れの二宮も濯も御相伴に預かった。テーブルは、円卓で、各々環になって座ったが、みな筆を手にし、「暢談《ちょうだん》終日」、なごやかな一日となった。学生もこの円座に参加したと思えないが、まさに紙に書いては渡し合う筆談の大会となったのである。

そのうち、雨が降ってきた。院長が轎《かご》を呼び、宿まで送るといいだしたので、謝したが、「不可《ゆるさず》」、その好意に甘えた。岡は、自らも私塾の経営者であり、この日の会合は、旅の疲れもふっ飛ぶような気持のよい一日だったように、日記からも察せられる。

翌十六日、平野武田（初出、不明。海軍の将校か）の案内で、米国の軍艦を見物した。教え子（平野）は、役に立つ。一人の将校（広報担当か）が出てきて接見し、千仞のさしだした名刺を見るや、「あっ、上海に来遊している日本（日東）の学者さんですね」といった。

「日本の文豪某、著書千巻を携え、中国山水に遊ぶ」

という上海の新聞『中報《しんぽう》』を見ての発言である。岡千仞は、多作家である。が、千巻も公刊されていないから、著書を持参したにしても、すこしオーバーで、中国的な表現である。すでに平野らが根まわししての米艦見物であろうから、予備知識をあたえているだろうし、西洋人特有の世辞の応対である。おう、よく知っていると相手を喜ばせる対応術だが、漫遊のわが心は、中国の山水の向うに外事（欧米の大勢）を見きわめることにあるのだ、知るべしと千仞は日記で力んでいる。

米艦の見物を終えると、こんどはフランスの軍艦に出むいた。おそらく上海に停泊している各国の軍艦は近接したところに浮んでいるので、許可さえあれば梯子見物も難しくはない。大砲十五門、無数の野戦砲、アメリカの比でない軍容である。なにしろ清とフランスは揉めている最中であり、いつ有事が発生するかもしれぬと、世界中が注目している。野砲まで用意されているのは、上陸し陸戦になる場合が想定されているためだ。おそらく応接に出たフランス士官は（ひょっとすると、アメリカ士官が仏艦に案内したのかもしれない）、つぎのように千仞に向って述べたようだ。

「中（清）法（フランス）はたがいに大臣を出し、議して安南条約を訂さんとす。我がほうの意見をききいれなければ、戦いあるのみ」

千仞は、二人（平野武田）が英語ペラペラなので、その「応答」、ほぼ「窒滞《ちったい》」はなかったと感心している。上海の千仞は、「筆談」のみのコミュニケーションに限界を感じているのである。

「我が邦も各科を設けて欧学を講じ、後進の輩を出して器となし、大艦を駛《は》せ、巨砲を粧し、欧米各国と抗礼講交し、彼（欧米）亦《また》（そうなった日本を）待ちて友朋国を以てせよ。宜しく此れ、大いに家国の慶びと為すべし」

というのが、見物後の千仞の結論である。千仞にいわれなくても、とうに日本はその方向にある。もともと漢学者千仞は頑固な攘夷論者でなかったが、中国の危機を感じての発言でもある。このあと、公署（領事館）に赴いて、蘇州杭州遊覧のため、パスポートを申請している。

十七日、龍門書院に出向いた。葛姚二氏が出迎えていた。葛士源・姚子譲はおそらくこの書院の教師であったのかと、ようやくわかる。もともと李氏（李鴻章か）の家園であったが、道台時代の応敏《おうびん》斎《さい》が買いとって、書院を作り、四方の士の集るのを待っていた。「李氏の家園」だけあって、泉石の勝あり、竹樹瀟洒《しょうしゃ》とし、亭台も「雅潔」であり、日本の禅寺を想い浮べている。壁には、朱子の白鹿洞書院の掲辞が、そっくり書録されている。環境は、申し分ない（『上海繁昌記』は、「格致書院」のみをあげ、「龍門書院」をあげていないが、その後に誕生したのかもしれない）。

教科は、経史（経学と史学）で、宋学を主としている。岡塾とて、外国学まで教えていないが、その古典的書院の格調に対し、英仏の軍艦を見たあとだけに、いささか、これでよいのかという疑惑の雲がムクムクと沸いてきたのではないか。そういう態度は、見せなかったと思われるが、一間に招かれ点心を供され、この書院の督学劉融斎《りゅうゆうさい》の家著六種を贈られている。

この夜、上海在住の日本人が咸和館に集り、祝宴を張った。十年、領事を務めた品川忠道の送別会である。日本の芸妓が三味線を弾いて歌を唱い、酒席酣《たけなわ》になる。一瞬、千仞は、日本にいるかのような錯覚を感じた。

十八日、蘇杭の楊守敬と王惕斎と、旅の打合せをした。中国では、どこの州県に行っても、その地の大官が書院を作るので、見ることができるという情報もえている。その盛況は、はたして中国の危機を救うものになるのか、どうかをこの目で俺は見たいのだとまでは日記に書いていない。打合せ後、市街を散歩している。

「市街隘陋《あいろう》不潔」

また同じことを言っているところを見ると、千仞は、よほどへいこうしていたと見える。ただそれにくらべ商店の中に陳列されている品物が皆「精良」なのに驚いているが、がく然としたのは、朱の箱（匣）である。「板の厚さ四、五寸。竪《たて》六尺余、横二尺余、両頭の獣を刻む」。これはなんだと店のものに問う。縁起のいいものじゃありませんぜ、まがまがしいものですよ、というのが、答えである。

つまり棺桶だったのである。

「中土の厚葬、弊と為る、知るべし」

と厳しい。

十九日、雨であったが、公署に出むき、蘇杭経由寧波《ニンポー》までのパスポートを受けとっている。この日、（おそらく宿に戻っていると）鶴田なる男が訪ねてきて、李中堂（李鴻章）の書に、あなた（岡先生とでもいったのか）の跋《ばつ》を頼むといった。千仞は、あっさりと承知し、書している。おそらく李鴻章の「書」に空白を探しだして「跋」を記したはずだ。絵には、よくあるにしても、書には珍しく、へたをすると、冒瀆《ぼうとく》行為である。

「有為の士たるもの、末芸（書）に心を留めぬと見えるな。今、伯相（李中堂）の書を見るに、今の能書家の書に似ているところがない。晋を摹《も》し唐に倣《なら》う。此れ伯相の、以て伯相と為す所以なり」

ほめているのか、けなしているのかわからない評言である。跋にもこう記したのか、鶴田に向って吐いた千仞の言葉か、きめかねるが、こうも述べたらしい。「世に伯相の書多し。ほとんど門客の手になるものといわれているけれどね」。どうやら岡千仞、李鴻章の書を認めていないようだ。本人の揮毫であろうと、門人が書そうとも（門人は、本人の手（筆跡）に似せて書すのが、常だ）、私も、あまり李鴻章の書を評価しないが（明治日本には、相当に流れこんでいる）、中国人ならではの一種のなめらかなタッチの中に格調はあるにしろ、彼の名声におんぶしてみないかぎり、たいしたものだと思えない。

廿日、朝起きると、すぐに領事館に出むき、新任の安藤謙介と面会した。王韜、岸田吟香にも、別れの挨拶をした。吟香の楽善堂上海支店は、もっとも英国租界の河南路にある。今日、千仞は上海を出て、蘇杭に旅立つ予定であった。宿に帰ると、（朝、挨拶に楽善堂へ立ち寄った時、留守だったのか）吟香がやってきたので、酒を出し、しばし別れの盃を酌みかわした。吟香はいう。

「今、本願寺の僧無適が杭州の弥勒寺《みろく》にいる。杭州には、西湖という名所があることだし、この僧に相談して、しばらく寺に留まって、〈消夏の計〉とするのが、いいと思うがね」

吟香はそう言うや、すぐに無適への紹介状を書いてくれた。なんとも吟香は、気楽に人の世話をやく。そのあと、千仞は濯を楊守敬のところへ使いにやって、いつ出発するかと問い合せさせた。今夜乗船する、しばらく待てとの返事であった。平野などがやってきて、荷物を行李にいれるのを手伝ってくれた。この日は熱く、蒸すような晩だったと、上海滞在二週間余の日記を結ぶ。

人脈

吟香《ぎんこう》は、天保四年生れ。千仞もまた、天保四年生れ。嘉永五年に昌平黌に入寮した時は、二十歳である。林述斎門の吟香は、短期の間、昌平黌《しょうへいこう》にあったともいわれているが、席をともにしたことはあったのだろうか。弘化四年以後の「書生寮姓名簿」を見ても、彼の名はない。ためしに林門の書生名簿を見てみると、木戸孝允《たかよし》、五代才助、村田新八、安井仲平、金子与三郎、玉虫左太夫、大沼枕山《ちんざん》、川田剛、小畑詩山、長与専斎、松浦武四郎、旗本からは田辺太一、古屋作左衛門と幕末の俊才が集っているが、岸田吟香の名はない。林門からは、古賀門、佐藤門、安積門の三門にくらべ、昌平黌に入寮するものはすくなかったようで、安達清風、舎長となる水本保太郎などが散見されるだけである（按ずるに林塾にいたというだけで、昌平黌にいたということになっていたのかもしれぬ）。

訛伝、自称の伝説化、さらには名簿の不備も大いに考えられるが、それにしても岸田吟香、二十二歳、水戸斉昭に講書（教授安積艮斎《あさかごんさい》の代講という）し、二十四歳の時、三河挙母《ころも》藩の藩主内藤の侍読になっているほどだから、漢学もよくし、幕府に建言した藤森弘庵の文章を代筆したという疑いで（塾頭だったという）、江戸払いにもなっている。

これらは、主に『対文回顧録』の記事によって私は書いているが、若き日の彼は、塾の梯子をしているようなところがある。才気が、よき師を求めて梯子させるのだが（藤沢東畡《とうがい》の泊園書院や蘭学の緒方洪庵の塾にも入っている）、同じ才気が、すぐにあきたらなくなって去るのである。昌平黌に入ったとしても、すぐにやめてしまい、名簿にも載らなかった可能性もある。なによりもかたぐるしいことが本質的に嫌いなので、出仕してもすぐにやめてしまう。「気ままに暮す」のが、その性なのであるが、梯子（遍歴）するだけ、吟香にも迷いがあったのだろう。

はじめて、吟香が上海に赴いたのは、慶応二年九月。和英辞書の印刷のため、ヘボンとともに海を渡った。英語は、ジョゼフ彦に教わった。漢文は得意であったのだから、筆談は自由だったにしても（上海の読書人との交流はこのころだという。『呉淞《ごしょう》日記』慶応三年三月二十四日の項に、仁圃《じんほ》先生のところで、筆談して「しばらくやすむ」とか、ある店の食客周良弼《しゅうりょうひつ》と「いろいろ筆談する」の語がある）、彼は庶民の中に気楽に入っていく才があり（江戸払いをこうむった時、ひそかに深川にかくれ、芸者のヒモをやっている。美作津山生れの吟香の「洒脱」は、ここでみがかれた）、中国語をしゃべる能力を、滞在九ヶ月のうちにかなり身につけたであろう。慶応三年一月、上海紅口寓居で作った漢詩がある。

扶桑　既に渺茫《びょうぼう》の中に在り
家は扶桑に在りて東更に東
脈々と欄の傍《かたわら》にて此句を思う
一行の春雁　晴れた空に写る

あまりうまい詩といえないが、彼の心映えは伝わってくる。

明治元年、三ヶ月ほどだが、もう一度、吟香は、上海に渡航している。蒸気船を買うためだが（失敗）、帰国後、横浜判事の寺島宗則を通し、政府に建白している。「富国強兵」論である。これを高唱するものすくなくないが、みな「高超の言」のみで「実用」に欠くとした上での論である。『対支回顧録』に引かれているのは、訓読体であるが、原漢文と思われる。勇ましいだけの観念論である富国強兵はナンセンスだとしたのである。

「富国の法は、種々あるも農商を肝要と為し、其内《そのうち》農は古来完備するも商には法なく、欧州諸国は完備す。今直ちに商法を立てるは困難なるも、漸《ぜん》を逐《お》うて進まば英仏、米利堅《メリケン》の商売にも不レ劣《おとらざる》ほどに相成るべく、殊に日本は近隣に支那国と申す便利の場所に御座候」

「強兵」は、重商主義にありと考えている。これによって国が富めば、その金をつぎこんで軍備も強力なものになるだけでなく、その強兵によって他国を威圧して、重商主義を拡大できる。幸いにも日本には、すぐ隣りに商売するにふさわしい便利の場所「支那」があるというわけだ。欧米諸国は、まさに日本や清国に対して、軍艦で威嚇しながら、有利に商売しているわけだが（戦争も商売）、他国との違いは日本が中国に近いことであると吟香は、この時点で考えていたのである。一年たらずの上海生活で、欧米のやり口をつかんだということであろう。ヘボンとの出会いは、横浜だが、上海では横浜長崎でみえにくい彼等の手口が鮮明になったのだろう。

「此支那と申す国は、欧人の金箱《かねばこ》に御座候。此金儲けに極宜敷《ごくよろしき》支那を差置《さしおき》候《そうらい》而《て》、欧州或は米利堅に迄、商売に参り候は、甚だ以て生理不明なる義に御座候」

中国が、欧米にとっての「金箱」であることは、今日とて変わらない。この魂胆を見抜き、あわよくば凌駕しようと目論んでいるのが、経済開放政策に走りつづける現中国である。どんどん金儲けした金をつぎこんで軍備を拡張している。そうしなければ、欧米、そして日本の経済攻勢にひとたまりもないからだ。中華思想は、今もかわらないが、吟香のころの中華思想は、それがあるばかりに他国の経済侵略に対し鈍感になっていた。尊大なままに砲艦外交にさらされ譲歩に譲歩を重ねながら、権益をつぎつぎ失っても、痛痒も感じないふりをするという神経の麻痺におちいっていた。

また吟香は、「生理」という文句を独特なつかいかたをしている。いや、彼の「生理」は朱子学の「生理」であるから、当時はまだ変った使いかただと思われない時代である。当時、勇ましいだけの「富国強兵」論者の中には、ヨーロッパアメリカに進出して商売しろという論者もいたということである。あまりにも実際的でない、生きる理にかなっていないと吟香は否定したのである。遠路はるばる欧米は、「金箱」の清国に殺到していて競合しかねないが、日本がはいりこむ余地ありと考えたのである。「殊更《ことさら》、御国の産物は、支那人の尤《もっと》も好む処に御座候。第一に人参、漆器、銅、錫、鉛、磁器、海参（海産物か）、昆布、鮑魚《あわび》、魚等は支那人の好物にて、然も多く産するを以て、之を蒸汽船に積込み、上海に送って売捌《うりさば》けば、多分の利潤有《これあり》レ之、此対支貿易を行ふ為には、会社を設立し、堅く契約を相結び、（日本の商人が）一人前幾何宛《いくらずつ》か出金して之に当るが最も宜敷候」

今日の目から見れば、吟香の発想の中には、英国のあこぎな阿片貿易とか、のちのフランスが本来、中国に属する安南を植民地化しようとするような野望などなく、なんとも可愛らしい意見である。たとえ成功したとしても、日本の「金箱」にできたと思えないにしろ、交易の第一歩というものだろう。しかし政府からは、なんの返答もなかった。まだまだ明治元年では、カンカンガクガク、高超的な観念横行の時代なのである。

ヘボン直伝の目薬で彼が巨利をうるのは、上海に楽善堂の支店を設け、以後、漢口、天津、北京にと販路を拡張してからである。支店創立は、明治十一年（明治十三年説もあり）であるから、岡千仞が上海に遊んだのは明治十七年であるので、そのほんのすこし前である。

東洋人（日本人も中国人も）に目が悪いものが多いのは、早くから諸外国の旅行者によって指摘されていることだが、彼の点眼薬「精錡水」が、大当りをとるだけの要因はあったわけだ。吟香の中国における汚穢についての言及した文献をさぐりあてていないが、のちに『衛生宝函』なる雑誌を発行していて、西洋流の衛生思想の普及につとめているから、中国の眼病の源かもしれない汚穢悪臭を平気とする風俗には、やはり彼とて内心うんざりしていたといえる。

もう一つ、彼が中国で大当りをとったのは、出版である。「諸子百家の袖珍《しゅうちん》本」の発売である。袖珍本とは、まあ文庫本である。『支那回顧録』によって、その間の事情を見る。

「君は支那の官吏登庸法が、仍《な》ほ科挙の法に依るを知った。而《かく》して試験場には参考として書物を持参することを許して居たが、木版大字の浩瀚《こうかん》なる支那本を持参する事は、到底不可能であり、読書人の科挙に志す者にとっての悩みであった。君は此に着眼して銅版細字を以て、小型の袖珍本に縮刷して、之を発売したのである。之に依って沢山の書物を軽々と試験場に持込むことが出来たので、大方の好評を博した事、固《もと》よりで、売行は頓《とみ》に旺盛を極め、楽善堂支店の金櫃《きんき》の観を呈するに至った」

「アッタマ、イイ」といったところだが、彼が凄いのは、発想とともにその実行力にある。縮刷可能な銅版印刷は、ヘボンの和英辞書を印刷する際における体験が生かされたともいえるが、上海における文人読書人との交流も、おそらく生きた。吟香は、人脈の人である。『支那回顧録』の作者（公使館書記官であった中島雄）の言葉をさらに引く。

「自身は亦よく支那士大夫と交游して、支那上層階級と握手し、宛然《あたかも》私設公使の観を為し、詩酒徴逐の間に大なる潜勢力を扶植した。君の資性純厚摯実《しじつ》にして、然《し》かも人と交るに城府を設けず、一面又た洒脱飄逸《ひょういつ》の風があり、音吐《おんど》朗々として、東西古今の学を語り、宇内《うだい》の大勢を明断するので、大概の読書人は、君を敬慕するという風で、滬上《こじょう》社交場裡《り》の王者として、吟香先生の名は、嘖々《さくさく》たる者があった」

岡千仞が、かくも上海で歓待を受けたのには、かくの如き岸田吟香の扶植した潜在的背景があったからだといえる。

あえて私は、ここまで「航滬日記」を丹念に読んできた。『観光紀游』は、他に「蘇杭日記」の上下、「滬上日記」「燕京日記」「滬上再記」「粤南《えつなん》日記」とある。上海日記が三篇もあることから、この『観光紀游』は、国際都市「上海」が中心であるとわかる。〝旅〟ごとに上海へ帰ってきている。以後は、逐一紹介していくわけにいかないが、最初の中国体験である上海の「航滬日記」を読みこむことは、これから見る彼の紀遊のありようを決定しているに違いないと思ったからだ。

明治十九年一月に、帰国後、病床にあった岡千仞は、この『観光紀游』の序を書きあげている。出版そのものは、八月である。あらかじめ有識者にその出版と内容を語ったようで、その序中、次のような発言がある。

今時の人間（知識人）は、すぐ二言目には欧米をいう。なぜ、ロンドンやパリでなく、北京や広東なのかと恠《あやし》むと、不平を洩している。勤王攘夷の志士であった（正確には、勤王攘夷と勤王開国の間に揺れていた）漢学者が、ヨーロッパを見物したほうが、かえって面白いと思っているのである。中国では、ふつうすぎるとみなしているのでもあるが、千仞にいわせれば、きさまら、荘子の言を知らないな、なのである。

「東西の相い反しながら、而《しか》も相い無かるべからざるを知れば、則ち功分《こうぶん》定まらん」（秋水篇）

を引いている。

東西は、相反していながら、たがいに相い無しではいられないということがわかれば、物の功《はたらき》の本分なるものがあきらかになるといった意味だ。

べつに荘子は、東西といっている時、東洋西洋をさして言っているわけでないが、千仞は、そうみなしうるとして、我田引水したわけである。

西洋は東洋より秀れているという世の発想はおかしい。東洋なくして西洋はありえない。西洋なくして東洋もありえないのが天地の自然なのだから、どちらが秀れどちらが役に立つかなどと、考えて行動するのは、物の本質からはずれており、たがいに相補して一つになっているのが東洋と西洋である。東洋（清国）を旅して、よく東洋が理解できれば、自《おのずか》ら西洋を知ることができるのだ。東洋をよく知らずして、西洋に行って、向うが秀れていると考えたところで、どうしようもない。二洋間の強弱、長短の場合も同じである。

千仞は、日本列島隈無く遊行してきたが、東洋の大国である中国のことをまったく知らない。西洋をよく知るには、まず足許の東洋をよく知る必要があると考えて、清国漫遊を決意したのだと思われる。いったい儒者たる千仞は、いつのころから荘子の哲学を受けいれるようになったのだろう。おそらく維新以後であろうか。今のところ、はっきりしないが、ますます行動家になっている。山野への彷徨そのものも「隠」なのだろうが、陋巷《ろうこう》にあっても、人間嫌いでない。よく人と逢う。そして世を慷慨する。世をみつめている。ますます経世の魂は持続している。

『観光紀游』の第三冊に、旧対馬藩士亀谷行（省軒《せいけん》）の序がのっている。大坂で広瀬旭荘《きょくそう》に師事し、岡千仞、松本奎堂とともに双松岡塾を創った松林飯山と親しかった。岡とはこのころから親しかった可能性もあるが、明治になって、「大学」の助教となっており、つづいて太政官修史局に入り、記録長になっている。おそらく大学、修史局では、同僚であろう（昌平大学では、亀谷が大助教、岡は中助教）。明治六年には、官を辞し、上野の不忍池のほとりに私塾光風社を開いている。幕末以来、勤王家であった亀谷は、岩倉具視《ともみ》と関係が深かったが（彼の依頼で、幕臣が江戸からおりた静岡藩の動向をさぐるべくスパイまでしている）、以後、官についていない。不忍池を埋め立てようという論議がおこった時、猛反対し、岩倉具視に訴えて中止させたことで知られている。漢詩も作るが、その本分は、清国の桐城《とうじょう》派をよしとする「漢文」にある。

亀谷の序は、千仞の出発前に開かれた墨東における送別の宴で、出席者はすべからく「送篇」を寄せるべしと義務づけられた（誰の発案か、まるで漢文復興の狼火のごとくだ）ものの中から選ばれたものの一つである。

「岡君天爵、文章を以て性命と為す者なり。其の文、唐宋八家を以て準縄《じゅんじょう》と為し、該博を誇り、綺靡《きび》を闘わすを屑《いさぎよ》しとせず、矩度森厳《くどしんげん》、韓柳（唐の韓愈《かんゆ》・柳宗元《りゅうそうげん》）の如し。議論縦横、欧蘇（宋の欧《おう》陽修《ようしゅう》・蘇東坡《そとうば》）の如し」

その文、「森厳」といえないが、「議論縦横」であることは、私も認めざるをえない。

「皇帝中興、辟《へき》せられて（徴《め》されて）、大学教官となる。天爵、素《もともと》当世（の流行）を俯仰することに嫻《なら》わず、屢《しばしば》仕えて輒《すなわち》躓《つまず》く。余亦《また》、官と作《な》るも拙なり。筆墨を頼りに、以て活となす（筆でもって生活の資とす）。（二人は）相見る毎《ごと》に置酒して芸文を論じ、欣然として酣暢《かんちょう》す。復た富貴利達、何事を為すかを知らず」

このころ、「王政復古」の言葉の他に「皇帝中興」という言いまわしもあったと見える。これだと維新というより、皇帝をないがしろにした徳川幕府と交代したにすぎない。二人は勤王の志士であったので任官もするのだが、新しい明治新政府の体制には、どうしてもなじめなかったようだ。

「文明開化」の音頭とりをした政府の方針になじめぬということもあったのかもしれないが、二人の官職は、「大学」であり、修史局であり、太政官内でもその政情に不満なら隠れこむことのできやすいような空間だが、そこにも軽佻なハイカラの風が吹きこんでくる。というより、やはり組織あるところ、どこにでも生じるむかしながらの人間関係のわずらわしさや（意見の違いをめぐる）勢力争い、実際には、藩閥内の闘争の嵐が吹きこむ。亀谷は、岩倉具視のひきがあっても、大藩でない。岡は、仙台藩で大藩だが、佐幕の賊軍である。勤王の岡は、官軍に盾つく東北列藩同盟に反対したということが、勲章になって仕官にありついたとしても、栄達は、ままならない。

「大学」でも、江戸処士として昌平黌（書生寮）へ同じ年に入った水本保太郎（成美。実は重野と同じ薩摩藩士で岡よりすこし前、塾長にもなった）などは、齢は二つ上だが、教授陣のトップである「大博士」（二人しかいない。一人は平田鉄胤《かねたね》）として上位にいる。松山藩出身の藤野正啓は、嘉永六年に退いている。先輩だが、岡より遅くまで昌平黌にいる。岡とは、親しい間柄だが、「少博士」である。大助教の亀谷は、岡よりすこし上位である。山陽の息子の頼惟復（復次郎）は、嘉永元年の入門で、その年のうちに退塾している先輩だが、「大助教」である。組織あるところ、かならず上下があり、命令系統であるから、実力を問わず、年齢を問わず、差別が生じる。これに学閥、藩閥がからむので、不平が生じやすい基盤に立っているのが官僚組織である。

修史局での亀谷は、記録局長にまで栄進するが、ここで尻をまくっている。明治六年の修史局には、なにがあったのだろう。征韓論は、からむのか。岡はなお編修官としている。岡は、十年まで「がまん」している。明治八年には、修史局副長になる一等編修官の重野との関係はよくわからない。岡は、重野を嫌ってはいない。人それぞれだ。岡にしても亀谷にしても、経世の意識が強いから、いくら学があったとしても、修史局などではなく、他のポジションを大きく望んでいたのかもしれない。出世争いの「醜」を嫌い（位の上下から生じる不快だけでなく、同じ位であっても、その中での争いがある。同郷だって足をひっぱり合う）、栄達に興味なし、われ官界の水になじめずと、さっさと退陣してしまうのが二人だ。これは、終局的に人間の生きかた、性格の問題だともいえ、ならば、運命である。

支那漫遊の旅に出るという岡千仞に対し、亀谷省軒は、あちらで彼が、

「奇偉鴻博《こうはく》之士に接し、その議論を上下し、その造詣とする所、果して如何《いかん》と為すや」

をのちにきくのも楽しみだが、

「余、唯恐る。天爵の学、ますます富むも身のますます窮することを。名はますます盛んなるも、運ますます屯すことを恐るのみ。然るに天爵、区々の窮亨《きゅうこう》を以て欣戚《きんせき》を為す者に非ず」

と、この官費でなく私費による漫遊によって貧乏となってしまうことを友人として心配したのち、

「余、聞く。蘇州に兪曲園《ゆきょくえん》有り。経（学）に於て邃《おくぶか》く、文において雄と。保定に張濂亭《ちょうれんてい》有りて、桐城文の法を伝うと。当時の耆宿《きしゅく》たり。天爵、（二人に）就《つ》きてこれに詢《ただ》すと。則ち、其れ唐宋八家のいまだ悉《つく》せざる所の者に於ても、則ち必ずや別の得る所あらん焉」

このラストのくだりには、やや羨望と皮肉と期待が入っている。岡千仞が頑固に今なお唐宋八家文

を遵奉していたとするなら、桐城文学をよしとする亀谷省軒にとって、なにがなんでも彼が二人の耆宿兪曲園と張濂亭に逢わんといっているのは、こわいような楽しみなのである。しかも、岡千仞の望みは、もっと大きかったように思える。

蘇州

六月二十一日の夜、呉淞江の船着場から、蘇州へ向う雇い入れてあった舟に乗った。同行者は、楊守敬、王惕斎である。舟長三丈あまり、中には、椅子、案卓があり、ベッドも二ヶ所にある。窓には、ガラスがはめられている。「極めて雅潔と為す」とある。

『観光紀游』の第二冊に千仞と同じ嘉永五年に昌平黌の書生寮に入塾した阿波徳島藩の高鋭一（雲外）の序がある。翌年に退塾しているが、方向転換して、蘭学を修めるためである（もともと父は蘭法医）。その序によれば、千仞は入学時、金のでどころがなく（のちに藩から出たようだが、書生寮に入ると、宿料食費は、幕府がだすが、小遣いや諸雑費は出ない）、いつも「蓬首垢面《ほうしゅこうめん》」であったと書いている。いわゆる身づくろいの構わぬバンカラな貧乏書生というわけだ。その彼が、中国へくると、やはり「汚穢」をいい、すこしでも綺麗なところをみつけると、すぐに「浄潔」をいうようになっている。いわば「衛生批評」である。

船老が、鉦《かね》を叩き、天に拝したのち、爆竹に火をつけた（これは、天に向って舟がこれより出発します、無事でありますようにと告げる表現なのだという）。

二十三日、崑山《こんざん》県で岸にあがった。楊君（守敬）が言った、「粤匪《えっぴ》の乱（太平天国の乱）のせいだよ、まさに兵火蕩然《とうぜん》、このあたり一つとして完全な村なんてないよ」。

千仞は、荒野のぼうぼうたる草むらに、二丈ばかりの石碑が立っているのを見つけた。それは、この地方の進士合格者を顕彰した碑であった。この時の千仞は、太平天国の乱と科挙の関係を結びつけるように頭はまわったのだろうか（太平天国は、科挙と文人官僚の弊を知っていたはずだが、自らの政府で科挙を実施している）。蘇州城に入ったのは、二十三日の夜（遅かったので舟の中で泊ったのか）。翌日、上陸し胥門《しょもん》に泊った。胥門は、蘇州城の東門である。千仞は、「胥門」ときくやいなや、すぐに古代呉の伍子胥《ごししょ》が、わが目を抉《えぐ》って東門に懸けたところだと、説明なくとも、すぐにわかってしまう。これが、現地を知ることなく、イメージ化してしまっている江戸末期に青春を送った知識人階級の常識的反応、「業」というものだ。千仞は、四書五経の経学の秀才であり、とりわけ「史」にくわしく、下手でも故実を踏まえる詩を自在にこなすだけの才がある。尾崎行雄・原敬・榎本武揚らも、それらの基礎訓練がなされているが、岡千仞はプロなのである。

楊守敬と一緒に、胥門から閶門《しょうもん》に移動し繁華街の中に入った。軒をつらねる商店には万貨爛然《らんぜん》、目も眩むほどであったが、

「街衢《がいく》太《はなは》だ隘《せま》し。乞食、いたずらに客に尾す。穢臭《わいしゅう》鼻を衝き、大いに厭うべきと為す」

楊君の案内だと思われるが、李梅生の邸を訪ねることになった。人を訪問する時は、轎《かご》に乗ってい

くのが、士大夫の礼である。おそらく楊守敬がそういって教えてくれたのであろう。

李梅生は、在宅で、公使の黎庶昌《れいしょしょう》の紹介状を渡し、「筆、来る故《ゆえ》を陳べるや、別室に延《まね》かれて暢談《ちょうだん》す」

かくて筆談になったわけだ。つまり「暢談」というからには、その筆談、スムーズに展開したということであろう。すなわち彼の文章（筆談といっても、終局的に会話体の文章である）が、ポンポン相手に伝わったのである。だから次のような筆談もなされた。

「（こんどの旅で）遊記を執筆するつもりかね」

「いいえ、遊記は書くつもりはありません」

と嘘をついている。

「竹添井井《せいせい》なるもの、桟雲峡雨記を著して出版したが、中国人は、東洋鬼と評しているよ」

と李梅生は述べたから、嘘をついておいてよかったのかもしれない。

「僕、幸にもまだ此の目（東洋鬼といわれる）をなんとか免れております。僕、衛玠《えいかい》の美を有しているわけでありませんけど、中国の市人が周りに集って、こわいほどの視線を感じております」

と、美貌ゆえに人垣ができたという衛玠の故事を引いて、当意即妙に答えている。それをきいて、李梅生は「大笑」したとある。つまりキゲンをよくしたのである。竹添井井のあの本には、李鴻章も愈樾も序を寄せたが、中国人には評判が悪かったらしい。中国人のお世辞（社交辞令）には、気をつけなくてはと、千仞は心の戒めとしたかもしれない。

この李梅生、「年貌、六七十」といったところが、高官を歴し、「蘧園《きょえん》」という庭園を経営している

「当代の名流」の一人である。

この蘇州には、まだ逢ったことはないが、天下に名が轟いていることでは、兪樾《ゆえつ》（蔭甫）がいるとし、考据（考証学）に長じ、学殖に富み、その文章著述において「一世の泰斗」である彼は『東瀛詩《とうえいし》選《せん》』を編し、日東（日本）の詩人についても、万般すべてに通じている、とやや紹介的なことを日記に書いている。千仞は、この兪樾にも、楊守敬を通じて逢うつもりでいる。

翌日、王惕斎の案内で、「留園」を見物している。昨日観た「蘧園」にも「愕然」としたが、太湖石で名高い「留園」には、「嗒然《とうぜん》自失」したとある。さすが中国だ、その「奇偉壮麗」さはどこにもないと感じいっている。惕斎に連れられて、蘇州の名士を訪ねたが、みな不在で（もちろん、電話のない時代なので歩く、不在をたしかめるたびに、がっくりしただろう）、夜は楊守敬に案内役がバトンタッチされる。陳松泉のところに集ってきた名士たちに逢うことができたが、この夜は、楊守敬の独擅場《どくせんじょう》であった。

「楊君、日東一事を談ずる毎に、満座鬨然《こうぜん》」

とうらめしげに書いている。

楊守敬は、日本から帰ってきてホヤホヤの官僚である。その日本の話を彼等はききたがるし、楊守敬もしゃべりたがる。もちろん、その場合、「筆談」を要しない。早口の中国語で、おたがいしゃべりまくっているのである。主役の座を奪われ、なすこともなく、ひとりぼっちになってしまい、いかにも千仞はうらめしげである。かくなれば得意の筆談のチャンスもなくなってしまっているわけだが、といって文句もいえない。

「余、華語を解せず、痴《じ》っとその傍らに坐（ってい）るのみ」

わざと意地悪しているわけでないことはわかっているだけに、せめて中国語ができたらなあ、おしゃべりの仲間に入れたのにと、口惜しがっている。

不愉快ついでにか（しゃくにさわってか）、千仞は、中国に来た外国人がみなびっくりし非をならすことをあれこれ指で数えるように列挙している。

まず地に垂れんばかりの弁髪。阿片好き。過剰なまでの食道楽ぶり。婦人の纏足《てんそく》。人家に厠のないこと。街が車馬もはいれぬほどに狭いこと。

「そもそも我れ（日本）と中国は同文の隣国同士の間柄のはずだが、その風俗たるや、かくも違っているのだ」

遠いところから来ている欧米人にとっては、びっくり仰天のはずであり、宗教や文学も、氷炭相反していているにちがいなく、今やこの中国に五洲往来し、たがいに友好関係を結ぼうとしているが、これは真に宇宙（地球）の「一大変」だぞといっているのは、面白い。

日中同文、隣り同士のいいぐさは、日本人も中国人もさかんに用いる。日本人は、本気にそう思っているところがあって、しばしば大失敗するが、中国人にとっては、お世辞の方便でしかない。岡千仞は、そのあたりの落差について早目に察してしまったようだ。

翌二十七日、千仞は「怡園《いえん》」を見物し、これで三名園をすべて歴観したわけで、中国の「富貴家」のスケールに深く感じいっている。そして乾隆帝が南巡した時に呟いたという有名な言葉を引いている。

「身、天子と為るも、蘇杭十万富翁の〈快楽自由〉に及ばず」

これは、ほとんど大半の人々の「貧」を代償に「富」が集中することでもあるが、千仞はそれだけでなく、その「快楽の自由」さの奥に、「自ら矜貴《きょうき》を奉じる」という観念的（そのためには死んでもかまわぬという）奉仕性に凄じさを感じている。こういう誇り高い金持は、日本にいない。かかる誇り高い趣味性の持主は、なかなか皇帝とて（あれこれの制約に縛られているので）、もちえないものである。

蘇州の三園は、一般公開されていず、だれか文人の紹介のある場合にのみ許可したのだろうか。楊守敬や王惕斎はその資格者で、日本の文人ということで、案外、ＯＫがとりやすかったのかもしれない。このあたり、よくわからないが、持主の三人はともに元文人的高級官僚で、現役当時、賄賂もとり放題で、それによっておそろしいまでに財をなしたとしか思えないが、引退後は途方もない「快楽の自由」に矜恃をもって生きているのである。快楽の頂点は、おそらく「趣味」である（このタイプは、しばしば西洋の王侯などに見られるが、狂気の様相を呈するが、中国の場合、矜恃で狂気を抑えているところもある。変人とみえないバランスがある。中国にも変人、奇人、狂気の系譜はあるが、これは貧をものともしない）。

二十九日、愈樾から逢ってもかまわぬ、という報せがきたので出かけている。逢う前から岡千仞は、ぞっこん愈樾に参っているところがある。「名位徳望、一世に冠絶している」と褒めっぱなしで、逢ってくれるというせいもあってか、先生は、東の田舎からやってきた私を棄てず、問答を鎖ざすようなことがない、ならばすこしく気を吐かねばなるまいとしている。どういう筆談の経過をたどったかわからないが、『蘇杭日記』では、愈樾の発言をありがたくまとめ書きしている。その内容は、ざっと次のようなものである。

文章の道は、一つで、中国日本の別があるわけでない。その上で、文章を論じ学を講ずるにあたっては、はじめは清朝にお手本を求めるのがよい。意をここに用いずに、なまじ工夫したりすれば、かならず誤ってしまう。貴国の詩を私は選ぶにあたって、できるだけ貴国のいいところ（長所）を生かし切り、悪いところ（短所）を除去しようと心がけたのだが、うまくいったかどうかはわからない。千仞は、進むべき日本人の正しい軌範（道筋）はあるのか、と問いただしたらしいのだが、かならずしも大きな疵ともいうべきものは日本人の詩文に見当らないとしたあと、経学は漢唐に法《のっと》るべきだが、詩文も漢唐と、きめてかからないほうがよいとしたあと、多くの古き時代の書物を読めば、心の内を叙するのも、景物を模写するにしても、作品の「気」や「味」わいが、自ら格別となろう、と。

ご尤もな意見で、とかくもめごとを決めたがる日本人に耳に痛いような忠告である。先生の言葉は、これまでにあれこれ甘い苦いを閲歴した体験からくる語であると、その夜、愈樾の家を出たあと、千仞は、しばし閭門《りょもん》の外を散歩している（なにも書いていないが、この時、愈樾の家で彼ひとりの対面であったのか、楊守敬や甥の濯もいたのか。散歩の時もどうだったのか、はっきりしない）。

この散歩の途中、彼は、橋のたもとに乞食の死体が転っていたり、首に二三尺の板をはめこんだ犯罪者がうずくまっていたり、路の左を見ると、乞食がいて、銭を乞い、果物をほおばったりして、「恬《てん》として羞《は》じる色が無し」なのを眺めたりしている。さきほどの愈樾の言葉を噛みしめていたともいえるし、この乞食たちの堂々と羞恥心なきさまをどう考えるべきか、心は千々に乱れていたのかもしれない。

三十日、朝から雨だったが、愈樾の家を尋ねて、お別れを告げ、小人たる私は、とかく時事を論じたがるものでと謙遜しながら『米国史』『法国史』の翻訳二史と自著の『尊攘紀事』を手渡した。先生は、忻然《にっこり》として「書史ってものは、とかく老人がやりたがることですよ。極めて史書の執筆は老人にとって人生の楽しみ事になるんですよ」と言った。千仞は、五十。むかしでいえば、もう老人である。その夜、蘇州を離れることになるが、この日で休暇の期限も切れ、日本からずっと一緒だった楊守敬とも、お別れとなる。このあとの案内世話は王惕斎が引き受けることになる。

病原

杭州に入ったのは、七月五日である。ここも蘇州と同様、まだ太平天国の乱の爪跡がなまなましく、いまだ復興されていない。岸田吟香に紹介された無適が向うから尋ねてくる。吟香があらかじめ連絡してあったのだろう。寺には、もう三年も住んでますが、井上陳政《のぶまさ》と一緒ですと言った。陳政は『禹《う》域《いき》通纂』の作者として知られる人で、今は福州に行っていないというから、清仏戦争の舞台となる地に情報蒐集に出かけているのであろうか。無適は杭州を案内するつもりでいる。

杭州の旅については、端折るつもりだ。ただ岳飛の墓を尋ねた時、「報国忠貞」とか「尽忠報国」

の大字にギョッとしている。字の丈余もある大きさに驚いたともいえるが、若き日の尊王攘夷の志士であった幕末のころを想いだしたということもあるだろう。岳飛は文天祥とともに幕末の志士が呼号して自らを励ました英雄の二人である。ここでも「臭気、鼻を撲つ」の語を千仞は放っている。隣にある「悪玉」の秦檜《しんかい》の銅像に参詣の大衆が小便をひっかけるからである。アンモニアの鼻の奥まで刺すような匂いには、だれもが身をよじるにしろ、中国人が恬《てん》として平気であるのは、なぜかということを考えざるをえなかったであろう。

七月十三日、前日、弥勒寺に無適を訪ねるが、この日、王惕斎が、まだ杭州は暑さに浅いので、紹興会稽の名所を深勝し、「消夏の計」は、戻ってから、ゆっくり考えましょうというので従う。この東京から一緒の王惕斎なる人物が、ふだんどういう職業についているのか、楊守敬の友で、文人にはちがいないにしろ、ひとつわからない。千仞がきちんと説明してくれないからだが、ずっとあとで語る癖が千仞にあるので、それを待つしかない。

紹興では、かの「蘭亭」を見物し、会稽山では禹陵《うりょう》を見物している。中国の旅は、自《おのずか》ら書の旅である。餘姚《よよう》は、日本でもおなじみの朱舜水《しゅしゅんすい》の故郷であり、その後裔たちに逢っている。十八日、舟は慈渓に入った。実は、この北郊に王惕斎の実家があり、この地に根をおろした「族人同居三世」の「大族」であることを知る。「男女婢僕六七十名」である。同族の住居は十数区にわかれ、宇を連ねている。千仞にとっては、王惕斎がこのような地方の名族だとは、考えてもいなかったの如くに目を瞠《みは》っている。まるで、親か兄弟であるかのように大歓迎を受けた。

兄弟の一人、硯雲《けんうん》は、「挙人」の出身で学があり、気が大いに合ってか「筆談、晡《ひぐれ》に至る」までつづけるほどであった。筆談がＯＫとわかると、千仞は生々としてくる。

翌十九日、王氏の家廟に案内された。壁には、家訓が記され、族人の中で科挙に合格したものの名が聯額《れんがく》に書されて、壁に掲げられている。「族約」は厳しく、「非流」、つまり窃盗の罪を犯したものは、祭りに参加できないという風である。春秋の祭りには、庭に舞台を作り、俳優や舁丁《かごかき》ら賤業者を呼び、芝居を楽しむのが慣《なら》いだという。一族の中には、福建の県令になったものもいる。千仞は、すぐに「学有り」と記す癖がある。それほど、文字の国、中国には「筆談」する相手が見つからないということである。

だが千仞は、王家に滞在している間に、この独立王国にも似た地方宗族社会のからくりに深入りしていき、その頽廃の深いトンネルの仕組もよく知るようになる。

「子弟は、八九歳になると、必ず師を延《まね》き、挙業を学ぶ（科挙及第への道）」いたれりつくせりの待遇の中で育ち、衣食の憂いもなく、自足しており、驕奢《きょうしゃ》に流れるようになり、読書を知り、才気有るものは、もっぱら八股《はっこ》の学に精神を消耗するようになる。もし試験に何度も落ちるようになると、酒食に溺れ、不平を洩すようになる。頽然と自暴自棄となり、その心は世事のことなど見向きもしなくなる。「猖狂《しょうきょう》は達となし、放誕は豪となし、妄庸《もうよう》は賢となし、迂疎《うそ》は高となし」あげくに阿片に溺れ、資産を蕩尽し、子女を売り払い、性命を縮めるようになるが、自ら悔いることはない。

千仞は、中国へやってきて月をかさね、とりわけ王一族の中で、何日間か滞在しているうちに「中国の病源」がなんであるかをほぼ理解できたような気がしたと日記にまとめ書きしている。

夜、暘斎と近村を散歩していると、子供たちが寄ってきて、千仞の「異服」をひっぱったり、その肩を叩いたりした。暘斎は、大声をあげて、子供たちを叱った。

この「異服」というのは、和服であるまい。夷人の服であろう。つまり漢学者千仞は、フロックコートかなにかの洋服を着て、中国大陸に入ったのである。場所は中国、身は、日本の漢学者。着ているものは、西洋のフロックコート。日本、西欧、清国、このトライアングルの意味（西洋の圧迫の中で日本と中国は提携しうるのか否か）を考える上で、千仞にとってフロックコートの着用は重要であったのかもしれない。

われは日本男児なりと和服で通したり、郷に入れば郷で支那服に着換えたりしなかったところに、千仞の真骨頂があり、だからといって欧化してハイカラぶってフロックコートをみせびらかしているわけでない。むしろ逆である。彼は、運命としての漢学漢文を手放す気などない。フロックコートの着用は、自他への「投企」にも似た象徴行為である。

王暘斎の案内で、近県の士大夫とも逢うチャンスをえた。二十一日には、県城に赴き「王竹孫」に逢った。やはり一族であろうか。詩稿を示したので、千仞はすかさずそのうしろに評を加えた。切磋琢磨の昌平黌時代からの習慣である。まったく高青邱《こうせいきゅう》ばりですねと。これは、中国の詩の世界にあっては、かならずしも批判でなく、ほめ言葉なのである。おうよくわかったねという風に竹孫は微笑するのである。

さらに酒飯を供されたのち、竹孫に連れられて馮夢香《ふうむこう》を訪ねた。愈樾の高足である。彼は師の『東瀛詩選』を示し、その中に先生の詩が選ばれているので、かねてから御名前は存じあげておりましたといった。これは、旅の千仞にとって、嬉しいホスピタリティであったであろう。

翌二十二日、おそらく王一族の王仁和の家で、その兄の王仁爵に逢った。仁爵は、来日したこともあるという。この日、他にも王の一族が、仁和の家に参集していた。そのうちの王表卿が、こんなことをいいだした。

「曾国筌《そうこくせん》は、上海に赴き、フランス公使に逢い、安南の事を論じた。和か、それとも戦いとなるかは、この一挙で決まる。今日の事、もはや戦うことなしに国威を樹《た》てることはできない。唯、我が朝は、文を尚《とう と》び、武を尚ばない。もっぱら綏撫《すいぶ》を以てしているが、もちろんフランスの武力をこわがっているからでない。戦いによって無辜《むこ》の生霊を殺害し、天地の和気を傷つけるのに忍びがたいからだ」

これをきいて、和解すべしと考えている千仞は反論している。

「宋は、契丹《きったん》に賄賂を送り、以て一国を立てたではないか。かかる例は、中国にあって珍らしくない。唯、かならずしも盛徳の対処といえないだけの話だ」

歴史は、千仞の得意とするところである。この彼の切りこみに、和平か戦争かをめぐってカンカンガクガク、酒宴の席は、「満坐囂然《ごうぜん》」となった。そこで千仞はまた意見を述べた。

「フランスの行為を顧みれば、大艦大砲を以て中国の領土を劫《おびやか》し、港を二十ヶ所開いたといっても、此れもともと中国に古来からなかったことでもないのではないか。実にこれは、五洲（世界）の変局のなせるしわざではないのか」

中国人に向って、ずいぶんズケズケした物の言い様だともいえるが、西欧の東洋への侵略は、荘子流に天地の自然であり、どう対応していくかが肝要であるという持論があるためである。

これをきくや、満坐の士人たちは、嘈々《そうそう》とさわがしくなったものの、なんら意見が出てくる様子もなく、ただ漠然としたまま聞く耳もないありさまだった。

「これまでのように外交戦術がただ綏撫を以て辞柄となすのであってみれば、姑息な得策手段でしかなく、中国人の上下の民は蒙として蔽《おお》われ、旦夕の偸安《とうあん》に心をごまかすのみでなんの進展もない。私とて、帰着するところは何なのか、答えをもっているわけでないが……」

と千仞はつけ加えた。にわかの食客としては、すこし言い過ぎのようにも見えるが、本来の食客のありようとしては、面目躍如ともいえなくはない。主催者側は、怒らずにじっとその意見に耳を傾けるのが、常道である。千仞は、読みこんできた中国の史書群によって、食客道のありようが純粋培養されており、それが酒の勢いや、言いたいことは言わないではおかぬという性格もあいまって、つい口から自論の言葉が迸《ほとばし》り出てしまっている。


この王家の一族との交流は、千仞にとって、『蘇杭日記』中のハイライトである。二十三日、栗庵《りつあん》なるものが、饗宴の席を設けてくれた。おそらく一族の中でも、かなりの富裕の人かと思われるが、この日、同族のうちのだれそれ何人が出席したと書いていないが、硯雲、竹孫の出席は、わかっている。この日の食事のメニューについて千仞は羅列しているわけでないが、中国人が客をもてなすさいの「大体」のスタイルについては、記録している。この日の接待も、それに準じていたと見てよいだろう。

八人の座れる円いテーブルが用意され、その上に「果実肉腓」が並べられる。六種ないし八種。酒が終るまで、料理は片づけられることはない。日本と違って、献酬のわずらわしさがない。肴の多くは、油で炒《いた》めたものである。食事が進行するにつれて、十数種ないしは二十種と出される。最後は、杏仁羹（豆腐）、八宝飯。熱いおしぼりが出て、顔や、手をふいたりしたあと、床に座って茶を喫する。かならず烟具のある別室が設けられており、二人が対臥して、阿片を喫しながら話をするのが常法である。この日、千仞も、そうするようにすすめられたのだろうか。猛然と断ったようだ。

「余、烟毒の人の命を縮め、国の力を（消）耗させることを痛駁《つうばく》す。いやしくも人の心ある者、為すに忍びざる所なり」

硯雲は、かならずしも千仞の発言を悦ばず、こう言った。

「この洋烟ってやつは、ひとたび中国に拡まるようになってから、もはや、ありふれた風俗と化してしまっているんだよ。たとえ孔子（聖人）がこの世に生れかわってきても、救うことなんかできまいね」

この日、憤激ついでに千仞は、中国の街頭の「汚穢」についても、文句を言ったようだ。すると竹孫が、念珠をさしだして彼に見せ、これは名香で練りあげたものだ、と。そしていう。

「路上の汚穢と、悪臭には、だれだってかないっこないさ。だからこの香珠を手にとって、鼻のさきっぽのあたりを薫らせるんだよ」

千仞は、竹孫にいいかえしたかどうかわからぬが、あの街巷に溢れかえる悪臭は、そんな香珠ぐらいでは、たいして役に立ちやしないと信じない。しかし、竹孫だとて、信じているわけでなく、生真面目な千仞をちょっとからかって見たくなったのだろう。その夜、雨が降りだしたが、竹孫は轎《かご》に乗って帰っていった。千仞は、栗庵の邸にそのまま泊めてもらったのだろうか。

翌二十五日、硯雲に再び逢った。硯雲は、千仞が阿片の害を論じたことが、なんともいまだ納得がいきかねるかのようだった。

「李中堂（鴻章）は招商、機器の二局を開いた。その経費たるや、実に百万、国の財力を蠹《むしば》み、ために国力は消耗したが、その結果はといえば、成功した点は、皆無に等しく、大いに民心を失った」

硯雲は、李鴻章の洋務政策の失敗が、「烟毒」を招いたと言いたいらしい。そこで千仞は答えた。

「洋人はいろいろな機械を発明、蒸気船や蒸気機関車を（海陸に）走らせ、紡織の産業を興し、もともと農桑国であるその基本を、しっかとするため、凡そ百の工業が立ち上るように尽力を注いだ。それによって、日ならずして国力は富饒《ふじょう》となり強盛に赴き、宇内に雄視されるに至ったのだ。だから、今、中堂が二局を開き、ここに力を用いるのは、まさに洋人の長所を収め、わが国となさんというこころみである。これぞ真に国の本に尽力するべきものというべきではないか」

これをきくや、硯雲は憤然として言った。

「機器なるものをよしとするのが、どうして聖人（孔子というより孔子の尊ぶ古代の帝王堯舜《ぎょうしゅん》まで、この聖人の意はふくむか）の言っていることだといえるのか。とうてい、そうだといえますまい。李の一派は、国人（彼に同意する官僚）を率いて、（西洋人の）機巧のしわざにひたすら赴くだけだ」

そこで、千仞は、唐虞《とうぐ》の「璇璣玉衡《せんきぎょくこう》」や、周公の「指南車」や諸葛孔明の「木牛流馬」などの例を引き、一つとして機械でないものはないとつめよっている（のちに中国人が西洋の機械文明よりわが中華のほうが先んじていた。彼等は俺たちの真似をしていると誇るに至る際の常套文句になる)。さらに千仞は、聖人うんぬんの理屈に対しても、すぐに反論してみせ、それは幕末に一儒者として、さんざん悩んだところのものであるからに違いない。

「聖人とて、スキクワを製《つく》って田畑を開墾したではないか。機杼《きちょ》を発明し、布帛《ふはく》を織り、鋸《のこ》や斧《おの》を製して宮殿を経営したではないか。物を開発して務めとなすものに、一つとして機器によらざるものはないぞ」

そして、いま西洋人は工芸の道をなんとか講じようと頭をひねり、機械文明を開くに至ったが、ほとんどが、「中土の聖人」たちが製作したものばかりであり、その大成者が彼等なのだといったのち、堯舜は、人のために善をなすとするあなたが、機巧に赴いて質実を失っていると排斥してるのは、そもどういうことかとその矛盾をついて詰めよっている。しかし硯雲は動じない。顔色をかえて反論する。

「イギリスやフランスは、豺狼《さいろう》同然ですよ(善のひとかけらもない)。人の理を以て語るような相手ではない」

千仞は、こういい返す。

「中国こそ豺狼の心を以て彼等に対するので、彼等もまた豺狼の心でもって中国に報復しているのではないか。中国人こそ堯舜の心を以て彼等に対するなら、どうして彼等も誠意を以て中国の理に接しないことがあろうか」

ついには林則徐(文忠)の失政(阿片戦争)にまで及ぶ。彼は愚民が阿片の喫煙を止めるように説得することができずに、卒然として兵戈《へいか》を以て英国人に逼《せま》って烟膏《えんこう》を略奪し、一時の憤を晴らそうとした。堯舜は「内に教文を修め、外に武衛を奮う」と言ったが、これは名義なき挙動でしかない。

「論じて数十紙を累《かさ》ね、言、頗《すこぶ》る切至」

つまり、この二人の論争は、当然、「筆談」を以て為されたということである。王硯雲が、それなりの文人なので、可能であったわけだ。

しかし硯雲は、千仞の説得に対して服しようとはしなかった。頑固であったそういう彼に対し、千仞はこう評している。

「硯雲には、奇気がある。文筆縦横、実に得がたき才能の持主で、けれども外事（交）についても語りあうと、その心の奥は、頑然として迷妄に執《とら》われており、すべてがこの調子で反論し、ほとんど理解しようとする気がない。これは硯雲だけに止まらない」

中国の文人たちへの絶望感を洩している。


翌二十六日、岡千仞は、珠垣《しゅえん》という六十歳になる王家の族老に逢った。千仞、大忙しである。

「談、卜筮《ぼくぜい》に及ぶ」

もちろん、この日も筆談である。千仞の得意とする漢文の才に応じられるだけの相手が、名族の王家には、ぞろぞろといたわけだ。

「小人《われ》、平生、卜筮を信ぜず」（小人平生不信卜筮）

と千仞は紙筆に筆を走らせて答えた。珠垣は顔色を変え、こう紙に書いて返した。

「子《きみ》は、周易を聖人の書と為すを知らざる乎《か》」（子不知周易為聖人書乎）

相手を無知ときめつけて馬鹿にするにも、筆談である。この場合、やや間が抜けたことになってしまうのか、それとも効果となるのか、よくわからない。ただ筆を返す時の表情が、その「間《ま》」の中に露われる。

千仞はさるもの、自ら阿呆に見せる術（謙遜）をよく知っている。それは、もともと中国の文献から学んだものだ。千仞は、どう答えたかといえば、小人は、経学にうとく、少年時代にわずか「易」の句読を学んだだけですと返している。怒って、日本人の千仞をなめてかかっている珠垣は、謙遜だと見抜く余裕なく、では教えて進ぜるとばかり、「易」の理を講義しはじめる。あげくに、君はこの旅でかならず曲阜の聖廟に拝し、そこで卜筮にかかわる霊草である蓍草《しそう》を貰い受け、宝とするがよいと、親切めかした高飛車に出る。これに対して、したりとばかり千仞は反撃に出る。

「ハイ、わかりました」と答えたのちに、「易」は聖人が発明した天地の理に違いありませんが、後世の易者が説くいたずらに象数を語る卜筮なるものは、人を惑わす巫祝《ふしゅく》の類とほとんど変りませぬ、孟子も言っているじゃありませんか、「尽《ことごと》く書を信ずるは、書無きに如かず」と。珠垣の返答は、『観光紀游』にはないが、ギャフン参ったと返答に窮し、口惜しさいっぱいの表情で沈黙したということなのだろうか。

翌日（二十七日）、愓斎とその甥である静庵《せいあん》の案内で、天童山に遊ぶことになった。舟で出発するが、天童山に到着したのは、二十八日である。ここでも禅寺の二人の僧と筆談している。千仞は、なかなかの戦略家である。二僧に筆を貸してくれと頼み、あれやこれやと彼等に漢文で問うたので、彼を「文人」だと察してか、酒飯をもってもてなし、対する態度も変った。天童寺を去り、夜、寧波に到る。惕斎静庵、そして彼の従者である兄の息子の濯は上陸するが、疲れたため千仞は、舟にひとり残り、貰い受けたばかりの僧の詩集『嚼梅集《しゃくばいしゅう》』をさっそくひもといている。

小さな旅を終え、王君の門外に舟が着いたのは、八月の二十九日である。三十日、楊泰亨《ようたいきょう》なる翰林の耆宿《きしゅく》とその別荘で面会し（愈曲園に次ぐ存在と評価している）、筆談している。なんとも忙しい。三十一日、舟で県城に赴いた。遠くに一閣のそびえるのを見る。「酌議亭」といい、明の趙文華《ちょうぶんか》が諸将を集め、倭寇を平らぐる方略を議したところだとわかった。

前々から千仞は、明中期以降に中国を騒がした「倭寇」なるものに疑惑の念を抱いていた。それは、日本の史書には、そのことについて一字とて触れる言葉が見出せないからである。

「中土の兇悪なる無頼が、わが国の名を借りて暴れまわっていたのではないか」

と、かねてより臆測していたのである（今日の史学では、ほぼ千仞の推理通りに定着している）。千仞は、この日、王竹孫を尋ね、別れの挨拶をすませている。夜には竹孫惕斎と一緒に王靄卿《おうあいけい》を訪ねている。靄卿と琴泉《きんせん》が出迎えたが、琴泉は、日本に遊んだことがあるという。

八月一日、この夜、潮を待ってこの地を出ようかと思っていたが、竹孫が千仞のために書画数紙を作って贈ってくれた。激論した硯雲も四首もの五律の詩を作って贈ってくれた。その詩の内容は、文中に一部しか引かれていないが、洋烟と機器を論じて、二人の意見が合致しなかったことへの拘《こだわ》り（さらなる自己主張）を述べたものだった。「方《まさ》に今、風気一変して万国交通し、五洲は一大変局」の時に当面しているにもかかわらず、彼はそれを知らず、なおも「儒に拘る迂生《おろかもの》」であるとまでののしっている。

千仞は、中国が「烟害の毒」のみならず、「六経の毒」に染まっているとし、この二つが一洗されるのでなければ、日本人は、中土の事に手をくだしようがないとしている。「六経」は、儒学の教典である。これを丸暗記するくらいでなければ、科挙に合格し、高級官僚の道を歩むことはおぼつかない。その心労のロスたるや莫大であるが、合格すれば文人官僚として悪弊を垂れ流す。悪名高き「中華思想」なるものは、長い伝統をもつ科挙の制度の上に成りたっている。その背後に儒教がある。

「六経」には、ぎっしりと名文句（知恵）がつまっている。文人官僚の権威は、この引用の才、いかんにかかっている。岡千仞にも、引用癖（古を尊ぶこととつながっている）がある。千仞の本領は、「史」であり、文であり、決していわゆる儒者でないが、仙台藩の藩校養賢堂に学び、江戸の昌平黌に学んでいる。教師としては、江戸明治と自ら塾をおこし、養賢堂や「大学」の教官をつとめており、四書五経は、ぎっしりと頭につまっている。暗誦の訓練を幼少より受けているので、即座に引用する術にもたけている。断章取義引用術が身につくと、相手の引用による物言いに対し、揚げ足をとって攻撃にでることも可能である。千仞は、この江南の旅で、本場の中国文人たちとの筆談によって、相手をギャフンといわせてきたのである。

だが、千仞はそんなことに快感を得て、終りとするような男ではない。なにも中国へ道場破りに財産をはたいてまでしてやってきたのではないからである。

千仞が中華文人とまみえて、落胆したのは、古典の引用で終り、その中に閉じこもることである。

とかく中華思想という心地よい寝褥《しんじょく》の中に横たわる。これでは堂に火の及ぶを知らざるのと同じだと、千仞は匙を投げだしてしまうのである。その次のジャンプが、ない。引用によって、世界の情勢を把握し、あらたな対抗軸を考える気力がない。自己納得するための引用そのものに問題がある。「六経、信ずべきもの有り。信ずべからざるもの有り。いやしくも信ずべからざるものを信ずれば、流毒至らざるところなし」

このような情況は、岡千仞にとって、日本にあった時から予想できていたことではなかったか。あまりにも予想通りだったので、千仞は、日本からやってきた文人として歓待の礼を受けながら彼等のあまりにも西洋の侵攻に対する無知蒙昧ぶりに切歯扼腕している。

その点、東京で会った公使館員の黄遵憲《こうじゅんけん》（公度）は、ちがっていたと、彼のことを思いだしている。彼は、西洋について語る私の言葉に好んで耳を傾けたと。

清末ナンバーワンの詩人である黄遵憲、さすがというところだが、場所は東京であったからであり、彼の故郷である中国で逢ったなら、また違った対応になっただろう。そうは簡単に自国を批判できない。

黄公度の意見は、（中国の文人官僚の毒されている）孔孟の学は、形而上学でしかなく、西洋（欧米）の学問は形而下そのものである、というものであった。なまじ時世を論ずるものは、「此の見解なかるべからざるなり」と千仞は嘆息している。つまり、そうでなければ、意見が嚙みあわず、どこまでいっても平行線をたどるだけの徒労に終ってしまうからである。

西洋哲学をすこしでも囓ったことのある日本人にとって、東洋哲学とされる「六経」の類を読むと、なんだか人生哲学のように思われ、すこしくありがたみに欠け物足りなく感じられたりする。哲学は、むずかしいものと日本の近代人は思いこんでいるからだろう。だから、そういう東洋の人生哲学が、あまりに口あたりがよすぎて、調子が狂って軽侮してしまうか、そうでないものは、日々の処世術に積極的に応用するというクサミに陥入《おちい》る。

千仞が同意する黄遵憲の意見も、今日の観点からすると、いささかのズレを感じざるをえない。処世術の宝庫のような、現実的な（中国は一般的に現実的な民族だとされる）「六経」が、おそらく朱子以後、そのまま形而上化されていき、しかし政治化され理想化されていき、大いなる弊になるまでに至ったのが清末の中国だったのだろうか。

かりに「知行合一」の王陽明の朱子批判が、その形而上学性に対してのものだとしても、その論そのものは、形而上的である。その「知行合一」が現実化しえたのは、むしろ日本の幕末である。陽明学以前の日本の儒学でも、生活の上で実践しようとするところがあった。かなり硬直した形式的弊害が生じていたにしてもだ。中国でも家国の衰運に気づかぬわけでなく、皆一様に嘆くが、結局は中華の誇りに逃げこんでしまう。

この夜、硯雲が別れの宴を設けてくれた。意見は衝突しても、君子の礼は、中国人の面子もあってか、尽すのである。靄卿も出席した。たがいに不平を抱いたままの別れの宴であった。

この王家での長い逗留は、その一族である惕斎の力によるものである。横浜港出発以来同行した彼なしに、一族挙げて歓待はありえなかったと千仞も自覚していたが、中国を憂い、日本を憂う彼としては、複雑な心境のままの辞去の夜であった。船着場まで一族の主だったものたちが、見送りにきてくれた。岸上で、皆「黯然《あんぜん》」として押し黙っている。「月、画の如し、風、蘆葦《ろい》を度《わた》る。虫声、満地たり。殆《ほとん》ど秋の意あり」。この別れの場は、『観光紀游』の名場面の一つである。

爆竹

八月二日、餘姚《よよう》に到着。朱竢夫《しゅとうふ》が病をおして出迎えてくれた。彼とは七月十七日に已《すで》に逢っている。彼の二十三世の祖は、朱舜水の兄である。千仞は帰途も立ち寄ったのである。餘姚の東南四十里のところに歴山があり、舜が畑を耕したという聖地である。虞山《ぐざん》は、禹が丹朱を封じたところで、この土地の人は虞の姓が多いという故事来歴とその由来を竢夫から教わる。どうして千仞は、ふたたび餘姚に寄ったのか。帰途の必然でもあったかもしれないが、堯舜禹《ぎょうしゅんう》の「聖人」たちのことが気になったからであろう。

この日の朱竢夫は、病のためもあるのか、親切であっても、どこか高飛車であった。許慎《きょしん》の『説文《せつもん》解字《かいじ》』の講義を「筆示」しはじめた。『説文解字』は、「籀文《ちゅうぶん》、古文、大篆《だいてん》、奇字」の諸体で書かれたもので、今日通行している行楷は、真の書ではないのだといい、君はこの『説文解字』について講義したことがあるのかとたずねてきた。日本の漢学者への挑戦というより恫喝である。底には軽侮が眠っている。千仞には、このような場合への対応があらかじめできている。「余、書して答う」。中華の文人を、沈黙の淵に追いやった得意の筆談の開始である。

「小人は、古書に曚《くら》いので、いまだかつて許慎の書物を講義したことはございません。……三代の聖王の政治は、再び見ることができないというのが、講義をしない第一の理由です」

昌平黌時代の友人、のちの「抹殺博士」がいうようなことを述べ立てている。これは、近代日本の夜明けのリクツである。三代の聖人を神話伝説の人物として一蹴してしまったのである。

「嫈夫、答えず」

「説文」を童蒙の書とみなしたことに対し、いかにも不平で、納得がいかぬという風情がありありとしていた。

四日、舟は酒の生産地として有名な紹興の南門に入った。夜になって、市内を散歩することにしたが、宋代に建てられたという七層の塔がある大善寺の境内に出た。この日は、月明りの一夜で、とりわけ人の出が多かったようだ。フロックコート姿の千仞の姿を見とるや、人々がどーっと千仞をとりかこむようにして群がってきた。中には、瓜の皮をぶつけたり、石ころを投げつけるものもいたが、千仞は物わかりよく、けっして怒ったりはしない。三十年前、欧人が始めて江戸へやってきた時、同じことを日本人もしでかしたにちがいないと思いかえしたからである。彼等の行動は物珍らしさと反感の混淆である。

しかし、この寛容なる忍耐とは、いったいどうなのだろう。怒ってみたところで、多勢に無勢ということもあるが、あえて「異服」で、中国を漫遊することに千仞は、誇りをもっている。いちはやく中国に先んじて西欧化し成功した日本を誇示し、かつ中国に覚醒を促すという宣伝のいでたちでもある。

一方、紹興の市民にとっては、どうなのだろう。彼等は街で見かけた西欧人に対しても、同じことをしたと思われるが、フロックコートを着ているのは、同じ黄色人種の日本人なのだ。受けとる心象は同じだといえない。覚醒どころか、憎さ百倍になる。ところが、千仞は中国流の信念に燃えているので、そのことに気づかず、中国人のためだ恩返しだという親切にして傲慢な気持からただ寛容に耐えるのみである。ここには、大いなるズレがある。

紹興の千仞は、中声の紹介状をもって、陸有章《りくゆうしょう》なるものを訪ねた。彼は朱氏の代理人で、この地で薬舗商務の管理をしている。その看板をみて、「官燕」、「洋参」、「麗参」が大字となっていることを発見したのは、千仞の目ざといところである。「官燕」は、シャム、印度産薬種で、官とりあつかいの品である。「洋参」は、日本の人参である。出雲（雲州）産の人参がもっとも価値が高く、日光会津産は安い。それにしても、なぜ「洋参」というかである。

「麗参」は、いわゆる朝鮮人参である。高麗産ということであろう。朝鮮に対しては、属国意識がある。日本に対してはないが、西洋になびいているので、「洋参」というのか。西洋の人参はないにしても、ただ海をへだてている日本産だからだというわけであるまい。尊重しているから「大字」なのだが、千仞はなにも述べていないが、どこか軽侮のニュアンスがこもっている。

六日、柯山《かざん》で一泊したが、この地で沈瘦生《しんそうせい》なるものに逢った。さっそく、あなたのお国では、欧風に仿《なら》い、服制も改めなさったのかの質問を受けている。

予測のついていた質問なので、すらすらと千仞は答えている。はじめ日本は隋唐に倣《なら》っていたが、武門が権力を握ると、それまでの「冠裳」では「戎馬《じゅうば》」にあって不便なので、「衣袴」の武士服となった。

「僕、服する所、是なり」

どうやら、この日の岡千仞は衣袴の「武士服」であったようだ。二本を腰に差していたのかどうかわからないというより、すでに廃刀令はでている。旅行中の千仞は、フロックコートを着たり、袴の着物姿だったり、その日の情況や気分で変えたようだ。沈瘦は、武士の服装を知らなかったので、日本人は洋服に変ったという噂から、てっきりそれだと思ってしまったのだろうか。

千仞はなおもていねいに日本の服制の変化を説明している。維新期の鉄砲大砲の時代には、「長袖《ちょうしゅう》博帯《はくたい》」の武士服では不便なので、各藩が西洋の軍装をとりいれたこと、新政府になってからは、官吏は法によって「欧風に仿ひ、服制を改める」ようになったのだと。

「弟（私は）、今や官を退き、山沢《さんたく》の人なので、衣服は唯意《ただ》の適《かな》う所、故に（今日は）故服（武士服）を用ゆ」と。「故服」というからには、この時ばかりは武士服、羽織はともかく袴をはいていたのだろう。まさか人と逢うのに着流し姿ではあるまい。気がむけば、フロックコートの「異服」だって着ますよということだろう。沈瘦は、地方インテリの挙人であろうから、この日の筆談はスムーズに運んだはずである。

「談、法事に及ぶ」

ここでの「談」は、筆談である。「法事」は、仏教の法事ではない。フランスと清国の争いをいう。

千仞は例によって、

「戦わざれば、則ち中土の国威振わず、戦はば則ち百万糜爛《びらん》せん。聞く、李中堂、和を主とし、左曽諸公、戦を主とす。未だ知らず、和戦何《いず》れに決するかを」

和も戦いのうちであるというのが、千仞の持論（兵法）であろうか。「和戦」といえば、平和か戦争ということになるが、戦端の火蓋を切らぬことのみが、平和であるはずもない。千仞は、李中堂の「和を主とす」に賛成なのである。痩生は、この意見に対して、すこぶる「楽しまざる色」を表情に浮べたという。彼は、戦わばかならず「負ける」とわかっていない。西欧の横暴にもうがまんがならぬという主戦派なのである。

七日、杭州東部の銭塘《せんとう》門に到った。甥の濯を弥勒寺に遣《や》り日本僧無適を伴って戻ってきた。彼がいうには、仙林寺に千仞たちの宿す部屋はすでに借りてあるとのことだった。

八日、日本の僧心泉《しんせん》を知っているという徐嗣元《じょしげん》なるものが千仞を訪ねてきた。心泉とは、北方心泉、上海に進出している本願寺の僧で、三年前、この地に遊んだという。今日では、「書家」として名は高いが、愈曲園が、彼の西湖の詩を賞し、『東瀛《とうえい》詩選』の中に選んだと千仞は述べている。

この詩選集は、岸田吟香の依頼で、曲園が江戸期の漢詩人の中から選んだものであることは、これまでにも述べた。

江戸時代の漢詩の中で広瀬旭荘《きょくそう》の詩（百七十五首）がもっとも評価されているが、わが岡千仞も五首選ばれている。昌平黌の仲間では、松本奎堂、南摩羽峰も選ばれ、師の大槻磐渓《ばんけい》の詩もかなり収録されている。愈樾（曲園）は明治十六年の春までに五千余首四十巻の選詩を完了したといわれているが、千仞が清国に遊んだ明治十七年までには、すべて刊行されていたのだろうか。明治十六年の八冊本は二十五巻までで、千仞の詩が入っているのは、巻三十四である。つまり八冊本には欠く。自らもいうように、千仞の漢詩は秀れているといえないが、彼が曲園とはじめて逢った時まで、梓《し》に附されていなかった可能性もある。ただ、前年までに四十巻分の詩人と採録すべき詩は決定を見ていたともいえるが、さしかえの余地はなお残る。情実をもっての入選もありうる。（まあ、そういうことはあるまいが、たとえば、千仞は曲園と逢っているので、人情のしのびよることもありうる。選ばれるのと洩れるのとでは、漢詩の小世界にあっては、大違いなので、時に賄賂を贈ることだってありうるのが、この世界である。）

九日は、観音の誕辰《たんしん》の日である。朝、四方に爆竹が鳴るのをきいて、千仞は目を醒ましている。この日は、弥勒寺の無適は、千仞が宿泊している仙林寺を尋ねてきていたが、帰ろうとする彼を昼飯を食べていけと留めた。その時、千仞が無適に語った言葉を書きとめている。

話す相手がほしかったのだろうか。「観音誕辰」を祝う仙林寺の爆竹の音で目を醒ました千仞が、昼食で無適に向って話さないでいられなかった「こと」そのものに興味がある。爆竹の音の反射として、彼の中にとぐろを巻いてわだかまり、帰ろうとする無適を留めてまで吐き出さないわけにいかなかった「こと」とは、科挙についてである。

けたたましく爆竹のはじける音によって、中国の士人が「奔競」して科挙合格を人生の第一とみなすさまを千仞に想起させたという突発性、そのナンセンスさが面白い。というより、人間の思念は、そのようにして反射的に動くものだ。さすが、文章家岡千仞である。なんら理屈の橋渡しをすることなく、平然と「観音誕辰」を祝う風習に科挙の愚を対置させているのは、なかなかの文章の妙である。

進士となるまでの科挙への気の遠くなるまでの階段昇り、その階梯をことこまかく情報蒐集しているが、それ自体は、たいしたことではない。「試に会する者一万人、登第する者、百人を過ぎず」とし、かくて「有用の精神」が「無用の八股《はっこ》」に消耗するという愚の指摘も、彼がいわずとも中国人も気づいていていないわけでなく、さして珍らしくもない。漫遊の旅で中国を憂う千仭が、爆竹の音に触発され、いたましき清朝のインテリのエネルギーの消耗、あたら時間の浪費ぶりに思いを致したことが、壮なのである。千仭の反射神経は、科挙が有為な人材の発掘とかかわらず、もはや風俗化しているとでも思ったのだろうか。

十一日、曲園の高弟である王夢薇《おうぼうび》が千仭を訪れてきた。ここでも酒席を設けて夢薇を留め、自らの憂情を談じないわけにいかなかった。もとより筆談である。筆談が可能なのは、科挙に奔競し、それを名誉とする彼等だけなのだ。

「中土の人物、大抵浮華、実少し。僕、六七省を歴遊、足跡、数万里に渉《わた》る」

も、心に残るものは、ただ「曲園師一人」だと。千仭の詩を選んだ曲園とて、中国を救う妙案をもっていたと思えないが、江南への旅の帰途、すでに彼には大いなる落胆とともに、この大国へのさびしい結論がでてしまっている。

千仭の述べるが如く国難にあたっても、なお士人が六経を墨守するさまをみて、著者の私は思うことがある。中国の漢字文化は、文字が読めない人々を擁する暗愚政策の伝統的な弊（いや功というべきか）のもとに成り立っている。少数の士人にのみ「漢字」を独占させたことだが、これとて、国の政経を背負う知識階級への目くらましの暗愚政策だったのではないか。ほとんどの士人は、明哲保身するか収賄に狂奔し、「六経」を建て前として利用するだけだ。六経を真底から信奉して呪縛された少数者とて、権威主義的プライドをもって傲然としているが無能である。その中のわずかな良心的士人は、危険分子だが、歴代王朝の知恵により、「隠遁」的志向（ほとんどは口にするだけ）と「不平」の権利を許すこと（逃げ道をあたえる）により（国士として認める）、完全に去勢されてしまっている。不遇不平の士は、国難突破のための少数者であるが、阿片の快楽に逃げるしかない。この背後には、少数者のための巨大な漢字文化がねそべっている。

十二日、朱硯臣《しゅけんしん》なるものを訪ねる。余が家、餘姚の朱氏だというので、朱舜水の同宗かと思い、日本に彼が宋学を伝えたことをいうと、彼は大いに喜び、家譜をとりだし、「舜水小伝」が附されているのを示した。その中に舜水が「源中納言」（水戸光圀）に「侍女十二人」を賜ったが、けっして側に近づけなかったことを記したくだりがあるが、中納言を官名と知らず誤解していると、内心苦笑している。侍妾は、侍臣か。このような訛伝は、異国間同士にあって、お互い様の笑い話である。誤りを指摘してみたところで（千仞が面と向って硯臣に述べたとない）、鼻白むだけである。

この硯臣とともに西湖の呉山の前にある茶肆で一服している。鬱蒼とした老樹のそばに李を名のる男が坐っていた。

「累挙《るいきょ》、捷《しょう》せず（何度も科挙に挑みましたが、いずれも失敗ばかり）。そこでついにあきらめ、ここにやってきて商いをやっております」

と李がいう。そこで千仞は、実学ってわけですね。孔子の弟子子貢の貨殖ぶりをご存知でしょう。七十二弟子がこぞって推挙する人物ですよ、と冗談をいう。「満坐一笑」とある。この「一笑」がもつふくみは、満坐の数だけあって、それぞれに違うだろうが、清朝の士人に落胆してきた千仞にとっては、賛意であり、推奨である。日本の明治維新は、幕末に勃興する「実学」の力もあってのことだという認識があるからだ。

十三日、無適がやってきて『申報』を示した。それによると、フランスが軍艦五隻をもって台湾の鶏籠《キールン》を陥落させ、上海に使節を送って、もはや清国に残された道は、（講）和しかない（フランスのいいなりになれ）と脅迫してきたとある。千仞は、台湾は東洋の要地なので、これは、たいへんなことになったぞと思う。台湾は、清国のみならず日本の問題でもあるからだ。古くは「国姓爺《こくせんや》合戦」の鄭成功《ていせいこう》、近くは、日本軍の台湾征討の一挙がなまなましい。夜になってまた無適がやってきて、上海からの手紙を示した。中国の内地に在るものは、すみやかに上海へ戻り、難を避けよという日本公使館からの命令である。

千仞は、すぐに急いで上海に向ったわけでない。舟を雇う時間の必要もあるのか、十五日には、西湖を見物している。西湖三勝の飛来峰、天竺、霊隠の二大巨刹を探らずしては、「百年の憾事《かんじ》」という思いがあったからだ。年来、漢籍に親しむ中で、そのイメージはふくらんでいた。先にその探勝に失敗もしていたので、必死なのである。「宛《あたか》も仙山楼閣」の如しと満足している。同行は、中国人の二人（笠菴《りゅうあん》と、彼の家に居合せた仁敬斎《じんけいさい》）。はじめ雨後の泥濘の中を行くのは、いやだと断られたが、轎《かご》を雇うからと泣き落している。

二人の同行者のうち、仁敬斎は、満人で、八旗に属している。この日、探勝を終えて彼の家に寄るが、太平天国の乱では、満人が仇視されたため、杭州が陥落した日、八旗三千人が（男女と区別なく屠殺され）「放火焚死」したと知る。三人で「府学」を見物する。杭州における科挙の聖地ともいえる。「乱後蕩然」。文昌閣と高官祀がわずかに残っているのみで、いまだ再建されていない。

千仞は、科挙に否定的だが、仙台の養賢堂、江戸の昌平黌に学び、大坂に松本奎堂らと双松岡塾を開く。幕末、江戸順造館教授、養賢堂指南役見習、明治になってからは、「大学」の中助教となり、修史局に勤務、東京府書籍館（国会図書館の前身）幹事ともなる。かたわら私塾綏猷堂《すいゆうどう》を開く。私塾はともかく、この間の官歴にあって一貫しているのは、「不満」である。教育畑を歩いてきた岡千仞にとって、荒廃したまま姿をかろうじてとどめる杭州の「府学」は、感慨深いものがあったはずである。

十六日、丁松生《ていしょう》なるものが訪ねてきて、筆談、フランスのことに及ぶと、その「言、頗《すこぶ》る危激」となったが（いざ戦いとなれば）、財政立たず、大変大変と騒ぎ立てるので、その大変をどう処するつもりなのか、その処しかたこそ今中国に求められているものではないかと冷静に眺め、「中土の人、虚文を構え、大言を好み、一として堅忍の人なし」と呆れている。憂世の士は、中国にもいっぱいいるが、それだけでは騒がしいだけだ。目まぐるしい維新の混乱を経験しているものの目である。

この日、仏林寺を辞し、弥勒寺に寄って同行の無適を促し、いよいよ上海に向う。ようやく上海に戻ってきたのは、八月の二十日である。

「中人、富強（富国強兵）の実政、格致の実学を講ぜず、今世に居《お》りて古道を行う、虚文を騖《つら》ねて実理を忽《おろそか》にす。其れ彼（西欧）の軽侮する所となるも、抑《そもそ》も故《ゆえ》あるなり」

実も、息苦しいものだが、とりあえず機械文明を拒否し、あげくに阿片漬けになって、亡国寸前のところにいる中国には、必要な姿勢だといいたいのである。日本に学べといわんばかりに切歯している。

北遊

これでようやくにして、岡千仞の『観光紀游 一』（「航滬日記」「蘇杭日記」）を読み終った。あと二冊を残すが、すべてチェックする気はない。その発想は、上海に戻って以後、さらに深められるが（たとえば、吟香に向って六経の害を論じる際、晋や宋の時の老荘の害と同じだとし、吟香が案を撃って、それは名言と叫んだりする場面もある。たしかに老荘の弊はある。阿片中毒者の王紫詮に向っても、中国の元気を取り戻すには、烟毒と六経の毒を一掃すべしと平気で論じたりする。すると王紫詮は、もう一つ毒があるぞ、それは「貪毒」、これを以て三毒とすと言う。「貪毒」とは、貪欲の毒、つまり「賄賂」である。「中土の大小の政事」、すべからく賄賂で決まる。これだけは、二十一世紀になってもかわらない。）、最初の一冊で、千仞の結論は、ほぼ出尽くしてしまっている。しかし、完全に無視するわけにもいかない。

蘇杭から上海へ戻ると、千仞は既知の平野二宮、曾根俊虎、張経甫、馮耕三らと旧交を暖めている。

留守の間にも刻々と情勢は変っている。八月二十九日の夜、二宮と租界内の公園を散歩している。園内には、花々が爛斑《らんぱん》と咲き誇っている。夜にも、園内にはガス燈がついていて、花を楽しむことができたと思われる。ただし、この公園には、中国人は入れない。

「中人、垢汚《こうお》、大いに園観を損す」

との理由から、入観が禁ぜられている。杭蘇を漫遊中、しだいに汚穢への嫌悪感を示す記述が減っていくのは、おそらく慣れから感じなくなったからだろう。いや、日記に書きつけるのに倦きてしまったからだろう。ひさしぶりの記述である。この西洋人の「垢汚」ゆえの出入り禁止という差別に対して、東洋人として怒っている様子はない。

九月五日、この本の巻頭を飾った尾崎行雄が、千仞を尋ねてくる。千仞は、大古馬頭の第一楼に泊っていた。尾崎ひとりではなく、本多孫四郎という男と一緒である。(これで尾崎と岡が上海で逢ったことが、両者の記録で合致した。) ただ千仞は、

「皆新聞社員、中法の警を聞きて、(上海へ) 来観」

せるものだとしたあと、二人の質問を記している。わが国は、福州の変後、陸海軍は兵の訓練を開始し、各港には軍艦が配置されている。日本は「局外中立」を宣言しているが、万一の備えのためだというものの、この現地の上海は晏然《あんぜん》としており、わが国のほうがはるかに騒然としていると、彼等はいう。尾崎と本多のどちらの意見かというより、かわるがわる二人がいうのを千仞がまとめて日記につけたと見るべきだろう。安禄山の乱がおこった時、日本の太宰府が兵備を厳にしたことをあげ、いつなんどき、外国はなにをしでかすかわからないのだから、中立宣言しているのだから備えなしで

よいなどと、どうして言えるかとコメントしている。尾崎らが、岡千仞を訪れたのは、記者としてインタビューするためだった。

七日、フランスに遊学したことのある安藤領事のすすめで、「北遊」を千仞は決心する。「洋人」と東邦各国との紛争は、たいがい「賠償」金を払って結着している。今、清国は賠償金を払うべからずの動きが出ているものの、「太平」の眠りから、「百度弛緩」しており、どのように帰着すべきが正しいのか、さっぱりわかっていないと安藤領事はいう。まだまだ揉めますぞというわけだ。

もともと、千仞は清仏戦争が「平定」（解決）したなら、南方の旅を終えた今、こんどは首都の北京をはじめとする北方へ遊歴するつもりでいた。賠償問題などで、なかなか埒があきそうにもない様子なので、かくて「北遊」を決したのである。

八日、王紫詮の邸を尋ね、小酌を交す。「もう一度、日本へ行きたいな、前の時のような失敗（狂態）はやらんよ、書物を買う資金がえられれば、それで本望だ」。王紫詮は滞在費をかせぐために文を売り、書を売らなければならぬのは、あきらかである。前回の失敗とはなにか。金銭の要求やあれこれの条件が高すぎて、ひんしゅくを買ったのか。その得た金（潤筆料）を遊興費に当てて大失態を犯したのかわからぬ。

「先生、そうならぬという保証はどこにあるんですか」

千仞がニヤニヤ笑って突っこむ。それはそうだといわんばかりに王紫詮も「大咲（笑）」した。岡千仞は、そういう彼を嫌いでない。

「紫詮、縄墨局束《じょうぼくきょくそく》を屑《いさぎよ》くせず、古曠《ここう》の達士を以て自らを処す」

規則に縛られて（縄墨局束）生きることができないし、それが彼のモットーでもある。李鴻章も、こう言っている。「紫詮、狂士也。名士也」と。千仞はまだ李鴻章に逢っていないのだから、紫詮の文集などに彼が寄せた序跋の中にでも、その言葉はあるのかもしれない。狂士・名士のレッテルは、彼の人となりをすべて言い当てていると共感している。太平天国の乱を平定し、清末の政治を一身に負う李鴻章とて、「文人」である。「狂士」というレッテルを肯定的にほめ言葉として用いている。しかし、あまりにも伝統的発想である。むしろ中国の「毒」の一つではないのか。それをよしとする漢籍を踏破してきた岡千仞の頭の中にも、「狂士」を可とする観念が詰っている。「太平」に百パーセント弛緩した中国人に対して、そういう彼等のような存在は、カンフル剤となりうるのか。あれほど中国清末のインテリに手厳しい千仞でさえ、阿片中毒の文人王紫詮を前にしては、肯定的なのである。

十日、杭州の王夢薇から手紙が届いた。別れに当り、知りあって日も浅いが、貴著を読んで、「傾慕」切なるものがあり、これからも天の涯、地の角《すみ》にあろうとも、書信を往復して、「文字の神交」を深め、切磋琢磨しようと言ってくれ、千仞を感激させた夢薇からの手紙である。会話は不可でも、「漢文」があるかぎり、それは可能である。

その内容を見ると、貴兄の詩文は、造詣は極めて深いが、しばしば「律」に合わぬところがあり、それは日本人の通弊であり、老師の曲園も同じようにいうところのものであるが、中国の文人としばらく遊び従うならば、必ず（律を身につけるようになり）その三昧を味わうようになるだろうと。

その通りには、違いないにしても、千仞はどう感じたか。旅日記を読むかぎり、はっきりしないが、やや鼻白んだのではないか。おかしいところがあれば、訂正してくださいというのが、日本人の自己誇示をともなう社交感覚（世辞感覚）だが（日本人の悪弊である）、まともに受けとめられると、また困惑する。しかも穏かな口調だが、中華思想的な高所に立っての親切な批評である。

千仞としては、「造詣極めて深し」の中国的世辞に当てはまる個所を中心に語ってほしいところである。こと「造詣」に関しては、世辞不要の自信をもっている。しかも中国の将来を心配しており、それを中心にした意見をききたいと、おそらく思っている。詩文の「律」で本場にかなうという自信をもっているわけでないが、そんなことより、「時局」である。「天の涯、地の角」までもという二人の間にはズレが生じている。

夢薇は、「画」をよくした。その手紙には、彼から贈られた画が附されていたようで、しかもその潤筆料の一覧表がつけられていた。中国人感覚の「贈」とは、そういうことである。千仞は、あなたの絵がほしいくらいは述べたかもしれぬが、その時、いやいや描いて贈らせていただきますという応答ぐらいあったのかもしれないが、すぐに忘れる日本の世辞というもので、さっそく注文とみなされて「贈」られてきて、潤筆料のリストつきとは、なんともおそれいったであろう。表向きには、こんな風にして生活しているという挨拶であるにしても、買えという押し売りでもある。

千仞は、不快の念を述べていないが、その値段表を引き写している。たとえば彼に贈られてきた絵でいえば、三元である。

この「贈」のからくりを、中国の文人（知識人）の腐敗構造になかばいらだっている千仞は、すぐに喝破したと思えるが、『滬上日記』では、露骨に批判していないものの、遠まわしの批判はしている。

ちなみに、値段表を列挙しておく。それは、書画のみならず、文筆のわざも、商売にしている。曲園の弟子としては、当然である。

「壽序・碑文・堂記」　六元

（ただし〔古文でなく〕駢体を希望とあらば、その倍で応じる）

「伝・序・銘・跋・別議・隷書・扁聯」　二（両）元

「屏碣・画屛」　三元

「扇面」　半元

かつて陳笠庵の潤筆例を見たことがあるも、ほぼ同額だとしたあと、一便面（代筆）に半元もとったりする彼の場合、その「文字活計」は豊か（商売繁昌）であるが、夢薇の場合、なんともふところ具合がさびしそうで、依頼者はすくないのだろうとしている。同情しているというより、憐れんでいる。

遠くは、唐の白楽天が潤筆料をとっていた故事を知っており、本邦では師の大槻磐渓がそうしているのを知っているし、自らも「書」で金を稼いだりしているから、本場の文人の商売上手ぶりを見ても、落胆するほどウブでないが、だからといって感心しているわけでない。

十三日、楽善堂の岸田吟香に依頼し、宋金元明の諸史を中心に五十余種を購入、船便で日本へ送っている。

老いたのか、このごろ眼がしっかりとしなくなったといい、いくら本を買っても、もう読まないだろうが、子弟のために書籍は必要なので買っておくのだとしている。

蘇杭に遊ぶにあたり、三百元を予算にいれていたが、上海に戻れという命で途中から棹を戻したので、その残金百余元をそっくり書籍購入にまわしたのだとしている。

旅の疲れがドッと出たのだと思うが、十一日、公使館の奥書記を賓客に迎え、吟香をまじえて、貿易商社の連中と宴を張った時も、途中で眼まいがおこり、別室にひきさがって休んでいる。健脚を誇り、斗酒辞さずの昔を考えれば、老いたりと思わざるをえない。その上、最近とみに眼の悪化を感じはじめている。おそらくこの老いは、日本にいた時から感じていたと思われるが、

「余、当世に望み無し。まさに千金を得ば鹿門精舎を重修し、万巻を擁し、万戸侯に擬せんとす」

と、常日頃から甥たちに語ってきたと述べ、中国であちこちにある「書院」なるものが、みな大官か大金持が、資本金を投じて営築したもので、名師を招いて子弟に教えるというシステムは、日本にないものであるといい、自らが経営している日本の私塾を可なるものとして、かならずしも考えていない。おそらく自らが携わったことのある江戸時代の藩校や、国が経営する明治の「大学」のありようにも否定的であった。

私塾では、学費を必要とし、蔵書の備えもままならぬことに不満を感じていたのだろう。その不満解消の大元は学生の努力や教師の熱心より前に「金」であるという経験知から、かくいうのであろうか。そう言えるし、そう言えなくもある。

もし天が、私に七十の寿命をあたえてくれるのなら、このわが願い、中国の書院のようなものを日本に作ることは、かならずしも不可能でないとしている。

老いの意識が、かくいわせるのだともいえるが、十四日の日記に「昨来、下瀉《げしゃ》、厠に上《のぼ》ること五六

次、稍疲《やや》る」とある。旅の病いは、心細いものだが、撥《は》ねかえす気力は残っており、この日も楽善堂を訪れて、晩飯を岸田吟香に御馳走になって、次のような会話をかわしている。

岡「どうして、中国の城市というやつは、どこもかしこも狭苦しいんだろうね」

岸「中国では、上古のころから、城市に盗賊が横行して止むことはなかった。そこで聖王の治というやつで、城壁を築いて人民を護ろうとしたんだ。民衆は盗賊による被害をおそれていたから、争ってその壁の内側に家を作りはじめたのさ。そのため勢い、狭苦しくなってしまったということだな」

このもっともらしい岸説に対し、岡千仞は、どうしても納得がいかない。『春秋左伝』を引いたり『詩経』の例をあげたりして、ゆったりしていたことを強調する。これは、清朝末期の文人たちに対して、ギャフンといわせてきた手口なのだが、岸田吟香は微笑して、「へえ、君もすっかり六経の毒に酔っぱらっていると見えるね」と答えたので、思わず口の中の飯を噴きだしてしまったとある。

岡千仞は、ことあるごとに、中国の知識人が六経の毒に当っていることを攻撃し、かつ歎いていたのだから、岸の逆手にギャフンとなってしまったのだ。

日本人にとって、城壁は、藩主とか将軍の住む城そのものに付随した防壁である。その下に家来や町人の街並みが拡っている。中国の場合、外廓に大きな城壁があり、その内側に王城もあれば、役所もあり民家もあるという構造である。城攻めとなれば、日本の場合、城を陥すことだが、中国の場合、まず頑丈な城壁を破壊してのち、内側の城市に侵入し王城に攻めこまなくてはならぬ。だから日本式の城下感覚に慣れていると、中国の城市のありように戸惑ってしまうのである。岡千仞からしてそうだった。

十七日、杉田定一、秋山鑑三の二人が、岡千仭を訪ねてきた。杉田は、自由民権運動の闘士であるが、新聞記者としての来清である。秋山は、藤田一郎の義子である。藤田が、清国とフランスの抗争を憂いて、息子を派遣し、北京へ赴いて醇親王《じゅんしんのう》に逢って彼の微志を伝えさせようとしているのを千仭は知り、「それは善いことだ。忠といってもよい」とほめ、「君たち、中国の文人のだれかと逢ったか」ときけば、まだですの答えに、甥の濯に命じて杉田秋山の両人をただちに正蒙書院の張経甫のもとへ連れていかせている。

十八日、曾根俊虎が福州から帰ってきたということを耳にするや、彼を尋ねて、その戦況を問うている。

フランス海軍は、六艦を以て出動、後方に五艦が控えていて、戦いの火蓋が開かれると、「万砲電発」清国海軍は一発の大砲も放たぬうちに潰滅し、死傷者は一千を越えたという。

この戦いののち、すでに二旬も経過しているのに（近くの上海にあっても、全く情報が流れてこなかったことがわかる）、海上に浮ぶ死体はいまだ一つとして「検収」されていないというていたらくで、西洋人のあるものなどは、「この国に、いったい政治というものがあるのか」と呆れはて、日本の初代公使であった福州総督の何子峩《かしが》（如璋）を訪れると、その顔は蒼ざめて「人色」がなく、「兵火蕩然《とうぜん》」の造船局を棄てて遁去したという。残された「官金三十万」は、敗兵たちがわれもわれもとたかるように略奪し、まったく紀律というものがない有様だというのだ。

戊辰の戦役で仙台藩の岡千仭は、米沢藩の曾根俊虎の父を知っていたはずで、日本からやってきた尾崎行雄ら新聞記者たちが取材において無能ぶりを呈している間、しっかりとした情報のネットワークを擁していたといえる。

翌十九日にも、上海に寄港し戦局を見守っている日本海軍の松村少将の口から情報を入手している。アメリカ人は、もう『福州戦記』を刊行したという話まできいて、その内容まで教えて貰っている。

岡千仞は、記者でないから、もったいないような話だが、フランスの軍艦には、最新式の大砲が装備され、一秒間に四百発を放つことの可能なもので、わずか十五分間で清の軍艦七隻、三砲台、一造船局を粉砕し古今未曾有の戦果をあげたと記されていたらしい。

西洋諸国は、中立を宣言していたが、熾烈な情報戦は、繰り拡げられている。千仞の観測では、「万国公法」は、東洋で適用されておらず（幕末の日本では、この万国公法なるものの存在が、脅迫的効果を発し、それによって文明開化を推進したのだから、阿呆らしいともいえる）、「中立」とは、局外国家の兵器を売るための作戦にすぎずと、千仞は喝破している。そのためにも、フランスと清国の武備をしっかりと見極める必要がある。中国は、どこの国の兵器を買わされるのやらと嘆いている。

日本海軍は曾根俊虎のような密偵を擁し、ただちにアメリカの『福州戦記』を入手し翻訳しているぐらいだから、情報戦をおろそかにしていないが、米欧にくらべると、遅れている。

二十二日、杉田秋山の二人が、これより梶山少佐に従って北京へ出発するという。漢詩人でもある杉田定一は、千仞に詩稿を託し、張経甫の題言をもらってくれと依頼する。その詩の過半は、同志と自由を唱え、三たび獄中の人となったころのものである。

二十三日、吟香ら五、六人の日本人と連れだち、経甫の招宴に応じた。この日は、「狂風暴雨」、轎に乗っていても、まるで舟の中で揺れているかのようだった。書院に着くと案（机）上には、すでに筆硯が用意され、瓶には花が挿されている。張経甫の弟子六、七人が加わりにぎにぎしく「筆話」の交歓会がはじまる。まもなく酒が出、山海の珍味が出される。西航以来、最大の盛会だったと千仞は書いているが、「筆話」の応酬もいつものように固苦しいものでなかったようだ。帰り、吟香は、あまりの雨に千仞の宿に泊ることになった。吟香との交際は、浅いが、壮時の江戸遊学も同じころであり、たがいに知っている旧友も多く、床を並べて笑談したが、夜が明けるのも気がつかぬほどであった。吟香は、上海へ来てから三十年になるが、この間つきあった文士で今も存命なのは、張経甫だけになったと呟いた。このようなリラックスした記述は、日記の中でも珍らしい。

二十五日の日記、「明日、北に発す」とある。夜、宿の主人が李中堂（鴻章）の「書」を持って部屋に入ってきた。どう思うか、その感想をこの「書」のうしろに揮毫してくれという。

「中堂の書、（書の）法に合わず、豈《あ》に英雄、書を善くせざる歟《か》」

宿屋の主人は、不満のようだったが、千仞にしては、大ほめである。英雄たるものにとって、「書」は余技でしかないはずだからである。

九月二十六日の夜、上海発の武昌号に乗り、いよいよ北への旅がはじまる。同行者は、奥書記の他にその下僚の峰と日報の記者小室信介、そして甥の濯である。奥と峰は一等室。千仞小室・濯は二等室、同乗の百余名のほとんどは中国人であったが、顕貴の身分であっても、西洋人の多い一等室を嫌い、みな二等室に閉じこもった。岡千仞と小室信介が同じ船室でどういう会話を交したのか知りたい気もするが、記録を欠く。

二十九日、芝罘《チーフ》の港に船は入り、上陸。しばらく滞在す。領事東次郎、書記上野専一の酒飯接待を受けている。公私の応酬になにかにつけ「敬」の語が多いことに千仞はいらだっている。「敬」の本来の意味がわかっているのかと憤慨しているのは、「六経の毒」だが、おそらく賄賂構造にからむのだろう。

天津に入ったのは、十月六日の「平明」である。書記の鄭永昌《ていえいしょう》らが迎えに来ていたが、公使館に到着し、領事原太郎（敬の間違い。「敬」の語に腹を立てていたからわざと太郎としたわけであるまい）と面接している。酒飯ののち、一間の部屋に案内され、行李を解いた。さっそく館員の佐々木が、租界を案内してくれる。各国の公使館は、国旗を掲げ、宏麗だが、城壁の近くへ来ると、例によって道路は狭隘となり、車を捨てて市中の雑踏に入るやいなや、

「穢臭《わいしゅう》、鼻を衝き、頭痛涔涔《しんしん》を覚ゆ」

江南の旅から戻ってきてから、上海生活では、慣れたのか、同じことを日記に書くのをはばかってか、汚臭への悲鳴を見なかったが、天津では、ひさしぶりに声をあげている。

七日、朱舜江なるものがやってきて、明日、道台の盛杏蓀《せいきょうそん》（宣懐）が会見するだろうことを告げた。朱舜江は、李中堂の賓客で、東洋にかかわる事務のいっさいを管掌していた。十四年前、日本へ出かけたことがあり、その時、族祖の朱舜水の著書を買ってきたと告げた。それによって千仞は、彼が餘姚の朱氏の一族だと知り、

「（朱）竣夫を知ってるか、それともいなか」

を問うた。

その問いに彼は驚いて、

「何の縁あってか、わが堂兄を御存知か」

餘姚を通りかかった時、竣夫のみならず、伯幡や樹声にも逢ったことを千仞が告げると、「なんという奇遇だ」となった。

この夜、原領事と酌したが、花岡という客が同席していて、彼が康熙乾隆の避暑地であった承徳府を旅した際の体験談を千仞は、書き留めている。その風土もさることながら、千仞が興味を抱いたのは、ある、その地方の男（土人）の話である。

人名地名を彼に問うても漢字をまったく知らないので、筆談が成立しない。花岡が書く文字を見て、「先生は官吏か」と問う。文字を知っているものは、官吏であるということが、これで逆算できる。この漢字王国の中国は、官吏が文字を独占している。日本がどんな国であるかも知らず、地図で示しても、まったくわからない。なおも逆算すれば、文字を知らずとも、人間は生きられるということでもある。「身材偉大」「鬚髯蚪張《しゅぜんきゅうちょう》」、原野を馳駆して猛獣を格殺し、肉を啖《くら》い、皮の上に寝る。胆気は雄にして、筋骨は強、いわゆる中国人（漢民族）とは大いに違っている。花岡は、文字を解さないことで「愚魯《ぐろ》」と言っているが、批判的には、伝統的な愚民政策であるが、この力たるや見くびるわけにはいくまい。

岡千仞は、この話にどう感じいったのであろうか。文字を知らないことの強さ、漢民族の大部分も、また文字を知らないことは彼も体験ずみだが、この事実は、中国の弱さだといえるのかどうか。岡千仞は、六経に毒され、虚文を専らとする中国の士人にどしがたい衰弱を見たが、中国は文字を知らないものが過半を占めることにも衰弱を見たのであろうか。一面、そうだと言えるにしろ、書き留めているからには、中国の深淵を感じなかったとは、いいきれない。

一夜の宴を宰している原敬が、この話にどう反応したかも知りたいところだが、千仞はなにも語っていない。弱小国の日本は、みな文字の読み書きができることによって、強国になりうるが、中国はどうなのか。

九日、鄭《てい》書記に従い、予定通り盛道台を訪れた。

盛「何地《いずち》に遊ばれたか」

岡「杭蘇に遊ぶ」

盛「蘇州は余の故郷だが、だれにお逢いになられたかな」

岡「人物にこれといった人には逢いませなんだが、留園の盛大なのには驚きました」

盛「あの留園は、僕の家の庭です」

そこで岡千仞は、留園の自作詩を道台に見せている。

盛「今日、このようにお逢いできたのも、まったく偶然とは思われませんな。ところで、蛮国のフランスが中国の周辺を侵略し、今や国事、急なりです。日本（日東）と中土は唇歯の関係にあり（よそごとではないと思い）ますが、先生、なにかよい策がありますか。御意見をぜひお聞かせ願いたい、お答えをいい加減に聞き棄てにすることはございませんん」

岡「私め（鄙人《ひじん》）は、日本におりましたころ、いつも中国が外国に侮辱を受けていることを嘆いておりましたが、一度は中国大陸に遊び、心ある人々（有識者）にお目にかかり、このことを痛切に語りあって見たいと思っておりました。ところが万里を遊ぶ資金が、一貧乏書生にございますれば、どうしても都合がつきませぬ。累年、私塾の経営にいそしみ、ようやく漫遊の旅がかなった次第です。たまたま清国がフランスと事を構えた時、私は心ひそかにこう呟いておりました。〈百年の衰退に振起せよ、禍いを転じて福となせ〉と。実に今日にあっても、いまだ高貴なる諸公にお目にかかっておりませぬ。時に一、二の士人に逢いはいたしましたが、おおむね、淡淡漠漠たるのみ。家国を以て念と為さず、大事を妄議しようとするものすらおりませんでした。今、閣下と一見するに田舎者とさげすむことなく、心腹を披《ひら》き、私めに国事を語れよとお問いになられました。ならば私めも、あえて所見とするところをすべて陳述し、言い尽くせぬところなからしめるつもりです」

こういうと、杏蓀は態度を改め、拝聴の姿勢を見せたので、一、二の見聞するところを述べた。杏蓀は、慨然とし、しばらくしてこう述べた。（千仞は、なんとも書いていないが、この対話は筆談でなく、通訳がはいっているような気もする。）

盛「今日はまだお役所仕事が残っている。明日、あらためて一席を設けたく思うので、ぜひともおいで願いたい」

その夜、千仞は宿舎に戻ると、従者の濯に命じて、『滬上日記』の中から上海の張経甫と交わした問答を写し取らせている。中国人が外国の情勢に疎いことを論じたくだりが、その筆写の中心である。明日のことに興奮してか、夜のふけるのに気がつかぬほどだった。

翌十日の正午、約束通り千仞は道台の衙所《がしょ》に到着した。

盛杏蓀は「待ちかねていたぞ」と声をかけ、御馳走を用意した部屋に案内した。その対応は礼にかない、慇懃を極めた。

盛「フランスは、礼というものを知らぬ（無状）、神と人、みな怒るところ。貴国がもし中国に協力してくれたならば、一撃のもとに（フランスを）勦絶《そうぜつ》し、国難は消え去るというものだが」

岡「この私めは、およそ二十年前、尊王攘夷の義をとなえ、そのころの見解は、昨日お渡しした拙著『尊攘紀事』に記してございます。わが国は、小さな島国、欧米と友好条約を結びまして以来、いつもびくびくし、ひたすら懼《おそ》れるばかりです。どうして中国に協力して、フランスの怨みを買うようなことは、いたしましょうや。今の中国の状態は、いかにと見ますれば、すでに兵端は開き、その勢いたるや日ごとに凜々としております。いかんせん深淵を渉る水漏れの船に座っているようなものです。中堂公（李鴻章）は、いったいどのような策をもってこのような戦いをはじめたのやら」

盛「中国、戦争をやめてから、二百年、どうしてその衰退をおしはかることができようか。そのため、今日のようなことになってしまったのだ」

岡「盛衰は循環するもの。中国は二十二代、そのように循環しながら王朝は交代しながら続いてきました。清朝の康熙乾隆の世は、信服せざる国あらば四方に征服戦争を行い、新疆を統一し、宇内に威を振いましたが、それ以来二百年のこと、太平これ久しくあります。文恬武熙《ぶんてんぶき》、文官も武官も、平和の中にたるんでしまっております。弊害は百出し、今日の衰微の状態にたちいたったのです。なんら怪しむに足りません。因って我が国が徳川幕府の衰退の極から、今日、中興（明治維新）するに至りました。そのことについて私は陳べたいのです」

盛「僕、どうやら科挙の無用の学のため、すっかり精神が消耗してしまったようだ。電線の開設などの雑事にかまけ、西洋のことを講究する暇もなかった。今や時勢一変、いったいこの後はどうなって進み、どういうところに帰着するのやら」

盛杏蓀はすっかり自信を失ってしまっている。岡千仞の強弁に当ってしまったのである。この道台は電線敷設にかまけていたと語っているので、いたずらな保守派官僚でなく、外国の文物をとりいれようという開明派に属していたのだろうが、こんどのフランスとの戦いには、打つ手を知らず、困惑しきっている。岡は、この時とばかりに突っ込んでいく。

岡「今日より以上は、ノアの洪水の前の世界へ、今日より以降は、ノアの洪水以後の世界に入ります。今日の謀りごとは、このことによろしく着眼し、禍を変じて福となし、危を転じて安ずればよいのです」

千仞は、聖書のノアの洪水伝説を比喩としてもちだしている。彼は、強気である。四点鐘より李鴻章に面謁することになっていたが、昨夜、濯に書写させた張経甫との問答を盛杏蓀に渡し、もし時事について問われたなら、ここに書いていることを述べ、さあらずんば、

「一揖《いちゆう》して退くのみ」

もし、閣下（盛杏蓀）が私の意見をよしとするならば、私と筆談した故紙（やはり筆談だったようだ）と張経甫との問答、彼の時事発言に私が反駁した文章の写しを李中堂に渡してほしいと依頼している。

「謹んで諾す」と盛杏蓀は答えている。千仞の文章を読むかぎり、杏蓀は彼の勢いに押しまくられている。

総督の衙門《がもん》に至ると、その備えあたかも城壁の如く峥嵘《そうこう》と屹《そび》え立っている。門に入ると、朱舜江が出迎え、一室に招いた。まもなく中堂が一揖して入ってきて、千仞を彼の書斎に招きいれた。左右には、万巻の書が架せられている。一つの脅しである。

「竹添井井《せいせい》は、どうしているかね」

これが、李鴻章の第一声である。中堂は、竹添の旅行記に序文を寄せている。竹添が朝鮮の公使であることを知っていての質問である。

「私は、一、二度彼と顔を合せたことはありますが、今どうしているか知りません（此人小人一再面、今不知何状）」

これは、筆答である。千仞も白ばくれたわけだ。この日、千仞は着物姿であった。それを見て中堂は、「古貌古心」と筆談して返したが、その語にはすこし諧謔の気味が浮んでいる。ほめ言葉だが、軽侮している。

「わが国では、官途に列すれば欧服（洋服）を着せねばなりません。小人めは、処士。それ故、和服を着しております。これがもとより我が国の風俗でございます。「古」の一字は嬉しくありません」

「足下、已《すで》に古一字を悦ばず。然《しか》らば則ち時務（時世・時局）を知るか」

したりと千仞は答える。

「小人、敢えて時務を知るというべし。唯、〈時に中す〉は聖人の道、孟子、夫子を称して聖の時なる者と為す。小人、私《ひそか》に、時を知らざれば、ともに学を談ずべからず、ともに時事を論ずべからずと心得ております」

「中堂黙然」と千仞は記しているが、ムッとしたというところであろう。千仞にしてみれば、してやったりである。中国人は、孔子や孟子を引いたりすると、弱いことを、これまでの旅で経験ずみだった。中堂は、「他日、あなたが北京から帰ってきてからなんとか間日《ひま》をみつけて、ぜひとも再語したいものだ」といったが、

「私めは、北京から帰途、そのまま斉魯《せいろ》の地に向い、曲阜《きょくふ》の孔子廟に拝するつもりでおります。お約束はできません」

というや、千仞は一揖して退出している。李鴻章としては、お世辞だが、本音のところもあり、うーんというところ。千仞にしてみれば、李中堂、ともに時事を論ずるに足らずというわけである。その夜、千仞は、盛氏に李との坐上の問答は、満足のいくものでないことを手紙にしたため（ほとんど千言という）、明朝、彼のもとへ届けるようにと甥の濯に命じた。

翌日の午後、朱舜江に招かれて、盃をかわした。その際、陸惇夫《りくじゅんふ》という若ものに逢ったが、文学の才あり、「筆話」は「流れるが如し」であったという。千仞の筆話は速妙だったと思われるが、ほとんどの中国人は、もたもたしていたのかもしれない。夜になって領事の原敬の福島安正大尉の送別の宴に招かれて出席している。

十二日、盛杏蓀が尋ねて来ていう。

「中堂公は、子の志に深く感じいったようです。ただ、中華には宿弊の後遺症があり、皇族諸王は、いたずらに気位が高く、清国を尊しとするばかりですし、廟議もまたフランスを拒絶する方針はびくともしません。もう手のくだしようもございません」

という。

「天の時、いまだ会せず。人事いまだ至らざるか」

と千仞は自分の策がまったく通じないことを嘆いた。

のちに天津領事の原敬がいう、

「道台の盛杏蓀は、あなたが、官に就いていないことを知って、あなたが此の地に（幕客となって）留まることはできぬかと、私に相談があったんですよ。あなたは、どうしてかくも道台の信用をえたのです」

千仞は笑っていう。

「彼は、私のバカ（迂疏）なところがお気に召したのでしょうよ」

濯は、明朝、北京へ向って出発するにあたり、荷物の整理をはじめている。その間、千仞と原敬は酒を酌みかわしていたが、まもなく別れて、床に就いた。

北京に着いたのは、十四日である。公使館の一室をあたえられた。翌日の朝、公使の榎本武揚を表敬訪問している。「こんな汚い部屋しかお貸しできないんだ」と公使は言った。「とんでもない」とその厚意に感謝した。公使は午飯を饗してくれたが、この時、函館戦争の話になる。額兵隊の隊長星《ほし》榎本の脱走軍に従った仙台藩の兵からなる。

「共に死生を誓いあった者たちだ。今は皆、泉下の人となった」

と榎本は暗い顔をして呟いた。また時局を語り、彼はこういう。

「フランスの陸兵は、七十万といわれるが、今、中国に来ているものの多くは、アフリカ植民地の兵で、その力は未熟である。中国の八旗の兵は、百万を称しているが、今はみな役立たずばかりだ。かろうじて杖《つえ》として頼るに足る兵は、李左諸老将の養っている義勇兵のみだ。この乱は、どこで底止めになるか、予想もつかない」

これに対して、千仞が「いずれ中国は、フランスにひれふすことになる。インドやアフリカが、英国フランスにそうしたように」と自説を語ると、榎本武揚は、

「中土の文明は、早くから開かれ、数々の英傑を出してきたことでは、印度アフリカの比ではない。フランスは此の事、真似のしようもないと知っているが、これに至る理解ともなれば、万が一つもない」

千仞は、これに対し、言葉を返す。

「中国の今日は、我が国の二十年前のようなものだ。唯、我が国は小さい。乱もまた小さい。中国は大きい。故に乱もまた大である」

榎本武揚の巻

五稜郭にこもって最後まで明治維新に抵抗した幕臣。許されて新政府に仕えることになった彼もまた、外交官として中国の大地を踏む。

筆を以て舌に代えん

前田蓮山《れんざん》の『原敬伝』によると、

「或時《あるとき》、原敬に向って、東北が多数の外交官を出したのには、何かの理由があるかと質《ただ》したところ、彼は事もなげに、なアに、われわれ東北人は、外務省で、もなければ、容易に入れて貰へなかったのだ、と言った」

とある。昭和十八年の第二次世界大戦のさなか、三年の月日を費して完成したという蓮山の伝記の特色は、文献操作に終らず、彼の熱心な取材で、原敬をよく知る人による生《ナマ》な声が証言として豊富に織りこまれていることである。だから右の引用の言葉も、蓮山が生前の原敬の口から直接聞いたものである。

たしかに東北からは、原敬のみならず珍田捨己《ちんだすてみ》(津軽藩)、高平小五郎《たかひらこごろう》(一関藩)、林権助《はやしごんすけ》(会津藩)といったソウソウたる外交官が出ている。なぜ内務省などの他省に彼等東北人が入れなかったのか。それは、戊辰《ぼしん》の役で東北諸藩が官軍に盾ついたことが、祟《たた》っている。つまり賊軍である。では、なぜ外務省なら可能だったのか。薩長土肥の「藩閥人」が敬遠したため、席があいていたのである。なにゆえ彼等が外務省を敬遠するのか。

「明治初期の外交官は、西洋人の御機嫌を取る位《くらい》が仕事で、働き甲斐がなかった。従って外務省の予算は常に少なく、駐外公使などは、手銭を持ち出さなければ勤まらなかった」

と前田蓮山はいう。手銭をもっていなければ勤まらぬとは、驚く。さらにいう。

「それでも外国語や外国作法や小面倒な芸を知ってゐなければならぬので、藩閥人だからと言って、誰《だ》れでも直《す》ぐに、外交官に任用するといふわけには行かず、外国語を知っているほどの、芸能を有する藩閥人なら、何の役得もなく、割に合はぬ外交官などを志望する者はなかった」

明治初年代の外務省の事務方には、すでに江戸幕府にあって外交の経験のある優秀な幕臣や長崎の通事が多いのも、なるほど、そのためかと思う。外国語や外国作法を会得していることに対し、蓮山が「芸」「芸能」とする観点は、なにやら新鮮である。外交は、芝居の空間でもありうる。

「それ故に、駐外公使の椅子などは、金持大名の退屈凌《しの》ぎ、或《あるい》は藩閥内部の一時の人操《ひとあやつ》り、ちょっと外国を見物したいといふ大官、これらのために利用されるといった有様で、外務省ばかりは、一山三文の東北人も、もぐり込む余地があった」

たしかに明治初期の駐外公使には、江戸の殿様が多い。佐賀の鍋島直大《なべしまなおひろ》、広島の浅野長勲《あさのながこと》などがその例である。外交的能力や政治的意欲よりも、華族としての身分が、外国人に対してかっこうの飾りとなるので、安易に起用されたばかりでなく、なによりも彼らには「手銭」があった。殿様でないが、公卿出身の柳原前光《やなぎわらさきみつ》などは、若いうちから外務省に入り、大いに意欲があったものの、空転した例である。軍人が駐外公使になる場合もある。

「陸軍少将山田顕義《やまだあきよし》（長州）、海軍中将榎本武揚（幕臣）、陸軍中将西郷従道《さいごうつぐみち》（薩州）なども、見物

旁々《かたがた》、人操り（人事）の都合で、駐外公使になったことがあった」

軍人は、ヨーロッパ社交界の花形である。勲章をいっぱいつけた制服でパーティにでるだけでも、その存在そのものが、飾りとなる。本篇の主人公は、このうちの一人榎本武揚である。明治八年の千島樺太交換条約における立役者である。それにもまして函館五稜郭にたてこもり、官軍に抗した幕臣として知られる。投降後、その才を惜しんだ薩摩の黒田清隆《くろだきよたか》の命乞いにより出獄、北海道開拓使となる。征韓論破裂後、明治七年一月十四日に海軍中将となり、四日後の十八日には、ロシア特命全権大使に任命され、六月にはペテルブルグに着任している。

開拓中判官から一挙に海軍中将となるのは、異例である。なぜなら当時の海軍は、大佐が最高の位だったからだ。明治初期ならではの抜擢人事だが、伏線あってのことである。幕末に彼は、すでにオランダ留学をしており、五ヶ国語（英・仏・露・蘭・伊）にたんのうな上、江戸幕府の海軍副総裁であったという経験があり、ヨーロッパの外交界では、箔がつくという観念（打算）が政府首脳部に働いているための海軍中将の附与である（原敬もそうだが、榎本武揚も一種の美男であり、これも好条件となる）。

それ故、「ロシア特命全権大使」榎本は、前田蓮山のいうように、けっして「見物旁々」といったのんき気な公使ではないのはあきらかだが（日本の運命を背負っている）、政府内の「人操りの都合」でもあったのは、たしかであろう。「人操り」とは妙な語だが、蓮山独特の皮肉のはいった言語感覚で、人事操作のことである。榎本の場合、その人柄や才気がアレクサンドル二世の眼鏡にかなって、条約締結にいたるのだから（世論は樺太の放棄に反対したし、今にその禍根を残しているといえるが）、「操り」の結果といいえ、適任だったといいえる。

榎本武揚のロシア滞在は、明治七年六月から、明治十一年九月、シベリア経由で帰国するまで、丸四年以上に渡っている。征韓論破裂後に任官、西南の役の間は、ロシアに滞在している。この明治初年代における二つの事件の背後には、「ロシアの脅威」がよこたわっている。帰京後、そのまま外務省に二等出仕し、外務大輔《たいふ》（次官）となり、明治十三年には、海軍卿（大臣）となる。同十五年八月、駐清全権公使となり、ここで、清国とのつながりが生れた。いずれの場合も、「全権」があたえられている。

帰国は、明治十八年十月であるから、丸三年以上の北京滞在である。（清仏紛争のさなか、フランス語の能力を買われて）原敬が天津に領事として赴任するのは、明治十六年であるから、すでに榎本が公使として北京に滞在していたことになる。

榎本武揚は、幕末に『渡蘭記』、明治六年に『北海道巡回日記』、明治十一年に『シベリヤ日記』を残しているものの、清国滞在中の日記を欠き、清国にかかわる文章がない。彼の清国見物（中国観がおのずから生れる）を窺うには、なんとも不如意である。ただ当時の書簡類や外交文書（特に原とのやりとり）を通して、なんとかならぬかと考えつつ、筆をすすめるつもりでいる。

ここで、ふと思いつくのは、武揚の壮大なる『シベリヤ日記』である。道中（日本への帰途）、彼のために便宜をはかるようにというアレクサンドル二世のお墨付によって、まだ日本人がだれもなしえなかった「シベリヤ横断」を果たして、ぶじ榎本は帰国する。

万能選手榎本武揚は、冒険家でもあった、というより、この日記には、外交官として欠くべからざる資質である「スパイの目」が随所に働いている。樺太を日本が放棄した以上、その地につながるシベリヤの情勢を知っておく必要があった。（冒険家も探検家も、しばしばスパイを兼ねるが）アレクサンドル二世は、よくぞ許可したものである。

この稿では、そういう彼の密偵的行動や視線について検討するのは目的でないが、シベリヤ横断の途中、武揚が清国と国境を隣接している地域を通過したにちがいなく、その見地から彼の日記（加茂儀一編『資料榎本武揚』）を読み直してみたい。

当時、まだシベリヤ鉄道は、もちろん着工されていない。樺太を日本へ売ってもよいと思っていたロシアが、急に考えをあらためたのは、シベリヤを流刑地にしようという計画があったからである。つまり、まだまだシベリヤは未開の地であり、囚人によって、この荒涼の地を開拓しようという意図があった。

ペテルブルグを彼が汽車で出発したのは、明治十一年（一八七八）七月二十三日。三十日から、湖は舟、陸は馬車となる。途中、シベリヤへ向う囚徒五十余名の一行に出会い（八月四日）、罪人の家族も同行しているのに着目している（政治犯の場合、同行を許されていたのか。海洋作家コンラッドの父も、政治犯として流刑されているが、妻も従っている。労働力を補うためか）。

「坐《そぞ》ろに哀情を発せり。罪人は鏈《くさり》に繋《つな》ぐと聞きしが、然《しか》らず、只《ただ》車毎《ごと》に兵士一名添（ひ）居れり」

榎本も、箱館戦争に敗れたのち、投獄されている。彼の哀情は、その体験に根ざすか。鎖なしは、人手不足のためか、政治犯への寛大か。旅中の榎本武揚は、しきりにシベリヤを北海道と比較しているが、新政府に反旗をひるがえして、江戸を脱走、箱館の五稜郭に拠って官軍と戦った体験、そして開拓使としての経験からであろう。

八月十四日、榎本武揚は、とある宿駅で昼寝している。真夏の昼寝は、暑苦しかろう。目が醒めてから、漢詩三首を作っている。

その中の一つに「指を屈すれば、三旬　山を見ず」の詩句がある。しかもその三旬、雨が降らず、ために「馬蹄　過ぐる所　砲煙の如し」とある。「砲煙の如し」とは、白い砂埃のことである。砂漠地帯であり、路上が乾き切っているのである。ふつう旅なるものは、雨を忌むのがつねであるのに、今は「翻って碧落《へきらく》より沛然《はいぜん》と下《くだ》るを禱《いの》るのみ」ともある。

私は、なぜ武揚が急に漢詩を作る気になったのだろうと思う。うたた寝に悪夢でも見たのか、それとも目が醒めて雨を欲する情がしきりなるため、詩心が勃然と動いたにちがいないが、私は、近くに中国の匂いのようなものを彼が感じとったからだと考えてみる。

なぜなら翌八月十五日、人口三万五千のトムスク府に入るからである。ここは、「支那に堺（境）する場所である。清との国境附近にロシアは、五十人、百人と守備兵を駐屯させていた。日本のロシア問題とは、韓国中国問題でもある。その地理的情勢を見極めなければ、シベリヤ横断の意味もない。志が迸《ほとばし》って、漢詩をひねるに至ったのである。

「支那との貿易はキャクタ（キャフタ）の外《ほか》になし。両三年前、支那の隊商トムスク県内に来りし者あり。鎮台は長く此《こ》の商法を存せしめんと骨折りしが、支那人は再び来らざりし。是れ恐《おそら》くは迂路《うろ》にて損失ありしにこりたるならん」

という情報を榎本はこの地で得ている。中国の商人が貿易に来るのをトムスクの鎮台は許可し、歓迎していることが、これでわかる。いわば、密貿易である。しかし一度だけ「支那の隊商」がこの地に来たものの、以後それっきりになったのは、彼等の中国における根拠地からトムスクまでやってくるのには、あまりに交通不便で、ソロバンが合わぬからだ、とこの地の鎮台（長官）は、がっかりして榎本に本音を語った。がっかりするのは、賄賂が入らぬからである。

相手の本音をひきだすのも、外交の「芸」のうちである。本人に魅力なければ、相手は油断しない。私の知るかぎりの榎本には、持ち前の「愛敬」という武器がある。

八月二十八日、シベリヤのペテルブルグと呼ばれるイルクーツク府に入る。ここで、はじめて中国人の姿を見かけている。

「当府には支那商人四十人余住居し、茶其外飴《そのほかあめ》類等も商《あきな》へりと。此の支那商は、予、通行のとき、其店及（び）人を見受けたり。支那人、予が軍服にて良好の馬車に駕《が》し、（ロシアの）兵卒の護するを見て、何物（者）ならんと驚きたる風《あら》を見はせり」

なぜ彼等が驚くのか。「渠等《かれら》は我等の顔色の己《おのれ》に類するを以て、斯《かか》る感を起せしに相違なし」と推測している。つまり、その顔つきが自分たちときわめて似ているのに、軍服を着しロシア兵の護衛つきである自分に驚いたのだろうというのである。

九月一日、キャフタに入る。榎本が「支那との貿易は、キャクタの外になし」といったその「キャクタ」である。中国人が貿易している町である。茶商の倉庫のみが目立つ人口三百の小さな町だった。

「キャクタは千七百二十五年に支那と境を定め、此処《ここ》を以て貿易場と定めしなり……此条約以前は魯《ろ》人と支那人は国境処々に於《おい》て不規則の貿易を為《な》し来りしが、此時《このとき》よりしてキャクタとスルハイトイの二ヶ所の外は貿易を禁じたり。スルハイトイはキャクタより東寄なる支那界の魯領なり」

いわゆるキャフタ条約である。この地には、支那人の他にブリヤク人蒙古人が混居していた。翌九月二日、旅館で目が醒《さ》めると、榎本武揚は軍礼服を着したのち、窓辺に立って、往来する支那人や蒙古人を眺めている。彼等も皆立ちどまって、榎本の方を見ている。なんともそのさま奇観だ、と彼はいっている。東洋人同士だが、たがいに珍しいのである。

まもなくロシアの商人が彼の旅宿へ訪ねてくる。皇帝のお達しによる表敬訪問か。黒竜江を利用しての貿易について彼と語りあっている。

「自己の汽船を以て支那の茶を黒竜江を経過してシベリヤに致したるに、沙漠を越えキャクタへ送るものより、運賃（は）廉《れん》なりし」

これは、イタリアの商人の口から露商が聞いた話である。また聞きだが、情報はこのようにして入ってくる。

「支那の沙漠を運輸するより、日本の品を水路黒竜江を経て運致する方（が）、廉なるを以て、支那はコンキュレーレン（競争）するを得ざるべし」

これは、ロシア商人の結論である。「支那の茶」であろうが「日本の品」であろうが、シベリヤで（つまりロシアと）商売するつもりなら、黒竜江経由のほうが、安く上るということで、これでは、中国は貿易競争に勝てないというのである。日本にとっては、耳よりの情報である。

キャフタから北京までの郵便事情についても、彼（露商）から情報を得ている。ふつうの郵便は、月に一度、小包は二ヶ月に一度の便しかない。それも届くまで一ヶ月から二ヶ月の時間を要する。これでは遅すぎるので、ロシアの商人は、自ら郵便の方途を仕立てる。これだと「十五昼夜にして北京に達す」と。

中国の時代遅れをいおうとしているのか、中国の地理の不便をいおうとしているのか、或いは、中国人の怠けもの精神をいおうとしているのか。いずれにしろロシア商人にとって、中国の商人は、商売仇である。大きくは、国益につながる。

この日、榎本武揚は、宿から二丁ほどの距離のところにある「支那領の売買城（マイマチン）」を訪うている。キャフタは、もとよりロシア領だが、条約により清国人の居留地がある。「一府の如し」といっているが、いわば横浜神戸の繁昌を極める中華街を想像すればよいのだろうか。キャフタの代官（コンサル）を案内役に立て、武揚は馬車で、この売買城に入ると、どの家からも中国人がゾロゾロ出てきて、またもや見物の対象となるが、この日、その主長の奎蘭軒《けいらんけん》なるものに武揚は面接している。

「予が来訪を知りながら別に衣冠も整へず、衣服は極（めて）疎にして、顔色は威望も何もなき馬鹿げたる男」

で、はじめのうち主僕のみきわめがつかないほどであった。このタイプこそ、中国人にとって「威望」ある存在であることに、武揚は思い致さなかったようだ。

「主長は一語も魯語を知らず、魯の主長も亦《また》全く支那語を知らず、故に魯のコミサル（コンサル）は召使のブリヤク人を用ひ、支那の主長は支那人の蒙古語に通ずる者を用ひて、ブリヤクと話せしめ、一は蒙古語を魯に訳し、一は蒙古語を支那語に直し、以て互（ひ）を僅《わずか》に相通ずるを得るのみ」

なんとも、まどろっこしい光景である。

中国の主長は、榎本武揚を自分の脇に坐らせたが、ロシアのコンサルは一段と低いところにある腰掛に座った。四十九歳という奎蘭軒は（この時武揚は、四十三歳であった）、ロシアのコンサルを歯牙《しが》にもかけぬという風である。ロシアのコンサルもまた、蘭軒を野蛮視して、いっさい敬するところがない。

この有様を見て、武揚は、「隣交或（ひ）は交誼《こうぎ》抔《など》の相存することなきを知れり」としている。つまり、日頃からロシア人と中国人は仲が悪い。このような場が設けられたのは、まさにアレクサンドル二世のお墨付きある故である。そこで、らちあかぬと見た武揚は、奎蘭軒に向って、手真似で「筆硯を出せよ」と頼んでみた。ただちに用意されたので、武揚は筆をとって、つぎのような漢文をしたためた。

「予粗解漢語、而不通漢音、請以筆代舌」（予、粗《ほぼ》漢語を解すも、漢音に通ぜず、請ふ、筆を以て舌に代えん）

これを見て、奎蘭軒は、

「喜色満面、予に向（ひ）頭を少しく点じ（下げる）、再びアー、アー、アーと言い出せり。其挙動軽易にして罪なきこと児童の如し。自レ是《これより》互（ひ）に筆談す、支那人七八名、予が周囲を囲（み）て立見しながら、何やらパウ、ハウ、チン、チャン抔《など》と私語し居たり」

この支那商人は、蘭軒と号する位なのだから、いささか文人を気取るところがある。つまり、文字が読める。それよりも文字を書く日本人が珍しいのか、場に居合わせた支那人は（おそらく文字が書けない）どっと筆を執る武揚を囲む。

武揚は、江戸生まれ（三味線堀の組屋敷）で、代々御家人の出身である。父は伊能忠敬《いのうただたか》の内弟子で、九州地方の測量にも参加している。忠敬は幕府御用の密偵でもある。その父は武揚（釜次郎）を幕府の役人にすべく、昌平黌《しょうへいこう》に入学させ、儒学を勉強させている。つまり、もともと武揚は、漢文を書くこともできれば、漢詩もよくするのである。五ヶ国語に通じていたといわれるが（読めたとしてもすべてしゃべれたのかどうかわからない。原敬とてフランス語を訳せても、会話はにが手だったようだ）、むしろもう一つ加えて六ヶ国語というべきなのだろう。それはともかく、主長の邸は、

「空気の融通、殊に悪《あ》しく、且《か》つ臭気甚《はなは》だしきを以て長坐し難し。居ること二十四五分にして、予別（れ）を告げんとすれば、主長之《これ》を止め、茶菓及びシャンパンを出したり。我等礼儀の為《た》め一口飲みたり」

と。さらに武揚は、売買城の内部について、こう語っている。

「マイマチン内にのみ支那人住み、邑外《ゆうがい》に住む者は蒙古人なり。偖《さ》（て）我等は主長の小屋を出てより一商店に到り、偶像一つ（十二ルーブル）扇子壱本《いっぽん》を買ひ、夫《それ》より関夫子《かんふうし》の廟（関帝廟）を一見せり。マイマチンの邑《まち》は四方を墻《かき》にて囲み、狭き町三筋許《ばかり》あり。町毎に必らず門あり、門あれば必（らず）額あり。町は只に狭き而已《のみ》ならず、臭気殊に甚し」

日本にあって榎本武揚は、横浜の中華街を覗いたことがあったかどうかしらぬが、このロシアの交易所もまた、ミニ中華街をなしているのがわかる。関帝廟もある、処々に中国の風習といってよい「額」が掲げられている。即ち呪としての漢字、美としての漢字がにらみつけている。

気略ある民にあらず

日本人としてのシベリア横断は、常識に従って榎本が最初だと書いたが、厳密には間違っていたようだ。たまたまニコライ関係の本を読んでいて、どうやら誤解だとわかった。東京駿河台にあるニコライ堂の創設者として有名な宣教師ニコライの洗礼を受けた加賀藩士嵯峨寿安《さがじゅあん》が、ロシア留学のため、明治三年、すでにシベリアを横断している、とわかった。ニコライその人も、文久元年に苦難の末、ペテルブルグからシベリアを横断して函館にたどりついている。それにくらべれば、ロシアの官憲にボディガードされての榎本武揚の横断は、大名行列だったともいえる（しかし、このような問題は、あまり口角泡を飛ばすと、どこまで行っても先が発見できるかもしれぬ考古学に似てくるので、どちらでもよしと思っている。どちらにもその「名誉」を与えたい）。

さて榎本武揚はキャフタの支那街（マイマチン）で、主長の奎蘭軒なるものに逢った際、漢語で筆談をこころみた。そのため、大いに武揚は株をあげる。そのあと彼はマイマチンの情況をつぶさに見学できた。漢語、怖るべし。この時点の榎本が、中国の民のほとんどが文字が読めないと気づいていたかどうかわからない。

科学者の側面をもつ榎本は、たえず物ごとに対し疑問を発するのが、習い性となっている。これは、情報の蒐集《しゅうしゅう》を任務とする外交官にも向いた性格であろう。たとえば、この交易所に守護すべき「支那の兵」を一人も見かけないことにすぐ気づく。ひとたび気づけば、そのまま心に暖めておかず、すぐに人に質問を発する。これが、榎本のよいところである。九月二日の夜、榎本はロシアのコンサル(代官・領事)や商人、そして守備隊長を宿に招いてディナーの宴を催した。その時、まっさきにロシアの部隊長をつかまえて、それまでずっと気になっていたことを問うている。二人の問答を対話体に直して、左に記す。

「支那の兵を見たることありや」

「未《いま》だ曾《かつ》て一人も見しことなし」

「然《しか》らば貴下の任たる辺塞《へんさい》、無事にして労なかるべし」

「実に無事極《きわま》れり。渠等《かれら》は事を起す程の気略ある民にあらず」

この時点における日本にとって、おなじように西欧の侵略を受けながらも、なお中華思想を貪って、平然としている隣りの清国と、版図拡大を期して南下するロシアの存在は、最大の課題であった。故にロシアの守備隊長との会話によって、清国のロシア意識、ロシアの清国意識をともどもに知ることができるのは、貴重な体験である。

まず清国には、まったくロシアの領土に興味がないこと。それに対しロシア人が無気力とみくびっていることがわかってくる。このような情況の中で、「日本」はどう考えて両国に対処すべきかが、榎本にとっても、日本にとっても重要である。

この夜宴の席で、とつぜんロシアの商人が口をはさみ、支那兵がいまだ銃でなく弓矢を用いていて、その兵力がきわめて「鄙《ひ》にして弱」だといって馬鹿にしたのである。気力だけでなく、兵力も劣っているとしたのである（考えかたによっては、中国がロシアをみくびっている）。そこで榎本は、守備隊長に向かって、それは本当かと問うている。

「予《わ》れ職掌なるを以て我兵を調練するときは、マイマチン（支那人街）は皆戸を鎖《とざ》し、支那人一人も出でず」

これでは榎本の質問に対する回答になっていないようだが、会話とは本来そういうものである。榎本はそれに合わせて、なぜを問う。

「解すべからざることなり。渠《かれ》、恐らくは之を以て（ロシアの）デモンストレーションと考へたるなるべし。……久しく我と咫尺《しせき》するを以て、其《その》デモンストレーションにあらざるを知るべき筈なり」

どうにも中国人はわからぬと考えている。脅しをかけていると思っているらしいが、いつも間近に（咫尺）彼等と生活をともにしているのであり、あくまで調練であって、けっしてデモンストレーションでないのは、わかっているはずだから、彼等の行動が妙なのである、という思いがあるようだ。

榎本武揚は、どのようにこれを判断したのだろうか。彼はなにも述べていない。調練中に店の戸を閉めることとは、急に鉾先《ほこさき》をかえて自分たちを攻撃してくるのをおそれてではなく、中国人こそがロシア人に対して、俺たちは守備兵をもたずに平和裡《り》に交易を行っているのに、お前たちはなんだという抗議のデモンストレーションを逆に行っているのだとも考えられる。あるいは、のんきな清国政府への批判とも。

武揚は、なんとも彼等の行動を解しかねたのか、ある地方を通過し、ロシアのコンサルに逢った時、こんな質問をぶつけている。ロシアの商人が北京などへ行く時、支那人はどうするのかと。つまり国境附近や交易所では無防備に近いのに、自国の領土内に入った時も、やはりそうなのかをたしかめたかったのだろう。

「必《かな》らず附添《つきそ》ひ役人を付け、自由に独行せしめず。是《こ》れ全く猜忌《さいき》の念より致すものなり」

その答は、他国での無防備ぶりとは正反対で、国内に入るやいなや清人は猜忌の塊《かたまり》となると。中国は、無頓着と猜忌とに分裂しているというのが、その国民性というものである、あるいは無頓着と猜忌が裏表一体になっている。と武揚が私のようにとらえたかどうかは、わからない。

だが彼は、この地に根を張っているロシアのコンサルから、キャフタの守備隊長ではえられなかった、つぎのような情報をえていた。

「支那の主長は、一年に一次（一度）許《ばかり》は、蒙古民を喚《よ》（び）寄せ、馬上弓槍《きゅうそう》を使ふ調練抔《など》を為《な》せり。渠《かれ》はミリターレの職（軍職）も貿易事務も兼《かね》たるものなり」

これは、ロシアの守備隊長とは、真っ向から違う意見だといわなくてならない。即ち一年に一度は調練しているのである。かならずしも蒙古民は、清朝に雇われた傭兵といえない。清国は、蒙古人もその構成メンバーとしているからだ。ロシアの精兵が、コサックの騎兵隊であるなら、それに対抗する清国の猛兵は、騎馬をよくする蒙古兵かもしれぬのだ。

ならば、そのあたりを知らずに見くびったキャフタの守備隊長こそ厚顔無恥ともいえる。また交易所の清の主長は、貿易のみならず、軍事も担当している地方官であり、見かけは阿呆じゃないかと思えるほど汒洋《ぼうよう》としているが、ひょっとすると、左遷されたれっきとした文人官僚でもありうるのである。ここでもまたしたり顔にロシアの商人が口をはさんだ。

「或る場合に於《おい》ては神官を兼ねることあり」

中国の地方官は、統治や軍事のみならず、裁判もやれば祭事も兼ねる。榎本武揚は、これに対し、己れの漢学の知識に照らし合わせて、

「案ずるに是は天地を祭る等の古典（古儀か）を行ふとき目撃せしならん」

と推測している。「古典」の真の意味は、古代よりの典礼・典儀のことだとすれば、武揚の用いかたはまちがっているといえない。文学は、本来、祭礼に奉仕するものである。

もう一つ榎本にとって不思議でならなかったのは、支那の婦人をマイマチン内において一度も見かけなかったことである。「奇事なり」とまで言っている。西洋流の愛妻家の彼としては、気になるところである（赴任先のロシアへは妻を同伴しなかった）。キャフタのロシア人は、この疑問に対しては、こう答えている。

「塞外に出《い》づる支那人に婦と同行を許すときは、他国へ遁《のが》れて再帰せざるの畏《おそ》（れ）あるに由《よ》りてなりと聞（き）及べり」

つまり人質として本国に妻女は留めおかれるという説明を受ける。どうにもそれでは榎本は納得がいかぬらしく、

「マイマチンにもキャクタにもイルクーツクに住む支那商人も、婦を伴《ともな》はざるは実事なり。予、本

日両三次、マイマチン邑《ゆう》内外を車行せしに婦女は一人も見ず」と首をひねっている。彼が街の中を歩いていると（正しくは、車馬で）、物見高に家の窓々から（支那商人が）顔を出してじろじろ眺められたが、その中に女がいないことに物足らぬものを武揚は感じていたのだろうか。榎本の性格なら、ありうる。役人はともかくとして商人もそうであるのが、なんとも榎本には、解せぬことだったらしい。かくて「二国開化の度、斯《か》く迄《まで》も異《こと》なる者かと大（い）に感を起せり」と日記に書きとめぬわけにはいかぬ。

幕末、すでにヨーロッパを体験している榎本武揚は、もとより「文明開化論者」である。ヨーロッパ人が婦人を礼する風習をたっぷり見聞してきている。男女平等が「文明開化」のあかしである。その観点からすると、「物見高」の風を男のみが独占し、女には封じている清国の「開化の度」は、遅れているロシアにくらべても、あまりに低いのであるが、といって清国を軽蔑しているのではない。むしろ、どこかおそれているところがあり、そのため低いとはいわず、「斯く迄も異なる者か」と「文明の異」に思いを致し、ひとり感じいっている。それが、武揚のあっけらかんとした器量というものである（日本とて、榎本がいう如く男女平等度が進んでいるとは、いえないのであるが）。

蒙古兵が、れっきとした清国兵であることは、翌三日となって、はっきりとわかる。

「午前十時、マイマチンの主長（奎蘭軒）、蒙古兵の士官を代（理）として予に答礼す」

漢語がわかる日本人として、大いに武揚を見直した結果の礼法である。おそらく武揚も、漢人の首長（奎蘭軒）が、答礼として蒙古人を代理に送ってきたのを見ても、かならずしも無礼と思わぬだろう。

すでに彼が正規の「蒙古兵」（清兵）であると認識しなおしているからだ。

このキャフタには、両国出入り自由な「中立地」も設定されていたようだ。武揚は、コサックの下級士官を連れて、その中立地に入って、蒙古人を二人目撃している。

「一人はラマ僧なるを以て、弁髪なし。一人は頭毛、支那人の如し、支那の兵なり。兵役は一生なりと云へり。予、カザクの下等士官を通事として蒙古の言語を問うに、ブリヤクに少しも異るなし。骨組も亦《また》然り、支那人に比すれば頬骨高く鼻低し」

もし露清・日清・日露のいずれかの間に、風雲急を告げ、国境が騒然とする時が来たならば、これらの知識は重要なものとなってくるのみならず、外交戦略、貿易戦争にあっても、けっして手ぬかりあってはならぬ常識である。この日の午後、榎本武揚は、蒙古の僧（ラマ僧）に出逢っている。

「支那にて百五十騎の長年務めしものなるが、今はラマ（僧）となりて、此辺を遊歴する者なり……同人云く、ブリヤク（人）も蒙古も更に別なし、支那にある者を蒙古と云ふ、魯領にある者をブリヤクと云ふのみ。言語も人種も全く一なりと」

これぞ「情報」というべし。かかる認識なく、戦争をしてしまうと、かならずヤケドを負うのである。かの騎兵あがりのラマ僧は武揚に「蒙古人種の今、魯支二国に幷《へい》せられ、今日の姿になりたる」を嘆いたという。誇り高きジンギスカンの子孫なのである。この嘆きの中に情報ありとせば、魯支に別れ別れになっている彼等の「誇り高さ」であろう。

九月十一日、ネルチンスクを発する。

「稍久《ややひさしう》して雪は、霰《あられ》（と）共に降り来り、風も極（め）て寒く、車中にありて長沓《ながぐつ》をはき居るに、足指しびれるに至る。帷《かたびら》を閉（ぢ）て寒と雨雪の侵入を防ぐ。無聊《ぶりょう》甚し。一小律を得たり」

このような寒さでやりきれない時、かえって武揚は「無聊」を感じ、その生理の飢えを埋めるべく、むっくりと詩意が催してくるようなところがある。漢詩の作法には、クロスワードパズルのようなところがあり、その遊戯性により、いささかなりと「無聊」を凌ぐことができるともいえる。

涅陳（ネルチンスク）の城外　雪花飛ぶ
満目の山河　秋已《すで》に非なり
明日　黒竜江畔の路
長流　我と共に東に帰る

どうしようもないような詩（一小律）の出来映えだが、句をひねっている間、熱中することによりたっぷりと「無聊」（＝寒さに耐えることでもある）を凌げるのである。その意味でも漢詩は偉大である。

九月十五日、黒竜江（左右両岸を以て清と魯に分かれる。ロシアにとってはアムール川）に入る。「何となく家郷へ一歩近づきし心地せり」。紅葉した白樺の小樹が、あたり一帯に生え繁っている。黒竜江が、清国に属するので、ロシアより日本に近くなったと思ったというより、白樺のある北海道の体験が、故郷（日本）を感じさせるのか。

「支那領の方に人の三、四人、岸に沿（い）て歩するを見る。是れ恐らくは満州人ならんとて、（双）眼鏡を以て之を諦視（はっきりと見る）すれば、魯の農民なりし。又支那領の方に秣草《まぐさ》の乾したると、小家（無人）抔《など》あるに付、之《これ》を問うに、魯民は支那領へ往々、麦抔を蒔くものもある由」

「支那領はサガリン迄は村落なしと云ふ。黒竜江の如き良河を棄て、魯に取られしも歯に掛けず、且《か》つ此（の）国境を支那の役人、見廻ること抔は絶（え）て無き由。さもあるべし。予、思ふに境の図さへも有るか無きか知るべからず、気の毒なる者なり」

榎本武揚は、「さもあるべし」とし、この一帯には役人さえ訪れることのない清国にその太っ腹を感じるより、衰退を見ている。清国により黒竜江は見棄てられ、ロシアの思うがままになっているのを、同じ東洋人としてあれこれ考えるところがあったのだろうか。一方、日本人としては、ロシアとの茶の交易には、この黒竜江経由なら、大いにもうかると旅の途次ごとに彼は考えていた。榎本は、清国（というより清の民か）を「気の毒なる者なり」と同情しつつ、

「黒竜江（アムール川）、魯の有となりたるに付《つき》、我等及び開化世界、一般に電信並《なら》びに汽船の便を得、時日を刻して通過するを得るに至りしなり。もし依然支那領たらしめば、所謂《いわゆる》天物を暴殄《ぼうてん》（むだ使い）するものにて、世界一般、幸福の用を為さざるべきこと、言ふを待たず」

むしろロシアの所有になったことを世界のために喜ぶべしとしている。黒竜江の宝庫をほうりっぱなしにして、ロシアに奪われたことにさえ気づいていない今日の清国に対し、心の底では怖れつつ、やはり否定的なのである。

そして、中国の諺《ことわざ》を思い出している。「楚材晋用」（楚の材、晋にて用ゆ）。他国のものを利用して生きるの意である。

「我（が）日本と魯との電線の便よりして、インヂレクト（間接）に貿易の利迄も起すの便を与ふべし」としたのち、

「支那の古聖孔夫子（孔子）は、二千五百年前に朽木《きゆうぼく》は彫《ちょう》すべからずと言（ひ）置きたり。夫子自ら自国の猶来《ゆうらい》（将来）を言ひ当てしこそ、地下にて不本意たるべし」

せっかく名言を吐いておいたのに、これでは地下に眠る孔子も、むなしかろうとあわれんでいる。「朽木は彫すべからず」、腐った木では、彫刻ができない、だめな奴には何を言ってもだめだ。腐っている清国には、いっさいの忠告は無意味の意。

九月十八日の夕、黒竜江を渡る小汽船で愛琿《あいぐん》城の岸に達する。ここには清国の総鎮台があり、その正庁の門を武揚はくぐった。鎮台は、吉林《きつりん》の人で名は依克唐阿《イクタンガ》。その名からしてあきらかに漢人ではなく、満人である。雅号は「尭山《ぎょうざん》」である。中国の役人は、建て前としてほとんど詩人であるはずなので、みな雅号を持つ。ここ愛琿は、露領と隣り合わせでも、まだ清国の支配下にある。

「年四十九歳にして痩せて、丈《た》け予よりも高く、柔和なる顔にて、友愛の眼色あり。蓋《けだ》し資性好良なる人物と見受けられたり。渠《かれ》、予が手を握り、或《ある》（ひ）は背を撫しなぞして款待《かんたい》の礼を尽《つく》し、予が帯（び）たる剣をも脱せよ、と手似《てまね》にて示したり」

しかし会話は、日本語からロシア語、さらに満州語（中国語でない）に訳したりせねばならない。武揚が一応解する漢語には、なかなか至らぬのだから、めんどうなことである。そうしたリレーの間に、どんどん意味がかわってしまうのではないか、と武揚は心配になってくる。

「此間、鎮台は頻（り）に予が手背を撫《ぶ》して笑ひ〈是は礼儀たるに相違なし〉ながらアウ、パウ、ホウ抔《など》と鼻にかかりて、解すべからざる語を以てあしらひ居たり」

この礼の中には、ごまかしがある。ついに武揚、いらだってカンシャクをおこすかの如く、満州人の役人にむかって筆墨の用意を依頼している。すでに味をしめている「筆談」の手に出るつもりなのである。

無遠慮に辞達して、止《や》む

書いてしまった文章を人に見られるのは、恥ずかしいものだが、まあ、しかたがない。私の場合、文筆の業に携わってしまった報いであり、いまさら恥ずかしがってもいられない。そもそも文業とは、厚顔無恥の別語であり、恥かきそのものなのである。文を公表することそのものが、恥さらしのしわざである。恥かしがることそのものが、ワイセツである。

それにもまして、人の目の前で（たいていは、編集者だが）、文章を執筆するのは、よほど追いつめられた情況にでも陥らぬかぎり（その時は、まったく気にならなくなる）、ソワソワと身も心もひきつり、筆が前へ進まなくなるので、好まない。ままよと居直る気分になってこない。それは、相手を待たせてすまぬという気持ちにもまして、筆の手もとをじっと見つめられているような、原稿の内容を咎められているような重い気配に未熟な己れの心が騒いで、つい集中力を失うため、できるだけ避けたい。と、一応、いえるようだが、はたしてそうか。

このような場合、見ている人は、進行していく文章の流れを目で追っているのは事実だが、その意味をいちいち読みとったりなどしていない。せいぜい進行の具合をチェックするのみで、ただ書かれた文字をなんとなく見ているにすぎない。その流れをただ眺めているだけである。だから、なにやら文章を批判されているような気がしたり、恥ずかしがったりするのは、まったく見当違いの意識である。恥ずかしがるだけ、傲慢だともいえる。

真横にペタリと座ってでもいないかぎり、執筆のさまを見ている人は、たいてい目の前にいる。つまり彼にとって「逆さ文字」である。もちろん、それを正体に翻訳して読みとることはできるが、たとえそうしたとしても、組み立てられていく文の意味までは、めんどうなので追跡したりしない。そんな作業は、あとでゆっくりすればよいわけで、とりあえず相手が筆を走らせる文字の姿や流れを所在なげに眺めているのにすぎないだろう。

おそらく人前で文章を書くことに気遅れが生じるのは、自らの文字に対してなのである。自分の字はうまいと思っているものでも、他人の目を気にして、いささかビビる。書家でもあるまいに、気取ったりしてしまう。かんじんの文章よりも、文字の書きっぷりのほうが気になったりする。とするなら、へただと自ら信じている人は、なおさらその心は凝固してしまうであろう。ワープロは、その意味で手わざを隠してしまうから、ヘタと思いこんでいる人には、まさに福音の機械である。

さて榎本武揚だが、中国の地方官僚を目の前にして言葉が通じないのにいらだち、「筆談」（しゃべれないが、なんとか文語の読み書きができるという日本の知識人特有の語才による会話形式）を試み、まんまと大成功を収めたことはすでに見たが、それに味をしめてか、愛琿城《あいぐん》の鎮台相手にも、それを試みる。

ある意味で武揚は、人前で文を書くという追いつめられている情況下にある。文章や書の巧拙を意識せねばならぬ日本人がそばにいず、恥も外聞も棄てられる異邦の空間である。気にしてなどいられるもんかというものであるにしても、実際は、日本流の「漢文」と「書道」、その源となった本場の人間を相手にするのである。ならばいささか恥知らずの向こうみずなふるまいだともいえる。

いや、たとえヘタでも、相手が本場の人間であるからこそかえって愛敬として受けとめてくれるだろう。そのように甘く割り切ってか、図々しく、果敢に、わが榎本武揚は旅の恥はかき棄てとばかりチャレンジする。なによりも、一度、「成功の甘き香り」を味わっている上に、「旅の恥はかき棄て」は、日本人の得意技であり、感心のできぬ体質なのである。

初手の外交官なるものは、ペラペラと語学が達者であるより、へたなほうが効果のある場合もありうる。つまり「愛敬」だ。第一、反感を相手に抱かせない。巧みすぎると、いやみになる。たとえへたでも、外国人なのだから、まあしかたないやと割りびきしてもらった方がよい。かえって親しみを感じてくれる。つまり油断してくれる。外交術としては、相手につけこむスキが生れる。だが、ちょっと困ったことに語学の才のある榎本だが、中国語はだめである。次善のコミュニケーション手段として、筆談しかない。

「筆談を始めたるに支那商人並（び）に満洲の役人等（は）、一層インテレストしたる様《さま》を顕《あら》はせり」

おやおや、この日本人、なんと漢字を知っているぞ、漢文も書けるぞ、といったところだろう。

「予が一字を書する毎《ごと》に彼等（は）皆、予が傍《かたわら》に集りて、文章及（び）字体を注視したり」

前回では、七八人の中国人に、前後左右から囲まれたが、ここでもそうなった。とりわけ彼等が注視したのは、その「文章及び書体」であると榎本は、はっきり記している。

しかし、これは榎本の誤解であろう。正しくは楷行草の「書体」（行書体だったと思うが）のみである。それも、ひとつ書家としての「手」（腕前）を見てやろうではないか、というものではない。「どうやら漢字が書けるらしい」ということそのものを、興味津々の眼差しで見ているにすぎない。

日本人が、中国人の用いる文字や文章が書けることそのものが、彼等の好奇心を大いに煽っているにすぎず（なんたって、ほとんどの中国人、榎本を囲む中国人のほとんどが、字は書けないし、読めないのだから）、それだけでも一つの「見世物」なのである。どうやら榎本の「筆談」は、タダの見世物になってしまったのだ。

また榎本の綴る「文章」を彼等がじっと見てるといっても、彼の書く「漢文」に意味がしっかり通っているかどうか、それを判断しようとしているのではない。榎本が「漢字」を次々と連ねていくのを見て、ウム、文章も書けるらしいぞと見まもっているだけで、けっしてその文章の腕前に対して、なんらかの判断をしようとしているのではない。

「其（の）時、予は幼時セキガキ（席書）のときのことを思ひ出して、自らをかしく覚えたる」

「席画《せきが》」というものがある。人の見ている前で、即席で描いてみせる絵である。完成された絵より、「絵の描きかた」を見せるのが、席画である。これは、プロの画家のやや邪道的芸である。

「画」とて「書」と同様に、人前では、なかなか描けないものだが、それがあっさりできることそのものが、人にとっては「珍奇」なるしわざであり、「見世物」になりうる。というより、やはり人前で画く絵が、素人相手といえ、さすがと唸らせるみごとさをもっていなければならない。芸術的に秀れているかどうかというより、むしろその技術のみごとさが見世物となる。だから描いていく過程の腕前が、重要課題である。

たとえば、その画家の筆が動き出した時、なにを描くつもりなのか、はじめのうちはわからなかったのに、つぎつぎと筆が加わっていくうち、しだいに物のかたちをなしていく。あれよあれよと思っているうち（めまぐるしいまでのスピードが大切である）、その筆がピタリととまり、画家は「ふーっ」と大袈裟に息を吐く。そこには「龍」が完成している。「おーっ」というざわめき。そして拍手。絵画としては、アクロバットすぎて邪道であるが、人は見て喜ぶ。したがって有名な画家であるなら、席料をとる可能性すらある。「席画」は、中国でもあったし、日本でもあった。北斎も司馬江漢も演じたから、かならずしも喰わんがための二流の画家の専売特許でない。

プロの手になる「席書」も、日中問わずあった。榎本のいう「せきがき」とは、この席書である。つまり幼時を思いだしたと彼は言っているので、寺子屋の「手習い」の時の体験であろうか。

想像するに、先生が生徒をまわりに集めて、手本を「書」いて見せる時とか、先生が優等生を指名して「書」かせ、他の子供たちに見学させるという一種の教育法がおそらく「せきがき」である。うまければ、子供たちは、感嘆のどよめきをあげる。この発展形として、プロの書家による「席書」というイヴェントもあったにちがいない。

榎本武揚は、もちろん、その気などからきしないのだが、あくまで「筆談」しているつもりなのだが、その場にたまたま中国人が多かったこと、彼が珍しき日本人であるという二つの条件によって、ただ漢文が書けるという能力だけで、ちょっとした「見世物」になってしまったのである。

「書」は、技術がベースになっている手わざなので、おのずからそこに「芸」が内在している。「書家」でもない武揚の場合、つまりその行為だけで、はからずも「芸」になってしまった。巧拙が問われずに「見世物」になるということは、異常であるが、日本人という色がついている。

武揚の揮毫した「書」をこれまで私はいくつも見ているが、みじめな程「ヘボ」ではないにしろ、さして達筆といえぬ。その欠点を補うべく、代りにありあまる気魄がほとばしっている、というわけでもない。唐の時代、狂草体の達人が、寺の壁に向かって筆を走らせた時、そのまわりには群衆がどっととり囲んでいたという。そういうお国柄であるが、本場の中国で、彼の「書」そのものが、見世物の対象になるほどの「書の芸」をもっていたといえない。「中国における日本人」がものした「書」ということだけで、面白がられたとしたなら、一種の侮辱であるが、彼はそう思うことはなかったであろう。

外交官である榎本武揚は、やむをえず、言葉がわりに「筆談」をこころみているにすぎないのだと、あの時は参りましたなと頭をかきかき、いいわけできる。

だが、武揚に「芸」の意識がまったくなかったわけでもないから、すこしややこしくなる。彼の行動には、若いころから「芝居」がかったところがある。もともと政治家には、人を煙に巻く芸が必要である。外交官にも相手を信用させる（油断させる）だけの「芸」が必要である。言葉が通じず埒《らち》があかぬと見るや「筆談」を鎮台に要求した時、武揚の中に、なんらかの政治家的な芝居っ気が一切なかったといえぬ。

本来の武揚の「文章」や「書」の芸は、まあまあでしかないが、この場合、それを道具にして、「一場の劇」をつくってやろうという彼の魂胆が隠れひそんでいたと見るのが、尋常な評価というものである。かくて武揚は、

「無遠慮に辞達して止《や》むと（いう）心組（み）にて、走筆に諸事（あれこれ）を書下《かきくだ》したり」

かなり卑《いや》らしい物言いだが、外交官としては、見上げた魂胆ではなかろうか。それでも本場の中国という舞台で、「漢文」をものすことに、ややたじろぐだけのデリカシイは、やはりもちあわせているので、ならば巧拙にこだわらず、相手にわが心が通じればよい（無遠慮に辞達して止む）という風に決心し、ままよと素朴を装って筆を走らせている。この居直りが、卑しい。「走筆」とは、うまい「振り」でもある。武揚は「心組み」と言っているが、これはむしろ「劇組み」であり、芝居ッ気であり、図々しくも喝采の効果を期した「芸意識」にほかならぬ。

「走筆」とも彼は言っている。これは本来、「乱筆にて失礼」の「乱筆」と同じ意味で、けんそん語である。この場においてのその選択（走筆）こそ大胆にして、不敵な企みである。このほうが中国人相手には、かえって「愛敬」ともなり、楽しい気分にさせる一寸《ちょっと》した「芸」にもなると思う気持ちが、彼の心のどこかに見え隠れしている。「狂草体」の知識があったかどうかわからぬが、すくなくとも「しぐさ」として「走筆」のスタイルをあえて選んでいる。楽しい卑しさである。

ところが、たしかに喝采を受けたものの、少々武揚の気持ちとしては当てがはずれたのではないか。

「筆談」は、あくまで相手あってのことである。ともに芸心があれば、たとえ見物人がいなくとも、そのやりとりは白熱ヒートする。武揚が鎮台に向って走筆を開始した時は、彼一人のしぐさであるが、ぐるりと鎮台の部下たちが囲んでしまったため、見世物空間を成立させている。

だが、書き終ると、その紙片をさし出し、相手の返事を待つのが、「筆談空間」というものである。こんどは二人のやりとりが見世物の対象と変わる。丁々発止《ちょうちょうはっし》、とうまくいけば、大いに見物人を感動させうる情況が発生する。ところが、この鎮台、中国人のインテリのはずなのに、なぜかもたもたしているではないか。いったい、どうしたことだ。

「鎮台は筆を採《と》(っ)て答を為《な》すに、予よりも甚《はなは》だ遅く、且《か》つ漢文に深く達せざると見え、……支那商なる通事、支那語にて助言すること多し」

という淀《よど》みが生じ、せっかくの切迫してあるべき筆談空間を壊してしまうような意外な様相を呈してきた。

走筆の榎本の迫力に圧倒されたからでない。いわんや榎本の「漢文」のみごとさにあわてたからでない。彼は高官だが、満州人である。清朝の支配者は満州人だが、科挙の試練を免れて特権的に役人になる場合がほとんどであるため、漢民族の役人のように、みながみな漢語に堪能というわけにいかない。

このような政治的背景を承知していたかどうかわからぬが、武揚は、どうやら彼が漢文を得意としないので、もたついているのだな、ということだけは、すぐに見抜いている。それにしても、これでは、せっかくの筆談のドラマが成立しない。とんだ武揚の一人芝居になってしまったのだ。

この場の「通事」は、サハリン村に住む商人である。なかなかの巨商で、清朝から官位までも頂戴している。どうやら漢人のようだが、商売柄、ロシア語も満州語もなんとかしゃべれるようなので、鎮台のために通事をしている。

満州人の鎮台は、おそらく漢語はなんとか読めても、またしゃべれたとしても、「漢文」のほうは、あまり書けなかったのではないだろうか。これは、大いにありうる。そのため、通事は鎮台にあれこれと助言しているのである。

「鎮台は通事を以て、予が官位及（び）姓名抔《など》を問ひ、又他の百般の雑話もありたれど、重《おも》に予より発言せしこと多きに居る。而《かく》して予の書きし文は、鎮台之《これ》を収めて蔵したり」

鎮台としては、この筆談、なんともバツの悪いものとなったのである。かくて筆談のドラマは、凋《しぼ》んでしまったようだが、見物人たちにとっては、そうでもなかったかもしれない。「醜態」という予期せぬドラマが発生している。

筆談の席には、榎本の随行者だけでも五六人、船の客も七八人いたのに加え、鎮台側には、役人や雑用係小使など無数の見物人が揃っていた。その「客間は一円、人にて満ちたり」の状態であった。

前回の筆談では、七八人の見物人であったが、今日は問題にならぬほどの数の人間が、二人のやりとりを、これいかにとかたずを飲んで、とり囲んでいた。二人は、机をはさんで座っているが、おそらく他の見物人は立ったままである。とりわけ鎮台側の人物たちにとっては、日頃、威張りくさっている彼の周章狼狽《しゅうしょうろうばい》するシーンをたっぷり目撃したことになるのだから、それだけでも、めったにお目にかかれぬハプニング、一場のドラマだったにちがいない。

鎮台は、武揚が漢文を書きだした時、おッ、この日本人、なかなかやるな、と自分も書かねばならぬことも忘れ、目を輝かしたかもしれないが、結果としては、自分が文章で対応できぬため、赤っ恥をかいた。言葉が通じないなりに「アウ、パウ、ホウ」と呟きつつ、榎本武揚の背に手をまわしてやさしく愛撫しながら、その場をごまかしていたほうが無難だったということになるが、そうは問屋がおろさなかった。ために、なんとも武揚の「筆談」の要求が、うらめしいが、部下の手前、なお泰然たる態度はとりつづけねばならぬ。つらいところだ。

ともかく、榎本のほうには、鎮台の筆談原稿は、あまり残らなかったようだ。榎本は、その一部分を日記に書きとめている。彼が榎本の官職を問うた時（これは通事を介しての質問だろう）、

「予、日本国水師将軍兼欽差全権大臣」

とまず榎本が筆を以て答えたのち（水師将軍とは、彼が海軍中将だからだ）、

「予、俄国（ロシヤの）京城に駐紮《ちゅうさつ》（留）スルコト此《ここ》ニ四年ナル矣。今秋、閑《かん》ヲ得テ本国ニ帰ル途次、此地ヲ過テ、故ニ一タビ訪《と》ウテ以テ隣交ノ誼《よしみ》ニ答へ、幷《ならび》ニ、以テ貴城内ヲ一見セント欲スル也」

と「漢文」でわが訪問の目的を告げた。

「貴号（閣下）、此ノ弊城《へいじょう》ニ名ヲ留メ、幸ニ大駕《たいが》ノ光臨ニ遇《あ》フ、実《まこと》ニ甚ダ感情ヲ感激ス」

榎本武揚が、日本ではなかなかの地位にあることを知って、あわてて「大駕ノ光臨」などと敬語を用いている。これはけっして世辞でなく、いささか内心では、驚いている様子も窺われる。おそらく通事に相談し、もたもたしながら「感情ヲ感激ス」などと書いたのであろう。

吉林の出身で、愛琿の副都統に任ぜられてより今に三年で、名は「依克唐阿《イクタンガ》」、号は「尭山《ぎょうざん》」である、と彼は自己紹介したらしいが、それを受けて、「予の姓榎本、名は武揚、号は梁川《りょうせん》」と榎本は答えかえしている。当時の日本の官僚も、中国人の習慣にならって、みな雅号をもっていたのである。日本は、台湾に近いというが、日本まで何日かかるかと鎮台がきいてきた時、さすがの榎本もびっくりしている。

「浦潮港《ウラジオ》より火船二三日」

と答えながら、こんなことまできくとは、庁内（愛琿城）に「地図とては一枚もなし」かと呆れ果てている。またロシアとトルコの戦いは、どうなったのかともきく。今年の一月にロシアの勝利に帰したことを教えながら、今やもう九月だというのに、こんな古い情報さえ、この地に届いていぬのかと驚きつつも、榎本は、この愛琿城の人口は、どの位かときいている。彼はすぐに答えられない。しばらく役人と相談していたが、「七万余人」と筆を以て彼は答えた。その場にいたロシア人が笑いをこらえて、こう榎本に囁《ささや》く。

「支那人は、猜疑《さいぎ》の念深く、斯《か》く虚言を吐（い）て人の笑（ひ）を取る」

愛琿城の人口などは、なにも機密のうちに入らぬのに、かくもオーバーに答えるのは、榎本がなにかをさぐろうとしていると疑っているせいだ、とロシア人はいうのだ。榎本は素朴な質問に見せかけながら、実際にも、探索しているのだから、彼が用心したとて、さしてまちがっていないにしろ、オーバーに言うのは、中国人の伝統的常識でもあるから（その意味では、満州人といえ、彼は漢人化している）、ロシア人の囁きは、正解といえない。

愛琿城から北京まで、郵便はどの位で届くかと榎本がきくと、七日と答える。それをきいてロシア人が、ここから北京までどの位距離があると思っているのかと、そのいいかげんさに怒って、口をはさむ（すくな目にいうのも、オーバー表現のうちだが、合理主義の西欧の末端の国であるロシア人には許せない）。鼻白んだ鎮台は、黙ってしまった。

それを見て、十五日はかかるとロシア人が代わって答えた。意地悪をしている。他国の情報には疎《うと》いのに、自分の国のこととなると、急に口が堅くなるのである。日本のように島国でもない大国支那なのに、井の中の蛙である。中華思想の一面である。ロシア人は、その面子をつぶした。

まあ、こんな展開になったわけだが、榎本にとって、鎮台との会見は、まったく収穫がなかったというわけでなかった。清国人の一面（欠点）を見たからだというわけでない。これまでの旅で、たえてお目にかかれなかった中国の女性にこの地で出逢えたからである。

榎本武揚はブラゴウエスチンスクの鎮台の口から、愛琿城の鎮台は、妻を連れてきているという情報をえていたから、なんとしてでも一目見たいものだと、楽しみにしていたのである。

そこで、祝宴の席上、おそるおそる貴公は妻子は同伴せるや否やと切り出した。鎮台は、

「愚妻もやがて謁すべし」

と答えた。日本でも賓客を遇する時、かならず主人の妻が座に出てきて接待するのが礼であると、武揚は説明した。すると鎮台の下役人が横合いから口をはさんだ。

「我（が）国の風、人の妻を見るとき、手を握るの礼なし、願（は）くは予《あらかじ》め之《これ》を諒《りょう》せられよ」

と忠義立てしてきた。これは、「筆談」であるまい。

「孟子にても読みたり」

と武揚は筆で返した。その役人は、微笑して肯《うなづ》いたが、といって彼が「孟子」を読んでいたかどうかはわからない。

まもなく料理が運ばれる。二十五品もの、つぎつぎ並べられる料理は、みな「脂気《あぶらっけ》多」く武揚は閉口したが、「茄子の油烹《あぶらに》」だけは、口にあったのか、食べていると、鎮台は、おお、それが好物なのか、という風に顔を崩して喜び、

「頻（り）に（茄子の料理を）取（り）て予が皿に入れたり」

中国人独特のしつこいまでのホスピタリティである。

しかし、いつまでたっても彼の妻が出てこない。あきらめて、立ちあがり、別れを告げようとすると、鎮台はそのしびれを切らした武揚の心を見抜いたかの如く、彼の手をとって宴席を出、奥の間（閨門なるべしと想像している）に案内した。この日、鎮台は恥をかいたが、榎本を大いに気にいっているようでもある。たとえ内心不快であっても、客を遇する際の中国の流儀というものであろう。

招かれた部屋の上座に「榎本武揚」は置かれたが、まもなく鎮台の妻が、ひとりで入ってきた。中国の女性は、小足のはずなのに、そうでもないとしており、彼女は「てんそく」ではなかったのかもしれぬ（妾の可能性もある）。

「中勢（背）にて少しく痩せ、品のよき婦人たり。齢は二十六七に見えたり。座敷の戸内に入ること数歩、予、乃《すなわ》ち迎へて之を揖《ゆう》す。渠《かれ》（彼女）亦《また》手を拱《きょう》して予を揖す。予、通事を以て、相逢（う）

の悦（び）と、一同宴に預りし礼を述ぶ」

礼の交換ながら、なかなかよい場面だ。

「渠《かれ》少しく恥を帯（び）て目礼す。此時、十目皆《じゅうもく》（みなの目）、此婦に注ぎ居りたり。婦は甚だマノワルキ（間の悪き）体《てい》にて、やがて点頭して退（い）て房内に入れり。其有様《そのありさま》、乍《さながら》不本意、亭主の厳命にて喚《よ》（び）出されたる体《てい》の如し」

この鎮台、榎本の図々しいが愛敬のある魅力に負けて、ついうっかり妻（あるいは妾）を紹介してしまったようだ。これは明治十一年九月十八日の出来事だが、榎本がウラジオストック経由でひさしぶりに日本の地（小樽）を踏んだのは、十月二日である。五年後の明治十六年、榎本武揚は清国公使に命ぜられる。

臨月の妻

明治十五年七月、親支的な守旧党のボス大院君《たいいんくん》の命により、親日的な独立党を影で操作してきた朝鮮の日本公使館が、襲撃を受ける。いわゆる「壬午《じんご》の変」だが、かろうじて花房《はなふさ》公使は脱出し、済物浦《さいもっぽ》より英国船で日本へ逃れた。

ただちに日本は、「在留民保護」という名目のもと、軍艦を朝鮮に派遣する。摂政に復位した大院君の朝鮮は、清に援軍を求め、李鴻章《りこうしょう》もそれに応じたため、日清の間に一触即発の緊張が高まった。（加茂儀一『榎本武揚』）

このような時、榎本武揚の出番がまわってきたのである。シベリア経由で帰国後（明治十一年）、外務大輔《たいふ》（明治十二年）、海軍卿兼任（明治十三年）、皇居造営事務掛（明治十四年）、皇居造営事務局副総裁（明治十五年）と官職を歴任していたが、壬午の変の勃発とともに、八月、日本は榎本に「駐清特命全権公使」を命じた。

清国の朝鮮への動向を監視させるためには、榎本が適任と考えられたのである。シベリア経由で帰国した際、間接的に中国の辺境を体験しているといえ、とうてい榎本は「支那通」といえない。ただ北京には、ヨーロッパの公使たちがいる。情報交換のためにも（ヨーロッパ諸国も朝鮮を狙っている）、欧州に留学体験をもち、語学に達者な榎本がふさわしいと考えたのだろうか。

妻同伴の北京到着は、明治十五年九月二十二日である。国会図書館憲政資料室所蔵の「支那公使時の御宅状」によって、それは確認できる。あしかけ四年に及ぶ滞在日記が残されていないため、彼の中国観をダイレクトに窺うことができない。残念だが、その間、日本の親族に送られた「御宅状」と、明治十六年の暮れに天津の領事として赴任する原敬とのやりとりなどの資料をたよりに、なんとか「北京の榎本」の像を組みたてられないものかと私は考えている。

「御宅状」は、北京に赴任した当日の明治十五年の九月二十二日の書信（兄の榎本武與と姉の鈴木観月宛のもの。到着早々のためか、中国観は披露されていない）から、一挙に明治十六年の十一月五日に飛んでいる。つまり一年間の空白がある。

この間、なにかの理由で、故郷へ手紙を送らなかったのか、筆不精となるだけの厳しい政治情況があったのか、それとも送っていても紛失してしまっていたのか。この一年の空白は、まだなにをみてもすべてが珍しい新鮮な時期にあたるので、榎本が中国に対して、どう感じていたかを知りえず、すこしく口惜しい気持ちにもなるが、なべて資料とは、そういうものであり、後世の時点から不平を言ってみたところでしかたがない。

すでに見てきた如く原敬の天津到着は、明治十七年一月十四日である。だから榎本の明治十六年の空白は、原敬の資料から裏読みして埋めようにも、不可である。とりあえず明治十六年の十一月に日本の兄や姉に同時表記で宛てた手紙を読んでみることにしよう。

「……当表（北京では）私始め先々相替《あいかわ》らず異無《ことな》く罷在《まかりあ》り候《そうろう》間《あいだ》（故に）、御休神《ごきゅうしん》（心配しないでほしい）下さる可《べ》く候。荊妻《けいさい》（武揚の妻）分娩もモハヤ一週日（の）間ニ之《こ》れ有る可く、と待居《まちおり》候。別ニ余病も之れ無く、医者は英人ニテ〈ドヂョン〉と申（す）人、時々見舞（い）呉れ、すべて用意とゝのひ居候ニ付（き）、御心配下され間敷《まじ》く（候）。春之助《はるのすけ》儀も相替らず風（邪）も引き申さず、日々駈け廻り居候間、是れ又御休神下され度《たく》候」

榎本は、ロシア公使時代、百通近い手紙を愛妻のたつに送ったという。本来、筆まめなのである。こんどは同伴であるので、その必要はなく、兄と姉への手紙が中心である。榎本は、姉を母がわりに慕っていたという。

妻のたつは、医師林洞海《はやしどうかい》の娘であり、林研海《けんかい》の妹である。慶応三年にオランダ留学を終えて帰国した年に結婚している。研海とは、留学仲間であった。手紙の中にでてくる「春之助」とは、武揚の次男である。長男は幼名金八（のちに黒田清隆の娘と結婚）である。こんどの北京行では、まだ母の手のかかる次男のみを連れて赴任したのだろうか。

手紙を読むと、妻の出産が、もうまもなくに迫っていたとわかる。北京での妊娠である。

どうやら榎本武揚は、中国の産婆の手を借りず、北京滞在の西洋人（イギリス）の医師に妻の分娩を任せようとしているようだ。このことから逆算すると、明治十五、十六年の北京生活は、（まがりなりにも榎本は漢詩を作る。しかしそれを愛敬のある武器にしてにわかに文人趣味を発揮、ひんぱんに中国の高級官僚とつきあうよりも、）諸外国の外交官と親しく往来することのほうが多かったように思える。

「さて前便（にて）一寸申上《ちょっともうしあげ》置（き）候。手前（榎本）当月中ニ一時帰国致す可くト之《の》電信、十月廿九（日）夜ニ相届き候（に）付（き）、右は何等の御用向歟《ごようむきや》は相（い）分らず候へ共、兎《と》に角《かく》、臨月之妻を残し置き、養生願（い）済（み）の名義を以て、手前独り出立いたし候ハ、支那政府ハ勿論各国公使等へも疑《うたがい》を惹起し（仏国ト共同通謀之疑ヲ云《いう》）甚だ以て不都合ニ付、最速（の）電信を以て、帰国ノ沙汰再考、之れ有り度《た》き旨《むね》、外務卿（井上馨《かおる》）に申立候処《もうしたてそうろうところ》、天長節の夕に左の返答、落手（電信）いたし候」

これを読むと、「前便」とあるので、明治十五年の九月の到着の便以来、明治十六年の十一月に到るまでの間、公務の多忙や妻の妊娠にかまけて、まったく手紙を出さなかったのではなかったと、わかる。十一月中に一時帰国すべし、という電報が外務省からあったことは、兄や姉へすでに伝えずみだったこともわかる。

しかし武揚は、外務省へ断りの返事を「最速（の）電信」で打ったというのだ。臨月の妻を北京へ残したまま、養生を理由にして（実際にも北京の武揚は、体調不良であったようだが）帰国したならば、どうしたって支那政府や各国公使に疑われてもしかたがない情況にあるので、断るというより再考を促す内容の電報を打ったのである。

いったい支那政府や各国公使は、このとつぜんの一時帰国によって、なにを疑うというのか。

帰国理由は、病気故に日本で養生したしということになる。実際にも病気だったのだが、病気でなくともそう書いて届けるのが、公的空間のしきたりである。

しかし、まずいことに妻は臨月である。いくら病気といえ、そのような妻を置いて帰国とは、なにごとかということになる。倫理的に疑うというより、国家としてのよほどの秘密の用向きがあってのことだろうと、神経をとがらしている清朝や諸外国は考えるにちがいなく、これはまずいというのである。

外交官の妻の同伴は、西洋のしきたりなのだろうか。異国にあって、なにかと不便な外交官の身のまわりの世話をさせるため、ということがまず考えられる。他にヨーロッパの外交官の集う社交パーティや、赴任した国の儀式などへ妻を同伴するしきたりに従うということがある。もう一つは、情況次第では、妻を人質に置いて、帰国する場合が考えられる。

中国の伝統的な外交術には、妻をつれて他国へ赴くということは、まずありえない。といって、妻や子が人質にならぬというわけでない。他意なしと相手の国の疑いを晴らすために、わざわざ本国から呼び寄せるのが、ふつうである。あるいは担保として強要される。送られてきたのを見届けたのち、敵国がその離国を許す。つまり人質を差し出してから、帰国する。実は他意あったにしろ、言葉通りになかったにしろ、この人質戦略は、春秋戦国時代にあって数々の怨みを残す悲劇を生んだ。

この場合は、それに当らない。はじめから夫人は（この場合は、子の春之助、腹の中の子もふくめ）「人質要員」でもありうる。

榎本は、国運がかかっている非常の際には、官僚として妻や子や腹の中の子まで人質にさしだす覚悟があったにちがいないが（愛妻ゆえに国の命令に対して否定することもありか）、いざ日清開戦ともなれば、国際法などは無視されて（東洋人は国際法などにまだ慣れていない）、一方的に人質にされてしまう可能性も大である。

ただ事態は、そこまでいたっていない。この場合は、すでに清仏の紛争がおこりはじめており、日本がフランスに加担するのではないか、という噂が北京の外交界では、しきりと流れていたのである。日本の外務省は、それを知った上で、かくのんきに帰国を命じているのかという気持ちが、榎本武揚にはあるので、再考を促したのである。

つまり、身重の妻を北京において（最悪の場合は人質にとられるのを覚悟で）帰国すれば、よほどのことがあっての行動だろう、噂通りにフランスとの密約にからんでの帰国にちがいないと、清国政府はもちろん利権争いをしている諸国にだってかんぐられることは、（たとえ密約の急用があっての帰国命令であったとしても、）今やるべきでない、と井上外務卿に申しでたのである。

井上外務卿からの電信（親書の電報で、公電でない）も兄と姉への榎本の手紙の中にそっくり書き写されている。それによると、帰国すべしの御用というのは、フランスとの密約ではなく、英国への転任にからむことで、あらかじめ外務卿と「御懇意之支那大臣」へそれを伝えてあるので、お前の心配は無用、という内容のものである。

ただ「妻君追々御分娩とあらバ」、すぐにとはいえないが、遅くとも来年（明治十七年）の正月までには帰朝ありたしとあるのである。生まれたての赤子を連れて帰れということか。帰国要請は、英国公使の件かとわかったものの、また清国の大臣も諒解済みとわかったものの、まあ厳しい達しである。

そこで榎本は、なお次の如く電報を打ったことも、兄と姉へ同時報告している。

つまり、先の「拙者（の）願《ねがい》之通（り）御聞届《おききとどけ》之れ有り度《た》く候」と。即ち帰国できないと。

いくら信頼している身内の兄といえ、ここまで国家機密を漏らしてもいいものか、と思えるほど細部に渡って、榎本は手紙に記している。

たしかに早くから（電報以前に）英国公使へ榎本を転出させたいが、どうかという打診は、井上馨からあった。いま条約改正の時にあたり、その交渉に当る英国の公使にふさわしい人材に欠いており、いまのところは、朝鮮にからむ支那問題も無事の様子なので、余人にかわってもさしつかえあるまい、と井上馨は考えているにちがいないが、

「乍去《さりながら》、手前は、五六年ハ、支那在勤之気組《きぐみ》之旨《むね》、申立置候」

とある。

条約改正は、たしかに重要な問題であるが、簡単に埒のあくものでない。今、それより緊急なのは、

清仏の紛争である。日本は、朝鮮をめぐって、清国と対峙の関係にある。日本がフランスに肩入れするのではないかという噂は、いくら朝鮮をめぐって、両国が平穏状態にあっても、あらたな緊張を生むという気持ちが榎本武揚にはあったのかもしれぬ。その上、俺はじっくり数年は在勤して支那問題に取りくみたいという「気組」で公使を引き受けたのに、なんという手前勝手な申し出だ、という不平を姉や兄（姉の夫か）に伝えたくてたまらないのである。

しかし、「是非帰朝せよ」と、外務卿の提案通り内閣は決定するにちがいないと榎本は予想しており、その場合は、

「来る正月中に（北京より）陸路上海（凡ソ三十日の道中）に向て出立《しゅったつ》、帰国之心組ニ候。妻子も残し置き、河之開くを待ちて帰国致させ候積《つもり》ニ御座候」

とある。不平を述べているが、なかば、あきらめているのでもある。その時、妻子は残すが、まあ厳しい条件下の「人質」になることはあるまいと考えているようで、国事を優先させ、結氷が解けて河開きしてから、ゆっくり妻子を帰国させるつもりだと胸のうちを打ち明け、さらにこうつけ加えている。

「手前、当任所を離れ丶バ、不首尾之故ニハ、決して之れ無し」

たとえ帰国しても、なにか北京で失敗を犯し、そのため左遷されるのではなく、英国公使に転出するのだから、けっしてよけいな心配をしないようにと念を押している。

「昨年、朝鮮一条之如きサハギ（騒ぎ）之れ有り候節こそ当国（清国）（榎本にとって）最も肝要之任所なれ共、差詰《さしづめ》無事之日ニは、余人に任せ、一層肝要なる任所、即チ英国へ差遣《さけん》さる丶訳ニ候へバ也」

英国は、清国以上に自らにふさわしい栄転なのだから、心配するなといいつつも、言葉の端々に、かかる日本のやり口に対する批判を溢れさせている。

「差詰無事」などもその例で、一寸先は闇の政治に「無事」などはありえないのに、のん気な話だという気持ちをあらわにしている。「当国最も肝要」も、そうである。それを「余人に任せ」るのかの怒りがこもっている。英国が「一層肝要なる任所」という語にも、相当の皮肉がこもる。たしかにそうにはちがいないにしろ、今はその時なのかの憤激《ふんげき》がある。日本の内閣（外務省）は、そんな程度の頭しかもち合わせていない連中の集まりだ、という諷刺が、左遷でないから心配するなの語にも、たっぷり織り込まれている。だから、こうもしつこく言う。

「乍去《さりながら》、手前は清国ニ見込（む）事、之れ有候ニ付、他国へ転任は好ミ申さず候」

身重の妻も、帰国させねばならぬことにもうすっかりあきらめているが、先にあなたが独りで帰国するのは、世話するものもいないのでお困りでしょうにと、酷薄身勝手な日本のやり口に不満を唱えているとさえ述べている。

だが、身内への私信といえ、日本外交の機密を榎本は漏洩しているともいえるのであり、あまつさえ、したたかに政府を批判しているのでもあるのだ。手紙の終りごろになって、ふとそのことに気づいたかの如く、他言を禁じているものの、その本心は確信犯で、言わないではいられなかったのであろう。

北京の榎本武揚が病気だったのも、事実であったようだ。手紙の末尾に次の語があるからだ。

「昨年之病気（疝気《せんき》）ハ、更ニ再発仕《つかまつ》らず、歯痛《いた》ミも、其後ハ一向覚え申さず、極々《ごくごく》壮健ニ御座候」

自分も病気な上、妻の妊娠では、外交の任務もはかばかしくなく、好奇心の旺盛な榎本とて、北京見物も容易でなかったかもしれぬと推測したりもしたが、余計な心配だったようで、それにしても北京滞在中の日記や回顧録を欠くのは、惜しまれる。追伸として、次の語がある。

「尚々《なおなお》、天長節は極上《ごくじょう》之天気ニて、同夜ハ日本人一同を招き、酒宴を相開き申（し）候」

拙者ハ少々不服ナリ

無惨なまでに現代人は、季節感に対し、おびただしくドン（鈍）になっている。そのため手紙の中に挨拶としてその日の天気について記すことなど、きわめて稀になっている。時に文頭に紋切りな季節の挨拶語を置く人もいるが、かえってそらぞらしく宙に浮き、奥床しさを感じるようなことは、決してない。むしろないほうが、ましだとさえ思う。

明治人の榎本武揚などは、きちんと文中のどこかに書き込む。

「西北（の）風強く、黄塵満天《こうじんまんてん》」

というふうにである。たんに（明治十六年十月三十日、兄・姉宛の手紙）挨拶語としての表現ではなく、いま自分はどのような環境を生きているかを相手に知らしむる方法として、天候の記述は重要だと思っているからだ。

「黄塵」の語がでてくるのは、このころ、まだ公使として北京にいたからである。黄塵の光景は、日本にないものなので、肉親は、それだけでも、榎本一家が異国にいることを実感できる。「西北（の）風強く」と風の方向まで「天気予報」の如く記すのは、根が海軍の軍人であったからである。当時の船は、風向き次第なので、唯「風強く」といった程度の認識では、だめなのだという習慣が、外交官になってからも続いている。

「出立後、御存じの好天気、殊《こと》に馬（車）も甚《はなは》だ疾《はや》く、午後五時半頃、安平《アンピン》といふ小駅に止宿」

これは、同年十二月十日、天津から北京に残した息子榎本春之助に宛てた書信の書き出しである。井上馨外務卿から帰国命令がくだり、不平を抱いたまま、ただちに北京を出発している。官僚は、命令にそむけない。途中、天津領事館に立ち寄る。妊娠中の妻と息子の春之助を北京に置いての帰国である。手紙は、まだ幼い息子宛になっているが、内容は妻宛である。榎本一流の気遣いである。息子は喜ぶだろう。

北京から安平まで、『原敬日記』によると、「清九十里」とある。ここでいう「清」とは、中国のことである。日本の一里の七分の一であるから、十数里である。おそらく榎本は、八日の快晴の朝、北京を出発し、その日の夕には、安平に到着し、そこで一泊したのであろう。

榎本が「御存じの好天気」と書くのは、出発した時そうであったからで、彼の東京への旅立ちを見送ったものには、十分にわかっているはずだの意である。たいていは、すぐに忘れてしまうものだが、「御存じの」といわれれば、想いださないわけにいかない。この「天気」は、馬にとっても快適であったようで、疾走に疾走をかさね、予定より早く安平の駅に着到《ちゃくとう》したのである。その夜も「快晴」は続き、宿の榎本は、ウドや竹の子の野菜料理をさかなにして、

「十分日本酒を飲ミ、詩を作り、旅壁《ハタゴヤノカベ》に題し月光を眺め、久振《ひさしぶり》にて旅中の思い……」

にひたっている。赴任してから一年以上の月日がたっている。その間、北京にあっては、あまり旅にでなかったものと思われる。その夜は、用意してきた酒を飲み（いや、安平の宿は、日本人の経営だったかもしれぬ。ならば日本酒もあり、ウドや竹の子も出る）、漢詩をひねり、それを旅館の主人のためにそらく依頼されて）揮毫《きごう》し、部屋の窓から月光を眺めながら「久振にて」旅の気分を味わっている。

宿をとったといっても、そのまま一泊はしなかったようだ。すこし仮眠ぐらいはしたかもしれぬが、翌九日の午前一時三十分に出発し、その日の夕、午後六時には天津領事館に着いている。北京─天津間は近い。道中格別のこともなく、風邪もひかなかったので「御安心」あれと報告している。

時間の表記が細かいのは、懐中時計のせいであろうか。腕時計だと、かえって確認がおざなりになる。ここにも、海軍の体験が出ている。箱館戦争中の写真を見ても、懐中時計を胸にさげている。

翌十日、榎本武揚は、太沽《ターク》で李鴻章《りこうしょう》とはじめて逢ったようだ。「同氏は頻《しきり》に自分の帰国を惜《おし》めり」とある。十二月十二日には、芝罘《チーフ》から、またも榎本春之助宛で手紙を送っているが、ここでも「李氏ハ拙者之《の》帰国を誠に惜しミ居《お》れり」と繰り返している。よほど、いい気持ちだったのだろう。残念がるのは、社交辞令も多分にあったと思われるが、本人はそう思っていない節がある。中国人の社交辞令の真意は、日本人にわかりにくい。

翌十一日午前九時、英国の蒸気船で太沽を出発し、十二日午前十一時、芝罘に到着した。一昼夜の船旅である。「北風頗ル強く、船の動揺は余程甚し」とし、芝罘の時候は、「北京よりも甚だ柔らかにて、外套はいらぬ位に候」、吹いている北風もまた柔らかい、と北京の家族に報告している。こういう記述（記憶）は、家族にはどうでもよい場合もあるが、軍人としての習性化した「偵察」でもある。明治十七年一月二日付、北京の妻宛の手紙によれば、神戸に着いたのは、前年の十二月二十日であったようだ。すぐに四国通いの小蒸気船に乗り移り、伊予の三津ヶ浜に向かっている。嵐のため、いったん神戸港に戻るが、二十二日の夕には、ぶじ目的地に着き、ただちに人力車で道後温泉に向かっている。なぜ東京に向かわずそうするのか。井上馨が家族連れで、この温泉に滞在していたからである。

この帰朝命令は、てっきり榎本は英国公使への転任と思っていたようだが、そうではなかった。いつのまにか大逆転していて、外務大輔《たいふ》になってくれというのである。井上の下での外務次官である。内諾すると（しぶしぶだったかもしれぬ）、井上は大いに喜び、さっそく「奥方」を榎本の部屋に招き、「薄茶をたてさせ」ている。夫唱婦随、この奥方も（かつては原敬の最初の妻の父、つまり中井弘の妻であった。彼女は中井の留守中に井上とできてしまい、中井はいさぎよく離別を承知したので、二人は結婚した）、なかなかの社交家で

「然《しか》る上ハ榎本の奥様といふ御友達が出来たれば、是迄《これまで》の様なる、ひとりにて外国婦人とつきあふ如き迷惑は無《これなし》レ之とて、早く奥様の御帰国を今より待《まち》はびる抔《など》、種々話され候」

と北京の妻へ伝えている。

どうして急にこんなことになったかというと、これまで外務大輔であった吉田清成《きよなり》が司法大輔に転任、もう一人の大輔の河瀬秀治《ひでじ》が英国公使に転任、そこで昇進すべき小輔の塩田三郎が不服なのか「自分勝手に辞表抔《など》差出」したため、急遽、榎本の起用になったというのだ。

「貴君とならば、何事も快《こころ》よく互《たがい》に奉職するを得るニ付《つき》、貴君の為に新に官宅を西洋風ニ建《たて》る見込也」

と井上外務卿は、下手にでている。西洋風の官宅とは、大盤振舞《おおばんぶるまい》である。こんどの任務はさきに内示のあった英国公使ではない。榎本はもうすこし北京公使をしていたかったのだから、よいようなもののの、しかしこの人事により、榎本がやる気満々であった公使を止めさせるのであり、「海軍卿」にまでなったことのある榎本を格下の外務大輔にするのだから、内諾をえた井上としては、ただただ恐縮するしかないのである。では、かわりの北京公使はだれがなるのか。井上はいう、

「兼て噂之通り竹添氏ニ定《さだま》り居《おり》候《そうろう》」

北京の榎本の耳にも、もし英国公使に彼が転任するようなことになれば、漢文学者の竹添井井《せいせい》が後釜に座るという噂がすでに入っていたのである。

「拙者ハ少々不服也」

榎本は、予定されている自分の後任の人事に不満であった。井上本人にむかって「少々不服」である、と伝えておいたと北京の女房たつにわざわざ報告している。その理由は、

「竹添氏、英語も仏語も解せざるによれり」

である。

竹添井井は、漢学者である。森有礼《もりありのり》の下で、北京公使官員を勤めた経験があり、辞職後、四川省の奥地を旅し、李鴻章に序を貰った、その紀行文（漢文）の発表によって、一躍内外にその名を轟かした。

漢文を読めても漢文を作れても、中国語そのものは、どれほど達者であったのか、わからぬものの、「筆談」ともなれば、榎本武揚の及ぶところでない。その意味で、中国の文人官僚と渡り合うことができ、まさにその後任にふさわしいともいえるのだが、榎本は、なるほどとは思わなかった。竹添が嫌いだからでない。

「英語も仏語も解せざるによれり」

この理由のつけかたに、榎本の明治における外交官論が見られるといってもよいだろう。はたして清国にあって、英語や仏語を必要とするのか。然り、必須なりというのが、榎本の考えかたであった。つまり北京には、ヨーロッパ諸国の外交官が、清国における自国の利を願って、ひしめきあっている。日本の公使が、北京に駐在することは、単に対清国の問題ですまない。そのまま日本にはねかえってくる。情報ひとつにしても、ぬらりくらりの事大主義な清国の大官たちとの交際の中で獲得するより、たがいに牽制しあって、それぞれの国益のために駈引きしている外国の公使たちとのつきあいの中からこそ、かえって得られる、と思っていたにちがいない。

竹添は、文人学者であるから、中国崇拝の気持ちも濃厚に残し、高級官僚たちと詩を交換しあって悦にいっているうちに、いつのまにかまるめこめられてしまうかもしれない、とまで心配していたかもしれない。漢籍の知識などは、榎本ていどのほうが、御愛敬なのである。

ここまで榎本は説明したのかどうかわからないが、井上馨は、それをきいて、なるほどと思ったであろうか。この人事案は、榎本の意見が影響を及ぼすところがあったのだろうか。竹添は朝鮮の公使となり、帰国した榎本は、外務大輔に任ぜられぬうち、清仏《しんふつ》戦争がおこり、ふたたび北京へ戻っている。最初の抱負通りになったともいえるが、「内示」というものは、承諾を要求されるものだ。たとえ内諾をしても、情況次第でクルクル変転しやすく、あてにならぬものである。ともかく榎本は、元の鞘に戻った。

そのようなことよりも、ここで肝腎なのは、はっきりしない最初の一年間における北京赴任当時の清国観である。即ち、その答は、「竹添氏、英語も仏語も解せざるによれり」の中にあるのではないか。清国にあっては、清国よりもヨーロッパ諸国の動向を見るべし、その中に清国の現在未来ありというのが、彼の直感であり、モットーだったのではないか。

体調が悪く、女房の妊娠もあったが、任務は棄ておくわけにもいかず、語学の才能を生かし、ぬらりひょんの清国の外務省（総理衙門《そうりがもん》）の人間となまじ意見を交わすよりも、諸外国の公使たちとの交際に時は費やされ、さして北京見物と洒落ることもなかったように思われる。

ただ北京と東京の季節の違いには、敏感であったようだ。道後温泉に避寒し、家族サービスにあいつとめている井上馨と別れたのち、船で多度津へ向かい、人力車で讃岐《さぬき》の「万農ヶ池」に着いている。「此日、早朝より烈風にて雷《かみなりまじ》交り、寒気ハ北京一月頃の如し」と妻に報告している。黄塵は、舞っていないが、寒さの上で、北京と比較しているのである。北京の寒さには、よほどこたえたと見える。

明治十七年一月一日、多度津《たどつ》港より船に乗って神戸に入るが、

「航海中、天気も好く、独り上等室にて酒を飲み、昨日も今日も北京にて御まえ始め、子供等ハ如何あらんと頻《しきり》ニ思ひ出で定めて、其地にても拙者之噂（外務大輔の件か）出るならんと察し申候」

としている。

榎本が東京に戻ったのは、明治十七年一月十三日。二月にはいると、北京で外国医師の手でぶじ出産した妻と子を約束通りに呼び戻している。外務大輔の決定を見ぬうち、七月三十一日、安南で清仏の衝突があったこともあり、こんどは家族をそのまま残し、単身東京を出発、中国へ戻っている。春之助は、ひとり中国に滞在していた。

どのような内部事情があったか知らぬが（三月四日、日本の外務省より上海領事館宛で春之助へ出した手紙では、竹添の朝鮮赴任を伝えている。清仏戦争については、いざ一戦ともなれば、至急、首都の北京へ戻らねばならぬが、「拙者の考《かんがえ》デハ支那ハ泣寝入《なきねいり》」となると予想している。武力を背景としたフランスの外交戦略にまるめこまれるということであろう）、連日、東京滞在中は、宴会攻めだったようだが、結局は北京公使に逆戻りしたのである。

八月十三日、上海から姉宛に出した手紙によると、台湾の基隆《キールン》で勝利した仏艦が来航して以来、「当地より蘇州江乱を避ける為め、引越し候支那人、日々多し」ことを告げている。身の危険を察し、そうそうに「乱を避く」は、中国の民衆のみならず、読書人のみならず、役人の特技である。考えようによっては、伝統的に「戦争慣れ」している。皇帝とて、すぐ蒙塵《もうじん》する。

榎本武揚は、ただちに北京に赴かず、清仏衝突の現場に近い上海の領事館に陣取った。この危急の事態に当り、ヨーロッパ諸国の公使たちも、ぞくぞく上海へ集まってきており、そのほうが北京よりも情報を入手するのに都合がよいと判断したのか。諸国の公使たちとの交際の中から、なにかを盗みとろうとしている榎本であり、その決断は、筋が通っている。

たとえ「開戦に立至《たちいた》り候とも、当地ハ仏兵の攻撃」する気配は一向になく、「只々万一、支那の乱妨人」に備えているのみであると、その情けない清国の情況を語っている。ヨーロッパより、「乱妨人」のほうが、こわいのである。乱妨人の拡大により、王朝は転覆を繰り返してきている。

又、すでに福州はフランスが確保しているため、閩江《びんこう》にある支那の軍船は封鎖されていて、航行することもできず、開戦になれば、「仏艦に撃チ沈メらる、カ分捕《ぶんどり》となる」しか方途はない。したがって残るは、和戦の道しかなく、どう清国がもっていくか、「甚《はなはだ》面白し」としている。それにしても榎本は、どうしてこのようなことまで姉に語ってしまうのだろう。

楽善堂の主人であり、ジャーナリストであり、かつ日本のために情報を蒐集するスパイの総取締ともいうべき岸田吟香《きしだぎんこう》（画家の岸田劉生《りゅうせい》の父）に榎本は上海で逢ったようで、シャレの巧みな「面白き人物」だとし、彼が作った替歌を書いている。

安南ノ急ノデス　奇ハ奇デス　最初ノハヨイ　再応《サアーヒオー》　変改《ヘンカイ》サ　償金一千万ポンド　中国《チュンコ》ガ疲弊デ　ヒュウドンチャン　福建　台湾　ケンノンダ　面孔《メンコ》（顔の義なり）ガ　不好《プホウ》デ　李ホンチャン（鴻章）　コンドノ談判ドウナンス　ソリヤドーデモヨイ　両江総督《リャンコンツオント》（曾国荃《そうこくせん》）ガチイハウ〳〵

トテツルテン

清政府が要求を呑まないなら、「他ノ手立（て）に移ルベシ、何《いず》レナリトモ返答イタセ」と、仏公使は清国全権曾国荃に迫っていることを報じ、この場面を「ヂャットイッテ、サーサーサー」と歌舞伎仕立てにして大サービス、清国は「実に気の毒千万」といいつつも、面白おかしく姉らに語り伝えている。このあたりは、江戸っ子である。

面白がっている分だけ、同じ東洋人として、榎本は清国の対応にいらだっているのだとも想像できる。

八月二十七日付、妻のたつに送った手紙を読むと、前日に李鴻章に逢ったことが記されている。「扨《さて》昨日は李鴻章を訪ひ、一時（間）半許《ばか》りの長話《ながばなし》いたし、今日は同氏が参られ、二時間余の長話」「同氏は拙者の厚意を感じ、殆《ほとん》ど涕《なみだ》を浮べ、何事も隠さず打明《うちあけ》て話し……又李氏には朝廷に人物なく、己《おの》れの建言ハ行ハれず、仏艦ハ荒《あば》れ廻り、実《まこと》に処置に苦《くるし》む」と李鴻章は、武揚に愚痴をこぼしたようだ。彼は武揚を信頼し、本音を語ったともいえるが、味方にひきこむための彼の外交術だといえる。一筋縄ではいかぬ政治家で、「涕を浮べ」ることなど、なんともない。さっそく武揚は、この会見の模様を夜中の二時半までかかって、外務卿の井上馨宛に書いたが、その時、茶をガブガブと飲みすぎたため、その夜はとうとう寝られなくなっている。

前途暗迷《オサキマックラ》にて行当りバッタリ

原敬の日記によって、再び中国に舞い戻った榎本武揚の明治十七年から明治十八年にかけての動向を整理しておきたい。

天津領事の原敬が、電報で榎本が七月三十日に東京を出発すると知ったのは、七月二十六日。榎本が上海に到着し、そのまま「数日間滞在」を知ったのは、八月七日。八月二十日、榎本がその翌日に上海を出発すると知る。八月二十一日、原は「清政府、（フランスと）開戦ニ決意セシ、ト上諭アリタル由《よし》」の情報をえている。二十四日、フランスが福州を攻撃したという電報を上海の領事安藤太郎から受けとっている。二十五日、榎本の一行が天津に到着した。二十六日、榎本に従って李鴻章を訪問。二十八日、榎本は北京に向けて出発。原は三十日、榎本に書状を送っている。北京到着の日を見込んでの手紙であろう。

これらからすると、榎本が妻たつへ送った八月二十七日付けの手紙は、天津からだとわかる。天津領事の原敬は、一日にも北京公使の榎本武揚へ書状を出している。『原敬関係文書』の書簡集の中には、榎本の手紙もかなりふくまれているが、その中に九月五日付けのものがある。その出だしは、次の如くである。

「前略　折を見て李（鴻章）ニ密話せられよ。予（榎本）着京後、各国公使と語るに、賠銀を出さずして妥辯之法《だべんのほう》ナシト、異口同音なり」

ここでいう「賠銀」とは、賠償金のことか。この賠銀なしにフランスとの妥協の道はないと各国公使が「異口同音」に言っていることを天津の李鴻章の耳にこっそりといれるように、原に対して榎本は命じている。

北京の榎本の公的生活が、各国公使との交際の中で、いかに情報をうるかということに重点を置いているかが、これからも推察できる。「各国の公使と語るに」が、榎本の日常生活である。しかも、この情報を李鴻章にあえて洩らせとも指示している。「折を見て」というのも、芸が細かい。ごく自然にやれということであろう。

つづいて勗貝勒《きょうばいろく》（満州人か）なる清朝の高官と九月三日に逢ったことも原に語っており、彼に榎本が次のように告げたことも知らせている。

「仏ノ公然宣戦セザルハ、何故ナル歟《か》ハ、清政府之《これ》ヲ知ルベシ。又清政府ガ同ジク公然宣戦セザルハ、門外漢皆、其故《そのゆえ》ヲ推測セリ」

これは、どう読むべきか。一般には、八月五日、仏艦が台湾の基隆《キールン》砲台を攻撃。六日、清軍が撃退。八月二十三日、福州で清仏両艦隊の海戦がある。仏艦隊、福州の清国艦隊を破る。八月二十六日、清国、フランスに宣戦布告、となっている。（岩波書店『近代日本総合年表』）

榎本の手紙だと、清もフランスも宣戦布告なきままにいがみあっていることになる。まずフランスが宣戦布告をしないのはなぜか。フランスが、台湾福州を攻撃する前の六月二十三日にヴェトナムのハノイで両軍が衝突し、実質的な清仏戦争はすでに発生している。これをめぐる七月二十三日の清仏上海会議で、フランスは、清軍守備隊のトンキン湾からの撤退と二億五千万フランの賠償金を要求したが、七月三十一日、清国はそれを拒否したという経過がある。

なに故、各国公使が、フランスと戦いたくなければ、いったん清国が拒否した賠償金をやはり出すしかない、といったのかが、これでよく合点いくのである。フランスが各国公使と裏取引きした結果、榎本の耳にそのような情報が入ったのか（榎本が李鴻章に告げることを期しての意図的漏洩）、それとも、どうせフランスがほしいのは、賠償金なのさと陰口を叩いたのか、そのあたりはっきりしないが、「各国公使」とあるからには、後者であろうか。

では、両国がこれほど揉めてきたのに、ともに宣戦布告していないことには、どのような意味があるのか。フランスの場合、公然と宣戦布告して交戦状態に入るよりも、軍艦数隻の脅しによって、まんまと賠償金をかちえたほうが、どれほど経済的であるかわからぬ。なまじ宣戦布告したりすれば、なにしろ広い中国の奥へ攻め込まねばならず、またヨーロッパから兵を輸送して戦わねばならなくなる。

私は、ここでふと「素朴画家」といわれるアンリ・ルソーの書いた小説を思いだす。フランスにとっても、「眠れる獅子」の清と戦うことは、たいへんな勇気ある決断と多大な戦費を必要とする。フランス国内でも、その是非をめぐって議論が沸きたっていたのを、ルソーの書いた素朴な小説をむかし読んで知っていたから想い出したのである。

では、中国の場合は、どうなのか。榎本は、政治に疎い中国「門外漢」ですらもみな、なぜこれほどの侮辱をフランスから受けていても清国が宣戦布告しないのか、わかっているとしている。もし戦えば、その武力からしてかならず敗《ま》けるにきまっていると承知しているということであろうか。しかし宣戦布告をしてもいないのに賠償金を払うのもいやなので、その要求に応じず、中国流の外交術によって、ずるずると引き延ばしているということであろうか。

「宣戦ハ両敵国ノ正ニ公布スベキ習慣ナレド、前以テ利害得失ヲ三省シ、而《しかりて》後《のち》宣布セザレバ、駟《し》モ舌ニ及バザルノ悔《くい》アルベシ」

と榎本武揚は、「和気《わけ》アリ」て、「共ニ語ルベキヲ覚」えた勗貝勒なる高官にこのまま宣戦布告しないでいては、かならずや悔あることになると内話しておいたから、それをふくめて、李鴻章にも耳うちしておけという原敬への命令なのである。

清もフランスも、すでに砲火を交えているのに、散発的戦闘にとどめ、宣戦布告していない。清は、国際法にうといという一面もあったかもしれないが、あえてフランスは、自分たちが盾にとってきた国際法の習慣《しきたり》を無視して、戦略的に宣戦布告していない。あえて中国のやりくちを真似ているともいえる。

榎本のいう「利害得失ヲ三省」した結果である。しかし、中国とて「三省」していないとはいえない。戦えば、敗けるとわかっているから、「眠れる獅子」の示威によって、引き延ばせるだけ引き延ばしておいたほうがよいのである。

しかし榎本の発想は、このまま曖昧にしているよりも、一層《いっそ》のこと、フランスの要求している賠償金を無理してでも払ったほうが得なのではないかと、気心のあった李鴻章に伝えたいのだろうか。

「駟モ舌ニ及バザルノ悔アルベシ」

とは、どういう意味か。これは、『論語』にある「駟不レ及レ舌」から来ている。昌平黌出身の榎本は、『論語』ぐらいなら丸暗記しているので、こんな比喩も飛びだす。その意味は、ひとたび口から飛び出した言葉は、四頭立ての馬車で追いかけても追いつくものでない。他人にうっかり口外することへの戒めの語である。原敬にその戒めを求めているわけでないだろう。李鴻章に内話しろと言っているのであるからだ。その内話とは宣戦布告しろということだろうか。

一度《ひとたび》、宣戦布告してしまえば、もはやとりけしがきかず、あとで後悔しても遅い。フランスが、みくびりつつも清国の宣戦布告をおそれているのもたしかだが、もし先を越されて布告された時は、応じるしかない。両軍、たいへんとなる。だから、よくよく考えて決断するようにということなのだが、暗にここでは賠償金を払ったほうが得なのではないか、と現実的に示唆したと見るべきであろうか。

しかし、それにしても八月二十六日に清国がフランスに宣戦布告したという年表の記述が、よくわからない。八月二十六日は、榎本が天津に到着した前日であり、榎本と原が李鴻章のもとへ挨拶にでかけた日である。原の日記で、その前後の記録を見ても、布告したという記事はない。

小競り合いの戦闘はある。八月三十日の原敬の日記には、福州にあるアメリカの提督の目撃情報として、「仏ハ攻撃ノ旨《むね》ヲ八時ニ報知シ、九時ニ進撃セリ」とあったりする。八時攻撃を報知し、九時に攻撃したとあるが、敵の清国政府へわざわざ報知したのであるまい。

福州の港に入っているアメリカをはじめとする諸国へ、国際法上の礼として報告したのであろう。即ち情報戦の一端であり、正式の宣戦布告でありえない。小競り合いは、しばしばデモストレーションであり（ひどいヤケドに発展することもあるが）、賠償金を払ったほうが安くつくぞの示威でありうる。八時と言っておきながら一時間遅れの九時の攻撃というのも、いささか悠長である。よほど清国の軍事力を見くびった上での行動としか思えない。その見くびりは、それなりに正しいが、この一時間の遅れは、清国政府にあたえた貸し時間であり、情報網を駆使して為政者に伝え、賠償金を払う決断をせよということなのではないか。

さきの榎本が原に北京から出した手紙は、九月五日付けである。この日、天津の領事原敬は、上海の安藤領事より、「李氏免職の説、真偽如何《いかん》」の電報を受けとり、「其事ナキ」と返電している。このような噂が出るところを見ると、李鴻章は、賠償金を払うべしと主張し、朝廷の意にそむくことになっていたのか。その逆も考えうる。

榎本の手紙は、二日ほどで天津に届いていると思われるが、原が「李氏ヲ訪《と》フ」たのは、十三日である。すぐには、動いていない。この日が原にとって「折を見て」の日だったのか。

ただし、その会見の模様はなにも彼の日記に記されていない。原の頭におさめられたままだ。なお榎本は、五日の手紙で、北京の新聞を引き、これを味読するなら、調停の道を途絶して、「清政府、不日《ふじつ》ニ各国政府へ宣戦ヲ公通スルノ下地ナリ」と見ている。そうなったら、危険であると見ているのか、「李ニ幸ニ自愛セヨト御致声（わが声を伝えたし）是（れ）願（ふ）」と結び、追伸で「右ハ必らず御他言無用のこととしつこく記している。

原は、そんなこと外交官の常識ではないか、とムッとしたかもしれないが、榎本が秘密指令を彼にだした以上は、それなりの信頼のあらわれだともいえる。

日本は、米英とともにフランスへ加担するのではないかという噂の中にある。榎本のとっている行動は、同じ東洋の国として清国に加担したい気持ちがあるのだろうか。ある、と私は見ている。すくなくとも榎本は李鴻章の手腕に期待しているところがあって、しきりと情報を流している。李鴻章の張りめぐらした情報網もあるはずだが、天津にいる今の彼は、かつてのように場所の利を生かして自在に操作できず、中央から孤立していて、北京の情報に疎いと見ているのか、すくなくとも、北京にいる各国公使がもたらす情報までには、手がまわらぬだろうと思っていたのかもしれない。

「支那公使時代の御宅状」を見ると、九月九日付けの兄姉（武與・観月）宛の手紙が収められている。原敬への密書から数日しての手紙である。例により季節、天候から入っている。

「拝啓　当表（北京）ハ朝夕余程、冷気に相成（るも）、晴天打《うち》続き、墨堤《ぼくてい》（隅田川の堤）秋の七草見物ニ出懸度《でかけたき》心地相起《あいおこ》（り）候」

そのあと、また例により、秘密をペラペラしゃべりだしている。奇妙な清仏の戦いを「騒動」とみなしたのち（宣戦布告なき戦いという認識があるためか）、戦火の及ばぬ北京は、いたって太平で物価もあがらず、人ものんびりしているが、ただ、

「各国公使等が、飛耳張目《ひじちょうもく》アクセクする而已《のみ》」

とある。「飛耳張目」は本来、「飛耳長目」（『管子』）。よく遠くの地点からことの真相を掴《つか》もうとすること。榎本流に「張目」としているが、言おうとしていることはよく伝わる。

北京の裏側では各国が手もとに届いた情報をもとに出したり隠したり、また相手の情報を盗んだり、そこから推理判断したり、激しく外交戦の火花を散らしてくりひろげられていることを知らせており、それを「アクセク」と表現している。「飛耳長目」は情報戦であり、判断いかんによっては、現場よりも適確である。榎本も「アクセク」の一人だったはずだが、こういう書きかたは、心を許した肉親宛の手紙であるからであるにしても、彼の「江戸っ子気質」がそのような発想に導くのだろうか。どこか面白がっており、渦中にあっても、なにかよそごとのように見なす視線がある。

「尤も軍機所《ぐんきしょ》（内閣）と総理衙門《がもん》（外務省）之先生方ハ、相応に気のもめる事たるべしと被レ存《ぞんぜられ》候」

もちろん、「アクセク」しているのは、戦さの行方が、国の利害にかかわる各国公使のみでなく、本家本元の清国の内閣や外務省のお偉方（武揚は「先生方」と茶化している）も、たいへんである。「相応に気のもめる事たるべし」と毒のある言い方をしている。毒があるのは、「相応に」の語句の用いかたである。一面、中国の官僚は、気をもめている割には、のん気すぎるといいたいのでもある。

「今度《このたび》、清廷の決意ハ、実ニ案外ニ出《い》で、人を驚し候へ共《ども》、詰《つま》り前途暗迷《オサキマックラ》にて、行当りバッタリたるを免れざるべし」

これは、開戦を決意していることをさしているのだろうか。開戦とは、フランスへの宣戦布告であろう。すでに発表されていたのか。情報漏れか、故意のリークか。ああいえばこうといつも意見がはっきりせずあやふやな中国の伝統的政治、いざ戦さになっても、なかなかピンときず、ようやく事態を知っても、ズルズル引き延ばし作戦に出るものの、結局は賠償金を払わされてきた中国にしては、ついにフランスの圧迫に負けて「開戦の決意」をしたとは、なんとも驚きだ、と榎本はいうのである。開戦を決意されては、フランスの圧迫というさじ加減のミスとなる。

とはいえ、いくら珍しく清朝が開戦の覚悟がつけられたとしても、なんら勝利の目算があってのことでないため、「前途暗迷」、即ち「行当りバッタリ」の決意でしかないと皮肉っている。肉親に皮肉って見てもしかたがないようだが、榎本としては、心のうちをどこかで吐きださないわけにいかないのだろう。日本の運命も大いにかかわっているのだから、その公使たる榎本としても、北京の太平気分にひたったり、「行当りバッタリ」な清廷の開戦覚悟を笑ってばかりもいられないのである。

六日の菖蒲

人間には、みな度しがたいまでの自惚《うぬぼ》れがある。ぬけぬけと自慢の心を口にする。時に愛敬ともなるが、時に醜悪ともなる。しかしこの自惚れなしに、人間は地上に立っていられないので、なかなか除去できない感情である。

榎本武揚は、あっけらかんと、人前でも自惚れてはばからぬたちで、シバシバ周囲のひんしゅくも買うが（箱館戦争がその例だ）、持ち前の愛敬により、憎まれすぎることからすんでのところで、いつもなんとなく回避してしまう処世術もそなえている。この術は、外交官としての大いなる武器になったであろうか。

兄と姉宛の手紙（明治十七年九月九日）の中で、ついにフランスとの戦争を決心した清廷の態度に驚きつつ、それとていつもの「行当りバッタリ」主義にすぎぬと批判してみせているが、しかし中国には、まだ李鴻章という秀れた政治家がいるので、捨てたものでないと榎本は、兄や姉に紹介している。

「流石《さすが》李鴻章は左相《さそう》（宗）棠之愚頑《とうのぐがん》と違ひ、過日野生（榎本）天津経過の節、長々と国事を憂て、内幕の話、有レ之《これあり》」

清末の代表的スター官僚の一人である左宗棠は、太平天国の乱以来の李鴻章のライバルで、ことあるごとに二人はツバゼリ合いの政争を演じてきた。榎本は左宗棠を「愚頑」、つまり愚昧で頑固、とみなしている。

この「愚頑」という榎本の人物評は、直接彼と逢ってそう感じたのでなく、清国の行方を憂う李鴻章の「内幕話」の中に出てくる彼の言動から、そう判断したのかもしれない。とすれば、愚頑の評は、李鴻章の放ったライバルへの悪口だともいえ、榎本はなるほどそういう男だったのか、と丸呑みした可能性もある。だが、これは外交官としての榎本に対し、あまりに見くびった言いかたで、彼なりの清朝の高級官僚に関する情報収集の中で、そのように判断していたのだろう。

すっかり打ちとけた李鴻章は、榎本に向って清廷内部の「内幕話」（情報のリーク）までしたというが、これは外交官同士の交際における手法でもありうる。その中に同僚の悪口もはいっていれば、自らの愚痴も吐きだされており、故意に本音を吐いて相手を油断させ、情報をひきだすだけでなく、味方にしてしまうぐらいの謀《たくら》みがふくまれている。だから、あまりにもの李鴻章への信頼ぶりには、はらはらドキドキしてしまう。その信頼の根源は、自分への自惚れからきているのである。

「拙者（榎本）も気の毒ニ付《つき》、彼此《かれこれ》助言致（し）候処《そうろうところ》、貴見は全く予が意見と符合せりとて、種々述懐話有レ之」

私は、これまで日本の副島種臣《そえじまたねおみ》・大久保利通《としみち》・森有礼《ありのり》らが李鴻章と交わした時の対話録を読んできているが、相手の話をよくきき、自らも相手に問うて、なかなか世辞が巧みであり、相手がくつろいだ気分になったのを見澄《すま》して、にわかに一国を背負ってズバリと恫喝をまじえる、といった狸オヤジである。

国家間の交渉ごとでないので、李鴻章と榎本武揚の対話録は残されていない。おそらく李鴻章は、榎本が聴いていて「気の毒」に思えるほど、いかに清国の要人たちの世界観が遅れているため、いかにやりづらいか、などという愚痴を平気で洩らしたと見える。

その「愚痴」は、みな本音であると同時に政略でもある。「本音」であるから、清国の大物李鴻章がまだ知りあって月日も浅いこの俺をかくまで信頼して、愚痴までいうとはと榎本を感動させる。すなわち、すっかりいい気持ちにさせる。相手の傲慢をひきだし「気の毒」とさえ思わせる。

この「気の毒」という同情は、兄や姉へ、俺も偉いんだぞと威張ってみせたともいえるが、実際にもそう思っていたので、李鴻章に向っても本心からあれこれ「助言」したのだろう。これも榎本の人のよさというより、ゴーマンな自惚れからきている。

「助言」の具体的な内容は、わからぬ。「貴見ハ全く予が意見と符合せり」と李鴻章が嬉しそうにお世辞をいっているところからして、みな彼の頭の中にあって知っていることばかりのもので、たいして「助言」にもなっていないのであろう。

直隷《ちょくれい》総督の李鴻章は、天津にいる。彼が清廷に覚えめでたい時、天津にいることは、北京をリモートコントロールできる絶好の場所取りにもなるが、ひとたび覚えめでたくなくなった時は、蚊屋《かや》の外となって、情報も入りにくくなり、意見の具陳もならぬ悪場所へと転じる。清仏戦争における時期の李鴻章の位置どりは、どうだったのだろう。免職説さえ流れていたのはたしかで、愚痴を言わないではいられなかったのだろう。本心から愚痴であるからこそ、油断ならぬ愚痴なのだ。

「其末（八月末）、着京之上ハ、郡王奕劻《えききょう》（清帝之叔ニ而《て》現下総理衙門之総裁、即《すなわち》恭親王之後役也）へ暁《さと》し呉レヨ、と懇々依頼来有レ之《これあり》候」

まもなく榎本は、日本の公使館のある北京へ赴く。公使としての榎本は、堂々と総理衙門のボス奕劻（劻貝勒のことか）にも面会する権利を有している。彼は清帝の叔父であるから、李鴻章の罷免を左右する力をもっている。それ故、榎本を籠絡《ろうらく》するだけの価値が充分以上にあるのである。さして当てにはしていないが、ここは一つ榎本の前で泣いておこうというところだろう。ダメモトの策である。

榎本にしてみたところで、たとえ籠絡されていたとしても、李鴻章と同意見であるなら、そのまま受けいれて、ひとつ交渉して見るだけの価値がある。有力者の郡王奕劻にも一挙に近づける。とすれば、李鴻章に見込まれた榎本が、他愛なく自惚れたとしても、愛敬のうちである。成功すれば、李鴻章に貸しをあたえたことになり、いつか自分のため日本のため、役に立つこともありうる。榎本の「愛敬」には、それぐらいの力、政治力はある。本人は、心のどこかで知っているところもある。

かくも榎本は、身内にさえ言わないでいられないほどの自惚れ屋だが、なかなかに抜け目ないともいえるのだ。榎本が日本からすぐ北京へ戻ってきたのは、中国の介入により、朝鮮問題が緊迫していたからだ。中国の介入とは、李鴻章の介入であり、ここで貸しをあたえて、ポイントを稼いでおいたほうがよいと計算できる。

「此対話は、八月廿六廿七之二日間にて、拙生と李鴻章とハ、余程懇意ニ相成《あいなり》、原（天津）領事の為ニハ、殊《こと》に大仕合（わせ）ニ候」

原敬が、この対話の席にいたのは、あきらかであるものの、もしじかにお前は「大仕合（わせ）」

と上司の榎本にいわれれば、多少はむっとするかもしれない。しかし天津の領事であって見れば、榎本と李鴻章が懇意になることは、大きな視点から見て、「大仕合（わせ）」であるには、ちがいあるまい。たえず李鴻章と同地に住む天津の原敬にとって、交渉しやすくなるからである。

「李ハ一句之大言も無《これなく》レ之、全く打明ケ話にて、清廷ニハ、人物なしとて、只管《ひたすら》歎き居《おり》候」

外交官の腕前は、口舌の技術もさることながら、最終的には、人物そのものの魅力である。老獪をもって鳴る李鴻章に「打明ケ話」させるとは、榎本の魅力のせいに帰してよいのかもしれず、ならば彼が自分の手腕と人間的魅力を、多少自惚れて見せたところで、またかと笑いながら許してやってもいいのかもしれぬ。ただし「清廷ニハ、人物なし」は、周知の事実でしかない。

「仏国之所業ハ、随分乱妨《らんぼう》を極め、西人一同、謗《そし》（り）居《おり》候へ共、詮方《せんかた》泣寝入にて、水を入れる者ハ、差当《さしあた》り壱ヶ国も無《これなく》レ之候」

清国に対する仏国の仕掛けの有無は、そのまま諸国における利益にからんでくるので、なんとか戦争にならず、穏便にすませたいのだが（戦えばフランスが勝つときまっている。その時フランスのみが利益を生むので、なんとか防ぎたい）、フランスの「乱妨」に対し、批判の水をぶっかける国もなく、また調停を買ってでる国など、一つもない。

彼等も国際法を無視したフランスの中国に対する振る舞いを「乱妨」だと非難しているが、その間に入って調停の役を引き受けないのは、問題は中国にとどまらぬからだ。つまりヨーロッパの大地で、諸国も激しく競いあっている。なんら権益を得られずして、ヘタに手だしもしかねるので、やむをえず「泣寝入」しているのである。これは、榎本一流の観測である。

「仏艦は此後も猶、南方処々を荒《あば》れ廻り可レ申《もうすべく》候へ共、清政府、只今之様ニ一向平気に構え居られてハ、チト目的《アテ》がはずれ、不レ得レ止《やむをえず》、本国より大兵を出して、明年ハ北京攻入《せめいり》に取懸《とりかか》らざるを得ざるべし」

清政府には、人材不足のため、なすすべもないだけなのに、結果的によそからは「中華思想」による「平気」な態度に見え、いくらフランスの軍艦の脅しや砲撃を受けても、さすが中国だ、デンと構えているという風に思われる。即ちただ打つ手なく、おろおろしているだけなのに、泰然としているように見える。「眠れる獅子」として、脅しながらも、どこかでおびえている構図である。

「中華思想」なるものは、たいした効果だと榎本も考えているとみてよい。軍艦の脅しだけで十分と踏んでいたフランスにとって、当てはずれである。いやいや宣戦布告に応じる破目となり、その場合、勝利に固執するしかなくなるわけであり、ならば本国から陸戦用の大兵を派遣し、北京を侵略するしかないし、下手をすれば、広い中国に軍を進めねばならなくなる。

「是は仏にても中々容易の事ニ無レ之、苟《かりそめに》も二万以上の兵（新ニ来るべき兵）を要するべし」

この事態は、フランスにとっても一大事であるが、この時こそは、長い歴史に巨大な大地と人口を背景としての「中華思想」、その化けの皮もはがれる時である、というのが榎本の認識であり、李鴻章の心配である。

「左様相来たらバ、支那之頑固党も目が覚め可レ申《もうすべし》。覚《さめ》たとて其折ハ、六日之菖蒲（六日の勝負）、詰《つま》りシマッタリの一語に帰すべき」

と榎本は、もう手遅れだ、ごまかしがきかないとダジャレを発している。「支那の頑固党」とは、勝算なく、もう西欧のいうがままになっているのは、侮辱だ、がまんならぬ、戦うべしとする一派である。「六日の菖蒲」は、「六日の勝負」である。軍備兵力の劣る清国は、すぐに負けてしまい、後悔先立たずだというわけだが、フランスとてヨーロッパから大兵を派遣するのは容易でないので、こいつは見せ物であるわいと榎本は思っているところがある。

しかし、ここまで面白がって書いてきた榎本は、すこし語りすぎたかなと反省したらしく、これ以上のことは、「交際上の事柄」(外交上の機密)に触れるので述べられないとしたあと、それでも左宗棠と何如璋《かじょしょう》へのあらたな人事について触れている。フランスがフェイント気味に仕掛けている福建を守るべく、もはや八十に近い左宗棠を欽差《きんさ》大臣に命じたあと、かつて日本の公使でもあった福建船務大臣の何如璋を責任をとらすべく北京へ呼び返したことである。そんなことをしても「後之祭」だというのが榎本の論評である。

これとほぼ似た話は、すでに八月二十七日付けで東京にいる妻のたつへ送った手紙の中でも述べられている。昨日は李鴻章と「一時(間)半、今日は二時(間)半ばかりの長話」を差し向かいでしたと、ここでも同じように自慢している。たいへんな清国の大政治家と逢い、彼と長時間しゃべりあったのだから、こう見えても俺はなかなか偉いんだぞと、妻にも言いたくてたまらないのである。まるで先生にほめられて、そのことを宣伝してまわる子供のようである。榎本の自惚れというものが、愛敬を伴うものであることは、どうやら生まれながらのものである。持ち前の個性であるなら、匡正《きょうせい》の余地はない。

「同氏(李鴻章)は、拙者の厚意を感じ、殆《ほとん》ど涕《なみだ》を浮べ、何事も隠さず打明《うち》て話した」

とある。李鴻章が涙を流したことを疑わないが、半ば本気、半ば演技と見るべきだろう。正確には、百パーセント本気、百パーセント演技である。涙が本気で溢れでても（演技の涙でなく）、すぐ榎本にあたえる効果を意識できたはずだから、その意味では演技百パーセントである。榎本の自慢ぶりからして、そこまで李鴻章の「狸じじ」ぶりを見抜けたと思えない。そこはいいところである。見抜けたら、榎本は己れに自信がもてなくなる。榎本は、政治のことなどチンプンカンプンの妻にも「朝廷に人物なく己れの建言行はれず」の李鴻章を「気の毒千万」と同情して見せたあと、それ以上のことは「宅状に認《したた》むべき事にあらざる」として、あわてて、それ以上の言葉をひっこめている。なんとも憎めない。

榎本は庭造りの趣味があった。それだけでなく、北京の公使館の庭に、畑まで作っていたようだ。「追伸」を見ると、天津で「鋤《すき》クワ」を買い入れたことを報告している。自ら「北京ドウラク」と呼び、「誠にハヤ、実以て、これ又一興の次第、御笑ひこれあるべく候」と自分ひとりで照れている。

いずれにしろ、妻・兄・姉と繰り返し李鴻章の信頼をえたことを（思いこみだが）報告しないでいられぬほど嬉しかったのである。九月十七日の姉（観月）宛の手紙で、清仏問題は、コウチャクしていることを告げ、これを打破するためには、もはやフランスより大兵を送り、北京を占領するしかないことをここでも述べている。たとえフランスがそのように決断したとしても、来年五月ごろまでは、戦いの準備や兵の輸送に時間がかかり、到底無理だとしている。つまり榎本は、いらいらしているのである。

幕末、勤王の志士（高杉晋作とか平野国臣とか七卿都落ちの公卿とか）はもちろん、榎本のように北海道にたてこもって官軍と戦った幕臣も、しばしば「戦い」に対し、「芝居」に見立て、自らを「役者」のごとく心得て行動するところがあった。これは感傷ともいえるが、わがビビル心を励まし、果敢に戦うべくわが行動を鼓すための自己催眠、或いは恍惚のスター化だともいえる。

また命がけといえ、意識したスター化だから、どこか醒めた目を残し、多分にものごとの成り行きを面白がる視点がある（役者の余裕である）。榎本にも多分にそういうところがある。その後、維新政府に仕えた榎本には、どこかよそ者意識が消えず、勝負を面白がって見守る癖があり、なかなか「活劇」となってこない清仏戦争には、いらだつのである。

榎本にとっては、フランスがもたもたしている間に、「支那兵が夫迄《それまで》の間にアンナンを取返す抔《など》は、猶更《なおさら》当てのなき話に候積《つも》り」であり、こんな噂は、とるにたらないが、両国全面戦争となれば「双方ともヤッテは見たが、始末ニ困り居る姿に候、其の中《うち》にはドートカナルベシと人々申し居り候」この「困り居る姿」という観察は、外交官として正確な目だと思われる。おそらく中国人がいったであろう「ドートカナルベシ」という諦念に近い、投げやりにも見える言葉にこそ、中国の歴史の堆積された重さ（伝統）と強さ（地力）がある。

いっこうに進まぬアメリカ製の日本の構造改革の如く、歴史的意識や習慣が、中国の官僚のみならず民衆の中にも幾重にも層をなして織り込まれているので、ままならぬのだ。

そして困った末に集約して出てくる言葉が、天まかせの「ドートカナルベシ」。一面、地に根をおろしたしぶとさだといえる。李鴻章が、いくら嘆いてみても、どうにもなるものでない。そもそも開明派の李鴻章の中にも、眠っている意識無意識である。

榎本武揚は、姉観月にむかっていう。

「当表（北京）は、至って無事にて、福州一件の噂も消へて、安楽世界に候」

これは「ドートカナルベシ」の処世観がもたらした「安楽世界」である。「福州一件」は、遠い場所のできごとなのである。実感として伴わない。榎本も北京公使館にあって、庭作り畑作りに精を出して「安楽世界」に日を消していた。さらに観月に向って榎本はいう。北京の新聞紙には、清仏戦争の噂も出なくなり、

「支那人の無頓着なる気象を見るべく候」

どうやら北京公使の榎本武揚は、「支那人の無頓着なる気象」を発見するに至ったようだ。

平気の平左衛門に候

「清仏の騒ぎは、新聞紙上に虚実取雑《とりま》ぜ、日々記載これあるべく候に付、別に申上《もうしあ》げず候」

これは、明治十七年十月十五日附けで、榎本武揚が、姉の観月に送った手紙からの引用である。清仏戦争の噂も出なくなったと知らせた九月十七日の手紙とは、かなり変化しているようだが、そうでない。榎本がここでいう「虚実取雑ぜ」とは、姉の観月が読むであろう日本の「新聞」である。

公使の榎本のもとに集まってくる情報とて、「虚実取雑ぜ」であろうが、それをあらためて彼が判断、選択して姉に報知してきた。その中には外交機密も含む。この日は（北京で榎本が姉へ手紙を書いている日）、特別のニュースもないので、日本の新聞報道によって「清仏の騒ぎ」の情況ないし経過を把握してほしいと述べている。ただ、新聞の本質は、「虚実取雑ぜ」なのだから、それをよく踏まえた上で、心して読むべしとさとしている。

まあ、榎本は、忙しいのである。いつものように秘密めかしてニュースを姉に流さないのは、日本の新聞で、間に合うという判断もある。

「先頃、日本より上海江種取（り）に参り候新聞探報者連の中《うち》、当表（北京）迄罷《までまか》り越し候者もこれあり、いずれも支那の風俗と土地は、買《かい》カブリたりとて、始めて目の覚《さ》めたる様子に相見へ候」

清仏戦争の展開を日本へ伝えるべく上海へ訪れた新聞記者の取材に対し、「種取り」といっているのは、現代感覚に照らして、いささかおかしみがある。

記者の中には、取材のはかばかしくない上海にじっとしているのに耐えられず、北京まで足を伸ばすものもいた。北京公使館を訪れるのが、義務だが、その対面の折り、「支那の風俗と土地（風景）は、買カブリたり」と榎本に述懐するものがいたようである。おそらくその記者は幼時より漢文を叩きこまれ、漢詩を読むだけでなく、なんとか作ることも覚えているにちがいない。かかる漢文漢詩の体験を通して純粋培養され、尊崇と憧憬の念をもって風俗風景が美化されイメージ化されていたものが、現実の中国をこの目で見たことによって一挙に破砕され、落下したのである。つまり幻滅である。これは、なにも中国に責任があるわけでない。

だが、この「買カブリたり」という記者の重い落胆の底には、次のような清国へ軽蔑の芽が隠れひそんでいると見なければなるまい。思い切って中国に落胆して、それをバネにして他の憧憬に乗りかえるための心の用意（無意識）である。当時の日本の知識人が置かれた精神情況、生き伸びるための準備体操でもあった。それは、新たに生じた強い西洋意識がそうさせる。そのあさましくも素速い意識の転換なくして、日本は、世界の中で生きていけなかったともいえる。すなわち、防衛本能である。その記者は、おそらく漢才に恵まれ、明治初年代にはじまり、今はピークにある「文明開化」の太鼓を叩く音をきいても容易にはなびかず、さっさと軽佻浮薄に衣変えしていくものたちをじろりと軽蔑していたにちがいないが、現実に憧れの「支那」の地をいざ踏んでみて落胆する。ただし、日本で西洋になびく人間たちを蔑視する体験を経由しているので、乗り換えも早いのである。

「始めて目の覚めたる様子」

と幕末に洋行体験のある榎本は、新聞記者の落胆ぶりを見て「遅い遅い、俺はとっくの昔からそんなこと知っていたぞ」といわんばかりである。かかることにも自慢の一つもせねばならぬのが、榎本の憎めない悪い癖である。

かく「自覚の遅れた」、支那びいきの新聞記者連が、何よりも困ったのは、わざわざ現地にやってきても「種取り」がままならなかったことである。

「其の筈《はず》、北京にも天津にも新聞紙とては、壱《ひと》ツもこれなく、支那人は日本人の十分の一程にも、時事を頓着する者これなく、云はゞ先ヅ平気の平左衛門に候へば也」

いくら彼等が現地からのルポルタージュ報告を志したとしても、ここ清国では、犬養毅《いぬかいつよし》や福地桜痴《ふくちおうち》の西南戦争や、岸田吟香《ぎんこう》の台湾の役の如く、自由に取材できない。

いくら福州台湾で清仏の戦争があるといっても、またかりに取材の許可があったとしても（日本の密偵はもぐりこんでいたが）、フランスは軍艦のみで、上陸して清国と戦っているわけでない。上海は、福州台湾に近いが、ぬらりくらりとした戦いのため、いくら待っていても、新しい情報が入ってこない。

しかし原稿は、彼等を派遣した日本の新聞社へ送らねばならぬ。その責を免れるためには、上海で発行されている中国の新聞（或いは上海刊の外国の新聞）から「種取り」するしかない。これだと他社と似たり寄ったりのニュースになる。「特種《とくだね》」にならぬ。さらに確報と詳報を欲するなら、政府の中枢部のある天津や北京の新聞にたよるしかない。と思いきや、なんと天津はもちろん、首府の北京にさえ、まだ新聞が発行されていない。なぜそうなのか。

なにかにつけ好奇心の旺盛な日本人とちがって、「支那人は日本人の十分の一程にも、時事を頓着する者これなく、云はゞ先ヅ平気の平左衛門に候」だから、新聞など必要としないのだというのが、榎本武揚の見解であった。

「今日迄、四五人程（内《うち》、新聞探偵者は壱人）北京見物に参り候者これあり。多分は万里の長城見物に出懸《でか》ケ、未だ帰り来らず。必らずキタナキサムキ宿屋に泊り、コリゴリシテ、帰京すべしと存じ候」と榎本は、取材の不可に困りはてた記者連が、やむをえず北京から遠からぬ万里の長城の見物に出かけたが、まもなく「コリゴリシテ」帰京する「落胆」の姿を想像して、笑っている。この「コリゴリ」の中に「キタナキサムキ」宿屋の待遇がある。榎本は、中国人の「時事」に対する無頓着さや平気の平左衛門の姿を、世界の情勢に疎《うと》い無知のなせるわざとして軽蔑するのでなく（むしろ怖れ）、日本人の中国への無知（純情）を笑っているのである。

この同じ日、榎本武揚は、まだ東京にいる妻のたつにも手紙を送っているが、ここでは、英公使パークスから得た情報を伝えている。これは、どうやら秘密情報のようだ。

「去る八日、台湾の淡水《たんすい》といふ処に仏兵四百人上陸して、五時（間）戦ひ、大敗北の死人七十人これあり。支那兵は仏兵の首級二十二程《ほど》、淡水に持ち来たる由《よし》。同所に住む西洋人の婦女は、残らず厦門《アモイ》へ遁《のが》れ来りし由」

姉の観月には、「虚実取雑ぜ」、心して、日本の新聞によって清仏戦争の模様を判断（推察）しろといっているが、こっそり妻にだけは秘密情報を知らせている。英公使のパークスのみならず、ドイツ公使のブランド、米公使のヨングとも榎本は北京で面会したようである。当時にあってそうそうたる外交官たちである。彼等は、みな清仏戦争への情報網をもっており、榎本は外交戦略によって、彼等からききとったと見てよい。

「……の由」とあるからには、まったく信じているわけでなく、それこそ「虚実取雑ぜ」の情報の入手だったと思われるが、そのネタを可哀想な「種取り」もままならぬ日本の新聞記者諸君に対し、榎本がこっそり教えてやったのかどうかわからない。

また、こんなことまで妻に知らせている。

「昨夜岡千仞《おかせんじん》（老儒者）氏当館に着、今日、御用状差出し候。後に面会の筈」

旧仙台藩士で勤王家であった岡千仞は、しばらく上海に滞在し、当地の文人たちと交際したりしていたが、まもなく書家で学者の楊守敬《ようしゅけい》を案内人にして、江南へ遊ぶ。上海に戻ると、こんどは北京へと足を伸ばした。

榎本は「後に面会の筈」と書いているが、岡千仞の旅行記『観光紀游《きゆう》』の「燕京《えんけい》日記」を見ると、十月十四日に北京へ到着した彼は、すぐに公使館へ出かけ、館員へ「榎本公使（武揚）に（到着の）旨《むね》」を伝えると、すぐに「門側の一室」をあてがわれている。どうやらあらかじめ連絡してあったと思われる。榎本と面会したのは、十五日の朝である。妻への手紙は十五日付けなので、おかしいようだが、十五日の午前、つまり真夜中に手紙を書いたのだとすれば、これでいいのだろう。

榎本は、面会するや、こんな「陋室《ろうしつ》」であいすまぬと、老儒者の千仞に向かって謝した（新公使館の設計図はできていたが、いまだ工事に着手していなかった）。千仞は、とんでもないと厚意を謝した。

「公使、午飯を饗《きょう》す。談、函館之戦いに及ぶ」

幕臣の榎本が江戸を脱走して北海道に立て籠もり、官軍と一戦を交えた函館戦争の話になったのである。

「奥州の兵は、役立たずでしたな。兵を御すに足る人材がいなかった」

と榎本は遠慮なく奥州列藩連合の盟主だった旧仙台（伊達）藩士の岡千仞に向かって、ズケズケ述べている。おそらく冗談めかして笑いながらいったので、「老藩儒」も怒ったりしなかったであろうし、事実彼自身がその通りだと思っていた。榎本もよく知る函館戦争に参加した仙台藩の人物が、その後に死んだことを千仞は告げた。しばし二人は「黯然《あんぜん》」とした。榎本のほうから先に口を切った。

「共に死生を誓いし者、今皆泉下《せんか》」

すこしく榎本は千仞を前にして感傷的になっている。このあたり、可憐にして、かつ曲者である。反乱軍（賊軍）の討伐に功のあった官軍の黒田清隆《きよたか》（薩摩藩）の嘆願によって死刑を免れた彼は、今や新政府の役人である。弱腰で、すぐ伏したといえ、官軍に抗した旧仙台藩士を前にして、すこしは忸《じく》怩《じ》たるものがあったにちがいない。「共に死生を誓いし者」たちにとって見れば、今もおめおめ生きながらえて、あまつさえ大出世している卑怯な裏切り者だともいえるのだ。

また、清仏戦争について、こんなことも榎本は千仞に洩らしたという。

フランスの陸兵は、本国にあって七十万といわれている。しかし中国にいるフランス兵の多くは、アフリカ人の傭兵であり、その戦力は、いちじるしく劣ると。一方、中国の八旗《はっき》兵は、百万と称しているが、みな役立たずで、かろうじてなんとかなるのは、李鴻章と左宗棠の養っている義勇兵のみである。この乱が、いつ止むか私にはわからぬと。

そこで岡千仞は意見を述べた。

「然《しか》し、中国はフランスの思うがままではないか。インド、アフリカがイギリスとフランスに占拠されたのと同じようなものだ」

と。すると榎本はいった。

「中国は、文明が早くから開かれ、数々の英傑を生んできた国であり、インドやアフリカの比ではない。フランス人はこのことの理をよく知っている」

榎本は、歴史の奥深い中国は、あなどれぬ力を今なおもっており、フランスもこのことをよく知っていると。そこで千仭は、こう切り返している。

「中国の今日は、わが国の二十年前と同じだ。唯《ただ》、我が国は小さい。中国は大きい。それ故、ひとたび乱がおこると大きくなる」

榎本は言う。

「その通りだ。中国人は自ら衣冠文物《いかんぶんぶつ》の伝統を背負っている。これは、彼等のくびきでもある。自治自強の路を早く講じなければ、彼等西洋人の〈盗〉を招くのみだ」

容易ならざる国だと知りつつ、目先の問題としては、これが榎本の中国への救護策（自治自強）であり、母国日本への戒めでもあった。

明治十七年十二月三日附けの観月宛ての手紙で、榎本は清仏戦争の行方を次のように観測している。

「清仏本件は、和議の沙汰、時々これあり候へ共、其《その》実は支那の剛情なると自惚なると、仏の手緩《テヌルキ》事等にて、今日迄グツ〳〵致し居り候」

清仏戦争がグズついているのは、中国人の剛情と自惚れ、つまり中華思想である、そしてフランスの優柔不断であるとしている。

「去乍《さりなが》ら、今一二《いちに》、劇（激）戦これあり。清仏いづれか大敗北（清の方なるべし）するにあらざれば、和議は整《ととの》ふべからず。仏の大挙北来は、未だ其前兆これなく候。白河《ペイホ》の氷合《ひょうごう》も、もはや四五日の中《うち》たるべきゆへ、来年四五月迄は、ドノ道、北方（北京）は無事に御座候」

十二月十日の観月宛ての手紙には、やけくそのように次の如く書く。

「当表（北京）、相替《あいかわ》らず静謐《せいひつ》にて、封河《ふうが》の候も近寄り、是よりは別して世間と隔絶せる安楽世界、糞出世界、塵沙《すなほこり》世界と相成り候」

まもなく上海から天津への道である白河が氷結（封河）する。それゆえフランスが大挙して北方へ攻めいることは、当分（四五月）まずない。当時のフランスの軍艦の能力では、氷合氷結という自然の猛威には勝てぬのである。もし戦いあらば、清が大敗北を喫し、和議も成立しようが、今のところは、そんな様子もなく、太平無事である。そうでなくとも、ノンビリしている北京は、いよいよこれから、

「安楽世界、糞出世界、塵沙世界と相成り候」

だと、姉に向かって榎本武揚は、おどけて見せている。姉はこの意味がすぐにわかったであろうか。安楽世界、塵沙世界（砂塵の吹く季節）は、なんとか理解できても、「糞出世界」のほうは、どうであろうか。上海に劣らず、宮都の北京も、糞尿に無頓着である。白河の氷結により、（敵の侵入を防禦できるが、）北京も封じこめられるわけで、放出される民衆の糞もまた消える行き場を失い（糞も氷る）、そのまま悪臭が温存されるやりきれなさ（の到来）に対して、榎本はやけくそなまでの諧謔《かいぎゃく》を飛ばしている。

明治十七年十二月四日、朝鮮でいわゆる甲申《こうしん》事変がおこった。親日派の独立党と親清派の事大党の衝突である。日本も清も朝鮮へ兵を派遣し、両軍は鉾《ほこ》を交えるに至った。

翌明治十八年一月十四日、武揚が観月に宛てた手紙がある。一月八日、外務卿の井上馨《いのうえかおる》と朝鮮の金宏集《きんこうしゅう》との間に和約が成立していたが、観月への手紙では、事件の責任者ともいうべき朝鮮公使竹《たけ》

添井井《ぞえせいせい》（進一郎）への悪口が書かれている。

かつて井上馨の口から、竹添が北京公使を所望しているときいて、榎本は、漢語しかできぬ男なので、諸外国の公使たちと交際できぬとして反対したことがある。

中国横断の『桟雲峡雨日記《さんうんきょううにっき》』によって内外に轟かせた彼の「漢才」を、かえって危険なものと見ているといってよい。のちに彼は、東京帝国大学の教授となり、『春秋左伝』の注釈書『左氏会箋《かいせん》』をものす学者肌の人物であったが、「政治」に向いていないと榎本は考えていた。かかる認識の他に、天敵とまでいかぬが、どうにも虫がすかぬ相手なのである。

そういうことは、人間にありうる。ためにその不仲により、政治の進路を左右することもありうる。

観月への手紙では、清国の総理衙門《がもん》から入手した情報をもとにして、こう感想を洩らしている。

「いずれも竹添の処置、宜《よろ》しからずと、日本兵の暴なる事のみ載《の》せこれあり候」

としたのち、

「兎《と》に角《かく》、竹添氏も余り朝鮮王を大事に致し過ぎ、却《かえ》って逆徒の手引きと相成りたる如き様、遥察《ようさつ》いたされ候。同公使は多分再任せざるべき歟《か》と察せられ候」

と批判し、悪い予想まで立てている。竹添側に立てば、この秀れた学者にして文学者の大いなる政治的挫折である。さらに武揚は、姉に向かってこうも自慢してみせる。

「当表、至って無事静謐《せいひつ》、尤《もっと》も清政府は日本にて（朝鮮に対して）何様の事を為《な》すかと、只管《ひたすら》心配するも、無理ナラズ。併《しか》し（て）拙官を大《おおい》に頼みにいたし居り候」

清としては、フランスと事を構えている時であり、これに加えて日本と朝鮮をめぐって騒ぎをおこしたくない。そのため、清はひたすら「拙官を大に頼みにいたし居り候」と、またまた、いつものごとく鼻を高くしている。

国旗を卸《おろ》して引き揚げん

「清兵のために武揚事《こと》、傷を受け候などは、実に跡形《あとかた》も無き事にて、全く御推察の通り、相場師の申し出したる事に相違なくと一同申出で候」

右は、榎本の妻であるたつから観月（武揚の姉）に宛てた明治十八年一月二十八日附けの手紙よりの引用である。これは、国会図書館蔵の「支那公使時代の御宅状」にふくまれていない。

二〇〇三年の四月、榎本隆充編『榎本武揚未公開書簡集』（新人物往来社）が公刊された。これまで武揚自筆の「御宅状」の解読に四苦八苦してきた私にしてみれば、旱天の慈雨に等しき出来事である。さっそく編者の苦労の結晶である解読文を利用させて頂いている。

また、妻のたつが榎本の姉などに送った手紙も収録されているのは、ありがたい。嫁として夫の肉親への気遣いにもまして、外交官の妻としての任地における役割も、それを通じて透かし見ることができる。

「清兵のために武揚事、傷を受け候」

という内容の記事が、日本の新聞にでも載ったのだろうか。日本の風説であり、東京の観月が「相場師の申し出したる事」にちがいないと推察しながら、嫁のたつにその実否を問い糺《ただ》したことへの返事であろう。

ここでいう「相場師」とは、ガセネタをもとに当て推量で記事をでっちあげる新聞記者を指すのだろうか。それとも政界の裏であらぬ噂をまいて暗躍するものたちをいうのであろうか。

外交の本質は、不透明にして曖昧な流動する秘密空間なので、一口に情報開示といっても限界がある。むしろ「情報開示」は、しばしばペテンである。しかしながら外交には、警察と同様に新聞などの民間の情報機関を利用する側面があり、てきとうに（或いは計算づくで）外部へリークしていかなければならない。その不透明さを利用して、とんでもないデマが謀略的に飛ばされたり、針小棒大に報道されたりして、極秘に進行している政治や外交が大きく阻害されることもおこりうる。

この不都合さを避けるために政府が言論統制しすぎると、情報機関を利用するウマミも消える。へたをすると曖昧の海に浮んでいらだちながら、知りたがる国民の怒りも買いかねない。痛し痒《かゆ》しである。

たとえば国家総動員法などで、「国益」の名のもとに報道機関を御用化してしまうと、国家そのものが、嘘の発し手となり、デマの張本人となる。必ずや言論統制に踏み切る全体主義は、この痛し痒しの矛盾に対する抜本的解決法として実践しているようだが、人間の内なる生命（エネルギー）に対しては、いささか傲慢にすぎる。いつの日か必ずその報いが訪れる。もし「天」なるものが、宇宙の心だとすれば、「天罰」がくだる。それが国家の興亡である。

「当地にては誠に穏やかにて、東京にての取沙汰とは大違ひに御座候」

朝鮮半島で日清両国の間に軍事衝突がおこった。ついに清国と開戦に至るか、と日本で大騒ぎになっていたとしても、やむをえない。北京の榎本公使暗殺未遂説も、そのような逼迫した政治情況から、自然と流れるだけの必然性はあった。北京のたつは「当地にては誠に穏やか」なることを強調し、観月らの不安を打ち消そうとしているかのようだが、実際にも、北京の空気は、きわめて「穏やか」だったと思われる。

その「穏やか」さは、腐敗した清国政府の情況把握がしっかりしていないため、のんびり構えているしかないところからくる見せかけではない。むしろいちいち慌てぬ中国人特有の「無頓着さ」や、「平気の平左衛門」の伝統的気質、あるいは人間の把握を拒む国土の広さによって生じる茫漠さ。たとえ入ってくる情報があっても、どこか遠くに聞こえるところに由るものであろうか。

古代の春秋戦国時代の諸書を読めば、おそろしいまでの情報戦がくりひろげられており、その茫洋感は、油断ならぬものだが、今や眠れる獅子の中国は、無能の「平気の平左衛門」になってしまったか。中国を棄てはじめた日本より、侵略しつづける諸外国のほうが、不気味に思っている。

「尤《もっと》も朝鮮一件に付ては、総理衙門《がもん》の大臣等も、数度当公使館へ参り、又武揚も総理衙門へは度々《たびたび》参り、静かなる談判は御座候様子に御座候」

ここでも「静かなる談判」というふうに「静か」さが強調されている。この「静かさ」は、さきの「穏やか」と似ているようで、ややニュアンスの相違がある。「穏やか」は、北京の空気（人気）であるが、

「静かさ」は、外交官榎本の姿勢であるように思える。

いくら「無頓着」なところのある清国の役人（大臣）とて、朝鮮における日清の衝突を厄介に思っているはずである。故に公使としては冷静に対応し、事を荒立てぬように務めていたのだとすれば、妻のたつは榎本の「静かなる談判」ぶりを観月に報じることによって、亭主自慢しているのだともいえる。

「外務卿（井上馨）が朝鮮にてなしたるは、清国に関係ある分は、少しも手が付《つき》申越さず候趣《おもむき》に候。まゝ申さば、誰にでも出来る役目にて、此の後、清国との談判は、何人が背負ひ候哉《や》。英公使の申し候には、多分面倒の分丈《ぶんだけ》は、榎本君が担《にな》われ候事ならん、と申居り候へども、未《いま》だ本国の政府よりは、何の沙汰も御座なく候」

またまた自慢話である。ここでは、この年の一月に朝鮮へ談判に赴いた外務卿井上馨の悪口まで述べられている。「誰にでも出来る役目」であり、たいした外交手腕を発揮したわけでない。彼が出向いてきても、朝鮮にからむ清国問題はそのままになっているので、その面倒は、すべて榎本が背負わざるをえまい、という英公使のいかにも気の毒気な世辞まで、妻のたつは披露している。多分、榎本が洩らしたのであろう。李鴻章との親密を誇る武揚は、内心、これを解決するのは、この俺しかないと自信満々だったかもしれぬ。

それにしても、この自慢、武揚の自慢を伝えているようで、妻の自慢でもある。いくら夫を尊敬していたにしても、すこし露骨すぎるのではあるまいか。「是等は私の家向け丈《だけ》を申上候事故《ことゆえ》、御内々に」

という注が入っているが、これはいつもの武揚の癖であり、妻も真似ているのである。

ここでふと思うのは、この手紙、妻の名を借りた武揚の直筆か、妻たつが武揚の口述するのをそのまま記したものではないか、ということである。とすれば、いつもの武揚の用心深さだが（身内には、語ってしまっていながら、他人に語るなと釘をさす矛盾）、原文（肉筆）を見ていないので、なんとも判断しかねる。ただ、次の言葉には、やはり女房の筆になるかと、迷う。

「今日も御用状（日本の外務省への報告書か）出す日にて、武揚は公用多にて、多分手紙は認《したた》めかね候と申居り候」

とあるので、やはりたつの手になるものかと思い直すにしても、逆にいえば、かえって疑わしい言い草だとも考えられる。

とかく「候文」は、男女の性差を消してしまうところがあるにしても、これは榎本の筆くさく思える。今日の目から見れば、たいして機密を語っているわけでもなく、それほど慎重に用心してまで、井上馨の悪口を身内に言わないではいられぬものかと思う。

だが、私的な書簡といえ、日本の内務省による検閲などによって外務卿の耳に榎本の悪口が入ったり、途中で盗まれて国内の政敵や清国をはじめとする諸外国のスパイの手にわたったりすれば、どのように悪利用されるか、わかったものでもないともいえるのだ。

たつは、明治十八年二月四日附けで、観月宛にまたまた手紙を送っている。これまた「候文」によって、男女のニュアンスが、消えているものの、内容からは、その差の香りがきこえてくる。

「……何とも恐れ入り候え共、地白《じしろ》の惣（総）模様の表を一枚欲しく存じ候。……模様は大形にてよろしく候えども、余り汚れの無き品を得度《えた》く存じ候。是《これ》は洋服に用ひ候ものに御座候」

「地白」とは、下地が白の着物。どうしたって、女同士間ならではの依頼の文章に思える。どうやらたつは、着物地で洋服を仕立てようとしている。次のくだりなども、あきらかに女のたつの感慨そのものを示す。

「毎夜の様に食事又は夜会等《など》御座候えども、此の度《たび》は尚方（三男）のために、三度に一度くらい出候のみにて、引込みがちに致し居り候」

夜会は、毎夜のごとくあり、公使夫人としては出席せねばならぬが、ずいぶんと気が重かったようで、三度に一度ぐらいにして貰っているが、それも息子の養育（世話）のためだといっているようだ。といっても尚方は、まだ数えで三歳、満で一歳の幼児である。とすれば、物心つかぬうちから外国人に接するようにという榎本流の教育方針を曲げて「三度に一度くらい」にしてもらっているのではなく、まだ尚方が幼児なので手が離せず、やむをえず彼女が「三度に一度」の夜会への出席になっていると読むべきであろう。考えてみれば、いちいち会合や夜会に幼児を同伴させるはずもない。着物地で洋服を仕立てて見たいほどなのだから、さして夜会は嫌いでなかったのかもしれぬ。

「来たる八、九日は、アメリカ公使館連中が芝居を致し候とて招かれおり候。語の通じぬ芝居は実に面白からず存じ候。然《しか》し西洋人は多芸なる者にて、男子も女子も皆々芝居などいたし、感心成る者に御座候。末乍《なが》ら御兄様（武揚の兄の武與）へよろしく御伝言願上げ候」

だが、つづいて出された二月十八日のたつより観月宛の書簡は、彼女の肉声が感じられる部分と榎本の代筆しているような部分とに分裂している。

「先便（一月二十八日）御申越し通り、井上大使が出張の上にて、日朝間に結びし条約も、実に手緩《てぬる》き事にて、日清間の事ハ、何一つも突止《つきと》めし事は御座なく、此の後、遅ればせに北京政府と談判を致し候ても、水掛け論と相成る事、多く候て、とても日本人民が快く存じ候よう成る事は出来まじとの事」

これは、あきらかに榎本の声というべきだろう。井上外務卿の結んだ曖昧な条約に対し、彼が切歯扼腕、難じないではいられぬという心情が溢れかえっている。かたわらで武揚を見守っている妻のたつが、夫の心を慮《はばか》ってかく書いたと想像するより、武揚が不平をこれまで通り姉の観月に向かってぶつけないではいられなかった習慣に従って、妻に代筆させたと見るべきだろう。あるいは、これらの部分のみ武揚の直筆とも考えられる。いや武揚は他見を怖れているので、自分の分も女房の分も一緒に頭の中にめぐらしながら妻に口述筆記させたと推理すべきか。いずれにしろ、この部分の文調は固く、男のものである。

「又日本人民が朝鮮事件に付ては、聞き誤ち多くして、何でもかんでも支那人が乱暴を致せしとのみ心得候も、大いなる間違いと申す事にて、全て竹印（韓国公使竹添進一郎）が不都合をなせしに付、朝鮮の談判も急に寛仁（の）態度と（日本側が）替り候様子に聞込み候」

このくだりなど、どうしたって榎本そのものだろう。どうやら武揚は、いつまでたっても支那政府と談判せよという日本政府（井上馨）からの命令もなく、蚊屋の外に置かれ、いらいらしているようだ。ここでも、竹添への悪口がはいっている。「竹印」呼ばわりさえし、彼の失策により、日本は下手（寛仁の姿勢）に出なければならなくなったとしている。

また日本の報道では、一方的に「支那人が乱暴した」から、朝鮮で事件がおこったことになっているが、それは違うぞと怒ってもいる。この事件は、戦争などしたくない「支那政府にとりては、泣き面に蜂」であることを見逃している。中国には、そんな余裕はない。「何《いずれ》にも致せ、日清間の条約は立派に出来候様致し度く存居《ぞんじお》り候」と、自信のほどを示しながらも、自分への命令の遅きに腹を据えかねている。妻のたつを利用して、政治的不平や機密を洩すのは、女から女への通信ならば、つい内務省の検閲も甘くなるという配慮によるものであろう。

しかし次の愚痴は、あきらかに妻たつのものである。公使館にいる「幸《さち》」という女性、おそらく公使館で雇っている女中への悪口である。

「見かけに寄らず色気沢山にて、此の頃は毎夜毎夜、白粉を濃く塗り立て、猫撫で声にて若き書生等に世辞を申し、出鱈目お世辞のみ申して嘘をつく事、一番の上手にて、私共夫婦が夜分他出の留守には、いつもいつも何方《いずかた》へ参り候のやら、決して子供（尚方）の世話などは致し申さず、遊び歩き居り候趣、実に困り者に御座候」

どう読んでも、このくだりは、女特有の毒のこもった悪口である。姉の観月は、弟武揚の不平をきき、その上、彼の妻たつの愚痴をも受けとめるのだから、一種の女傑のようなところがあったのだろう。

「給料などは受取り候へば、直《す》ぐに買食ひやら、其の他の事に遣《つか》い散らし、少しも女らしき気質は御座なく候え共、見張り居り候て、遣ひ候へば、役には相立ち候まゝ、勘弁致し置き候」

「幸」なる女性、まさに「女らしき気質」そのものにも思えるのだが、女の礼儀作法を厳しく仕込まれて育ったたつにとって、幸の行動は、いまいましい振る舞いの連続に見えるのであろう。しかし、監督の目を光らせておれば、てきぱきとやるところもあり、今のところは「勘弁」しているとしている。外交官夫人も、楽でないのである。

明治十八年三月十三日、天津に来ている武揚から、北京にいる妻のたつへ送った手紙がある。清国と天津条約を結ぶため、全権大使（参議兼宮内大臣）伊藤博文の到着を早くから来て待っていた時のものである。北京の嶋田書記官から、伊藤との談判のため、清国側から李鴻章・呉大澂《ごたいちょう》という大官を宛てるという発令が皇帝より出たという報告があったが、それをきくや榎本武揚は、急にフキゲンになった。

「拙者は不承知」

きいておらぬ、と嶋田書記官らに答えたとたつに知らせている。

「ツマリ伊藤大使来津（天津に到着）の上、其《その》了見を聞きて、改《あらため》て総署江懸合《かけあい》に及ぶべくと申放《もうしはなち》置き候」

榎本がフキゲンなのは、この交渉にあたり、信頼している李鴻章からも彼のところへなんの情報もなく（榎本が天津に来ているというのに）、また本国政府からも袖にされているからであろうか。外交は、国家の面子《めんつ》もあるが、公使大使の面子も立てなければ、おうおうにして、まとまるものも、まとまらなかったりする。とりあえず、天津領事の原敬の日記を見ておこう。

榎本武揚は、『原敬日記』によると、三月十日の朝、北京を出発、翌十一日には天津に到着している。原はそれ以前より、しきりと北京の榎本のもとへ機密通信を送っている。まだ天津の河が氷合しており、いつ河開きになるかとか、そういう中にあって伊藤全権大使は上海経由で天津に向かうのか。その迷いのため、伊藤の動きが、はっきりしていなかった。清仏の軍艦が、火蓋《ひぶた》を切る可能性もあった。

それより先の三月三日、「大使、若《も》シ至急ヲ要セバ、直航シテ来ルモ妨《さまたげ》ナシ」と原は、外務卿の井上に電報している。これは、ためらっている政府（伊藤と井上）へ怒りをぶつけた榎本の意見の代弁だろう。四日、ようやく河が開いた。原は外務卿の井上にその旨《むね》を電信している。六日、榎本は、「上海ヲ経《へ》ズシテ、来津スルヲ可トス」と、出番を待って長崎に滞留している伊藤大使へ、直接に井上を一挙に飛ばして電報している。これが、十日までの経過のあれこれである。

ようやく十日になって、七日に伊藤が「上海を経ずして」芝罘《チーフ》に向かったという電報が外務卿の井上から入ったので、北京から榎本はただちに天津へ向かったのである。清国側では、交渉に当る呉大澂・袁世凱《えんせいがい》が日本との談判のため、もう天津に入っていた。榎本にとって、このあたりのことも、不快だったにちがいない。清国政府は、彼の頭越しに交渉場所を勝手に天津と決めてかかっているからだ。

原は、十二日の日記で、「榎本公使、李ヲ訪フ」としているが、その会談の模様はわからぬ。十三日には李鴻章のほうから北京公使の榎本に対して、答礼として訪うことになっていたが、「時間なきを以てマタ明日」という結果に終っていたようだ。これは、相手をいらだたせる李鴻章得意の外交術のうちか。なにやら李鴻章の信頼をえたとホクホクしていた榎本が気の毒に思えてくる。さきに見たフキゲンな榎本よりの妻たつへの手紙は、その夜に書かれたものである。伊藤をのせた薩摩丸は、芝罘にまで到着していたが、疫病の発生で、その地に逗留していた。これも気にいらなかった。

「大使（の船）は未だ帆影も見へず、音信もこれなく、去乍《さりなが》ら支那には、流行病検査条令、これなきに付、いつでも勝手に芝罘を出帆、天津に来るを得べきに、今に同所に逗留せらるゝは、余程疱瘡《ホーソー》患者の多き歟《か》、左《さ》なくば別にしさゐ（仔細）ある事か、の二ツに候」

国際法に詳しい榎本の外交論の立場からすれば、日本政府のもたつきは、信じられぬものであり、いよいよ不機嫌の気も増すばかりだが、決定権は大使伊藤の莫逆《ばくぎゃく》の友である外務卿の井上馨が握っており、自らは旧幕臣の一介の北京公使であることに思いを致してか、妻のたつにこう愚痴るのである。

「（伊藤）大使、着津の上、もし外務卿同様の見込みにて、談判は天津にても苦しからずと相成り候はゞ、拙者儀は無拠《よりどころなく》当表（天津）に逗留せざるを得ず、（北京不在になるので）甚《はなは》だ以て不都（合）千万なれど、致し方なし」

どうやら榎本、談判は首都の北京ですべしと考えていたようだ。日本の面目のためである。伊藤大使の一行が、ようやく天津に到着したのは、三月十四日である。榎本がねじこんだのか。伊藤は、どちらにすべきか（天津か北京か）迷っていたようだが、断固として李鴻章は天津での談判を主張したようだ。三月十五日附けのたつ宛ての手紙には、そのようにある。

結局、大使の伊藤博文らは、日本の威信のためか、断固として北京へ行くことに決心した。そうなれば、清国政府は、その接待の用意をせねばならぬ。ただし、談判のほうは、李鴻章の主張通りに伊藤が北京より戻ってきてから天津で開くということになった。両者妥協しあったのである。面子の立て合いだ。なんとも、めんどうなことである。

大使伊藤らが榎本に案内されて北京に向かったのは、三月十七日。天津に戻ったのは、四月二日であるから、かなりの間、北京に滞在したことになる。伊藤ら一行は、北京見物できたからよいようなものの、外交とは、なんとも面倒なことをするものよ！

清国の主張により、漢語（中国語）でなく、わざわざ「英語」で行われた談判は、かなり難行した。破談の場合、外務卿の差し図次第では、「国旗を卸《おろ》して引揚げ」ることまで覚悟したことが、四月十一日附けで、武揚が東京の観月に宛てた手紙によってわかる。

「昨日、午後（天津の）迎賓館にての談判は、弥《いよいよ》両国和戦（平和か戦争か）の分れ目とも申すべく程の処、流石《サスガ》は李鴻章丈《だ》ケ（あり）、空力身《カラリキミ》を出さず、遂に折合相付《あいつき》、先ず双方国家の威光に傷《キズツ》けず、円《まる》く纏《まとま》り候間、何寄《なによ》り大慶に御座候」

これは四月十六日、北京のたつに宛てた手紙にあり、十八日には調印の予定ともある。

「伊藤は長州サワギ（前原一誠の乱か）の節、種々苦労せし人なれど、今度の如き重荷を背負いたるは、始めての事ゆへ、ドウダカと傍《そば》より見居り候処、中々感心の事少なからず」

と伊藤博文の政治手腕をほめている。あれほどカッカときていた榎本だが、なんとか談判なってほっとしたのか、「ドウダカと傍より見居り候」と余裕のあるところを急にたつに示しているのも、おかしい。さらにこうも自慢して見せる。

「伊藤は、今朝（領事館の）庭の桃花《とうか》を見て、サモ面白気《おもしろげ》に起立いたし居り候処へ、拙者用向ありて、側《かたわら》より上野向嶋の桜花《おうか》よりも面白からん、と言懸《いいかけ》しに、実に然り々々、と申し居り候。心中察せられ候」

伊藤も談判成立して、ほっとしたのか、榎本のからかいにも「然り々々」とおうように受けとめている。

伊藤博文の巻

憲法制定に尽力し、近代日本国家の枠組みを作り上げた伊藤博文は、初代総理大臣となる前年、全権大使として清国へ赴く。

俄《にわ》かに旧《もと》の寂寥《せきりょう》に帰《き》す

明治四十二年五月某日、伊藤博文は、英国大使マクドナルドの招きによって、晩餐会に出席している。当時、博文は韓国統監であった。五月二十四日に辞任の表を上《たてまつ》っているが、「併合ノ大事ヲ行フノ際ナレバ」と、明治天皇に却下されている（『伊藤博文公年譜』昭和十七年刊）。

結局、六月十四日には統監を免ぜられるが、かわりに枢密院議長に任ぜられた。今に禍根を残す「日韓併合」は、日本政府にとって既定の事実であった。英国大使館での晩餐会が、辞表を上呈した後なのか前なのか、不明である。

明治四十二年（十月二十六日）は、ハルピンの駅頭で安重根《あんじゅうこん》に狙撃され、伊藤博文が死去した年でもある（六十九歳）。暗殺により既定の方針が変わるわけでなく、十二月四日、親日派の李容九《りようきゅう》により、日韓合併の上奏がなされ、認可された。

伊藤博文の秘書であった古谷久綱《ふるやひさつな》が、翌明治四十三年に発刊した『藤公余影』（民友社刊）の中に、英国大使館における晩餐会の記述がある。この日、古谷も陪席し、帰りの馬車の中で、

「実に好地位を占めたる堂々たる大使館なる哉《かな》」

と嘆賞する。「好地位」とは、大使館の場所どりをいう。博文は、すぐさま古谷の感嘆に応じて、

こう言った。

「然《しか》り、実に堂々たるものなり、斯《か》くありてこそ、真に君主と政府とを代表する使臣の衙門《がもん》(大使館)たるに恥ぢずと謂《いい》つべし」

そこで、さらに古谷は、

「何人《なにびと》が此《この》敷地を選定したるや」

と問うた。即座に、

「サー、ハーリー、パークスなり」

と博文は答える。以後、霊南坂の官舎の車寄せに馬車がとまるまで、「車中滔々《とうとう》として」パークス論とあいなったという。

江戸時代の英国公使館の場所は、水戸藩浪士たちが襲撃した芝東禅寺(文久元年七月)にはじまる。さらに赤羽(橋)の大忠寺に移るが、まもなくして幕府は品川御殿山(文久元年八月)に公使館の設立を許可した。文久元年十二月、長州藩の高杉晋作らとともに、伊藤博文は同館の焼き打ちに参加する。浪士の襲撃をさけるため、つづいて富士の見える風景絶佳なる横浜の山手(横浜グランドホテルの近く)に設館を認められる。さらに東京へ戻り、麹町に移る。公使館から大使館に昇格したのは、いつごろからか。日本は、ヨーロッパ諸国から不平等条約を押しつけられていた。が、公使館の場所の選択については、日本が主導権を握っていた。

古谷は、大使館の「敷地の選定」はだれか、とさかんに気にしているが、明治四十二年の段階では、すでにイギリス(諸外国)は、場所を自由に選べ、建築デザインも自由になっていたのだろうか。

伊藤博文は、大使館の外部内部における「堂々たる」さまに感じいっているが、古谷は「敷地」の選定に感心しているのである。この場所どりのよさとは、横浜山手時代のような見晴らしのよさであるはずがない。おそらく天皇のいる「宮城」に対する位置どりではないだろうか。そのことは、伊藤も途中で気づいてか、古谷が文語調に直して摘録した博文のパークス論を見ても、彼の意見は、はっきりしている。

「彼《か》れ（パークス）の慧眼《けいがん》は数十年以前に於《おい》て、早くも此《この》高燥閑静にして、執務居住に適し、而《しか》も濠《ほり》を隔て丶直《ただち》に我宮城と相接し、一朝有事の日、容易に之《これ》と連絡を取るに便利なる此敷地を相《そう》し（選定）、此処《ここ》に堂々たる公使館を建設したるなり」

公使および大使館は、治外法権だが、内部は一種の城塞をなす設計になっているはずだ。日本の外交戦術には、この種の知恵がまだない。せいぜい外交官が住める場所ぐらいの認識しかなかった。たとえば、その国の過激分子（たとえば若き日のテロリスト伊藤博文）から攻撃を受けることになった場合、「宮城と相接」する位置にあったほうが、防御に有利である。宮城の真ん前で血が流れたり、戦火が宮城に及ぶことを彼らは忌避するに違いないからだ。

古谷はそのことに気づいているが、博文は一国を代表する「堂々たる」建築物であることのほうに意識は傾いていたようで、ようやく古谷の質問で、なるほどと感じて意見をあらためたような気配もある。

伊藤博文が、はじめて清国の地を踏んだのは、明治十八年、天津条約を結んだ時である。それまで彼は、幕末に藩命により（英商人グラバーのあっせんにより）英国へ密航し、明治四年から六年にかけては、岩倉使節団に従い、米欧を廻っている。隣国の中国は、この時が最初であった。

三月九日、長崎より薩摩丸で、上海を避けて芝罘《チーフ》に直航した。同十四日、天津到着、日本領事館に入る。すでに見た如く、天津の領事は原敬であり、北京駐在の総領事は榎本武揚である。十一日に榎本は伊藤大使を出迎え、談判に備うべく天津に来着している。

天津の領事館のひどさは、原敬の巻ですこし語ったが、いったい大使の伊藤博文の一行は、どこに泊まったのか。原の『懐旧談』によると、

「この際における天津は繁昌といったらよいか、混雑といったらよいか、なか〳〵の騒ぎであった」

「白河《ペイホ》（の凍結）が開《あ》くるや否や大使が来られたのであるから、上海から来た総《すべ》ての船舶がみな大沽《タークー》に止まり、その旅客だけが天津に来て宿泊しておる。天津から南方に行かんとする旅客は、船舶が出ないから、これも天津に滞在してゐなければならぬ」

「そういふやうな旅客の輻輳《ふくそう》してをるときに大使が来られて、此の大使一行がどの位の人員であるといふことは、電信の外に問合せの途《みち》がないから、詳しいことは分らない」

つまり、わずかしかない天津の旅館は、すでに満杯のため、宿泊の予約をとることができない。ようやく、

「(一行の人員が) 二十人足《た》らずといふ報知を得て、大使は領事館に滞在せらるゝこと、して、その他の旅宿を割当ておくにも困難したが、来て見れば、何《な》んの二十人どころか、非常の多人数であった」

とりあえず原敬は（榎本にも相談したであろう）、大使の伊藤博文だけは国の代表であるから、手狭で

も領事館に滞在してもらうことにしたのだが、なんと参議西郷従道《つぐみち》侯爵も随行している。それだけでなく野津大将、仁礼《にれ》中将、前文部大臣の井上毅《こわし》といった将軍や顕位高官も同行している。へたなところに彼等を泊めるわけにいかない。これは、本土の外務省の連絡ミスともいえ、現地の領事である原敬の責ではないが、予定外の彼らが来てしまったからには、急遽、段取りをして解決せねばならぬ。

さらに原敬は、かく回想する。

「他に書記官であるとか何であるとかいふ人々も非常に多く、文武の官吏を合せると幾人あったらうか、とても宿も何もありはしない。遂に家を一軒借りてソコに合宿をして貰はうといふ考へで、家は借りたが、幸に駿河丸といふ郵船会社の船が天津まで這入《はい》って来たから、この御用船に多く泊をとったといふ様な次第」

『原敬日記』には、このような苦労話など一切記されていないが、それでも十七日の日記に、こうある。

「午後一時、花房、松延、曽根、佐和、黒岡、蒲生、井上、関、日高、土屋、川口、河上、山根ヲ饗《きょう》ス」

「晩七時ヨリ大使、西郷、井上、仁礼、野津、伊東、鄭、牧野、石坂、高辻ヲ饗ス」

と二回にわけて領事館で、一行を「饗」している。この名前の列挙自体、てんてこ舞いの中での原の才略発揮であり、その際の苦労を裏付けていると読むべきであろう。夕食を饗されたのは、伊藤博文を筆頭とする高官ならびに将軍連であり、昼食を饗されたのは、書記官クラスか。

「その外、新聞記者、実業家など色々の人も来たから、平日は醜婦業まで合せても、二十人あるかなしの日本人が、この時ばかりは百人以上となって、天津居留地でも、天津市街でも、何処《どこ》に往《い》っても日本人ばかりで、非常に賑《にぎ》やかなことであった」

もとより天津が日本人で埋めつくされたことを喜んでいるのでない。苦笑しているのである。彼等は、示威用員としてかりだされたというわけでない。当時は、気軽に清国見物というわけにもいかないので、これはいいチャンスと、なんとか名目をみつけて遊びに来ていたのである。

これを許可したのは、伊藤博文だとすれば、のんきなおおらかさである。ハイカラ参議西郷従道などの随行に対しては、榎本も皮肉っているが、談判に加わる用があるわけでもないから、ただ暇つぶしにきたようなものである。『原敬日記』には、外国の公使たちと朝早く起きて「馬行セリ」とある。つまり、「乗馬」を娯しんでいる。おそらく原の斡旋《あっせん》であろう。

「この一行の立たれた後は、何のことはない、恰《あたか》も大風の後のやうで、俄《にわ》かに旧《もと》の寂寥《せきりょう》に帰《き》したのである。多人数、滞在中には、いろ〳〵な奇談もあり、又いろ〳〵な事件も生じたと思ふが、兎《と》に角《かく》天津領事館創立以来の騒ぎであった」

と、原敬はにがにがしく当時のてんやわんやぶりを想い出している（かかる便乗主義的行動は、日本人の悪弊的気質として今にも残る）。

ずっと後のことになるが、明治四十四年、原敬は「支那朝鮮」を漫遊（三週間）している。もちろん、もはや天津領事ではない。立憲政友会の院内総務である。「予は公私共《とも》、何等《なんら》の用向を帯びたのではないから、唯《ただ》処々見物をするばかりの考《かんがえ》であったが」、そうもいかなかった。政治家に純粋な「漫遊」はありえない。その気であっても、心身は「政治体」であり、不可能である。

現地の日本人の勧めにより清国の高官たちにも逢ったが、漫遊気分をこわされてうんざりしたわけでない。

「偶然談話の機会を得たのは、意外の仕合せであった。而《しか》して予の清国滞在中、大官の人々より相当の便宜を与へられた事は、予の感謝する処である」（『原敬全集』下、「支那朝鮮漫遊談」）

と案外に素直である。

公務の外遊にあっては、もし仕事に熱心であれば、観光の目は動かぬのが、理である。息抜きの観光を目的とした場合は、逆にかえって、どうしたって政治家としての目がひとりでに動く。これが自然の理というものであり、職業柄の宿命である。

「今回旅行の目的は素《もと》より見物であった。勿論《もちろん》見ることもなし、聞くこともなしに、地方の政治経済、外交等に関し、聞知《ぶんち》した事もあり、又多少考ふる処もないではない」

としているが、当然である。

かつてのごとき、清国の「不潔」への批判は、この「漫遊談」にない。むしろ「進歩」を認めている。「別のもの、様になって居る」としている。「人道車道の別」のできたことにも感心した北京では、万寿山や円明園をゆっくり見物している。若き日の任地であった天津にも立ち寄っている。人口七十万の大都市に変貌していた。

「天津は変化と云ふよりも寧《むし》ろ新《あらた》に生れたと云ふ方が適当かも知れぬ。予の同地に領事たりし頃は、一人の居留民も居ない。我《わが》領事館は、英国居留地の一隅の離《はなれ》家同様であったが、今は日本を初《はじ》め各国居留地は、河を距《へだ》てたる処にまで広がり、昔支那街の外廓であった城壁の跡には、電車が走って居ると云ふ有様である」

たかだか二十数年余でのこの大変貌、それは最近ひさしぶりに行ったベルリンで感じたのと同じだとしている。天津領事館も訪れたはずだが、場所も移動しており、河近くに変わっていた。「敷地」の選択としては、よしと認めているといってよい。ただその建築物そのものが、国威を示すべく「堂々」としているかどうかの評価まではくだしていない。

ここで伊藤博文が、朝鮮事件にからんで清国と談判するために訪れた明治十八年の天津に話を戻すとしよう。明治四十二年五月、伊藤博文とともに英国大使館の晩餐会に陪席し、その敷地の選定のみごとさにびっくりした秘書の古谷久綱が、伊藤の口からパークスのなせるしわざだときいたことは、すでに書いた。その『藤公余影』の中に、伊藤博文の回想として、天津へ赴いた時の話が、わずかながらある。

「予が明治十八年大使として清国に遣《つかわ》されたる際の如き、英国公使として北京に駐在せる彼（パークス）は、予の奉命を聞き、特に一書を裁して天津に寄せ、遠からず、再会を喜ぶ旨《むね》を記せり」

パークスの日本滞在は十八年に及び、彼の生涯は日本の維新史・近代史だとまでいわれている。明治十六年八月、新たに北京駐在公使に任命されて、ようやく日本を離れたが、翌十七年、朝鮮駐在公使を兼ね、朝鮮条約の批准交換をしているから、日本と朝鮮との紛争は、ただごとでなかったはずである。さらにイギリス大使館の晩餐会の帰りの馬車の中でパークスを論じていた伊藤博文は、つぎの如き思い出を古谷に語っている。

「然るに予の進みて（天津より）通州に到るや、意外にも突然彼の訃音《ふいん》に接せり。死因は僂麻質斯《リューマチス》の苦痛を免れしめむと欲して、医師の〈モルヒネ〉を与ふる際、其分量を誤りたるが為なりと聞けり」

一八二八年生まれのパークスは、享年五十七歳であった。慶応元年（一八六五）、上海領事であったパークスが、オルコックのあとを継いで日本駐在公使として長崎に到着した時、三十七歳であった。以来、「恫喝《どうかつ》外交」をもって日本の政治家や官僚の心胆を寒からしめた。死因は、過労ともいわれる。

三月十七日、清国皇帝に謁見せんと伊藤博文は北京に向かった。北京到着は三月二十一日である。古谷久綱の『藤公余影』では、その死をその途次の通州できいたとある。『原敬日記』によれば、二十三日に英領事から昨日（二十二日）死去したという報せを天津で受けとっている。博文の北京到着は三月二十一日とされているから、到着直後の死のしらせである。即ち、到着前の旅の途次である通州できいたというのは、すこしおかしいが、ままある記憶違いというより、他の事情あってのことかもしれず、このようなズレはたいしたことはあるまい。

東洋的豪傑の面影あり

「彼れの英国を代表して日本へ来りしは、慶応元年の事なれども、其《それ》以前支那に於ける彼の履歴は、実に〈ロマンチック〉にして、宛然《あたかも》東洋的豪傑の面影あり。君若《も》し其《その》詳細を知らむと欲せば、大磯滄《そう》浪閣《ろうかく》に上下二冊に分れたる彼の伝記あり、閑暇の際、之《これ》を一読せよ」

右は古谷久綱著『藤公余影』の「英国公使〈パークス〉」の章よりの引用である。

「ロマンチック」などという言葉を駆使してみせる語り手は、伊藤博文だ。「君」は、秘書の古谷久綱のこと。「彼れ」とは、パークスである。伊藤博文は、古谷に対し、パークスのことをもっと知りたければ、別荘大磯の「滄浪閣」にある「上下二冊に分れたる彼の伝記」をとりだして読め、と教えている。

おそらく「彼の伝記」というのは、F・V・ディキンズの手になる一八九四年（明治二十七年）に英国で刊された『パークス伝』（東洋文庫、高梨健吉訳、平凡社刊）のことだろうと思われる。ディキンズは、英国海軍の軍医として中国と日本に長期滞在した人である。数々の日本文学の翻訳があり、南方熊楠《みなかたくまぐす》と共訳した「方丈記」もある。竹田出雲の脚本「仮名手本忠臣蔵」も訳したという。とすれば日本へ駐在した諸国の外交官を驚かせた、日本の武士の「ハラキリ」を広く海外へ知らしめるのに貢献した一人だともいえる。

博文は「上下二冊」といっている。ようやく日本で翻訳されたのは、残念ながらその下巻（第二巻）のみである（日本滞在中のみが翻訳されたのであり、全訳ではない。自国中心主義の悪習だが、これでは、彼の全体が見えてこない。つまり日本における彼の行動の因ってくるところが見えにくくなる）。にもかかわらず伊藤博文は、きちんと「支那に於ける彼の履歴は、実に〈ロマンチック〉にして、宛然東洋的豪傑の面影あり」としているが、このあたりのことをもっと知るためには、おそらく上巻（第一巻）に描かれているであろう中国時代のパークスの履歴を読まねばならぬのだろう。

しかし伊藤博文は、古谷との雑談で、それなりに清国におけるパークスを紹介してしまっている。十二、三歳の時に宣教師の妻となった姉に従い、はじめて澳門《マカオ》の地を踏み、以後、通訳として外交官の道を歩みはじめ、ついには廈門《アモイ》の英国領事にまで出世する。

「更に広東に転じて、有名なる〈アルロウ〉号事件起るや、彼は得意の高圧手段に出で、英仏の兵力を以て、遂に同市を占領するに至るや、民政官として同市数十万の清国人を支配する事、一年以上に及びたりと記憶す」

これは、おそらくディキンズの伝記で読んだ知識に基づくものであろう。博文は、英文が読めるのである。とりわけヨーロッパ政治家の伝記を好んだ。

「英仏同盟軍の北京侵入（一八六〇）の際の如きに至りては、彼れの小説的歴史の絶頂に達したる時にして、同盟軍の天津を陥《おとしい》れ、更に北方に進むや……」

博文は、パークスの政治生活を「小説的」と見ている。波乱万丈なる生きかたが、「小説的」なのである。

「ロマンチック」と見るのも、そこからきている。彼の言う「ロマンチック」は、冒険の意に近いだろう。「謀略」の意もふくむかもしれぬ。

今日の我々の目からすれば、多分に日本の幕末も明治も、小説的である。志士たちの行動は、理想（多分に空想的）を追い求め、ロマン小説を地でいっているようにも見える。パークスに「東洋的豪傑の面影」を博文は見ているが、西洋人にあっては、大航海時代につらなる大冒険の時代であり、悪くいえば一攫千金の山師の時代でもあったのだ。

「彼は或《ある》任務を帯びて、前線に出でたる際、図《はか》らずも清兵の為に捕虜となり、北京に護送せられ、清国官憲の彼を斬罪に処せんとするや、彼れ抗弁屈せず、卿等若《けいらも》し予が頭を斬らば、清国は忽《たちま》ち亡《ぼう》滅《めつ》すべしと威嚇し、清国官憲をして遂に暴行を擅《ほしいまま》にするを得ざらしめたり」

「東洋的豪傑の面影あり」と博文が評するのは、このあたりの豪胆さを指してのことだろう。中国史をひもとけば、このような豪傑は、しばしば出てくる。どうやらパークスの豪胆さ（高圧手段）に、清朝の首切り役人たちは、ひるんだ模様だが、中国史にあっては、言わせるだけ言わせたあと、斬ってしまうことが多い。斬られることによって、英雄ともなる。その点からすれば、清朝末期の役人たちは堕落しているともいえる。西洋人をこわがって、弱腰になっていたともいえるのだ。

「英国の東洋政略史上の大達者」

とも伊藤博文は、パークスを評断している。このつねに「高圧手段」をもってするパークスの「大達者」ぶりは、日本や清国の為政者や愛国者にとって、イギリスの東洋侵略につながるゆえ、なかなかに困りものである。

にもかかわらず、どこか伊藤博文は、パークス的存在を容認しているようなところがある。日本のためによかったと考えているのかもしれない。パークスにくらべれば、維新前後の志士たちや明治の豪傑気取りの政治家などは、小さいともいえる。開化思想の伊藤にとっては、その反対者の頑迷さを破ってくれる都合のよい人物だったともいえる。パークス側からすれば、そのような伊藤などは利用するに足るかわいい奴隷であったのかもしれない。

「支那に於ける彼の前半生の特徴とも称すべき冒険的行動は、日本に於ても遺憾なく発揮せられ、維新前攘夷熱の最も旺《さかん》なりし時代に於て、東西に旅行して更に危険を感ぜざるもの、如く、明治十一年竹橋騒動の際の如き、彼は馬に跨《また》がりて公使館を出で、銃火を冒《おか》して現場を視察し、且《かつ》市内を徘徊して、禍乱の那辺《なへん》に及ぶべきやを親しく攻究したり」

幕末のパークスは、妻を連れて、女性の登山が禁じられている聖なる山の富士山に登頂している（前任のオルコックも、富士山に登っている）。威嚇外交により、つぎつぎと日本のタブーを破った人物でもある。山登りの好きな日本の女性は、すべからく彼に感謝すべきだ。

ひとたび博文が語れば、破格でロマンチックな人物にも見えてくるが、幕末明治の資料群から浮かびあがってくるパークスの姿は、傲岸そのものである。日本人として、そのラッ腕の発揮ぶりに腹が立ってくるところもあるが、同時によいようにあしらわれる日本人が情けなく思えてもくる。

不平等な条約の中で、日本が屈せずに守ったものに、散歩権や旅行権を認めぬことがある。それは、彼等の探索（スパイ活動）をおそれてのことだが、パークスのような男がいれば、その「高圧手段」によって既成事実を作られ、つぎつぎ妥協を余儀なくされ、禁止の壁も徐々に崩されていく。恐るべき人物である。文明開化とやらの道を切り拓いてくれた「恩人」だが、英国にとっては、日本攻略に功多き大立役者なのである。博文流には、「大達者」である。

条約改正のために鹿鳴館を演出した伊藤博文は、井上馨《かおる》とともに文明開化政策を推進したヒーローである。さんざん批判されたから、マイナーヒーローというべきか。

パークスと博文の深い関係は、王政復古なった明治元年二月、備前兵が神戸で外国人に発砲した事件を処理した外国事務掛のころにはじまるのだろう。だが『伊藤博文公年譜』によると、慶応二年五月、高杉晋作に従いパークスと会見している。即ち、もっと早い両者の出会いがある。

また明治元年の閏四月には、「三条実美《さねとみ》及ビ外国事務局関係員ト共ニ新潟開港、大阪開港、江戸開市等ノ問題並《ならび》ニ長崎耶蘇《やそ》教徒処分等ニ関シ英国公使〈パークス〉ト談判ス」と同年譜にある。明治二年十一月には、三条実美邸で、大隈重信などと共にパークスと会見、鉄道及び電信について、意見交換している。

しかもそれに先立つ文久三年に彼は（二十三歳）、井上馨（聞多）とともに英国へ密航しているのである。英国との関係は、早くからあった。英国人のパークスが、個人的に伊藤博文を可愛く思い、政治的には彼を手なずけようとしたとしても、なんら不思議でない。

「維新後、大隈と予の盛《さかん》に急進論を唱ふるや、彼（パークス）は陰に陽に予等を援助し、其志を為《な》さしめむ事を努めたり」

ここでいう「急進論」とは、文明開化のことであろう。また西郷従道から聞いた話として次のようなパークスの言葉を、麹町の英国大使館から霊南坂の官舎までの馬車の中で、きげんよく古谷に向かって語っている。それは、明治二年に西郷従道と山県有朋が欧州視察より帰国し、パークスのもとに挨拶にでかけた時のものである。

「今後、大隈伊藤を助け、日本政府をして彼等の説を採用実施せしめざれば、他日遂に国を滅すに至るべし」

とまで極言し、つまり脅かしたというのだ。一面、伊藤博文らは、パークスの操り人形だったとも

「極言」できる。もちろん、伊藤本人はそうは言わない。

「維新当初、当局者の施政に無経験なりし時代に於ては、非常なる熱心と好意とを以て、絶えず有益なる助言を与え、熱心の極《きわみ》、或場合に於ては、殆《ほと》んど干渉に類するの程度に達したる事あり」

かくのごとく「干渉」といいつつもパークスに対し感謝の美化をもってすることも可能である。「日本今日の進歩の彼れ（パークス）に負ふ所、尠《すくな》からざるは、予の断言するに憚《はばか》らざる所なり」なのであり、「殊《こと》に予の如きは、彼の好意を受けたる事、最も多き一人」なのである。パークスもまた、明治政府を翻弄しながらも、日本に愛情を持っていたことも、たしかである。「いじめ」が、一種の「愛情」につながったり、「進歩」に寄与したりもするからだ。

しかし、博文とてパークスの言いなりであったわけでない。条約改正に当っては、ロンドンに戻っていたパークスの動向を外国人の密偵を雇ってスパイさせている。『伊藤博文関係文書九』にマルシャルなるものが博文に送った「秘密探偵書」が収録されている（明治十六年八月十五日付けでヘルン府〈ドイツかスイスか〉から送信している）。伊東巳代治《みよじ》が保存していたもののようだ。

「秘書に載《の》する所の事実は、正確にして毫《ごう》も疑ふべからざるものたり。此事たるや余が数日を費やして諸方を探偵し、随って聞く所皆な符節を合するを以て、果して其正鵠を失はざるを証するに足るべし」

とマルシャルなるものは書いている。スパイは、当然、金で動いているのだから、こう書いてもしかたがない。ロンドンに駐劄《ちゅうさつ》するドイツ、フランス、ベルギーの大使たちは、「条約有終の説を主張すべき訓条を帯びたる者」なので、「パークスの奸計」は、「多少水泡に属するものあらんのみ」と予測している。さてその密偵書の本文は、一八九〇年を以て憲法制定すると日本政府が発表した際、パークスが英国外務省にどのような進言をしていたかの密偵報告である。

「窃《ひそ》かに日本政府の顕要なる官吏の説を聞くに、彼の憲法を実施するの時に及んでは必然国乱を起すに至らん。今や条約有終の説を容《い》ん乎《か》、条約満期の時は恰《あたか》も国を挙《あげ》て政治上の争乱に陥《おちい》るの予期に当るべし」

「此の期に及んで特更《ことさら》に日本に自由の地歩を与へ、外国人をして悉《ことごと》く日本政府の管轄に放任せんこと素《もとよ》り成し能ふべからざる所なる」

というのがパークスの進言である。

さて、明治十八年三月、特派全権大使として伊藤博文が天津から北京へ向かう途中、北京公使のパークスと逢う約束になっていた事は、先に述べた。伊藤博文としては、清国との談判のありようを、どうあるべきかを、逢った時に、中国体験の長い彼の口から、忠実なる「生徒」として親しく教示願うつもりだったのではないだろうか。もっとも、その訃音に接し、がっかりしたともなんとも、古谷にむかっての回想の中で述べていないが。

明治政府は、中国に対して威嚇を以てすることを、パークスから学んでいる。「威嚇」は、日本にも向けられたものだが、あの中国にあっても有効であることを洞察していた。明治六年の副島種臣の国権外交も、その例である。彼は、西洋の威嚇に屈しなかった中国の誇り高い砦を崩している。明治七年の大久保利通も副島の姿勢を模して成功している。

もともと、この一戦も辞さずという威嚇外交は、ペリーの黒船による「砲艦外交」に徳川幕府が屈したところから学び、さらには欧米の清国における戦術を模倣したのだともいえるが、それは表面的なことで、あくまでも日本の国権を主張してやまなかったからである。

明治十八年三月二十七日、北京の総理衙門《がもん》で、第一回の会談がもたれた。日本からは、伊藤博文の他に公使の榎本武揚、随行の高級官僚井上毅、伊東巳代治が出席している。通弁としては鄭（永寧）権《ごん》大書記官、筆録者として呉書記生である。清国側からは、貴族の慶郡王（奕劻《えききょう》）が代表として応対した。この段取りは、すべて榎本武揚の斡旋によるものだろう。

この時の模様は、「北京晤談《ごだん》筆記」として記録に残っている（『明治文化全集』第六巻、外交篇）。

「此日《この》ノ談話ハ鄭権大書記官、清語ヲ以テ通弁シ、伊東大書記官、和文ヲ以テ筆記シ、後チ之《の》ヲ英文ニ訳ス」

という前注がある。おそらく英文は、帰国後の作業であり、諸外国の領事にも配布したのだろうか。

第一回の「北京晤談」の内容は、挨拶程度のものである。たとえば、大使の伊藤は言う。

「我（が）大皇帝陛下、本大臣ヲシテ、茲《ここ》ニ恭ンデ、大清国大皇帝ノ寿康万福（長寿健康とかぎりなき幸福）、帝祚《ていそ》無疆《むきょう》（帝位の無窮）、中外友誼、日ニ厚ク、官民永ク其慶ニ頼ル事ヲ頌《しょう》セシム」

清朝が衰退していることは、百も承知だが、依然として大国であることには、変わりない。ここでは礼をもって、「大清国大皇帝」に対し表敬している。この時、伊藤博文は、随行者の作製した作文通りに読みあげたのか、彼流の言葉で挨拶したものを書記が中国の儀礼文に従って、このように書きかえて、慶郡王に手渡したのか。通訳の鄭権大書記官が同じ内容のものを清国語でしゃべって伝えたのか、よくわからないが、慶郡王はこれを見て（あるいは聞いて）、つぎのように返礼の言葉をもって応じている。

「我（が）大皇帝陛下、亦《また》恭ンデ大日本国大皇帝ノ寿康万福、帝祚無疆ヲ賀ス」

型通りのお返しだが、この王の言葉を日本語で鄭権大書記官が伊藤博文に伝え、それを伊東巳代治が日本文に直して記録に留めるのか。

しばらく儀礼的な言葉が印を押したように応酬されるが、ころあいをみはからって、伊藤博文のほうから、かく訪問したことの本題へと切り出している。

「既ニ諒《りょう》知《ち》セラル、如ク、今日ノ形勢ハ百年前ノ旧天地ニ非ズ。宇内《うだい》各国互《たがい》ニ交通往来シテ、各《おのおの》消長ヲ為ス」

ここには、いささかの毒と日本の優越感が露骨に隠れている。「諒知セラル、如ク」（御承知のようには、相手の心意を先取りした言いかたで、礼に従ったセリフというより、諒知せぬとは言わせぬという無礼のレトリックである。一つの常識の押しつけであり、ひょっとすると清国はのん気にも（中華思想の思いあがりで）世界の情勢にうとく、そう思っていないのではないか、という反語の牙を秘めているのである。つづけて伊藤博文は言う。

「抑《そもそ》モ貴国ト我国トハ、共ニ東洋ニ在リテ、均《ひと》シク帝国ヲ為シ、輔車《ほしゃ》（相互依存の関係）啻《ただ》ナラズ。愈《いよいよ》其交際ヲ親密ニシ、双方誠ヲ開テ事ヲ処シ、共ニ文明ヲ漸磨《ぜんま》（だんだんよい方向へ磨いていく）シ、両国ノ開化ヲ進捗《しんちょく》シ、以テ東洋ノ大局ヲ為ス事、実《まこと》ニ両国ノ大要事ト云フベシ」

このとき、すでに両国は朝鮮で対峙している。その談判のために伊藤は大使として派遣されたのである。すぐには、それをいわず、これから両国は親密な交際を深めるべきだというのだ。

儀礼の語としては、ごもっともだが、日本（伊藤博文）の生意気な対等意識どころか、いちはやく「文明開化」を果たした日本の優越感が見え隠れしている。世界に冠たる中華思想の意識をひっこめてはいぬ清国側としては、ムッとするところであろうが、はじめから伊藤博文は強気にでているのである。

事実、伊藤博文は、文明開化論をまくしたてている。清国は西欧諸国の圧迫により、しぶしぶ西欧文化をとりいれているといっても、明治政府のように徹底してるわけでないので、「両国ノ開化ヲ進捗シ、以テ東洋ノ大局ヲ為ス」べしといった強制的同一化には、面白かろうはずもない。だから慶郡王は、こう皮肉に返している。

「高説ヲ承《うけたまわ》リ、貴国皇帝陛下ノ宏猷《こうゆう》（大いなる図りごと）ヲ仰グ。我皇帝陛下ニモ深ク欣幸《きんこう》セラル、ナルベシ」

穏やかに礼を尽くして答えているようで、やはり不快感をあらわにしている。「高説ヲ承リ」の礼語の中にカチンときている感情が隠れていることは、あきらかである。伊藤博文は、それを全く感じとっていないわけでなく、むしろ怒らせようとしているのであり、すかさず、いなすが如く、

「本大臣ノ弁理セントスル所ハ、昨年朝鮮ニ於ケル事件ナリ」

とズバリ切り出している。

李ノ如キ如何ナル人歟《や》

世間では、やたらお世辞をいう奴のことを指して「外交辞令」ばかり言ってやがると卑しんだり、お世辞を真に受けとめてしまうノンキな人間に対しては、あれは外交辞令だよ、それくらいわからないのかと、水を差してからかったり、だまされないようにと忠告したりする。

とかく人間は、ほめられると嘘だとわかっていても嬉しいという、どしがたき性《さが》がある。これを大前提として儀礼化し、かつ攻防をくりひろげるのが（お世辞合戦）、真の「外交辞令」である。

弁理全権大使の伊藤博文は、北京へやってきて慶郡王と逢った時、しばし外交辞令をかわしあったのち、「本大臣ノ弁理セントスル所ハ、昨年朝鮮ニ於ケル事件ナリ」とズバリ切り込んでおきながら、それでもなかなか本題に入っていかない。なかなかである。

「予《あらかじ》メ一言セザルベカラザルモノハ、我（日本）ノ朝鮮ニ対スルニ、友誼《ゆうぎ》ヲ尽シ、助ケテ其《その》美ヲ成スノ外《ほか》他意ナキヲ、貴王大臣（慶郡王）ニ於テ、深ク諒察セラレン事ヲ望ムナリ」

とまどろっこしい。朝鮮に対し、日本がなんら野心なきこと一つをいうのにも、「友誼ヲ尽シ、助ケテ其美ヲ成スノ外他意ナキ」という風にそらぞらしい美辞をならべたててしまうので、なかなか本題に進んで行かぬ。むしろもとに戻る。なんのためのズバリだったのか、わからなくなるが、お手合わせということであろう。

清国は朝鮮の宗主国であると任じている。つまり日本の領土的野心を警戒している。それを百も承知で、日本は、朝鮮と友好（友誼）を深め、それが「美ヲ成ス」ところにまで達するよう、ひたすらにただ望むだけで、なんら他意なしと、嘘八百をもって飾る。清国が、こんな言葉にだまされるはずなしとわかった上で、かく述べたてるのである。

「他意なし」といったところで、清国は警戒心を解くはずもない。言っているほうでも、相手がそうですか安心しましたとだまされるなんて思っていない。

これが談判というものであり、外交辞令の本質であり、顔はたがいにニコヤカで、口元に微笑をたやさない。それは、今日の外交交渉においても同じで、その前後になされる各国首脳の記念撮影における、あのとってつけたような笑顔を見ても、あきらかである。交渉ごとは、演技が必要である。

たとえその交渉が不調に終っても、この作り笑いをけっしてたやさない。会談後の声明などでも、おまじないのような「友好と平和」の外交辞令をけっして忘れたりしない。相当に辛抱強い性格でなければ、かかる嘘八百の任務（芝居）を到底まっとうできない。交渉が不利に進んでいても、いらいらを顔にあらわしたほうが、負けである。一発逆転もありうる。

せっせと外交辞令をつみかさねる辛抱強さ（図々しさ）、それも外交の才のうちだとすれば、伊藤博文は、なかなかである。他に、しつこさも才の重要部分である。辛抱強さとしつこさは、相補の関係である。

「既ニ陳述シタル要綱ヲ復《ふた》ビ云ハン。今次本大臣（博文）ノ前来シタルハ、我皇帝陛下ノ勅命ニシテ、其目的トスル所、単ニ朝鮮ニ起リタル貴我（清国と日本）ノ交渉案件ヲ商弁議定スルノミナラズ、貴国ト我国トノ懇親ハ、益《ますます》密ナラザルベカラズトノ我皇帝陛下ノ聖慮ヲ、貴国皇帝陛下ニ上聞、貫徹スベシトノ事ナリ」

このように反復をいとわぬのは、相手に当方の言葉がよく伝わっておらぬかもしれない、という不安からだろうか。そんなことはない。礼法のうちであり、愚昧なる礼の応酬なのである。異国間の言語不通へのおそれからくる用心深さも、すこしはあるかもしれぬが、伊藤博文は通訳（中国人）を同行している。とすれば、あくまでも外交辞令からくる執拗さだと見るべきであろう。その証拠に慶郡王は、こう答えている。

「反覆《はんぷく》、高論ヲ得テ、能《よ》ク貴意ノ在ル所ヲ了知セリ。当方ノ意見モ皆同一ニシテ、敢テ異ナル事ナシ」

ここで、伊藤博文のしつこい外交辞令は、けっして彼の持ち前ではなく、むしろ清国（中国というべきか）の伝統に従ったものであるとわかる。「反覆、高論ヲ得テ」の語にも、親切感謝の表意の裏に皮肉の攻撃性がふくまれる。かならず紋切りに「平和」と「有効」のスローガンとジェスチュアをニコニコ顔で前面におしだす際に発せられる外交辞令そのものは、世界共通の初歩的茶番技術であるとしても、それぞれの国のやりかたがある。その「やりかた」が攻防の鍵である。

江戸時代には、長崎の窓口から清国と通商していたし、「礼」を過剰なまでに尊ぶ中国の古典（政治文章）の学習を通して、その悠長な外交談判術への蓄積が、日本の官僚にはある。実際にも江戸幕府の西洋諸国との談判には、中国の影響がある。吉田松陰の門下生として、さしてその漢学の才に秀でていたわけでなかったにしても、伊藤博文は事前に儒学の教養が深い井上毅や、長崎生まれで蘭訳官であったことのある伊東巳代治らの随行官僚から、いかに対すべきか、なんらかの教示を受けていたに違いない。

今は北京総領事の任にあるといえ、もともと国際外交の知識体験のある榎本武揚などは、そばできいていて、いらいらしていたかもしれぬ。伊藤博文とて、西洋式外交術を知らぬわけでないが（むしろ中国式外交術より、はるかに詳しい）、ここでは、あえて礼として中国式に従っている。

「唯今開陳シタル事ニ付テ、貴国ト四五個条ノ談義ヲ要スル事アレドモ、畢竟《ひっきょう》談判ニ係《かかわ》ルヲ以テ爰《ここ》ニ開設スルヲ要セズ、唯《た》ダ四五個条ノ要項アリト云フヲ告グルニ止マルベシ」

ようやく談判の本題に博文が切りこんだかと思いきや、そうではなく、この北京総理衙門では談判しない約束なので（しぶしぶ清国の要請を認めて、天津で談判するつもり）、唯四五個条の要項ありと述べるのみとし、予告にとどめている。ここに本格的談判はこれからだという一種の脅しありともいえるが、慶郡王は

「諾了《だくりょう》」

と、あわてる様子もなく答えている。伊藤博文は、その承知の答えをうるや、さらにもう一押しする。

「今述ベタル事ノ大意ヲ筆写シ置キタレバ、幸《さいわい》ニ貴覧ヲ乞フ」

と事前に用意しておいた漢文による「大意」をさし示す。慎重である。あげ足捕りは、談判の技術のうちだから、それを事前に防ぐため、或いは言語のミスによる両国の誤解をすくなくするためのだめ押しである。といえ、その漢文で書かれた「大意」はといえば、不幸にも朝鮮で事件は発生してし

まったが、両国の友誼は永遠であることを述べたものでしかない。

「此書面ヲ拝見シテ、逐一教（示）ヲ了（解）セリ。即チ本大臣等ノ意見モ亦《また》、貴国ノ所見ニ同ジ」

この程度の大意ならば、朝鮮をめぐる日清談判交渉の役務でない（天津の李鴻章《りこうしょう》がその役）慶郡王とて異議はないのである。清国を代表しているとはいえ、前座的な役の彼は、もっぱら外交辞令を以て礼的に応対していればよい。彼が用いている「教」などは、もとより外交辞令のきまり文句で、わかっていることでも、わざわざ教示を受けたと謙譲の礼をもって対する。さてこれでようやく外交辞令の応酬は終りかと思うと、そうでもないのである。

「……若《も》シ双方疑ハズ、誠ヲ開《ひらき》テ事ヲ処スルトキハ、一時人民ノ意向ニ協《かな》ハザル事アルモ、双方和局（平和的解決）ヲ重ンジ……」

と伊藤博文がいえば、

「総テ事ヲ弁ズルニ平和ヲ以テ旨《むね》トス」

と慶郡王は、叩けば響くように打ち返すのみである。

唯博文の「一時人民ノ意向ニ協ハザル事アルモ」の語には、談判において、簡単には引きさがらぬぞという脅しがこめられている。もちろん日本の世論にあらかじめ言い訳しておいたのではないのだから、清国への脅しだが、談判の前哨戦である北京会議では、たがいに「和局」「平和」をいい合い、穏やかに外交辞令の応酬合戦でとどめ、本格的な外交ゲームにまでは突入しない。

ただ伊藤博文が気になっているのは、彼の交渉相手となる李鴻章のことで、ついに会談の終りごろに至って不満を披瀝している。イチャモンをつけているといってよい。

「……聞ク所ニ拠《よ》レバ、既ニ談判ノ命ヲ李鴻章ニ下サレシト。此事ニ付、榎本公使ヲ以テ報道（知）セシ如ク、我ノ望ム所、両国ノ交誼ヲ保維（保持維持）スルニ在ルヲ以テ、或ハ恐ル、本大臣（博文）ト均一ノ全権ヲ有セザレバ、其談判ノ方法ヨリ竟《つい》ニ大局ヲ破ルノ虞《おそれ》ナシトセザルナリ」

外交は、同じクラスの人間が対応するのを常とする。これは、外交ゲームの「礼」である。階級の低いものを以て交渉にあてるのは、その国を見くびることになる。伊藤博文が気にしているのは、首府の北京でなく天津という交渉場所もあるが、なによりも気にいらぬのは李鴻章が自分と同じ「全権大臣」でないことである。この不平等により、「大局ヲ破ルノ虞ナシトセザルナリ」と脅しをいれている。

もちろん伊藤は、これまで西洋相手の交渉に清国が李鴻章を当ててきたことを知っている。彼は権力絶大の大官であり、そのラツ腕ぶりもよく知っている。天津は、彼の根拠地であり、しかたなしとも思っているが、自分と対等の「全権大臣」でないことにこだわって見せる。「大日本国」の威信のためでもある。李鴻章は全権大臣でないから無効だと、あとで逃げを打たれる可能性がある。

逆には、伊藤は、李鴻章との談判に緊張し、おそれおののいているところからくる強がりだともいえる。だが、同じおそれおののくのならば、「大日本国」を代表して全権をまかされてやってきた自分と対等の全権をあたえられた李鴻章と談判したいものだ、と面子にこだわって見せる。

中国朝鮮日本の儒教圏は、それぞれ方法や形式は異なるが、「面子」を重んずる。面子のためなら、死んでもよいといえるようなところがある。だから面子を立て合うのは外交儀礼の要である。仕切りの段階で、清国は優位に立っており、一面、榎本公使のミスだともいえる。もう一つ伊藤がこだわるのは、開かれる「場所」である。たかが場所ではない。場所は、会談の成果を左右する（天津は、首都でないという不平の他に、李鴻章の庭であるという二重の差別がついている）。

「我ニ於テハ、（北）京ニ於テ開談スルヲ至当ト思考スト雖モ、当方（総理衙門）ニ於テハ本大臣（博文）ノ天津ニ赴クヲ至当トセラル、歟《や》」

と詰めよる。

堂々と対等を主張したともいえるが、心の中では、あきらめていたと思える。しかし、言うべきことは言っておこうというところである。そのための脅しである。天津で李鴻章と談判するしかないと知りつつ（認めつつ）、伊藤があえて北京まで、押しかけるようにしてやってきたのは、「大日本国」を背負っているというプライドからである。ここまできくや慶郡王は、ついに言いだしたかとばかり、伊藤の言葉をさえぎる。

「貴大臣、今京ニ来リ、榎本公使ノ談ニ同ジク、尋《たず》ヌルニ全権ノ事ヲ以テセラル」

おそらく慶郡王の言語は（身ぶりはともかく）、この時いささか荒くなったものと推量できる。さきに北京公使榎本武揚が、伊藤の意を体して李鴻章が全権をまかされているのかどうかを打診してきた、その時にきちんとお答えしたはずなのに、また同じことを訊くのかと、血相をかえたのだといえる。

しかし慶郡王は、この談判を緒戦の手合わせの段階で壊したくないので（自分の責任となり、それによってなにが両国の間で起こるかわからない）、榎本にしたのと同じことを答えている。

「既ニ此事ハ、李ヲシテ談判セシムルヲ允当《いんとう》（適任）ナリトスル我皇帝陛下ノ諭旨ニ出ヅ」

李鴻章は皇帝より全権をまかされているので、安心されよ、というのである。なかなか慶郡王も我慢強い。だが全権という名目を正式にあたえているわけでなく、曖昧さを残している。これが清国流、ひいては中国流である。伊藤がこだわったのは、李鴻章に全権をまかせてはいないので、その談判は無効である、とあとで言いかねない清国の狡猾に対して、あらかじめ釘をさし、用心深く言質をとっておきたかったのであろう。「開談」の場所が、首都の北京でないことに対しては、慶郡王は、李鴻章のやむをえざる事情をあげている。

「李鴻章、全権ヲ帯《お》ビテ北上スルヲ至当トスト雖モ、如何セン目下海防ニ急ナリ（北洋大臣であった）。李驟《にわ》カニ上京スルヲ得ズ。寧《むし》ロ彼地（天津）ニ於テ開談セラレバ、我ノ便宜之《これ》ニ過ギザルナリ」

と妥協を伊藤に強要している。

妥協も外交術のポイントだが、妥協もいろいろありで、強要もその一つだ。伊藤は、はじめから眠れる獅子に対し妥協するつもりでいたが、その魂胆を見抜いているので、簡単にひきさがるつもりはない、抵抗するだけは抵抗しておくというより、一つのジェスチャー（これも重要な外交技術）だったと考えられる。

そこで伊藤は、さらに国際法的な理屈をもって迫る。いくら李鴻章に調印の権があたえられていたとしても、それは、従来の中国風の手口である。これでは、今日の世界にあって、きわめて危険（非常識）で、もはや国際的に通用しないと言わんばかりの「教」を押しつけている。

「是レ其（李鴻章の）全権ヲ疑フニ非ズ。苟《いやしく》モ一国ノ事ヲ議スル（に当り）、寸歩ヲ誤ルトキハ、容易ナラザル事ヲ生ズルヲ以テナリ。故ニ最モ鄭重《ていちょう》ヲ旨《むね》トシ、予《あらかじ》メ（全権の内容を）査明スルヲ要ス」

だが、慶郡王も負けていない。ひきさがるわけにいかない。清国の習慣（世界に冠たる中華思想）に固守する。

「李ハ外国ト条約等ノ事ニ通熟スルヲ以テ、事重《こと》ケレバ彼ニ委任ス。全権ハ他ニ異ナル事ナシ。唯ダ名義ニ於テ異ナルモ、其ノ権威ハ充分ナルモノナリ」

この返答にも、いっこうに納得している様子を見せていない伊藤博文の表情を見てか、慶郡王は明日書面で、なぜ李鴻章なのかをさらに説明したいと、妥協する。とりあえずその場の追求を逃れようとしたが、そうもいくまいと、随官の鄭承脩《ていしょうしゅう》がひきとって、代わりに弁明した。

李鴻章任命は、彼の官位が高いだけでなく、能《よ》く外交の事に彼が習熟し、その本質は平和主義者であること、つねに与えられた本務に忠実な人柄であり、交渉相手として、まさにふさわしいことをあげたのち、

「貴大臣入京ノ事ハ心付カザリシ」

と正直に述べている。伊藤博文が北京までやってくるとは、夢にも思っていなかったというのである。

「再ビ天津ニ赴カレン事ヲ乞フ」

と謝している。

「謝」したのは、伊藤が礼を尽くして北京へやってきたからと一方的に見なした故である。実際は、礼儀知らずだと批判しているのである。大国意識まるだしの「謝」なのである。そうに違いないが、清朝の外務省は、李鴻章の権力をおそれて北上を命ずることはないというより、ここは鄭重に謝して、

なにがなんでも自分たちの手法を墨守しようとしている。「乞フ」などとお願いしているようだが、ツベコベ言わず、天津へ行けと命じているのである。鄭承脩が代弁して、慶郡王がこの会見でのゴタゴタに対し「洵《まこと》ニ痛心ニ堪ヘズ」でいることを伊藤博文へ伝えたとしても、彼自身なんら恥とすることはない。口だけのことなのである。そうなると伊藤博文も、黙ってはいない。

「本大臣ノ命タル、我皇帝陛下ヨリ（全権委任状を）直ニ受ケテ、之ヲ貴国皇帝陛下ニ告ゲ奉ルベク、畢竟《ひっきょう》直接ノ使節ナルガ故ニ、先ヅ謁見ヲ得テ此事ヲ述ベント思ヘリ」

天津より北上したのは、ただの礼としてでなく、清国の皇帝に謁見を得るためだといいだした。これには、慶郡王をはじめとする北京総理衙門の面々は、目を白黒させたにちがいない。

ながながと倦きることなく外交辞令の応酬に終始していた晤談（会談）は、とつぜん伊藤博文が尻をまくったので、風雲急を告げるのである。

「李ノ如キ如何ナル人歟《や》ヲ知ラズト雖モ、素《もと》ヨリ決シテ一国ノ君主ト同ジク之ヲ視ル事能《あた》ハズ。又随《したがっ》テ彼ニ君主ト同一ノ信ヲ措《お》ク事能《あた》ハザルナリ、故ニ入京、敢テ謁ヲ乞ヘリ」

李鴻章なる人物なんて、俺は知らないよ、と開き直っている。清国皇帝の名を知らなくても、日本人の識者の中で李鴻章の名を知らぬものはいないのに、わざと伊藤博文はトボケテ、そんな男は知らぬので、皇帝に謁見したい、俺は日本の皇帝の代理だから、その権利はあるとゴネだしたのであるから、清国の外務省も、あわてざるをえまい。途中から慶郡王にかわって清国の立場を弁明していた鄭承脩は、いよいよ周章狼狽し、

「当方ニテハ、夫程《それほど》マデニ心付カザルナリ」

とペコペコ陳謝し、なんとか謁見だけは回避しようと逃げまわる。

「貴大臣、頭等欽差（天皇同等の勅命をもつ使者）トシテ此地ニ来ラル。本王大臣（慶郡王）久シク貴大臣ノ英名ヲ聞キ、仰《ぎょう》慕《ぼ》殊《こと》ニ深シ。李モ亦、我国第一流ノ人ナリ。而《しか》シテ稍《や》ヤ貴大臣ニ対スルニ足ラン歟《や》。故ニ我皇帝、諭ヲ李ニ下スナリ」

もはや、こうなれば外交辞令の応酬なんてものではなくなっている。お世辞たらたらである。伊藤博文の「英名」など知るはずもないのに（おそらく）、慶郡王は、かねてより仰慕していたなどと下手な世辞さえ言ってはばからぬ。慌てふためいている。外交辞令の世辞は、「礼」なのだから堂々としていなければならぬ。

もとより伊藤博文は、中国語は通じない。日本の通訳を通して相手の言わんとしている内容を知るのだが、その間、つまり黙している間、相手の表情は、よく読みとれる。伊藤の作戦には、なにがなんでも皇帝に謁見すべきことは入っていない。とっさに思いついたのだろうか。それとも、参謀格の井上毅や伊東巳代治らとの間で、事前に打ち合わせしてあったのか、その間の裏を私はとっていない。すくなくとも、「大日本国」の示威に成功し、李鴻章との談判が有利に進捗すれば、こと足りるとあらかじめ決めていたのである。

それ故、相手のうろたえを見たからには、さっさと伊藤は大譲歩して見せる。

「本大臣、将ニ命ニ応ジテ天津ニ下ラントス」

如何ナル困難ニテモ耐忍スベシ

伊藤博文の第一回北京晤談《ごだん》は、明治十八年三月二十七日である。皇帝に謁見したいとすこしゴネたのち、予定通り妥協して、「天津ニ下ラントス」と清国に約束するところで終った。

しかし伊藤はすぐに天津の李鴻章と本格的交渉に入るため北京を去ったわけでない。第一回(三月二十七日)の晤談は北京の外務省である総理衙門《がもん》だったが、第二回(三月三十日)は、慶郡王のほうから日本の公使館を訪ねてきた。

ここで、北京での伊藤の動きをすこしおさらいしておきたい。北京到着は、三月二十一日であるから、二十七日の第一回の晤談まで、かなりの時間があいている。その間、どうしていたのだろうか。「伊藤特派全権大使復命書」を見ると、三月二十三日から二十五日まで、公使の榎本武揚が総理衙門を訪れ、下交渉に入っていることがわかる。

その内容は、李鴻章の全権委任資格の問題、談判は北京で行うべしの一件、そして皇帝に謁見したいという件の下交渉である。皇帝に謁見の件は、とつぜん伊藤が言いだしたのでないことがわかる。

いずれも下交渉の段階でヌラリクラリと拒否されている。その拒否を呑んで承諾するかどうかは、「己《おの》れの決する所に非《あら》ず」として榎本は引き揚げている。全権大使の伊藤博文が北京に来ている以上、公使には決定権がないのである。

それでも二十五日には、榎本の努力によって、二十七日に総理衙門で慶郡王が伊藤全権大使と引接会談するところまで漕ぎつけている。第一回の晤談を読むかぎり、それなりの外交ゲームは、くりひろげられているものの、榎本の下交渉以上の発展はなく、日本の要求が拒否されたことがわかるものの、それなりに彼等の心肝を寒からしめることには成功している。

第一回の晤談が終った翌二十八日、慶郡王は「答礼」として日本の北京公使館を訪ねてきたが、ただそれだけで、話し合いはもたれなかったようなので、晤談といえない。この日、英国代理公使（パークスは死去している）が日本の公使館にやってきて、「談判ヲ北京ニ開カザルヲ不利」だといい、両国の間に入って周旋してもよいといった。これは、単なる好意的申し出というより、朝鮮における日中の紛争に他国も乗りだしてきた外交戦の一端で、なんらかの思惑あってのことである。

すでに伊藤は、前日に「天津ニ下ラントス」と慶郡王に告げてしまっているのだから、その申し出を受けずに断っている。しかし二十九日にも英国代理公使はやってきて、同じことを言うので、前日と同じ理由を以て断ると、ならば、もう一度だけ慶郡王に逢えという。ただ逢うだけならと伊藤は承知している。すぐに英国代理公使は、総理衙門に出かけ、約束をとりつけてくる。慶郡王は、

「翌三十日ヲ期シ、告別ノ為ニ来リ面晤《めんご》セン」

と伝えてくる。李鴻章との北京での談判の件は、間に入った英国代理公使からきいているはずだが、こちらは応じる気なしといわんばかりに「告別ノ為」なら逢ってもよいと言ってくる。

「此ニ於テ、則チ書ヲ作リ、三十一日早暁（天津に向け）発程スル旨ヲ報ズ。郡王答フルニ、明日来

問セントスルヲ以テス」

と伊藤博文は、帰国後の報告書でかく述べている。

英国代理公使の面子をたてて、慶郡王が「告別ノ為」逢いに行くという対応にカチンとくるところがあったのか、「三十一日早暁発程ス」と応答している。この日は、二十九日なのだから、面会のチャンスは、三十日しかないわけだ。つまり、この三十日は、この日ならと伊藤が提案したも同然である。さしてなんでもない経過のように見えて、けっこう丁々発止しているのである。それに対し郡王も妥協して「明日来問セン」と承知してきた。日本側も英国代理公使の面子をたてて受けないわけにいかない。

かくも英国代理公使が、しゃしゃりでてきた裏には、案外と榎本の暗躍があったのかもしれない。おそらく朝鮮の利権を狙う英国としても、李鴻章と伊藤博文の天津交渉が破裂するかもしれぬ情況をそのまま看過できない。目下、清仏戦争があり、ここでまた朝鮮をめぐって清国と日本が険悪な関係になったら、東方政策上、英国にもその火の粉がふりかかる。

清国の慶郡王にしても、日本の提案をみな拒否したものの、天津の談判が破裂してめんどうになることを好まぬのである。英国代理公使の仲介は、渡りに舟であるが、北京で交渉をする気は、やはり毛頭ないのである。

伊藤と慶郡王の第一回の晤談《ごだん》は、どちらが勝ったかといえば、なかなか判定がむずかしいところである。表面上は、すべてを拒否した慶郡王の勝利に見えるが、榎本の下交渉の経過から、向こうが折れる様子なしと見極めたところから、伊藤は慶郡王に難題をふっかけたのであり、はじめから妥協するつもりでいたのだから、敗北といえない。
あえて呼ばれもせぬのに北京へのりこんだ伊藤博文としては、日本は見くびれないぞと思わせ、天津での交渉にそれが有利に働けばよいと考えていたのだろう。相手の拒否は織り込みずみで、むしろこちらの提案のすべてを清国が呑んだ時のほうが、かえってパニックにおちいったかもしれぬ。
ともあれ第二回目の北京晤談は、午後三時から日本公使館で開かれた。もちろん慶郡王の別れの挨拶のみで終らず、それなりに天津交渉がすこしでも有利に働くようにという両者の思惑のもとに晤談が行われた。例によって雑談から入っている。
王「貴大臣（伊藤）ニハ、明日何時、発京セラル、歟《や》」
伊「未ダ定マラズ、然《しか》レドモ成ルベク早暁ニ発軔《はつじん》（出発）セン事ヲ期ス」
この「未ダ定マラズ」は、話次第では、すこし遅らせてもよいというふくみがあるのかどうかは、判然としない。ここで慶郡王の随行役人である福錕《ふくこん》が口をはさむ。
福「路次ハ、水陸孰《いず》レヲ取ラル、歟」
伊「通州マデ陸行《りくこう》シ、夫《そ》レヨリ舟行《しゅうこう》セントス」
福「舟行ハ、逆風ノ時、不便ナルベシ」
伊「風ニ妨ゲラル、時ハ、陸ニ上リ、驢（馬）ニ騎《の》ルベシ」
現代の外交談判も、まあ、こんな調子ではじまっているのだと思えるが、今日でもかかる雑談まで、きっちりと記録にとっているのだろうか。私は、このような記録を読むのを好むが、まったく無意味な個所かといえば、そうでなく、談判の前哨戦になっていることが多い。ここで慶郡王が、口をはさんでいる。

王「若《も》シ然ランニハ、甚《はなはだ》シキ困難ナルベシ」

伊「如何ナル困難ニテモ耐忍スベシ」

二十年ほど前までの伊藤は、幕末の勤王志士である。木戸孝允《きどたかよし》や高杉晋作の下で、日本列島を駈けめぐっていた。スパイ、テロ、暗殺、なんでもござれである。これが「志士」の資格である。イギリスへは密航までしている男である。だから親切ごかしに旅の困難を思いやる慶郡王の「レトリック」に反発している。外交的には、甘くみるなと反撃しているのである。そこで外交官僚の福錕がまた口を出す。

福「陸路ハ水路ニ比セバ、一日早ク天津ニ着クベシ」

明治初年代、副島種臣や大久保利通は、通州までは陸行、それより舟行というコースをとって北京を去り、それぞれ漢詩を残している。それより十年ほどたった今、交通の便にすこしでも変化があったのだろうか。私のいう通りにすれば「一日早ク天津ニ着クベシ」と福錕は教えているが、これはかならずしも親切心からではない。

なぜなら伊藤博文は、すぐこれより日本へ帰るわけでないからだ。天津では、李鴻章が全権大使の伊藤博文を待っている。真の交渉は、これからなのである。

北京の外務省と直隷《ちょくれい》総督の李鴻章とは、かならずしもうまくいっていない。伊藤の提案した北京での交渉を拒否したのは、天津で深く根を張り、傭兵を擁して一大勢力をなしている李鴻章を北京へ呼びだすのは、至難の技だからである。しかも李鴻章に代わる人材は清朝に払底している。天津での交渉は、単に日本を見下すためでなく、苦肉の策でもあったのだ。

とつじょ伊藤が北京へやってきてから、もう十日近くになる。一日でも早く伊藤を天津に帰し、交渉の座についてもらわなければ、李鴻章がカンシャク玉を破裂させて、怒りだすことをおそれているのかもしれないのである。その意味では、伊藤が北京へやってきたのは、日本にとって成功だったのである。外交は、いらいらしたほうが負けである。伊藤は、福錕の一日早いコースの教授に対し、こう答える。

伊「路次ノ都合《つごう》、風ノ次第ニ依リ、必ズ定《さだま》リタル事ニモ非ズ、ト聞ケリ」

一日早いなどといっても、「路次ノ都合、風ノ次第」で、確実にそうだといえるか、と反撃しているのである。まるで風来坊のようにのんびり構えられては、たまったものでないといわんばかりに、慶郡王も口をはさむ。

王「貴大臣ニハ、到京（北京到着）以来、事務繁忙ノ為《た》メ、殆《ほと》ンド休憩ノ暇《いとま》ナカリシナラン」

おそらく伊藤博文は、ろくすっぽ北京市内を見てまわる暇などなかったのではないか。これまでの日本の外交官を見るかぎり、みなそうである。副島種臣も大久保利通も、観光の余裕なく、日本の運命を背負い、必死であった。もうすこし文献を調べれば、意外に観光見物にでているのかもしれぬが、事前交渉は榎本にすべて任せているにしても、公使館内に待機していなければならぬから、伊藤も観光どころではなかったと考えられる（観光地案内は、外務省の業務のうちである）。

ともあれ、早く自分を北京から追いだしたがっている慶郡王の気配を感じ、

伊「本大臣、事務ニ繁忙ナルハ、本国ニ在《あり》テモ猶《な》ホ然リ」

と痛烈な皮肉を返している。この談話の筆記者は、伊藤の懐刀といわれた伊東巳代治である。この時の伊藤の切りかえし（政治家が忙しいのは、当り前だ、日本では日常茶飯事だ、外交官たるものが、なまじ休憩などというセリフ、吐かんでくれ、といったところか）のうしろに注を書きこんでいる。

「暫《しばら》ク静黙シテ後《のち》」

と。伊藤博文は、やや声を荒げて切りかえしたあと、黙りこくっている。伊東巳代治は「静黙」といっているが、ふきげんになったと見てよいだろう。中国の官僚は腐敗しているとは、きいているが、これほどひどいとは知らなかった、と憤激しているのである。

しかし慶郡王とて、早く「招かざる客」の伊藤一行を天津へ戻したいばかりにそう言ったのであるから、きわめて政治的発言なのだが、それを知った上で、伊藤は怒っている。怒って見せている。この「静黙」は、日本の得意技なのかもしれぬが、場に気まずい空気が突如として流れたに違いない。その原因は自分にありと知っているので、伊藤から口を開く。

伊「本大臣、将《まさ》ニ京ヲ辞セントスルニ際シ、貴王大臣ノ枉駕《おうが》ヲ辱《かたじけな》ウシ、謝スルニ辞ナシ」

としたあと、おもむろに英国代理公使の件をもちだしている。「彼が昨日やってきて、日本の全権大使としていいたいことをすべて慶郡王に心を割って語るがよい、かならずや彼は耳を傾けてくれるだろう」と。とはいえ、これは、おかしな話ではあるまいかと伊藤博文は反論する。わが所懐は、榎本公使を通して、さんざんに伝えており、埒があかぬということで、わざわざ自分も総理衙門まで出

ていって、貴殿に向かってそれを開陳してみたわけだが、まったく詮なきこととわかり、話を打ち切ったのだ、と。

ところが、いかなる行き違いがあったのか、英国代理公使が、間に入って動きはじめた。そして慶郡王は、大使の意見をきいてくれるといっていたぞと彼はいう。いったいこれは、どういうことだ、と伊藤は詰め寄っている。

私の意見は聞きいれられず、あきらめて貴政府の事情も考慮して、天津へ行くと決めていたのに、英国代理公使が話をきいていくれるぞ、もう一度逢えという。いったい、どういうことなのだ。憤懣やるかたなしの演技を伊藤はしてみせるのだ。なかなかの俳優である。

伊「本大臣、未ダ其信（真）偽ヲ詳《つまびらか》ニスル能《あた》ハズ。敢《あえ》テ之《これ》ヲ貴王大臣ニ問フ」

王「昨日、英国代理公使ノ総理衙門ニ来リ、談、其事ニ及ビタルハ、事実相違ナシ」

慶郡王の表情は、この時、あわてていて、しどろもどろであったのか、それとも平然自若としていたのか、想像もつかぬが、英国代理公使が彼に向かってなんと口説いたのかについては、あっさりと伊藤博文へ伝えている。

王「貴大臣ノ尊諭、其《その》詳細ニ渉《わた》ルアレバ、乃《すなわ》チ自《おのずか》ラ日子（数）ヲ費《ついや》スト雖《いえど》モ、幸ニ其大概ヲ示サンニハ、本王大臣（慶郡王）敬《つつし》ンデ高論ヲ仰グベシト。蓋《けだ》シ本王大臣等《など》、切ニ其概略ヲ垂示セラレン事ヲ請フハ、乃チ貴我ノ間ニ和衷《わちゅう》（平和）ヲ尽《つく》サントスルノ情ニ出ヅルナリ」

すこし矛盾している。伊藤博文が怒りだしたのは、天津に早く厄介払いしたい気配を感じたからだ。

慶郡王への英国代理公使の説得は、たとえ日数を費やすとも、伊藤の高論をきいてやれというものだから、その追いだしの態度は、おかしいのである。しかも「平和のため」と納得して、俺を訪ねてきたはずなのに、のっけから天津までの旅程のことや休息をとれなどという始末なのだから、伊藤が憤然としたとしても、まあ、おかしくないのである。ここで、まずいと思ったのか、北京公使の榎本武揚が間に入る。

榎「夫等《それら》ノ事ハ、英国代理公使ヲ煩《わずら》ハスヲ須《もち》ヒズ、直《ただち》ニ垂問セラルレバ可ナリ。到底《とうてい》、聴テ答ヘズト云フヲ以テ、大使モ已《や》ム事ヲ得ズ、其儘《そのまま》（北）京ヲ辞スルニ決セラレタリ」

榎本武揚が言おうとしているのは、多分こうである。そもそも英国代理公使をわずらわせるような問題ではないのだ。言いたいことききたいことがあれば、直ちになんでもきけばよいのだ。我々は、そうしたはずだが、到底、意見が受けいれられないと判断したので、伊藤全権大使は、北京を離れることにしただけの話なのだと。すると慶郡王は反論する。

王「本王大臣、（日本がもちだした）案件ニ関シテ、断言決答スルヲ得ズト雖モ、互ニ談論シテ、各胸懐ヲ尽クス、何ゾ妨ゲンヤ」

伊藤が北京の総理衙門にいらだったのは、彼等が「断言決答」しないことに対してなのである。そのことで、怒ったんだなと、もちろん彼等もわかっているのである。しかし自分たちの主義をかえるわけにいかない。

だからといって、たがいが談論しあうのになんの妨げになるのかと慶郡王はいうのである。そのような中からこそ、平和の緒口《いとぐち》も見いだせるのではないか、とごもっともなことをいいはじめる。暗に日本人（伊藤博文）は、「大人《おとな》」の外交ができないな（それとも〈大人《たいじん》〉の外交か）、短兵急すぎるぞと批判しているのである。

既往は咎めず

「然《しか》ラバ、誠ニ幸《さいわい》ナリ」

たとえ結論がでなくても、たがいに談論しあって、胸のうちを開きあうだけでも、将来に渡る両国の平和のためにも、十分に意義あることではないか、と慶郡王が至極ごもっともな「正論」（詭弁）をもって切りかえしたに対し、伊藤博文は「然ラバ、誠ニ幸ナリ」とまず答えた。

ほう、そちらのほうから、かように神妙なことを言ってくださるとは、思いもよらなかった、感謝感激、涙こぼれて雨あられだという皮肉が、博文のその答礼の中に隠れこんでいる。

「貴王大臣（慶郡王）、意ヲ大局ニ留メ、敢《あえ》テ其事ヲ軽視セザラン事、本大臣（伊藤博文）ノ深ク諒（解）スル所ナリ。願ハクバ、貴王大臣、高見《こうけん》ノ在ル所ヲ示サレン事ヲ」

これも伊藤博文の言葉だが、やはり皮肉がはいっている。あなたの立場上、あくまで話を大局にとどめて、各論に入れないことは、こちらもよくわかっている。ならば、あなたの個人的な見解（高見）なりとも、ぜひここで、お伺いしておきたいものだと、博文は太っ腹に構えたのである。もちろん慶郡王にも、博文の皮肉は読みとれるわけだが、ここは角《かど》をたてまいと、こう答えている。

「貴大臣ノ垂教（説教）ヲ辱《かたじけな》ウス（は）、本大臣ノ欣幸《きんこう》トスル所ナリ。将《まさ》ニ是ヨリ、閑話ニ及バントス」

清朝外交のトップであっても、なんら実権なしであるのを見破られていることに対し「垂教ヲ辱ウス」「欣幸トスル所ナリ」と慶郡王は素直に受け答えしている。相手の皮肉に対抗するのには、素直にそうだと認めてしまうほうが、賢いやりかたである、とよくわきまえている。たとえ事を決める実権がなくとも、それくらいの外交ゲームなら、慶郡王にもできる。だからこそ今もトップの地位にある。

「将ニ是ヨリ、閑話ニ及バントス」

ここで慶郡王のいう「閑話」とは、むだ話、雑談の意である。どうせ私には、事を決める権限はないが、このたびの事件に対して、けっして無関心なのではなく、それなりの個人的な見解はもっているので、これよりとりとめもなく、互いに胸衿を開いて、おしゃべりしようではないかと、積極的に対応してきている。

負けてはいないのである。外交ゲームにあって、「閑話」は、閑話であるが、同時に閑話でとどまらない。公的決定力はないが、記録にはとどめられて、たんなるオフレコの雑談でない。あくまで「閑話というスタイル」なのであって、リラックスしているようで、それは見せかけで、厳しく勝負しあっている。閑話の中に両者の銃口が、たえず光っている。非公式の段階の発言は、そのように受けとめていなければ、「大事」のポイントを見逃し、あとで大ヤケドする。「閑話」は、外交ゲームの手法のうちである。

伊藤博文は、第一回の晤談で述べたこと〈永遠ニ隣交〈隣国との交際〉ヲ厚ウスル〉をくりかえしたのち、ズバリと朝鮮問題に入っていく。「閑話」の発想をもたなかった前回の交渉では、たがいに御承知の通りの案件であるとして、終始抽象的な表現で堂々めぐりしていたところの問題である。

つまり第二回の会談における「閑話」の主題は、かくて朝鮮をめぐる日清の争いについてと決まった。いくら閑話といっても、通訳を通してのそれである。通訳の手続きの過程で、おのずからそこに間《ま》が生じる。どうしても、そのスキマに人は物をあれこれ考えてしまうので、それが抗弁になったり、逆襲になったりして、公的会談以上にその場は勝負空間にならざるをえない。

「……朝鮮ノ京城ニ駐紮《ちゅうさつ》（駐留）スル貴国兵ハ、理不尽ニモ、我《わが》公使及ビ其護衛兵ニ対シテ攻撃ヲ加ヘタルノ一事ニシテ、我ガ国（日本）ニ取リテ、甚ダ重大ノ案件ナリ」

「……貴我（日清）両国ノ兵ヲ京城ニ駐在スルハ、偶日《いつか》、日清両国ノ和好ヲ毀傷《きしょう》スルノ憂《うれい》アリ。……一日モ此《この》現状ヲ存続スベカラズ。（日本の交渉目的は）故ニ先《ま》ヅ両国、此駐兵ヲ撤回シテ、将来ノ禍因《かいん》ヲ除カント欲スルニ在リ」

かみくだいて言えば、将来の平和のために両国は、朝鮮で睨《にら》みあったりせず、首都の京城からいったん兵を撤退したほうがよいと思うのだがね、と博文は、ざっくばらんに問いかけたといったところだ。

「貴政府ノ意、蓋《けだ》シ貴我両国ノ兵、共ニ撤回スベシト云フノ義ナル歟《や》」

慶郡王は博文の意見をオウム返ししているので、不誠実にも見えるが、要点はきっちりとらえており、漢文体なので、いかめしいようだが、閑話体に直せば、「ふーん、両国撤退すべきだというわけかね」

といったところだ。

「……前年、彼（朝鮮）国ノ乱民、忽然《こつぜん》（日本人を）襲撃シテ、兇暴ヲ逞《たくまし》ウシタルニ（事件は）始マル。其ノ事アリテヨリ、止ムヲ得ズ朝鮮政府ト条約ヲ訂成（締結）シ、我ガ公使館ヲ保護スル為ニ、京城ニ兵弁（兵士）ヲ駐紮スルノ権（利）ヲ約セリ」

と博文は、慶郡王が百も承知のことをあえてわざわざ解説して見せる。第一回の面晤《めんご》では、このようなところにまで踏みこむことさえなかったのは、両国対等の場所としてふさわしい北京で談判したい、という日本側の国威にかかわる希望を捨てていなかったので、そこまで語る気はなかったからである。

清国の要望通り、北京をあきらめ清国皇帝との謁見もあきらめ、天津での談判に妥協したからには（妥協は、予定のうちだったが）、そこでその案件をもちだせばよい。しかし案件についても閑話しようと慶郡王のほうからいいだしたのだから、伊藤としては、じゃ、日本の手のうちを非公式の雑談として、すこし位は洩らして、本番のためにちょっと様子見しておいても悪くあるまいといったところだろう。かくていう、

「然レドモ、該《この》（朝鮮との）条約ニ在ル如ク、時宜ニ仍《よ》リ其兵員ヲ減《へら》シ、或ハ撤回スル事、我国ノ酌定《しゃくじょう》（情状酌量）、便宜（勝手都合）ニ任スナリ」

さきの雑談放言では、両国撤退案をもちだしたが、ここではすこしくケチし、撤退案の他にすこしずつ兵員を減らしていくことも考えうるとしている。提案の幅を広げたともいえるが、朝鮮における日本の余地を残したのだとも考えうる。

平和が建て前であるなら、全兵力撤退だが、国益本位には、兵力減少のほうがよいからである。撤退も減少の件も朝鮮との条約の中に盛りこみずみだが、日本の行動をみて、宗主国として朝鮮に進出してきた中国の今後の出かた次第では、そのどちらかにきまるのみ、と半ば脅しているのである。慶郡王は、これをきいて、次のように用心深く答える。

「本日ハ、図《はか》ラズ（も博文の）謦咳《けいがい》（戒めの言葉）ニ接シテ、閑談ニ時ヲ移シ、殊《こと》ニ高説ヲ聴クニ随《したが》ッテ、得ル所、益《ますます》多シ」

閑談閑談といいながら、慶郡王は自らの意見をいわず、それどころかすこしトゲをふくむが、まるで挨拶のような答えかたばかりしている。もともとこの慶郡王、最初から独自の意見など、もちあわせていないからかもしれず、或いはそのように見せかけるのも外交術のうちかもしれぬ。

ここへ来て、伊藤博文は、慶郡王に腹を立てたりせず、ままよ、どちらでもいいという気持ちになっている。いくら「閑談」といっても、記録は相手側にも残るのだから、それなら一層のこと、清朝の外務省ないし（それを伝送された）天津の李鴻章に、すこしだけ彼等にどうしようかと考える資料を、わざと談判が開かれる前にあたえておこう、という気になっている。慶郡王に伝えたのは、両軍の「撤兵ノ一事」のみだが、談判の要件は、この一事にとどまらぬ、安心するなかれと釘を一本さしたのち、伊藤博文はいう。

「……貴国ノ兵ハ、突然我公使並《ならび》ニ我兵ニ対シテ銃撃ヲ加ヘリ。蓋《けだ》シ貴国ノ将官、此《か》ノ如キ不法ノ所為ヲ犯シタルノ結果ハ、我国ノ栄誉ヲ損害シタルモノニシテ、或ハ恐ル、是《こ》レガ為ニ両国ノ交誼《こうぎ》ヲ傷《きずつ》クルニ至ラン事ヲ」

あなたのほうが、悪いんですぞと脅している。二言目には両国間の平和平和と貴方は外交辞令でおっしゃっていられるが、日本は、最初から真に平和を望んでいるのに、そちらは口先だけで、そもそも中国が（国際）法を犯しているじゃありませんか、と責めている。

「……不法ノ銃撃ヲ加ヘタル貴国将官ニ相当ノ処分ヲ施サレン事ヲ要求スルハ、我国ニ於テ、止ムヲ得ザルモノト認ムルナリ」

この脅しに対し、またもや慶郡王は、しゃべっている博文の要点をオウム返しするのみにて、なまじ反発したりしない。有能なのか無能なのか、わからないような態度を持している。これが、ぬらりくらりの中国の伝統的外交スタイルである。すなわち慶郡王はいう。

「是レ貴大臣、談判ヲ要セラル、ノ一目《いちもく》ナル歟《や》」

将官の処分要求は、こんどの談判における案件もかずかずあるうちの「一目」にすぎないというのですねと、オウム返ししながらさぐりをいれている。単純なオウム返しではない。それを見るや、伊藤博文は、ここぞとばかり、おそらく胸を張って言った。

「然リ」

と。

殺されたのは、日本兵のみでない。朝鮮居住の日本商人、私用で朝鮮にやってきていた日本人、「力ヲ以テ自ラ防禦スル事」の不能な日本人も、貴国の兵によって殺された。この件についても談判するつもりだと。伊藤博文は、「力ヲ以テ自ラ防禦スル事」のできぬものを殺害した罪を責めている。

これは「九・一一」の「同時多発テロ」で、ブッシュが「罪なき市民」を殺したと強調し、報復戦争（アフガニスタン攻撃）の大義名分としたのと、すこし似ている論法なので、「市民」たるもの、よほど用心してかからねばならぬ政治家の紋切り言葉である。ここで慶郡王は、自国のために、わざとその突っこみをそらして、素ットボケてみせる。

「即《すなわ》チ、昨年京城ニ在《あり》テ、（朝鮮の）乱民ノ為ニ殺サレタル貴国臣民ノ事ヲ云ハル、歟」

最初に日本人を殺したのは、朝鮮であって、清国でないと思っていたが、という慶郡王の言葉に対し、ここで榎本武揚が、「ちょっと待ってくれ」と口をはさむ。いくら「閑話」といえ、話の鋒先《ほこさき》をそらさせてはならぬとばかり、伊藤博文の発言を通訳の鄭書記に復誦させている。

鄭の通訳が悪かったので、このような誤解がおこるのだと礼を尽くすふりをしつつ、実際は、話をそらそうとした慶郡王に対して怒っていて、ひょっとするとこの時の武揚は立ちあがっていたのではないか、とさえ思えるほどだ。榎本は、鄭の復誦が終るや、自らも慶郡王に向かっていう。

「否《いな》。貴国兵ノ為ニ、残（惨）殺セラレタル者ヲ云フ」

記録には、「！」の記号はないが、榎本は声を荒げて発言したのではないかと思われる。伊藤も、よくぞ言ったと榎本に同調して、「然リ」と肯いたのち、こんどはトボケた慶郡王に向かって、撤退後の善後策こそが、両国の「和好」のため、こんどの談判では最重要事なのだと述べたのち、

「是等ノ事項ハ、談判整《ととの》フニ臨《のぞみ》テ、徐々ニ提出スベシ」

とおもむろに、しかし表情は威厳たっぷりに宣言してみせている。なめられてたまるか、というところであろうが、伊藤博文の自信でもある。伊藤は、大日本帝国憲法の制定という大事業を終え、人

間がひとまわりもふたまわりも大きくなっていて、自信に溢れていたともいえる（事実、この年の十二月、日本最初の内閣総理大臣となる）。

この時、慶郡王は、いささかなりとも狼狽したのか、中国風に度量たっぷり、ニコニコ落ち着きすましていたのか、もちろん記録にそのような注釈を欠くが、閣下（伊藤博文）は、清に和好を求めれてやってきたのではないかとやんわりいい返し、こちらとて隣誼の持続を望むものだといい、暗に「そう力みなさるな」とさとしている。まあ、かのように読めるところもある。おそらくそのはずで、次の言葉がそれを示しているように思える。

「……貴大臣、談判ヲ要セラル、ノ事項、即チ既往《きおう》及ビ将来ニ関スルモノ、如キハ、李中堂（鴻章）ノ老成、卓見ヲ以テ、貴大臣ト之《これ》ヲ商議セラル、ニ於テ、速《すみやか》ニ妥当ノ局ヲ結ブニ至ルベキハ、本王大臣（慶郡王）ノ信ジテ疑ハザル所ナリ。況《いわん》ヤ其既往（事件）ニ渉《わた》ル事項ノ如キニ於テヲヤ」

にわかに多弁となっているので、あわてているともいえるが、わからん奴だな、少し教えてやろうかと、いなしているともいえる。

慶郡王は、清国を代表して天津での談判に応ずる李鴻章のことを、「老成、卓見」の人だと評し、微妙な言いかたをしている。なんと李鴻章の才能を自慢しているではないか。「老成」の語を通して、貴公たちよ、だまされるなよと忠告（警告）しているのだともいえるし、李鴻章への個人的反感を示したのだとも考えうる。いずれにしろ、閑談の外交ゲームであることをわきまえず、無粋にも実権のない俺様に向かって憤慨してみたところで、しかたあるまいにと、軽くいなしているようでもある。

どうやら伊藤博文は、この言いかたに対し、大いにお気に召さなかったようだ。天皇の名をもちだし、今やわが臣民の心も貴国に向かって激動しているので、つまり戦争も辞さずの勢いであるから、そうならぬように、すみやかに事の始末をつけたいものだといい、

「……希《ねが》ハクハ、貴王大臣、敢《あえ》テ之ヲ軽視スルコトナク、深ク考ヘ遠ク慮《はばか》リ、以テ事ニ処セラレンコトヲ。是レ、我皇帝陛下ノ聖慮ニ出ヅ」

どうやら伊藤博文は、慶郡王にいいかげんにあしらわれていると感じとっていたようだ。「軽視スルコトナク」という脅しの語が、それを示している。さすがの慶郡王も、この伊藤の弁に、カチンとくるところがあったようだ。

「其ノ事タルヤ、朝鮮ニ於テ起リタル既往（過去）ノ事蹟ニ属ス、既往ニ属スルノ事ヲ以テ、先ニ妥結スルヲ得バ、将来ノ事ハ、延《おくれ》テ妥結ニ至ルベキナリ」

朝鮮で勃発した事件は、なるほど「既往ノ事蹟」である。過去の話、むかしのお話であると、慶郡王は不思議な哲学を展開してはじめている。

外交戦では、とかく両国間の過去・現在・未来にわたっての関係が論ぜられる。たしかにこんどの紛争は「過去」のうちだといえるが、それほど「むかし」だといえるはずもないから、詭弁である。日本人の時間感覚では、彼のいう「むかし」は「現在」そのものである。なにも遠いむかしの両国関係にさかのぼって、恨みがましく抗議しているわけでもないのに、あくまで過去だといいはるのである。

これは、かならずしも詭弁ではなく、中国流の時間の観念だと思えるところもある。たしかに『論

語』には、「既往は咎めず」の語がある。学のない伊藤博文とて、吉田松陰の門下生だ。『論語』の言葉ぐらい知っていたと思えるが、こんどの事件に関するかぎり、とうてい日本人（伊藤博文）にとって、過去とは思えない。過去であるなら伊藤が全権大使として赴いてきた理由が消失してしまう。

もう終ったことだよ、これから仲良くやっていこうということでは一致しているのだから、つべこべいうな、水に流してさっぱり忘れようと慶郡王がいっているとしか思えない。それでは、あまりにご都合主義で、日本をなめているとしか思えない。

慶郡王の時間論では、むかしの事の妥結は、たやすいというのである。なぜなら妥結の方法は、綺麗さっぱり忘れることだからである。それはそうだろうというものだ。しかも将来（未来）のことは、無限に延長していく時間の世界なので、ゆっくり解決（妥結）すればよいともいうのである（こういう外交姿勢は、今の中国もかわらないようだ）。伊藤博文は、この悠久の時間論を理解できたであろうか（中国三千年の「悠久」の時間論は、日本にとっても欧米先進国にとっても、劣等感になっている）。これに対して伊藤博文は答える。

「貴王ニシテ、此ノ言アリ。景仰《けいぎょう》ノ念、愈《いよいよ》深シ」

と。どうやら皮肉を返しているのではなさそうだ。慶郡王のいう妥結の道が、既往のあれこれを忘れることだと解釈しなかったからか。いや、それとも、慶郡王にしてみれば、「自論の誤解である」ところの解釈を、ありがとうさんよと「景仰の念」をもって感謝しつつ、そっくりそのまま彼に押しつけようとしている、ともいえるのだ。ならば、なかなかの「舌先三寸」を伊藤はもっていることになる。つまり、

「既往ニ係《かかわ》ルノ事項ヲ妥結セバ、勢ヒ自《おのずか》ラ将来ニ関スルノ事項ヲ商定（条約化）スルニ至ルベシ。貴王ノ高論（は）誠ニ然リ、本大臣、之ヲ聞キ、満足ノ至ナリ」

と答えているからだ。すこしも伊藤は過去のことは咎めずの意と解釈していない。妥結とは日本の言い分が通ることであり、賠償金もとれるだろう位にしか理解していない風に見せかけている。自らの誤解を相手に押しつけて悦にいっているのは、次の言葉からもわかる。

「既往ニ渉《わた》ルモノハ、現ニ形迹《けいせき》ヲ遺《のこ》スノ事実ナルヲ以テ、必ズ之ガ妥結ヲ求メザルベカラズ」

伊藤にとって、この日中間の朝鮮での紛争は、慶郡王流に過去は過去でも、現在に近い過去と考えているから、今も証拠となる「形迹」が沢山残っていて、それを解決できれば、両国間の恒久の平和もまちがいなく保証される。貴王は、よいことをおっしゃるとほめ、大いにすれちがうのである。まだ談判でないからよいようなもの、読んでいて心配になってくる。

輔車《ほしゃ》啻《ただ》ナラズ

私は、多夢症である。すこし横になって目をつむっただけで、すぐに眠りに入り、もう夢を見ているようなところがある。

このところ、歴史上の人物について書くことが多い。そのためか、いろんな史上に有名な人物が、わが夢の中に立ち現れる。多夢症とは、妄想症のことなのかと思えるほどだが、浅い夢だともいえる。つい最近、伊藤博文がわが夢の中に出てきた。

なかなか面白い夢であったが、すこしだけ語るなら、夢の中の私は、ニコニコと笑顔をたやさぬ伊藤博文に向かって、明治十八年、北京や天津に赴いた時のことを問うているのである。「北京晤談筆記《ごだんひっき》」を読んだと彼にいえば、「ああ、あれか」と言ったのち、急に憤然として顔をひきしめ、拳を振って叫ぶのである。

「なにかいうより、あたり前をいう」

私に向かって、にらみつけるようにして、このセリフを、お前には、わかるか、どうかわかってくれ、というふうに何度もくりかえしていうのである。電話のベルが鳴る音で、私は目をさましてしまったが、その後も「なにかいうより、あたり前をいう」という伊藤博文のセリフが私の頭の中でグルグル廻り、どういう意味だとさかんに問いかけつづけている。

外交のコツは、なまじなにか主張したりするより、構えずにごくふつうの態度で、相手に接するのが肝要だと、もっとも難しいことを伊藤は言おうとしているのだろうか。

まあ、わからぬが、伊藤と慶郡王の過去と未来をめぐる国家間の時間論のズレについて述べたそのつづきを、なお読んでいくことにしよう。

「重《かさ》ネテ尊諭《そんゆ》ヲ　辱《かたじけな》ウシ、自《おのず》カラ釈然タルヲ覚ユ。既往《きおう》ニ関スルノ事ハ、双方ノ間ニ協議ヲ尽シ、之《これ》ガ妥結ヲ致スベシ」

右は、伊藤がなまなましい形迹《けいせき》を残す過去、つまり現在を語ったあとでの慶郡王の応対の弁である。

「重ネテ尊諭ヲ辱ウシ」と皮肉をかえしたあと、なんだか貴大臣の既往（過去）論が、その「尊諭」によってわかった気もするので（釈然としたといっているが、言葉の綾でつまりわからないと言っているも同然だ）、この朝鮮事件についても、双方協議をつづければ、きっと妥結の道が開かれるだろうとしたあと、「我方《わがほう》ニ於テハ、道理ノ在《あ》ル所ヲ述ブベシ。是《ぜ》非《ひ》曲 直《きょくちょく》ノ存スル所、双方談論ヲ尽シテコソ、始メテ協議ノ（妥協）点ニ至ルベシ」

としている。

ようやく日本の過去への考えかたが釈然としたといいながら、まったくわかろうとしていないことが、この弁から察せられる。中国の過去論を、引っこめる気など、まったくないからで、それは、「我方ニ於テハ、道理ノ在ル所ヲ述ブベシ」の語が示してあまりある。

これではいくら、ことの「是非曲直」について談論をかさねても、妥協点は見出せず、いつまでたっても平行線であると、慶郡王は宣言しているようなものだ。さらに彼はいう。

「李中堂（鴻章）、和局《わきょく》（平和的妥結）ヲ旨《むね》トシテ、此ノ事ヲ弁商《べんしょう》セントス。貴大臣ノ尊意モ、亦隣《またりん》誼《ぎ》ヲ 辱《かたじけな》ウセントスルニ在リ、双方ノ意気、已《すで》ニ相《あい》投合ス。今回ノ案件ヲ商定（解決）スル、何ノ難《かた》キ事カ、之《こ》レアランヤ」

これでは、平行線を続けるしかないなという暗い予想に対し、双方の和局への願いという点で意気投合していると、ただ言いかえているのでしかない。

伊藤博文は、いくらこれ以上、慶郡王としゃべっていても埒あかずと感じていたはずで、「事ノ曲直」については、天津の李鴻章と論議しようと答え、どうか貴方も、「我国ノ所見」を彼に伝えておいてほしいと頼んでいる。頼まずとも、そうするであろうことをみこしての依頼である。

ここで、もう慶郡王との「閑談」を伊藤博文は打ち切ってしまってもよいはずなのだが、どうにも清国の二重外交に納得できないのか、つぎのような皮肉をとばしてしまう。

「抑《そもそも》、貴王ハ外務ヲ総理スルノ主宰ニシテ、貴大臣ハ（皇帝の）補弼《ほひつ》ノ要職ニ在ルヲ以テ、信（頼）ヲ貴王大臣ニ措《お》キ、事ノ和局ニ帰スルヲ願フノ誠意ヲ致スニ在リ」

清国の外務省の頂点にある慶郡王が、いかに肩書きのみで実力がないかを指摘したも同然である。この博文の言、同情し、かつ軽蔑してもいるのである。もちろん一見、そのように見えないようにしゃべっているが、外交ゲームにおける「礼」は、なんともひねくれたまどろこしいものである。外交は、「妥結」というくらいだから、妥協ゲームであり、かつ辛抱ゲームのようだ。カッとなるタイプは、資質に欠ける。カッとなっても、あくまでも「演技」でなければならぬ。この才は、博文にある。

そして博文はなおいう。私は、力倆《りきりょう》に欠けるあなたに輔弼の要職にある大臣として、きちんと労苦を惜しまず誠意をもって対応してきたのだから、狸おやじの李鴻章に、あくまでも「和局ヲ重ンジ、隣誼ヲ厚ウスルノ旨」に背かぬようにとしっかり伝えろと、命令口調になっている。

もちろん、「誠」をもちだし礼を尽くした言いかたをしているのだが、内容は命令だ。「誠」も外交のキーワードだが、ひとたび戦術に用いられると、複雑な色合いの変化を見せる。「誠」と「礼」は、中国にあって深い哲学体系をもっている言葉だが、外交ということでは、世界共通の儀礼的道具としての言語である。

ここで、またまた慶郡王は、伊藤博文の言葉の裏（ニューアンス）を読んで、カチンとくる。伊藤が余分なことを言ってしまったからである。

「今回、談判ヲ要セラル、ノ件ハ、既ニ貴大臣ノ垂示セラレタル件々歟《か》」

と皮肉をかえしてくる。なかなかにしぶとい。

埒あかずと見ていた博文は、これまで、ほとんど談判の本題に触れていないともいえる。すこし触れかかったが、日中の時間論になってしまったので、本題に入らずじまいだったのである。作戦として伊藤は、すこしは本題に入ってもよいと思っていたのだが、慶郡王が和局と隣誼の抽象論をただいうだけなので、本題に入るのは、李鴻章に逢ってからにしようと、うんざりして投げだしてしまっていたのである。

だが、李鴻章にそれを伝えよ、と命令口調でいってしまったのは、弱味である。慶郡王は、じゃ李鴻章に私が伝えるのは、平和と友好というスローガンだけでいいのですね、と喰いついてきてしまったからである。伊藤は、もうめんどうになって、

「然リ。即チ本大臣ノ、談判ヲ要スル件々ナリ」

と答えてしまっている。

「談判ヲ要スル件々」は、あくまで彼の頭の中にあるものであって、慶郡王には伝えそこなっているのだから（すべては伝える気もないものであるから）、伊藤の答えそのものも、トンチンカンなものだともいえるのだ。この時、二人がどのような表情をしたのか、示されてはいないが、ここで慶郡王の補佐官である鄧承脩《とうしょうしゅう》が間に入って、口をはさんでいる。おそらく険悪な空気が流れたのではないか

とも推測できる。外交にあたって補佐官は、なくてはならぬものだが、では、その鄧承脩は、なんと口をはさんだのか。

「既往ニ属スルモノ（朝鮮での事件）ニ至《いたり》テハ、其事ノ是非曲直ニ渉《わた》ルノ疑案（懸案）ナリト云ハザルベカラズ」

まず伊藤のいう「談判ニ要スルノ件」の意味を中国流に解釈してみせる。まだまだ抽象ゲームであるが、次のように彼は、慶郡王になりかわって、こういう。

「我ニ在テハ、我欽差《きんさ》（清国日本公使の黎洪昌《れいこうしょう》か）ノ報告其ノ他、種々ノ公信、或《あるい》ハ新聞紙等ノ報ズル所ニ依リ、既ニ其事実ヲ詳悉《しょうしつ》シテ、細大既ニ明晰《めいせき》ナリ」

北京の総理衙門（外務省）をあまり見くびるなと、居直ってみせたのである。これまで抽象論に終始してきたが、日本の疑案の具体的な内容など、こちらはしっかりと情報を把握し、百も承知なことばかりだと、すこし牙をむいたのである。さらにいう。

「大体ヨリ論ズルトキハ、孰《いず》レニモ曲直ノ点アリト思ハル、本大臣等、素《もと》ヨリ実地ニ臨テ、其事実ヲ査明《さめい》シタルニ非ズト雖《いえど》モ、要スルニ該件《がいけん》（この件）ハ、今一層、詳細ノ査覈《さきょう》（調査）ヲ要スベキ疑案ナリト認メザルヲ得ズ」

総体的に述べる段階では、いずれの国も、自国の立場で語るのであって、ともにその中に「曲」と「直」がある。これは、やむをえない。当然その談判にあっては、その是非を疑案に従って、精査しなければならぬことなど、百も承知で、この北京での「閑話」にあっては、それを追求する場でないこと、外交なるもののイロハでないか、そうカリカリ、いらいらしなさるな、と伊藤をはじめとする日本の外交団をたしなめたのでもある。

「更ニ之ガ査明ヲ為《な》スニ於テハ、双方、中正ヲ旨《むね》トシテ、偏頗《へんぱ》ノ心ヲ去リ、互ニ誠衷《せいちゅう》ヲ開キテ、伏臓《ふくぞう》（腹蔵）スル所ナク、専《もっぱ》ラ和好ヲ重ンジテ事ニ処セバ、容易ニ案ヲ結ビ、事ヲ（完）了《りょう》センコト必セリ」

と、大国意識に帰って説教まで垂れて、反撃してきている。補佐官としては、すこし頭にきすぎているともいえるが、慶郡王としては、タイミングがよい反撃に思えたかもしれず、よしよし、よく言ってくれた、ウンウンというところであろう。

だから慶郡王は、鄧承脩の応援に乗じるが如く言う。

「既往ニ関スルノ事ナルヲ以テ、今鄧大臣ノ説ノ如ク、更ニ其《その》事実ヲ査明セバ、事《こと》必ズ和好ニ帰センコト疑《うたがい》ナシ。既往ニ関スルノ事件ヲ処分スルハ難《かた》キニ似テ、却《かえっ》テ易《やす》シ。将来ノ事ハ、易キニ似テ、却テ難シ」

かなりの誇り高き頑固者である、慶郡王は。あくまで具体論は部下の仕事で、頂点に立つものは、つねに大観に立つべしといわんばかりに抽象論を奉じてやまない。しかも持論である「既往」という時間論は、とりさげる気はいっこうになく、現在を過去とみなしてしまったほうが、紛争の解決の道であり、ましてや未来のことは不確定世界なので、かえって処分は難しいのだと伊藤博文をいなしているのである。

この思弁、なるほど、というところもある。鄧承脩も、この慶郡王の弁説をききながら、しきりと世辞をこめて肯いていたのか、「北京晤談筆記」では、このセリフの上に、二人の名が併記されている。

なかなか味のある実況的処理である。この時、伊藤博文は、急に元気をとりもどした慶郡王を無視して、鄧承脩に立ち向かう。

「鄧大臣ニ一言セン。日清両国間ノ交誼《こうぎ》ヲ鞏固《きょうこ》（堅固に）親睦《しんぼく》ニスルノ利害ハ、更ニ喋々《ちょうちょう》スル迄モナク、貴大臣モ亦、能《よ》ク熟知セラル、ナラン」

「利」といわず「利害」としたところが、伊藤博文の工夫であり、戦いも辞さぬの脅しである。清国は、いまの情勢では下手に戦いたくないということをよく知っているからである。ただ面子のため引き延ばし戦術に出ているあれこれにすぎぬと判断している。つまり相手の弱味を抑えている。

「貴国ト我国トハ、東洋ニ屹峙《きつじ》シ、輔車《ほしゃ》（相依の関係）啻《ただ》ナラズ。将来互ニ力ヲ戮《あわ》セ、相扶《あいたす》ケテ、以テ東洋ノ大局ヲ為《な》スベキニ、却テ相互ノ間ニ争《あらそい》ヲ起シ、他人（他国）ノ為ニ其ノ機ニ乗ゼラル、ガ如キ、貴大臣、視《くらべ》テ以テ貴我両国ノ為ニ得策ナリトスル歟《や》」

この博文の弁、なんとも二人にとって、面白からざるものだろう。まず「貴国ト我国トハ、東洋ニ屹峙シ」といった対等意識が不快であろう。清国が「屹峙」という時、日本への世辞である。日本がいう時は、国威昂揚の背伸びである。生意気なと相手が思うであろうことを承知で、さらに博文の大局観を述べたてて、反撃している。いたずらに二国が争っていては、ヨーロッパ諸国の餌食になるだけだ。いくら外交術として、懸案の抽象具体を論じたとしてみても、今やナンセンスなのだと。

「貴大臣、識《しき》高シ。想フニ、必ズ其ノ然《しか》ラザルヲ知ラン。苟《いやしく》モ両国ノ政府ニシテ、其《その》意気相《あい》投合スレバ、則チ人民随《したがっ》テ、益《ますます》親睦スベシ。両国政府ノ意気相投合スルナクンバ、両国人民ノ意モ亦、何ゾ能ク相投合スベケンヤ」

「識高シ」と世辞をいいつつ、ストンと落としている。伊藤博文は、明治十五年から十六年にわたって、多数の高級官を従え一年以上もヨーロッパに滞留して憲法を学んできている。「人民」をもちだす発想も、その学習と体験からきていて、逆に中国を下に見るような意識を備えてしまっているのである。かくて博文は、

「故ニ刻下《こっか》（目下）ノ案件ヲ商定シテ、以テ両国ノ微嫌《びけん》（微譴、すこしばかりの罪とが）ヲ銷《と》シ、将来ニ於テ力ヲ戮《あわ》セ、相扶《あいたす》ケテ、以テ東洋ノ大局ヲ成スベキヲ謀《はか》ルベシ。将来ノ事モ亦、難キニ似テ難キニ非ザルナリ」

と。今やむかしながらの哲学問答をしている時ではありませんぞ、両国は大局をもって謀らなければ、ともに滅びてしまうと胸を張って述べたにちがいない。これは、慶郡王より識高き鄧承脩に向かって述べたてたものだが、最後のところで伊藤博文は頑迷なる慶郡王に対しても、一矢を報いている。「将来ノ事モ亦、難キニ似テ難キニ非ザルナリ」がそれである。彼の言を揚げ足どりしている。

ただ伊藤博文は、ヨーロッパの牙から守るための理想として日中協和を述べたにすぎないのであり、さらに長いスパーンで見れば、慶郡王の思弁のほうが、はるかに歴史的に符合しているともいえなくはない。国家間の友好条約などに、将来の保証など全くないからである。伊藤に説教されてしまった鄧承脩は、こう答える。

「高論ヲ聞キ、感慨ノ至ニ堪ヘズ」

としたあと、

「曾《かつ》テ榎本公使ノ説ニ、日本、朝鮮、其他東洋ノ各国、孰《いず》レモ富強ヲ増スノ策ヲ講ゼザルベカラズト。

本大臣ノ所見モ亦、其外ニ出デズ。各、力ヲ尽シテ、以テ富強ヲ謀ルベキナリ」

席に居合わせている榎本の説をもちだしたのは、一種の分断策であろうか。榎本は胸をそらしたのか、伊藤に気がねしたのかわからぬものの、鄧承脩が、いわれなくとも彼と同意見だというかたに対しては、ムッというところだろう。そう簡単には、鄧承脩も参ったとは言わぬのである。

「過日、貴大臣（伊藤）ノ尊話ニ、今回ノ件、貴国人民ノ感触ヲ激発シ、其ノ勢《いきお》ヒ熾《さかん》ナリト。尊話ノ如キ事情ハ、我国ニモ存スルナリ」

伊藤博文は、思わずとうとうと東洋協和の理想を述べてしまったのだが、先に述べた世論による脅し（日本、戦うべし）発言を引かれて、揚げ足をとられてしまっている。立派な理想をいいながら、人民を盾にとって、両国の戦争を暗示するとは、なにごとだ、わが人民とて同じだぞと、矛盾をついてきたのである。

中国の矛盾論は、詭弁の術として発展してきている。一つや二つの矛盾などは、屁のようなものであり、あくまでも仮りの対立である。人間（宇宙）は、無限の矛盾のルツボであるという認識があり、そのため、いかなる弁論に対しても、その気になれば揚げ足がとれるという自信をもっている。その認識が、急時の鈍感につながり、ヨーロッパの列強の武力侵略に対し、手をこまねくばかりで、内心は四苦八苦している。だからといって長い時間をかけて積みあげてきた宇宙論的認識に対して、日本のようにアッサリ捨てさるわけにいかぬからである。

とりあえず日本の西欧化もいとわぬ伊藤博文は、この鄧承脩の一撃にも、なんら臆するところはない。「腐儒」のたわごとだと一蹴する信念をもっているから、あくまで強気である。

「其事ニ付《つき》テハ、貴大臣、宜《よろ》シク深ク考フル所アレ」
「人民」のことなど、すこしも頭にない清国が、なにを今さら言うか、といったところだ。ならば、人民や世論のことを深く考えて見たらよい、と足元に釘を打ちこんだあと、さらに次の如く言ってしまう。すこしは小出しにしたが、天津で李鴻章と談判する時まで控えておいた本題に、いささか足を踏みこんでしまう。「閑談」であるという大前提を忘れて、伊藤博文も、カッカときているのである。

「乃《すなわ》チ、朝鮮変乱ノ際、我ヨリ何等《なんら》（清国に）不敬ヲ加ヘ、或ハ何等兇害《きょうがい》ヲ加ヘタルコトナシ。之ニ反シ、我《わが》臣民、貴国ノ兵弁、並《ならび》ニ臣民ヨリ兇害ヲ加ヘラレタル者、其《その》数、少小《しょうしょう》ニ非ズ」

このようないい分は、清国にお見通しだということを忘れ、正義の斧をかざして、ついまくしたててしまうのである。それでもはやる心をなんとか抑えて、

「然レドモ、素《もとも》ト貴政府ヨリ命ジテ此兇害ヲ加ヘラレタリト云フニハ非ズ」

と二人の外交官僚を救ったのち（本音は、どちらでも同じだ、政府の責任だと思っている）、

「唯《た》ダ、貴国兵、恣《ほしいま》マニ兇害ヲ我《わが》国人ニ加ヘ、我ヨリ何等、害ヲ貴国臣民ニ加ヘタルコトナキハ、更ニ争フベカラザルノ事実ナリ」

と清国の正義なきを熱して糾弾してしまうのである。

「双方ノ所為、甚ダ異《こと》ナリ。貴大臣、幸ニ其《その》相異ナル所ニ就テ考察ヲ下《くだ》サバ、自ラ釈然（と）スル所アラン」

あたかも幕末の志士に戻って、さあどうだ、やる気ならやってもいいぞ、と腰の刀を鞘からキラリと引き抜いてしまったが如くである。

貴国ノ挙措《きょそ》、驕傲《きょうごう》ニ失シタリ

「双方、相互ニ推察ヲ以テ、事ヲ議スルナキヲ要ス」

この言葉、凄んで見せた伊藤博文への清国慶郡王のいなしである。国家間の外交は、発生した事件に対し、集まってきた情報をもとにして「推察合戦」をせざるをえない。推察はあくまでも推察でしかないが、推察で戦うしかないのである。推察が、洞察にまでつながっていたかどうかは、結果を知っている後世として、難しい。

人はとかく議論していると、つい熱して自分の意見が推察であることを忘れてしまう。そのために外交官は冷静である心掛けが必要だともいえるが、いくら冷静であっても、いかなる自分たちの理屈も推察でしかないという事実が残るのみである。

しかし、時に外交術における情念の発揮は、それなりに大いなる武器となって「変化」を喚起する力となる。情念それ自体が、脅しのような迫力を伴うからである。いくら議論しても埒《らち》があかぬから、ならば力づくでいこうじゃないか、と開き直るからだ。

細かな理屈は棄て、せいぜい言葉は「国益」ぐらいのところにとどめ、情念こめて「最後通牒」を突きつけたとする。交渉相手を追いつめるが、自分も追いこまれる。相手が、その血相を見て、おそれをなして引いてしまえばよいが、そうでなければ、交渉決裂で、へたをすれば、戦争するしか、もう道はなくなる。強硬論は、論でとどまっているうちは、まだよいが、へたをすれば、国を傾けかねないアキレス腱である。

ただ情念の発揮も、外交の技術のうちと冷静に考えているところがあれば、もし相手が情念に駆られた時、さっと水をかけることもできる。そのほうが自国のためとなり、相手のためにもなったりする。だが、その回避によって生まれてくる言葉は、「平和」などという空文句のみで、埒のあかぬ議論の振りだしに逆戻りしたりする。そこで出てくるのは、「しんぼう」強く対応するという自戒の言葉しかない。そういう意味では、地味であるが、最後の詰めは李鴻章にまかせる気でいる慶郡王のほうが、しんぼう強い。交渉は推察合戦であってはならずと、とりあえず水を相手にかけたのち、「本王大臣（慶郡王自ら）モ、亦《また》貴大臣（伊藤博文）ニ於ケル如ク、実地ニ臨《のぞ》ンデ事実ヲ査明シタルニ非ズ」と理を説くのである。その場合、喧嘩両成敗的に理を説く。あなただけでない、この私も「推察」で物を言っているのだと。「実地ニ臨ンデ事実ヲ査明」せずに議論しているのだと。ここまでいわれると、伊藤博文も、それはそうだなと思うしかないわけである。ここまで理を詰めていわないと、真に水をさしたことにならない。慶郡王、いわゆる理論家でないが、案外と中国流の「理」の使い手である。

といっても、また厄介な言葉が登場してしまうのである。それは、「事実」というお化けのようなしろものである。「実地」に両者が赴くのは、まあ、よしとしても、だからといって「事実」の「査明」

が可能となるわけでない。イラク戦争や北朝鮮問題の「査察」をめぐる茶番劇を想起してもらえば、よくわかるだろう。このあたりの無意味さも、よくわかっているのが、慶郡王である。だからこういう、

「現ニ其事《その》（朝鮮事件）ニ与《あずか》リタル者ハ、竹添公使及ビ我《わが》将官両名ノ外《ほか》アラズ、然《しか》レドモ、其報ズル所ニ就《つい》テ、（両国が）偏信《へんしん》セバ、双方（推察にすぎぬの）懸疑《けんぎ》ヲ免《まぬか》レザルベシ」

事件の当事者は、日本は竹添公使、清国は二名の将官、しかし両者とも「事実」を握っているわけでない。この両者は、自分の地位保全のため、あるいは国のためといって、都合のよいことをいうにちがいなく、そこからえた情報をもとに両国は「推察」するしかないわけである。

つまり、当事者そのものが当てにできない。さらにいえば、嘘を言わずとも、当事者そのものが、事の真相に対して、案外とあやふやな存在であることである。だから「実地ニ臨ンデ事実ノ査明」することも、実際は不可能に近い。そのあたりもよく知った上で、慶郡王は述べている。

人間不信のニヒリズムというものが（中国三千年のニヒリズムだ）、慶郡王の思弁の根底によこたわっている。それ故、ああいえばこういうの外交ゲームを、慶郡王は、ニヒリスティックに生きているともいえる。ならば水をひっかけられた伊藤博文は、これにどう対応するか。

「竹添公使ヲ糺問《きゅうもん》シテ得タルノ事実ニ付テハ、本大臣、素《もと》ヨリ其ノ責ニ任ズベシ」

慶郡王流の事実論は、「事実」などというものは、この世にそもそもありえないという確信に立った厄介なものである。伊藤博文は、これに対してむずかしくかかわっていかない。日本は、竹添公使に対して誠実に糺問した結果を「事実」と考えるしかないという立場をあくまでとる。それが慶郡王のいう「推察」でしかなかったとしても、一種の「信」である。そして、それによって生じるアレコ

レは、すべて伊藤博文の責であるとした。

「事実」をめぐる哲学問答は、めんどうになるので、拒否したのだといってよい。「責」は、俺だと。ただその「査明」にあたって必要なのは、

「専《もっぱ》ラ公平ヲ旨トシ、偏頗《へんぱ》ノ心アルベカラズ」

であると、伊藤は返答した。終局において、「推察」を免れぬにしても、人間たるもの、その査明に対し、できるだけ公平の姿勢をもってし、そこでえたるものを「事実」とするしかないではないか、と逆襲しているのでもある。政治における「責任論」も、そのために発生するのであり、俺は日本の責任者だ、お前もそうしろと反論しているのだともいえる。

「貴王大臣モ、亦《また》中正公平ヲ重ンジ、本大臣ノ素旨《そし》ニ背《そむ》クコトナキヲ信ズ」

の言葉が、その証左である。「真」とは「信」にしかない、と伊藤博文は、考えているかのごとくであり、

「今回ノ事タル、両国交渉ノ案件ヲ致シ、当《まさ》ニ両国間ニ於テ妥協結定《けつじょう》スベキモノナルヲ以テ、貴王大臣、之《これ》ヲ尋常ノ裁判事件ト同一視スルコトナカランヲ要ス」

裁判は、なにが真実かを強引に審議する。判決を必要とするからだ。この世界にあっても、なにが真実なのかをつきつめていくと、なにがなにやら、わからなくなる。いわゆる芥川竜之介の「藪の中」である。この世にたしかなものは、ひとつもないというところから、ああだこうだ、という慶郡王の外交哲学は、それである。

伊藤博文は、政治的真実を政治的信実と考えている。政争は、つきつめると信用・信頼の世界に落着するものであり、「尋常ノ裁判」と同レベルで考えてはならぬ、と。「事実」のあやうさを「信」で

こえるのである。信でこえても、あやうさはなお残りつづける。だからこそ「妥協」もする。信念が妥協をもたらす。外交交渉の決着を妥結（妥協結定）というのは、そのためだろう。

慶郡王は、伊藤の弁論術に内心どのように感じていたのか、わからぬが、それに応えず、従来通りの両国間における既往（過去の事件）と将来（未来の平和）について繰り返し述べるのみである。ごまかしたのだ、ともいえるが、そもそも伊藤のいう政治における「信」の問題など、中国人が大昔から考えに考え抜いてきたことである。なまじ、その揚げ足をとったりすれば、又めんどうになると、無視をきめこんだのかもしれない。ただし、これだけは言っておくといわんばかりに、

「（これより）李中堂（鴻章）ノ才幹ヲ以テ、貴大臣ト案件ヲ議ス。事ノ曲直、速《すみやか》ニ明断ヲ了（解）セン事、疑《うたがい》ナシ」

としたあと、急に榎本武揚の名をもちだして、つぎのようなことをいいだす。

「譬《たと》ヘバ榎本公使、客（の）数人ヲ招テ宴ヲ張ル。偶《たまたま》、客人ノ二人相争ウテ、互ニ闘搏《とうばく》スル者アリ。東道（日本）ノ主人（榎本）、困惑啻《ただ》ナラズト雖《いえ》ドモ、其両人間ノ曲直ハ、座中ノ諸客ニ於テ、自ラ公論ノ帰スル所アラン」

突然、自分の名前がひきあいにだされて、榎本はびっくりしたにちがいない。これは、たとえだと断っているが、一瞬、自分に対する皮肉と思ったかもしれず、実際に皮肉だったのかもしれない。

この「閑談」、かたちの上では、榎本が慶郡王らを招いているのである。事前交渉の一態であるといえ、あくまで雑談が建て前なのである。それが今、丁々発止の争論となっている。慶郡王は、雑談の一つ

も差配できぬヤボな男だと、うんざりしていたのかもしれぬので、かかる卑近な「たとえ」をわざとだしたとも考えうる。東道の主人たるお前もたいへんだなの意の他に、お前こそがこの雑談が和気アイアイのうちに終るようにとりはからわねばならぬのになんだ！　という皮肉がはいっているのかもしれぬ。

伊藤博文と慶郡王の論争、どちらの言い分が正しいのかは、客観的にそばで見ていた客たちが判断するであろうとしているものの、その客たちは、二人の臣たちであって見れば、慶郡王のいう「公論」たりえないことも、あきらかである。それとも、日清間の争いをそばから見ている諸外国の判断を「公論」というのか。だとすれば清国はもともと諸外国を信用していないのだから（信用できるはずもないが）、ムチャないいかたになる。

伊藤はどう受けとめたのか知らぬが、こう答える。

「其公論トハ、素ヨリ両国間ノ公論ナラザルべカラズ」

第三者の諸外国に「公論」はありえないと。それとも「五ヶ条御誓文」の「万機公論ニ決スベシ」の公論と解釈したのか、よくわからない。さらにいう。

「国ト国トノ争《あらそい》ハ、両国ノ間ニ之ヲ決スベシ。其ノ両国ノ上ニ駕シテ、其曲直ヲ判断スルノ国ハ、外ニ在ルベキ理ナシ。故ニ今回ノ事モ亦、必ズ両国ノ間ニ於テ、公法ニ照シ、以テ其ノ事ヲ決定セザルベカラズ」

伊藤博文のセリフの中に「公論」と似た「公法」の語がでてくる。これは、慶郡王が公論と公法をごっちゃにしているのではありませんか、という皮肉であったかもしれない。この公法は、おそらく「万国公法」の「公法」である。もちろん、両国の公論に従って言い争い、その決着は「万国公法」に照らすつもりですよ、と皮肉を言っているとも考えうる。皮肉と受けとめたかどうかわからぬが、慶郡王は、つらっとして言葉を返す。

「公法ニ照シテ之ヲ決スル、是ヨリ公ナルハナシ」

としたあと、貴大臣も李鴻章も、平和を望んでいるのだからきっと妥結するにちがいない、それは予言しておくと、論をそらしている。よほどこの時、伊藤博文はムッとしたのか、ここでまためんどうなことになってはと、すかさず公使の榎本武揚が間に入って、意見を述べている。

それは、一見、慶郡王に味方しているかに見えるものであるが、やはりそうでもない。はじめ衝突がおこった時、「双方、出先ニ於テ両国兵ノ間ニ起リタル争闘ニ過ギ」ないので、よく話し合えば必ず妥結できるとあなたは私に仰言《おっしゃ》った。ところが、しばらくして事情が急変し、日本は軍艦を派遣せざるをえなくなったと。ここで榎本は暗に慶郡王を批判しているともいえる。

しかし、実際はよくよく考えると批判しているとはいえない。事件が拡大したのは、両国が面子や国益から互いに暗躍したからで、それは、政治の世界にあって、さして驚くにたりないと知っているからである。ただ外交戦は、あくまで両国は建て前を言わざるをえないのである。だからこそ外交はゲームなのでもある。

このたび伊藤公使が清国へ派遣されたのは、貴国の初志に従い、両国の間に和好を結ぶためであり、他意はないのだと、慶郡王に申しあげたが、その時も貴殿は同意されたはずである。だから、そうカリカリといがみあわないでほしい、と間に入ったのである。

清国の約束違反を榎本がはっきりとなじったりしないのは、条約がまだ結ばれていないのをよいことに、日本もまた約束を破っているからである。どっちこっちなのだ。ただ両国が、現時点で戦争をしたくないのも事実であり、それ故に建て前の「平和」を互いにいいあっているのである。現実には、かなり両国は危険な情況にある。戦争はしたくないと思っているが、最悪の局面を覚悟している伊藤と違い、クッション役の榎本公使の苦慮するところである。


同じ外交官として榎本の気持ちもわかるのか、今回の事件はかならずや平和をもって終局すると保証するから、あまり意に介すな、と慶郡王は慰めている。だが「保証」するといっても、権力も決定権もない王の保証にすぎず、いくら「信」が大切とそのまま信じようものなら、馬鹿にされるのが、政治の世界である。だから榎本も、こう切りかえしている。

「各《おのおの》（慶郡王と伊藤博文）視ル所ヲ（自分の意見に）固執シテ止マザレバ、到底論議ノ局ヲ結ブコト難シ。貴王大臣、既ニ保証スト述ベラレタリ。本大臣（の）保証、果シテ其効アランコトヲ希《ねが》フナリ」

と皮肉っている。あなたの「保証」なんか、ひとつも保証にならないのだ、そんなこと気安くいうなと暗に述べたわけだ。この皮肉がすぐにわかる慶郡王は、彼の皮肉と受けとめずに、さらっという。

「大使（伊藤）ノ卓識ニ対スルニ、李中堂ノ達見アリ」

どうして妥協を得ないことなどありえようかと、カッカきていたそれまでの自尊心を忘れて、これからは伊藤と李鴻章の腕次第だと逃げている。

その逃げ口上を見て、もうガマンならぬと伊藤博文も口を開く。事を先延ばし先延ばししてきたのは、貴国ではないか。そのため日本の世論が、清国討つべしと激動してしまった、と脅し、ここまできた以上、はばかりなく慶郡王に物申さんと言う。

「貴国ノ挙措《きょそ》、甚ダ驕傲《きょうごう》ニ失シタリ」

ぬらりくらりだけは達人級である慶郡王は、この伊藤の恫喝《どうかつ》にも屈したりしないから、たいしたもので、

「両国自ラ視《み》ル所ヲ異ニス」

と逃げている。傲慢だというが、あなたの視点にすぎず、自分にはまったく「清」が傲慢だとは思えない。それは、そうにきまっている。ムッとしてか伊藤は、さらに追いうちをかける。

朝鮮で事件が起こった時、「我皇帝陛下」は、ただちに全権大使を現地に派遣した。それなのに、清国は、京城に駐留する貴国の、なんら権限をもたぬ官吏に対応させるのみであった。この無礼は、

「貴我両国間ニ妥協ヲ計ルノ道ヲ閉塞セラレタリ」

雑談だとわかっていながら、伊藤は尻をまくって日本へ帰らんばかりの見幕をパフォマンスしている。よほど迫力があったのか、すかさず慶郡王の部下が、手助けにはいっている。大臣クラスを先に朝鮮へ派遣したのは、清国である。その時、日本はそれにふさわしい使節を送ってきたか、と反論している。まったく過去論になってしまっているが、榎本がそれにさっと応じている。

その時、日本は全権大使を送れと先に清国へ申しでたはずだが、実際は、派遣してきたのは、ただの大臣だったではないかと。それに対し慶郡王は、大国意識を以て答える。

「我朝廷ノ旧章（しきたり）ニ依リ、容易ニ全権ヲ我国ノ使節ニ附与スルコト能《あた》ハザルナリ」

としたあと、こんなささいなことで両国が争っていては、なんになるか、他国（西洋）に漁夫の利を占められるのが関の山だと、日本がいいそうなことを逆に言いだし、さらに次の如く断ずる。

「朝鮮ハ我国ノ藩屏《はんぺい》タリ、貴大臣、幸ニ之ヲ諒（承）セヨ」

ついに本音（属国である）を言ってしまった、という感じである。これには、いったん尻をまくってみせた伊藤博文も、こうあからさまに言われちゃ、チョット困ったなというところである。李鴻章相手ならともかく、権限のない慶郡王相手に怒って帰国するわけにいかないのである。そこは、我慢のしどころで、あっさり、

「……今回ノ事、其ノ局ヲ結バヽ、両国是ヨリ同ジク朝鮮ノ開進（開化進歩）ヲ扶翼《ふよく》スルコトニ力ヲ尽スヲ得ン」

と収めてしまうのである。それは、私も同じだと慶郡王はすかさず応じる。非公式の雑談のはずなのに、両者カッカときて決裂してしまっては、自分の失態になるからで、伊藤博文の妥協は渡りに舟であった。

それでも伊藤博文は、だめ押しを忘れない。わが国には、朝鮮への野心などまったくないことをこれでわかってくれたか、と本音をいう。中国が日本の野心を疑っていることについては、あえて雑談の議題にのせないようにしてきたが、もうよかろうとばかりに吐きだしている。慶郡王もそれに肯く。

「貴国、貧弱ノ一小国ニ垂涎《すいぜん》セザルハ、本王大臣等ノ信ズル所ナリ」

と、手うちのしめになる。「貧弱ノ一小国」とは、なんともひどい物言いだが、これらのやりとりとて、

当の朝鮮にとっては、たまったものでない会話であろう。かくてめでたく「雑談」は終り、両国は四月三日より始まる天津談判にようやくこぎつけることになる。

伊藤博文は、慶郡王との対応によって、中国なるものの一端に接した思いであっただろうが、次の相手の李鴻章は、さらなる中国の巨峰である。

閣下全権ノ憑証《ひょうしょう》ヲ一覧セン

明治十七年十二月（四日）に発生した金玉均ら独立党のクーデター失敗ともいうべき（金らは日本に亡命）京城事変は、国王の依頼によって、竹添（進一郎）公使が日本兵（一箇中隊）をひきつれて宮中へ駈けつけ護衛に当ったのはもちろん、翌々六日、これに呼応して六百の兵をひきいて宮殿に突入した袁世凱（京城駐在官）の軍の間に戦闘がおこったのだから、中国（清）をもまきこむ国際事件にまで発展したのである。

ただちに日本は、井上馨特派全権大使（外務卿）を朝鮮へ送りこみ、談判を開始する（明治十八年一月七日）。二日後には、はやばやと妥結を見ている（井上はやたらと忙しがっている）。清国は、呉大澂《ごたいちょう》（文人官僚だが、書家としても名高い）を送りこんだが、全権をもつ使者ではないとして、井上は正式な交渉を行わなかった。

つづいて中国と談判すべく特派全権大使として大陸の土を踏んで登場したのが、伊藤博文（宮内卿）である。幕末以来、手をとりあって出世街道をばく進し、今や日本を荷う大物となっている長州の二人組が、京城事変の解決に乗りだしているのも、妙である。

明治十八年といえば、国内では、欧化政策の看板塔である鹿鳴館（井上馨の発注によりコンドルが設計した）の花やかなりしころである。不平等な条約改正を有利に展開するべく、この二人が推進したプロジェクトである。朝鮮に乗りこんだ井上もそうだが、中国へ渡ってきた（かならず全権大使は軍艦で運ばれる）伊藤博文も鼻息が荒いのである。

天津の総理衙門《がもん》で開かれた六回に及ぶ李鴻章との談判（四月三日〜十五日）で、伊藤は日本語でなく、すべて英語を以て対応したという。これは、李鴻章が外国との交渉に慣れていることもあるが、条約改正を意識した外国人向けのデモストレーションともいえるだろう。ならば、鹿鳴館次元のふるまいである。

事前に通告してあったのか、李鴻章側では、（おそらく日本語でなく英語のわかる）通訳の他に、英語を解する外務官僚（李の幕客というべきか）伍廷芳《ごていほう》を同席させている。南洋貿易の商人の子で、シンガポールで生まれている（一八四二）。香港育ちで、英語をよくしたと思われるが、外国留学を志し、自費で渡英（一八七四）、法律学を修得している。中法戦争（清仏戦争）の交渉にも参加している（中国近代人物文集双書『伍廷芳集』）。

談判の席上、伊藤が英語でしゃべりまくったとすれば、それを筆記したのは、だれか。日本側からは鄭権大書記官が同席しているので（彼は中国語もわかるはず）、彼の役目か。

「天津談判筆記」をふくむ「伊藤特派全権大使復命書」は、邦文の他に英文が附されていたというから、天皇のみならず、在留の外国人（外交官）の閲覧に供する意図もあったのか。

漢文読み下し調をもって『明治文化全集』（外交篇）に収録されている邦文は、のちに同席していた大書記官の伊東巳代治（伊藤の懐刀といわれた）の手になるものといわれる。伊東は、長崎の生まれで、蘭学を修め、兵庫県令時代（明治六年）の伊藤に訳官として拾われたといわれるから、オランダ語のみならず、英語もよくしたに違いないが、漢文の才もなかなかだったと思われる。

この天津談判における日本側の出席者は、伊東鄭の両書記官の他に榎本北京公使である。鄭は、（李鴻章の）中国語の通訳をもっぱらにし、伊東は、博文の英語の筆記とその和訳を担当したと思われる。中国側の出席者は、使臣として朝鮮に派遣されたものの、井上に袖にされた呉大澂と続昌の二人の官僚の他に、外国の法にくわしい伍廷芳と通訳の羅豊禄《らほうろく》。羅は、李鴻章の清語を英語に訳したというから、日本のスタッフは（私語は日本語になっても）、みな英語をよくするのである（おそらく幕末にオランダ留学の榎本も）。日本側は、吉田松陰門下の伊藤博文をはじめ、昌平黌の秀才であった榎本をはじめ、みな「漢文」をよくするが、鄭以外は、清語がわからず、この談判は、李鴻章をのぞけば、「英語」の声が主役となって飛びまわっているのである。中国人と日本人との談判だというのに、「漢文」による筆談は採用されていない。

伊東巳代治の漢文読み下し文は、なかなか名調だが、これは漢文を読み下したのでなく、英語の和訳としてなのである。

たとえば、大使の伊藤が李鴻章にむかって「他事ハ偖《さ》テ置キ、差支《さしつかえ》ナクバ閣下全権ノ憑証《ひょうしょう》（皇帝の証明書）ヲ一覧セン。事ハ唯ダ一ノ式法ニ過ギザレドモ、本大臣ノ全権憑証モ亦《また》貴閲ニ供スベシ」と言ったと筆記にある。英語で伊藤博文はしゃべったわけだから、伊東巳代治は、そのまま英語で筆記している。それをみてのちに彼は漢文読み下し文（日本の文語）にしている。その場で、同僚に漢文読み下し文で和訳してきかせたわけでない。

これに対して李鴻章は、「謹《つつしみ》テ貴命ニ応ズベシ」と答えているが、おそらく羅豊禄が、伊藤博文の英語を清語になおしてきかせ（中国の文語に直して伝えたのでない。李鴻章は、古文派の文人官僚曾国藩の門下生だが、ややこわばったところがあるにしろ清の通常語によってであろう）、その答をきいた羅豊禄が、英語で日本側に伝える。それをその場で英語に筆記した伊東巳代治が、のちに漢文の読みくだし文ふうに和訳するのである。

漢文（中国の古文）は、簡潔だが、名手の手にかかれば、言葉の綾、つまり微妙なニュアンスまで表現し、場の雰囲気までよく伝える。れっきとした日本語の漢文読み下し文も、それに従う。伊東巳代治の漢文の能力は、ともかくとして、彼は漢文読み下し文の名手である。「謹テ貴命ヲ応ズベシ」と彼が訳せば、現場に臨む李鴻章の姿が、ほうふつとしてくる。

全権大使がたがいに「憑証」（委任状）を示して照合しあうのは、博文もいう如く外交における形式的儀式である。しかし伊藤博文は、彼の憑証が簡単なのに驚く。それに対する博文の疑問追求から談判は、はじまる。かくて形式事務で終らなかったのである。

その委任状には、全権大臣と為すとあるものの、日本の使臣と事務を商議すべしとあるのみで、「李中堂ハ画押蓋印《がおうこういん》和衷定義ノ権アルヲ以テセリ」とはない。決定権がないのである。そのことに気づいた伊藤博文は、いくら閣下と「商定立約」したところで、あとで貴政府がそれを「擯斥《ひんせき》」することができるのではないかと、そうそうに伊藤は詰めよっている。それを見て李鴻章は、「おわかりか」という風に微笑している。微笑したとわかるのは、伊東巳代治が「微笑シテ」と注しているからである。筆記者である巳代治は、よく李鴻章の表情を観察しているのである。単なる速記役人なのではなく、「大書記官」たるゆえんなのである。伊藤大使の談判に加わった「補佐官」なのだ。

中堂の「微笑」の奥には、小国日本への「いなし」がある。大国意識であり、軽い侮辱であるが、清国を牛耳っているはずの李鴻章の弱点でもある。「微笑ス」と記した伊東巳代治に、たいした劇の才ありだというよりも、政治そのものが、舞台であり、劇なのだ。

微笑したあとの李鴻章は、こわい。伊藤博文が矛盾をつくと、「全ク閣下ノ方寸ニ存スベシ」と述べているからである。つまり、あなたの心（方寸）次第で、けっして矛盾になることはない。総理衙門の拒否は、あなたの出かたひとつだ。

もし「難問」をもって閣下が私に迫るあまり、私がしぶしぶ「首肯」せざるをえなくなったような場合、わが政府が拒否にでることは、ありうるわけだから、そこのところは、どうかお手柔かに願いたいと、脅迫している。談判開始にあたっての軽いジャブだともいえるが、一方的言い分だといえる。

全権を委任されているが、全権を委任されてもいないともいっているからで、これでは談判にならない。中国外交の二重構造だが、伝統的体質でもある。その体質によって、西欧諸国に不平等条約を強いられ、そのたびに不快不満は残すものの、なお大国意識によってその負をカバーできる。文明開化し、西洋のやり口を学んでいる日本が、どのように出てくるかは、予測がつくので、あまり無理をいいなさんなと、李鴻章は微笑たやさぬままに、意気ごむ伊藤博文に軽いジャブをいれたのだが、この二重構造は、江戸時代の日本がもっていたものでもある。西欧は、使節との交渉では埒があかなかった。幕閣の承認の必要があったからで、さらに時間の引き延ばし戦術にいらだった。将軍の代行機関が、幕閣であり政府である。

多くの将軍は、政治的にも人倫的な意想もさしてなく、ただ幕閣のいいなりになるイエスマンだが、それはいやだという将軍もいる。家光、吉宗などがそうだが、幕閣のいいなりにはならぬ。理想としても、ロボット将軍は、求められないが、現実的には、そうもいかぬ。幼少、病弱、暗愚の君主もいるからだが、大老、老中など幕閣各人としても、傀儡《かいらい》将軍のほうが、天下を牛耳ったような気分になれる。

しかし、理想は理想である。西欧諸国が困惑したのは、徳川という武家政権を突破しても、その上があるということである。皇室である。条約が発効するには、勅許《ちょっきょ》という手続きが終るのを待たねばならない。その時間の長さに西欧はいらだつ。

皇室（京の朝廷）は、徳川幕府によって骨抜きにされていたから、それまでにあっては、最終的可決を必要としない形式的勅許（というより、報告と黙認の儀礼あるのみ）であったが、ここに至っては、追いこまれた幕府によって、逆用される。交渉引き延ばしのかっこうな口実となる。

この口実は、国内の反幕勢力によっても、逆用される。幕府も、建て前として「勤王」であるから逆用できたのだが、反幕勢力にも逆用できる。いくら骨抜きだといっても、公家と徳川家は、婚姻関係を結んでいる。口先だけの建て前でない、と一応抗弁もできるし、なお狡智《こうち》なのは、やはり骨抜き政策は、実行に移されている。欧米列国が舞いこむ幕末にいたって、ようやく綻《ほころ》びる。それまでは一方的に無視だったので、急に徳川とて「勤王」だといいだす。証拠はあるが、どの藩も信じない。幕府をむしろ倒す口実として、朝廷が権力をもっていた、そのいにしえのむかしへ戻すという「復古運動」がキャッチフレーズとなり、スローガンとなる。脱藩勤王志士の登場である。

とりわけ大藩は、幕命なのか、自藩に箔をつけるため、幕府に願いでたのか、どちらでもあろうが、みな有力な公家の娘がお輿入れしている。同時に将軍の娘も輿入れしている。太平のうちは、まあ箔になっているが、世が動乱の様相を呈してくると、束縛のくびきになってくる。血気にはやる勤王志士が脱藩するのは、二重の婚姻政策によって藩が縛られているからだ。藩主が、いかに勤王の志篤くとも、内に討幕の志を秘めていようとも、表向きは、「勤王佐幕」として穏容《おんよう》に構えていなければならない。

かくて志士は、脱藩して活動するしかない。きびしく追っ手をさしむける場合もあるが、たいがいは黙認である。ひそかに手をさしのべたりもする。

風雲急を告げている時でも、この二重婚姻政策は、かならずしも負の要素のみ、というわけでない。どう世は転ぶか、婚姻の深い契りを盾にして、「観望主義」の見晴らし台にもなるからだ。藩内の志士たちをいらだたせるものだが、一藩の運命を荷う藩主たるもの（家老などの重役も）、容易に討幕の断をくだせない。

この観望主義にも、正と負はある。機を失えば、新しい世界に乗り遅れるからである。黒田藩は、乗り遅れ、佐賀藩はぎりぎり間に合う。伊藤博文の長州藩は、勤王か佐幕か、血で血を洗う藩内闘争の末、討幕の断をくだす。日和見の薩摩藩も、土佐の脱藩藩士坂本龍馬の斡旋により、長州藩と手を結び、勤王討幕の狼火をあげる。

このような総覧総括的な物のいいかたは、疎略にすぎるというもので、もっと実情は複雑なのはもちろんだが、これに「外圧」が加わる。機械文明を取得し、世界の海を股にかけて横行し（彼等にとっては、冒険の時代だ）、安眠を貪るアジアの国々にも押し寄せてきた。彼等が簒奪《さんだつ》を目指したのは、中国だが、反応は脅威的に鈍く、日本は過剰反応して、明治維新となる。毛利は、米英仏蘭の四ヶ国艦隊に敗れる。島津は、薩英戦争に敗れる。「黒船」のペリー艦隊は、威嚇外交のみだったが、それだけでも日本人は上に下にと右往左往し、雄藩の薩摩長州に砲弾が行使されると、その威力を身にしみて感じ、「天皇」をかつぎあげて、開国攘夷の討幕に向う。江戸幕府こそ、先に姑息ながらの開国攘夷論であったはずが、朝廷を骨抜きにしてきた長い間のツケがまわって、「玉」をも奪われる。

長州の伊藤博文は、幕末には、英国公使館の焼打ちに参加した攘夷論者であったが、一転して英国に密航を企てる（薩摩藩も、留学生を英国に密航させる。脱藩だが、藩主の黙認である。その背後には、英国の公使パークスや商人のグラバーがいる）。攻める側は変わり身が速い。

日本のぬらりくらりは、おそらく天皇制に根ざしている。伊藤博文は、茫洋とした気質をもち、それを自ら政略化した。気質は生まれつきだが、政略は附け焼き刃である。岩倉具視《ともみ》とともに、孝明天皇の暗殺実行犯に擬せられることがある。孝明天皇は強烈な攘夷論者であるが、公武合体論者で、討幕までは考えていないが、天皇が実権を握るという復古思想を自ら抱いている。公的には病死であるが、殺されたとするなら、「ぬらりくらり」の資質に欠けていると見なされたからだろう。「復古」思想は、政略的には「玉」の握りかたである。

李鴻章のぬらりくらりは、広大な中国そのものを体現しているところがある。スケールの大小はあるが、中国人には特有の処世術であり、広大な大地への対処からきている。李鴻章は、その「大」的な人物である。李鴻章は、今日の中国では、売国奴のレッテルをはられているが、瀕死状態の清朝を延長に導いたのは、ぬらりくらりの権化、中華思想の化身である彼だったといえる。外圧をけっして愉快と思っていないが、呑舟の構えがある。

変法派康有為《こうゆうい》の弟子梁啓超《りょうけいちょう》は、洋務派李鴻章を論じ、西洋に劣るのは、軍艦や汽車や鉄砲などの機械のみと考え、国務とはなにか、国家とはなにか、国と政府とは、どのようなものなのか、また西洋がどうしてかくも強くなったのか、まったく知らないと批判した。機械の背後にあるものを考えていないということだろう。

変法とは、法を変える。従来の法律や官制を変えねばならぬという主張で、いわゆる「中体西用」ですむと傲慢にも考えつづけているのが洋務派官僚のトップ李鴻章であると批判したのである。

「中体西用」は、妥協的中華思想である。どうみても阿片戦争や砲艦外交の圧力に屈したと認めざるをえない清国は、やむえず西欧の機械に限定して妥協するが、「中体」への自信は微動だにしていない。むしろ中華思想が深まると李鴻章は考えていたのかもしれない（洋務派ではだめだという変法派にも中華思想がある）。

「夷の長技を以て夷を制す」は、洋務派の発想である。太平天国の乱の平定は、最終的には「夷」の力を利用したともいえる。その根底には攘夷の心がある。私は、しばしば、日本も中国も、変容しながら、なお攘夷運動が続いているのではないかと乱暴ながら思うことがある。現中国の開放政策も、かつての日本の高度成長も、かたちを変えた攘夷戦であるかに思える。

ここでは、論ずる場でないが、明治十八年五月の天津談判では、伊藤博文は、西洋をだまらせる法として、大日本帝国憲法制定と皇室典範の発布、そして国会開設の準備に向っている。国会開設の断に効のあった自由民権運動も沈静化し、今残る最大の課題は、条約改正である。その欧化ぶりを示すシンボルとして、内外に評判の悪い鹿鳴館の文化戦略がある。この猿芝居も、「夷の長技を以て夷を制す」変法だったのかもしれない。この文化運動は、短命だが、天津談判中の東京では、花と開いていたのである。

李鴻章の中国は、清仏戦争をかかえこんでいる。朝鮮の事件は、中国の面目がかかっている。清国が、朝鮮の宗主国であることは、譲ることはできない。

二人の談判は、批准の全権をめぐってはじまった。伊藤博文は、全権を有し、「陳述スル所、及ビ一切ノ行為」は、即ち「天皇陛下」から一任されており、批准を必要としていない。

片や李鴻章は、「皇帝陛下（光緒帝）」の委任を受けて「訂約」の権をもっているが、のちに帝の批準を必要とするというのである。「全権」なるものは、あくまで西洋の発想であり、中国はそれをとらずという「中華思想」で押すという腹づもりなのである。

そこで伊藤は、一国の君主たるもの、批准の権利をもっているのは、当然だが、「可否スルノ実力ヨリモ、寧《むし》ロ格式ニ止マル」ものだということを承知されたいと反駁している。ここでいう「格式」とは「形式」のことであろう。この言葉は、復古の精神や明治政府におこった「天皇親政」論に反するが、この談判の筆記録は、天皇の目にも触れるのであってみれば、あなたはあまり「実力」を発揮しようとしてはいけませんよ、「格式」だけでいいんですよと、示すことになる（もちろん、この談判は全権委任であるから、実際その訂約が気にいらなくても、天皇は拒否できない）。

一方、李鴻章に対しては、皇帝の批准を必要とするといっているが、拒否ある時は、「格式区域ヲ踰《こ》ヘテ其実力」を発揮していることになるのではないかと問うている。光緒帝にそんな実力はあるはずもないし（ただ西太后の拒否はありうるが）、政府とて、あなたのいいなりでしょうという皮肉がはいっている。これに対し、李鴻章は

「洵《まこと》ニ尊諭ノ如シ」

とその皮肉を全面的に「よくおわかりじゃないですか」と受けとめ、つまり政府も皇帝も実力者たる私のいう通りになると認めている。でもね、格式の上では、あくまで皇帝は批准権をもっているってことですよ、万に一つ、その格式をそのまま実行に移し、拒否する場合もないと考えられないというこ とですよ。だから、私をあまり追いつめたりしなさんな。いくら貴国にとって有利な訂約を結んでも、あとで批准するなと上奏することはいくらでも私にはできるんですからねと、遠まわしに脅し

ている。

「本大臣ヲ逼迫《ひっぱく》シテ批准ヲ拒マル、如キ約書ニ蓋印セシムルコトナクンバ、能ク其結約ノ効ヲ全ウスルコト得ベシ」

という李鴻章の言葉の裏は、まあ、そういうことになるだろう。情況的には、不利を承知で、外交の勝利をえようとしているのである。この時の筆記にも「微笑」という注がある。さきの「微笑」は、語りだす前であったが、こんどは語り終ったあとである。これはこれで、外交の折衝における「勝負」のうちである。「微笑」のあとさきには、続きがある。伊東巳代治は、きっちりと書き留めている。

この威嚇的ともいえる微笑に対し、伊藤博文は、「わかった」という風に、貴国の「事情果シテ然ラバ」と、認めるかたちで対応する。ここでいう「事情」とは、「国情」であろうか。「閣下、素《もと》ヨリ権域ヲ踰《こ》ヘズ、自ラ能《よ》ク承諾スベキヲ承諾」なされればよいではないか、もしそうであるなら、他日批准拒否のようなことは生じまいにと答える。つまり「わかった」といいながら、引いていない。いささか皮肉を飛ばしている。即ちどうか私めが閣下を「逼迫《ひっぱく》」するなどという妙なことをいわないでくれと（国際法にのっとって両国の是非を定めればすむという一線を墨守するという構えを崩していない。そのために伊藤は、あえて「英語」で交渉しているのである）、暗に伝えようとしている。

だが、この一見弱気にみえ、哀願しているかにもみえる「逼迫シテ」という言葉を李鴻章は、いっこうにひっこめようとしない。博文の「事情果シテ然ラバ」の語に対し、よくぞ「閣下、幸ニ我方ニ種々困難ナル情実アルヲ諒察《りょうさつ》」してくれたとし、皮肉と受けとらずにそのまま丸呑みし、「本大臣ヲ逼迫セラレザランコトヲ」と同じ言葉を繰り返すのみである。「逼迫」の語を容易にひっこめようとしない。

つまり、こちらの言い分通りにしろと、軟かく鷹揚に脅迫しつづけているのである。

伊藤が反応したのは、一見泣き言に近く見える「逼迫」の語よりも、「情実」のほうに対してである。「種々ノ情実ニ環繞《かんじょう》セラル、事ハ、双方共ニ均《ひと》シク、軽重ナシ」と切り返す。国内的な事情があれこれあるのは、お互い様であると拒否してみせる。そんなに自国の「困難ナル情実アル」ことばかり、閣下が強調しつづけるのならば、「閣下モ亦《また》我方ノ情実ヲ諒察セラレンコトヲ望ム」としている。「本大臣（伊藤）苟《いやし》クモ一国ノ政柄ヲ執ル。責任軽シトセズ。閣下モ亦一国ノ重キヲ荷フ。故ニ双方同地位ニ在ルモノナリ」

ぬらりくらりと繰り返す李鴻章の「本大臣ヲ逼迫セザランコトヲ」という哀願の欺瞞を見抜いており、それが「中華思想」に立った大国意識からくる懐柔のレトリックであると看破している。このような会話にかかずらわっていては、いっこうに先へ進まぬので、伊藤博文は「他事ハ姑《しばら》ク置キ」と話の腰を折り、他の問題に移る。李鴻章の先制攻撃・交渉の伏線である「あまりいじめると、ろくなことにならぬよ」のセリフを一挙に「他事」扱いし、今後の交渉の場所の問題にまず入る。

頗《すこぶ》ル錯綜シタル事案ナリ

中国の外交には、交際と交渉の分別がないという批判もあったが、これは西欧的発想というもので、この垣根を作らぬ無分別、あるいは曖昧さは、大国意識からくる伝統的な懐柔策というものである。話の腰を折られても、憤然としたりせず、十分あとでこのジャブはきいてくる位に李鴻章はとらえているのか、話の腰を折ったことにさして不快を示さず、場所は、この同じ天津総理衙門でもどこでもよいという伊藤に対しては、ここでよいとしたあと、「呉、続両大臣モ亦談判ノ序ニ列スル」ことを許されたいとしている。呉は、呉大澂。続は、続昌である。いずれも李鴻章の幕僚であり、さきの甲申事変のさいに朝鮮に派遣されたが、全権を帯びていないと、井上馨に交渉を拒否された面々である。伊藤は、しかし拒否しない。私の談判の相手は、あくまで閣下のみと、きめつけたのち、二人が交渉の場にいても構わぬという返事をする。

「素ヨリ然リ、……唯ダ聴聞スルノミニシテ、決シテ口ヲ啓《ひら》カシムルガ為ニ非ズ」

と李鴻章は答えている。伊藤は、つづいて会合の回数を問うている。李鴻章は幾度でも構わぬとしている。私は、榎本公使にあらかじめ「寛容ヲ旨《むね》」としてほしいと大使に伝えてくれと頼んだが、

「素ヨリ閣下ハ東洋ニ於テ名望最モ高キ為政家ナレバ、是等ノ事ハ復《ま》タ敢《あえ》テ陳言スルノ要ナカラン」

ここでも、李鴻章は、中華思想の根幹をなす「寛容」の語をもちだしたあと、伊藤に世辞を言っている。それを受けず

「蓋《けだ》シ過称ナリ。敢テ当ラズ」

と否定している。謙遜の否定なのか、のせられぬぞの否定なのか、わからぬが、おそらく後者だろう。この時の二人の表情はどうだったのだろう。「過称ナリ」と答える伊藤を無視するように、そのまま李鴻章は、もっともらしいことを白々しくいってのける。

「第一、双方事ヲ議スルニハ、誠衷《せいちゅう》ヲ開《ひらき》テ、互ニ伏臓スル所ナク、各肺肝ヲ吐露シテ、成ルベク外交上ノ権謀ヲ避ケンコトヲ希望ス」

外交に権謀なきは、考えられないが、寛容を乞うたからには、こういわねばならぬし、あまりこちらを「逼迫」しないでくれの延長線上の発言である。

「全クノ同感ナリ……故《いたず》ラニ権謀ヲ施シテ迂曲ノ策ヲ取リ、以テ時間ヲ費シ、事ヲ妨グルナカランコトヲ冀《ねが》フ」

伊藤博文は、国内に憲法問題やそれに深くつながる皇室典範、そして国会開設と問題は山積しており、李鴻章は煮え切らぬ清仏戦争の真最中である。だから互いに深くめんどうにならずに解決したいが、両国の面目はかかっている。

伊藤は、北京の総理衙門で王大臣に日本の立場を陳述しておいたが、その内容を知っているかと問う。李鴻章は、談話筆記が送られてきたので、もちろん知っているとしたあと、またまた、「唯ダ冀フ所ハ、成ル可ク穏便ニシテ、且ツ寛大ヲ旨トシ、我ニ困難ノ多キヲ加ヘラレザランコトヲ」とくりかえすのである。北京から送られた談話筆記をよみ、伊藤が強硬であることを知った上での懐柔攻撃だったのでもある。

この時、伊藤は、意外な行動に出る。英語による弁舌の中断である。清国通訳の羅豊録に向って、これより「談判ノ要領」を日本の清語通訳に語らせるので、よろしくというものである。その「要領」は、これまでのように自らは英語をもってせず、日本語で談判するというわけだ。訳が長くなるので、その要領陳述に当り英語ではやらぬというのである。

なんだか腰くだけのようでもあるが、臨機応変ともいえる。復命書の筆記には、のちにそれを英訳したものも併記されるので、対外的（西欧）には、英語による談判の事実を喧伝するのにさしつかえない。この「要領」は、すでに通達ずみなのだから、この談判において再びそれを英語で語るのは、省略させてもらいたい。しかし、礼法上、無視もできぬので、ここは日本語でやらせて頂くということか。

一国の運命を背負った伊藤博文は、名にし負う李鴻章を前にして、おそらく緊張しているという面もあっただろう。しかも、日本の開明ぶりを示すため、自らは英語で談判するという奇襲に近い手法をとっており、短いやりとりならともかく、長い説明をしなければならぬ場合は、どうしても彼の英語力では、限界がでてくる。外交官同士の日常会話とはわけが違う。談判の場である。すぐ日本語に戻したあたりは、なさけなしというより、むしろ、いさぎよいともいえるのだ。

急転直下の変更というより、予定通りの策だったともいえなくはないが、李鴻章は、どのように、この伊藤博文の姿を眺めていたのだろうか。『清史稿』によれば、外貌の特徴は、「長軀疏髯《ちょうくそぜん》」とある。長身であったようだ。髯《ひげ》を蓄えているが、さっぱり整えられたもので、けっして威圧的でない。この時代は、髯を蓄えるのが、上は皇帝から下は庶民にいたるまで世界中の男子の流行である。美容もあるが、しばしば相手になめられまいというガードとしてのひげである。もちろん小身短軀の伊藤博文も髯をはやしている。榎本武揚も美髯を以て、談判の席に座っていたはずだ。

「性は恢廓《かいかく》」というのが、李鴻章に対する『清史稿』の性格判断である。心が寛く、度量が大きいといったところか。まあ、大人風というわけだが、附焼刃の構えとしてでなく、もって生まれた本来的なものだろう。いかなる事態にも、平常の態度を崩すことなく、「諧笑《かいしょう》を以て、紛難を解く」ともある。たえず微笑をたやさず場の雰囲気を和らげ、紛糾する難問難題も解決に導くとしている。もっとも外交を得意とし、陰に陽に、自在に自らの意見を出没させ、その時の風采たるや凜然《りんぜん》としている。そのため、いかに戦いに勝利したとしても、中国を軽んじきれないとも『清史稿』の李鴻章伝の筆者は評断している。伊藤博文は、かかる人物を相手にしているわけで、彼の英語から日本語への転換も、微笑をもって見下していたにちがいない。

貫禄負けはすまいぞと、おそらく自分にいいきかせつつ、伊藤博文は、かく日本が談判する目的は、あくまでも「貴我両国ノ間ニ成立スル和好ノ情誼ヲシテ一層完全ナラシムルニアリ」という建て前をまず述べたあと、そのためには、二点に分けざるをえない案件があり、その一つは過古（過去）、その二つめは未来（将来）に属すと、論理的に入っている。

「将来ニ関スル事ニ付テハ、先《ま》ヅ従来我国ノ朝鮮ニ兵辨ヲ駐留セシメタル原因ヨリ説《と》キ起シ、聊《いささ》カ閣下ノ注意ヲ仰ガントス」

筆記者の伊東巳代治は、この入りかたに対し、わざわざ注をつけている。

（此処《ここ》ニテ大使ハ第一ノ事ヲ云ハントシテ忽《たちま》チ話頭ヲ第二ニ転ズ）

と。せっかく第一（過去）と第二（将来）と分けたのだから、順番に語るべきなのに、第二から伊藤は展開しはじめたのだから、「注」をいれないわけにいかなかったのかもしれないが、それよりもオヤ？　と相手に思わせる弁論術の綾としてそのように書かないわけにいかなかったのかもしれぬ。

伊藤の弁論の入りかたにいささかびっくり、かつ感心していると同時に相手にわかりにくいという危虞もいくぶんはあったといえる。その「過古」とはなにか。

「今ヲ距《へだた》ル四年前、朝鮮ノ乱民、我公使ニ暴行ヲ加へ、我（公）使館ヲ焚《や》キタルニ因《よ》リ、該（当）政府ト条約ヲ結ビ、以テ駐兵スルコト、ナレリ」

過古というからには、奈良平安時代にでも溯るのかと思いきや、なんと「四年前」のことで、いわゆる明治十五年の「京城の変」である。「我公使」というのは、花房義質《よしもと》である。小川平吉の『明治外交要録』（明治三十五年、嵩山堂刊）によって、その概略を述べると、当時の朝鮮の実権は、高宗の妃閔《びん》氏に握られており、院政を布くこともならず不平勃勃の大院君は逆転を図る。「暴民」の訴えを利用して閔党を排斥するのみならず、ついでに、

「日本人を逐《お》はんと欲し、依《よっ》て煽動して教唆す。暴徒乃《すな》はち之《こ》れに応じ、閔台縞閔謙縞の二人を襲て之を殺し、進んで我が公使館を侵す。事《こと》、匆卒《そうそつ》に出でて、我其（れ）何の故たるを知るに由なし。館員上下僅《わず》かに二十余人、防戦七時間、夜半に至るも（朝鮮）一援兵の来るなし。韓兵の教官堀本中尉も来らず（暴徒に殺されたるなり）」

やむをえず公使は王宮に向うが門を閉じて入れず、開港地の仁川に向うが、府兵および暴民の襲撃するところとなり、月尾島に難を避けていたところ、たまたま英国の軍艦が近くにいるを知って、これに身を投じ、長崎に送還されている。日本は戦争を覚悟し、下関に派遣された外務卿井上馨の指揮（軍事ではない）のもと、ついに、

「仁礼海軍少将は金剛、天城、日進の三艦を率ゐて、花房公使を護して八月十二日仁川に入港す。到れば則《すなわ》ち清国軍艦揚威 沼《ちょうゆう》勇威遠の三艦、既に八月十日を以て入港碇泊したり。両国の軍艦、港頭に相対し、物情恟々《きょうきょう》たり」

性能を誇る清国三艦を率いる北洋水師提督は、丁汝昌《ていじょしょう》である。その艦隊には特派使節として馬建忠が乗っていた。彼は「調停の労」をとらんとしたが、花房公使は拒否、大院君も拒否した。

「八月廿五日、清将兵を分ちて京城の四大門を守り、四方に捜索して事変に関係ある者を逮捕し、廿六日突然大院君を誘ふて漢陽に到り、之れを軍艦中に囚《とら》へて直ちに北京に送る」

この拉致の背後には、李鴻章の幕僚袁世凱がいる。

小川平吉は、もともと弁護士だが、新聞社社長をしたこともあり、国会議員に（明治三十六年以後）十回当選し、法相鉄道相ともなった政治家でもあるが、近衛篤麿の東亜同文会に属し、対露強硬論者として知られていた。

「嗚呼《ああ》朝鮮は我れ（日本）の世界に向て其《その》独立を紹介せし所なり。而《しか》るに彼れ清国妄《みだ》りに之を呼ぶに藩服の国（属国）を以てし、自ら称して天朝といひ、兵を遣《おく》り人を捕へ、傍若無人に主権の実を行ひ、強ゐて其独立を無にせんと欲す」

ともあれ日本は、金宏集の政権と和約を結ぶ。その中に日本公使館に兵員若干を置きて警備することが入っている（第五）。一年後、もし朝鮮の兵民が規律を守り、日本公使が警備を要せずと判断した場合は、「撤兵を妨げず」というものである。これが、伊藤大使がいう「過去」である。

「蓋《けだ》シ此条約ハ永遠ニ存続スベキ性質ノモノニ非ズ。故ニ既ニ昨年其兵ノ半数ヲ撤シ、残ル所ノモノハ僅ニ一中隊ニ過ギズ」

としたあと、今回の事件に触れて伊藤はいう。

「苟《いやしく》モ我ニ於テ永ク貴国ト和好ヲ存続センコトヲ冀《ねが》フ精神ヲ懐《いだ》ク以上ハ、我国ニ於テハ貴国ニ対《むかっ》テ朝鮮駐紮《ちゅうさつ》ノ貴国兵ヲ撤回スルコトヲ望ムハ、誠ニ已《や》ムヲ得ザルニ出ヅルモノナリ」

これが、伊藤のいう「将来」の姿である。参考までに閣下に申し述べるなら、目下日本の駐兵は、事件以前にくらべて増えていると伝えている。ここで、ようやく李鴻章は口を開き（伊藤の発言が長いだけでなく、通訳が間にはいるので、待っている時間が長かっただろうと思われる）、撤兵のことは、貴国の兵もという意味か、「幸ニ貴答アランコトヲ望ム」と問うている。小川平吉の『明治外交要録』によれば、明治十五年の政変以来、「李鴻章の股肱たる袁世凱を以て駐韓使節と為し、三千余人の軍隊を派して京城に駐屯せしめ」ていたのである。事件勃発とともに、この天津談判に同席している呉大澂と続昌には、陸兵七百を従わせている。それに対し日本は、それまで一中隊であったが、外務卿の井上馨が全権大使として若干の陸兵を率いて朝鮮に乗りこんだだけである。その兵の数たるや、大きな開きがあるだけに伊藤は、あっさりと

「閣下、貴国ノ兵ヲ撤回スルコトヲ肯諾《こうだく》（承知）セバ、則チ我駐兵ハ、素《も》ト条約上ノ権利ニ基クニ拘《かか》ハラズ、同ジク撤退スルコトヲ承諾スベシ」

と答えている。「条約上ノ権利ニ基クニ拘ハラズ」といっているのに、李鴻章は（あるいは通訳の不備でもあって聞きちがえたのか）その言葉尻をとらえ、清国にのみ撤退を要求し、日本は条約を盾にとっ

て撤退する気はないのか、「両国均シク撤回スルニ非ザレバ、本大臣ニ於テハ何等商議ヲ為スヲ得ザルナリ」と、文句をつけている。言葉は、席を立たんばかりだが、李鴻章はどっしりと微笑みを浮かべて椅子に坐っていただろう。伊藤は、おそらくすこし顔の色を変えて、そんな無理の要求をするはずもないとし（おそらく通訳を通しての会話なので、両者の反応はテンポが遅れる）、「貴国幸ニ撤去セバ、我モ亦撤去スベシ」と、あらためて答え直している。

「然ラバ明《あきらか》ニ貴意ノ在ル所ヲ解セリ」

これが、李鴻章の応答だが、ただ解ったというように肯いただけかもしれないが、通訳が彼我二重に入って伊藤に伝えられるのだから、こうおごそかなものになってしまうのかもしれない。

しかし両軍撤退が決ったわけでないから、伊藤は、言う。今日のように両軍駐在しつづけるならばの話をしはじめる。現状であり、かつ未来の仮定情況である。

「将来、両国ニ如何ナル禍害ヲ来タス歟《や》ハ、理ノ甚《はなは》ダ睹《み》易《やす》キモノナリ」

理とは、想像（推理推測）であると、伊藤は考えているようだ。この「理」を無視し

「貴国尚《な》ホ駐兵ヲ主張セバ、我亦《また》已《や》ム得ズ、駐兵セザルヲ得ズ。貴国若《も》シ其数ヲ増セバ、我モ亦之ヲ増サヾルヲ得ズ」

現状の両国兵数からすれば、圧倒的に清国は多いが、両国いくらでもエスカレートが可能である。日本とて、朝鮮にきわめて近いわけだから、いくらでも増援が可であるという脅しをふくんでいる。

伊藤の短兵急な突っこみに対し、李鴻章は、清国が撤兵不可であるという事情をなんとか伝えたいと思っている。国益といえば、国益の立場だが、苦渋といえば苦渋である。

「我ノ朝鮮ニ駐兵ヲ始メタルハ、他意アルニ非ズ。唯ダ一ノ事情アルガ為メナリ」彼のいう「唯ダ一ノ事情」とは、朝鮮が属邦であるということを指すのか、ロシアの南下対策をいうのか、はっきりとさせない。その事情を説明するためには、「事長クシテ、此席ニテ云フベキコトニ非ザレバ、今之《これ》ヲ略ス」としている。撤兵不可を断言しているといってよい。ロシアの南下への脅威は、日本も清国も同じだが、「国情」の差がある。李鴻章の「今之ヲ略ス」は、さきの伊藤の英語をかなぐりすての理詰めな長広舌への皮肉もふくまれている。伊藤は、まわりくどい西欧の理を身につけてしまっているが、李鴻章は、あくまでぬらりくらりの中国流の「理」で構えるのである。伊藤は、それ以上、清の「事情」について問いただす意志はなく、本題に入ろうとする。それがまた長い、両国承知済みのことだが、国情変われば、同じ説明するにも角度が違ってくる。伊藤は、長くなることに対し、暗に釘をさされているのも構わず、語りはじめる（とはいえ現代の読者は、事件の模様に対し無知に等しいのだから、伊藤の説明をきいておくにしくはないだろう）。

「過去ニ属スルコトハ（まだ事件よりさして時間は経由していないが、過去は過去だ。さきに伊藤は「過古」と「将来」をもちだしたので、その分別をなお引きずっていて、こう述べてしまう）、過般朝鮮ノ変乱ニ際シ、我公使（竹添）ハ該（朝鮮）国王ノ求メニ応ジ、兵ヲ率《ひき》ヰテ王宮ニ入リタルトキ、貴国将官、我公使ノ王宮ニ在ルヲ知リナガラ、大兵ヲ率ヰテ王宮ニ突入セリ。此時、不幸ニモ貴我両兵ノ間ニ争闘ヲ惹キ起シタリ」これは、日本側の状況説明である。談判する側としては、しかたがない。「……知リナガラ」には、批判の目がある。「不幸ニモ」には、大局に立った主観があり、世辞がある。礼に属す。次の伊藤の言葉には、道徳的批難の目がある。

「当時、貴国将官、相当（適当）ノ時間内ニ於テ、双方協議ヲ尽スガ為ニ、何等《なんら》処置スル所アラバ、必ズ斯《かく》ノ如キ争闘ヲ避クルニ難カラズト雖《いえど》モ、貴国将官ハ其当《まさ》ニ尽スベキコトヲ尽サザリシ故ニ、遂ニ貴国ノ兵ハ、我公使並《ならび》ニ其護衛兵ニ向《むかっ》テ、攻撃ヲ加フルノ結果ヲ顕《あらわ》スニ至レリ。此時ニ当リ、我公使及ビ其護衛兵ハ王宮内ニ屯在シ、貴国ノ兵ハ王宮外ヨリ闖入《ちんにゅう》セリ」

日本側は、独立国たるべく李王朝国王（高宗）の「求メ」に応じて「兵ヲ率ヰテ王宮ニ入リタル」という大義名分がある。それを知りながら貴国将官は大兵を率いて突入したのだから（非はそちらにある）、争闘を避けたいならば先に攻撃を仕掛けた清国側から、（なんらかの誤解あってこうなったとか）「双方協議」の場を設けるべきだのに、そうしなかったのが、この悲劇の原因となったと責めているのである。戦場の慣《なら》いとしてまず無理だが、理的に伊藤は言うと、こうなるのである。この状況説明のあと、

「抑《そもそ》モ此攻撃ハ、我国威ニ対シテ直接ニ非常ノ損害ヲ加ヘタルモノト、我政府ニ於テ之ヲ認ムルナリ。是ヲ以テ、止ムヲ得ズ、我政府ハ斯《かく》ノ如キ攻撃ヲ為スベク不当ノ指揮ヲ施シタル貴国将官ヲ責罰スルコトヲ、貴国政府ニ要求セザルヲ得ズ」

談判の主目的と要求を切りだす。さらに、つけ加える。

「其他、貴国ノ駐兵、朝鮮ニ在ル我臣民ヲ惨刻（酷）ニ殺害シ、或ハ財物ヲ掠奪《りゃくだつ》シタル如キ暴行ヲ加ヘタル事ニ付《つき》、復《ま》タ相当ノ満足ヲ与ヘラレンコトヲ望ム」

貴国将官は、指揮する軍人の常識として、兵を「阻遏《そあつ》（阻止）」すべきことなのに、なんらの処置もせず、

ために「兇暴ヲ恣《ほしいま》マニセシメ」たのだから、当然の要求である。

常識には、裏がある。裏常識である。伝統的に中国の兵の給料が安い代償として、掠奪強姦を黙認するというのがある。幕末の戦場をくぐっている伊藤博文とて、戦いにはつきまとうものだということは知っており、中国の裏常識さえ知っていたかもしれないが、公的な国と国の談判にあっては、かかる裏常識を前提とするわけにいかない。

李鴻章としても、その前提がわからぬわけでないから、こう答えざるをえない。

「只今閣下ノ云ハル、両国兵ノ間ニ争闘ノアリタルコト、並ニ在朝鮮貴国民ノ受ケタル暴行ノ事ハ、頗《すこぶ》ル錯綜シタル事案ナレバ、細密ニ渉《わた》リ談話スルヲ肝要ト信ズ」

事件にすべからく「簡単」なものはない。簡単にまとめなければ、俎上にあげて審議扱いできないので、とりあえず簡単にするのだ。伊藤の長広舌をもってしても、それでもなお事件の細部にわたるひだに対して、あまりに簡単すぎるのである。しかし、相手あってこその紛争なのに、一方的な相手の側の簡単処理を、そのまま鵜呑みするわけにいかない。

だからこそ李鴻章は、「頗ル錯綜シタル事案ナレバ、細密ニ渉リ談話スルヲ肝要ト信ズ」と答えたのである。この「信ズ」は、曲物だ。伊藤は「此事ニ付、閣下高説アラバ、本大臣耳ヲ傾ケ、恭シク之ヲ聴クベシ」と受けている。こちらの事件の総括を誤りとするような「頗ル錯綜」している内容を拝聴したいと答えている。「耳ヲ傾ケ」というところに伊藤の反撃がある。

これに対し、李鴻章は、さるものである。ここまでの伊藤は、最初の談判の弁のみならず、英語を棄てて日本語で話しつづけていたと思われるが、大皮肉を飛ばしている。

「就《つい》テハ清語ニテ陳述シ、閣下ノ通弁ヲ煩《わずら》ハスベキ歟《や》。将《は》タ本大臣ノ通弁ヲ用ヒ、英語ニテ述ブべキ歟」

洋化した伊藤博文の「ハッタリ」を諷刺している。これに対し、博文動じず、

「何レニモ閣下ノ便宜ニ随《したが》フベシ。清語ヲ以テスルモ、英語ヲ以テスルモ、双方ノ便宜ニ従ハバ可ナラン」

と答えている。むかしの人は、「随フ」を一度用いると、二度目を「従フ」と置きかえる。漢詩文の視覚効果である。談判の前に、両者打ち合わせずみ（事前交渉）なので、ともに「英語」で対応できる準備はできている。結局、李鴻章の清語を通訳の羅豊禄が英語でもって日本人スタッフに伝えることになってしまったようだ。これは、一種の李鴻章の反撃である。なにか子供じみているが、外交の駈け引きであり、その火花である。

疑念ノミヲ以テ事ヲ論ズ

大使の伊藤をはじめとして日本のスタッフは、みな英語はわかることになっている。筆記役の伊東巳代治も北京公使の榎本武揚もである。トークにしろヒアリングにしろ、それぞれに能力の差はあるから、もし不明の個所が生じれば、通弁の鄭権大書記官が仲介調節したと推理すべきであろうが、そ

れぞれ顔つきだけは、平然とわかった顔をしていなくてはならない。

結局、伊藤博文が国際的流儀にのっとって、英語でやるというかたちに逆戻りしたのだ。これは、あきらかに逆撫でのアクションである。長い弁舌を嫌ってみせた李鴻章だが、日本提案のもとのかたちに戻ったところで、お返しとばかりに彼はえんえんと語りはじめる。日本の訓読調に直して、伊藤の場合よりも長文になっている。まず李鴻章は、朝鮮に駐在する兵が「三営」(三箇大隊。四中隊を以て一箇大隊)であることを伝えたのち、

「故《こと》サラニ我兵ノ所為ヲ弥縫《びほう》(つくろう)シ、又ハ理不尽ニ其所為ヲ排撃スルノ念慮ナク、全ク偏頗《へんぱ》ヲ去《さり》テ公平ニ陳述セン」

としたあと、

「過般(さきごろ)京城ノ事変ハ(第二次京城の変のこと。明治十五年の京城の変は、壬午事変、この明治十七年の京城の変は、甲申事変と呼ばれる)、初メ其事実ヲ知ラズ。時稍《やや》過ギテ後、現場ニ望ミタルモノヨリ実況ノ報告ヲ得テ、聊《いささ》カ其顚末ヲ悉《つく》セリ」

まず事件を知らなかったといい、李鴻章自らの命令でないことを述べている(李鴻章の幕僚袁世凱の指揮であることは、あきらかで、その独断行動であったとしても、彼の責任である。日本の竹添公使とて、事前に金玉均らと密会しており、クーデターを応援しているのだから、お互いに白ぱくれ合うのが、談判というものである)。

「我国駐兵ノ、或ハ進攻ノ勢ニ乗ゼシニハ非ザリシカヲ慮《はばか》リ、特ニ顕官数名(呉大澂・続昌)ヲ派シテ、実地ノ事実ヲ査明セシメ、而《しか》シテ後、明カニ事実ヲ知ルコトヲ得タリ」

ここでも、とぼけており、顕官の報告により「事実ヲ知ル」としている。両方で、「事実ヲ知ル」としているわけだ。ここまで語ったのち、

「事頗《すこぶ》ル錯雑ニ渉ルヲ以テ、成ルベク繁冗《はんじょう》ヲ避ケ簡明ニ述ブベシ」

とくりかえし述べている。「細密ニ渉リ談話スルヲ肝要」という自らの意見に反している。彼のいう「錯雑」も両国諒解しながら、会談ではこう述べるしかない。

「就テハ閣下（伊藤）ハ我方ニ在ル官吏ノ報告書、内報、朝鮮国王ノ書簡、呉、続両大臣ノ報告書、其他朝鮮使節ノ供述ヲ歴覧セラレンコトヲ望ム」

弁述の繁冗を避ける方法として、当方の資料をすべてお見せするというわけだ。しかし、その場でなら、閲覧するだけでも、時間がかかるというものだ。日本側はどうしたのだろうか。

「此事ニ付、本大臣ノ所存ハ、素《もと》ヨリ公平中正ヲ旨《むね》トシテ、其是非ノ在ル所ヲ審《つまびらか》ニシ、其何人タルヲ論ゼズ、務《つと》メテ公明ニ処理センコトヲ期スルニ在リ。貴国皇帝陛下ノ遠ク閣下ヲ我国ニ派セラレタル叡慮《えいりょ》モ、亦《また》我素懐ト異ナルナキヲ確信ス」

日本の天皇までもちだしているが、当方の全資料をお見せするといっても、「公平中正」な処理につながるかというものだが、こういうしかあるまい。ここまで語ったのち、突然、さてという風に李鴻章は、竹添公使について触れる。

「然レドモ今閣下ニ一言セントスルモノハ、竹添公使ハ素ト本大臣ノ親友ナレドモ、奈何《いかん》セン、其挙措《きょそ》ニ至リテハ、決シテ軽忽《けいこつ》ノ科《とが》ヲ免レズト断言セザルヲ得ズ」

竹添は本大臣（李鴻章）の「親友ナレドモ」の言葉には、わけがある。彼は（号は井井《せいせい》）、『桟雲峡《さんうんきょう》

雨日記《うにっき》』を発刊した時、李鴻章の序を貰っている。

明治八年、天津に竹添は領事として駐在しているから、すでに知己の関係になっていたと思われるが、それはあくまで公務であるからには、「親友」の間柄といえまいが、旅行記に「序」を貰うという私的な段階に到れば、世辞としても「親友」と言っても差しつかえない情況にある。しかし、この談判の席で、李鴻章が彼をさして「親友」という時は、否定の意味に変わっている。あの裏切り者め、のニュアンスがこもっている。

「私」と「公」のつかいわけは、微妙に揺れる平均台のバランスの挙動となる。竹添は、日本政府から派遣された韓国駐在公使として働いているのであり、序跋の恩は恩、またそれとは別である。とはいえるにしても、「公」の行動に「私」がしのびよるのは、李鴻章とてやむをえない。むしろ外交にあっては、この公私をたくみに使いわけて折衝するものなのだ。

また妙なることに、この竹添進一郎の『桟雲峡雨日記』には、その李鴻章と面を向きあわせている伊藤博文も序を寄せているのである。

李鴻章は、このたびの竹添進一郎の挙措に対し、「軽忽」の断をくだし、その科《とが》は罪にあたいするとしている。この「軽忽」の評は、日本の国内にもあり、李鴻章はその情報を入手した上で、かく発言しているという気配もないではないが、なぜ「軽忽」なのかについては、次のように説明している。伊藤の弁述をきいた上で、その矛盾をつくのである。

「貴国兵ノ朝鮮ニ駐在スルハ、其実、公使館護衛ノ為ニシテ、条約上ノ権利ニ基ヅクモノナリト。

然ルニ竹添公使ハ其兵ヲ将《もっ》テ、国王ノ求《もとめ》ニ応ゼリト云フ」

これは、どうしたって条約違反ではないかと詰めよっている。条約は、日本と朝鮮の間で結ばれたものだが、清朝の李鴻章が、その違反の矛盾をついて難癖をつけるのは、両国への干渉ともいえなくないが、朝鮮は清朝の属邦だとすれば、異論をとなえる権利を所有しているといえなくもないが、日本は朝鮮を独立国扱いをしているわけだから、大国意識による両国への干渉であるとも主張できなくはないわけだから、両国の交渉が平行線をたどることも予想できる。

つまり、いくら語り合っても嚙み合わないだろうという悪予想が立つ。しかし、清の駐留兵と日本の公使館守備兵とが、朝鮮の王宮内で兵火を交えたのは、まぎれもない事実であり、この事件の原因として李鴻章は、日本の公使竹添の軽忽の行動を問うのである。

「抑《そもそ》モ竹添公使ノ京城ニ在ルヤ既ニ久シ。当時朝鮮ノ形勢ハ如何、又其変乱トハ如何ナルモノカハ、公使豈《あ》ニ之ヲ知ラザランヤ。且《かつ》竹添公使親《みず》カラ兵ヲ将《もっ》テ王宮ニ赴クニ当リ、先ヅ統理衙門ニ其所為ヲ通知セザルベカラズ」

と李鴻章は難詰する。ここでいう統理衙門は、中国の駐在公使館のことである。竹添が知っているはずという「朝鮮ノ形勢」とは、なにをさすか。李朝の党争をいうか。それともロシアの南下の情勢をいうか。これに対し、伊藤はピタシと李鴻章の批判を退けている。事件の発端は竹添の独断行動にあるのは、たしかなので、舌打ちするところはあったかもしれぬが、彼を守る立場である。

「我《わが》竹添公使ハ、朝鮮国王再三ノ依頼ニ応ジタル外《ほか》、一モ為《な》シタルコトナシ。又該国王ノ此ノ如キ依頼ハ正当ニシテ、秋毫《しゅうごう》モ（すこしも）違法ノ跡ヲ見ズ。況《いわ》ンヤ事情切迫ノ場合ニ於テヲヤ。苟《いやしく》モ国王ノ懇請ナル以上ハ、復《ま》タ必ズシモ統理衙門ニ通告スルノ要ナシ。蓋《けだ》シ一国ノ君主タルモノ勅命ヲ以テ之ヲ求ムルニ当リ、我竹添公使ハ交誼上、必ズ之ニ応ゼザルヲ得ズ」

伊藤博文のほうが、筋が通っているが、朝鮮は清朝の属国である意識がある以上、あくまでも李鴻章にとっては、筋は、強弁であり、屁理屈である。

「当時、同公使ノ単一ノ目的ハ惟《た》ダ王命ニ負《そむ》カザルニ在リ」

この「王命」を強調する理屈とて、宗主国の清朝の頭越しの行為でしかないから、統理衙門に通知するのが、当然の筋だということになる。

「又我兵ハ公使館護衛ノ為メナリト雖モ、国王再三ノ求《もとめ》ニ応ジ、王ノ一身ヲ保護セントシテ、之ヲ率ヰテ王宮ニ入リタルハ、公法ニ照シ、決シテ違法ノ所為ニ非ズ」

ここで伊藤は「公法」をもちだしている。李鴻章にとっては、条約を盾に日本の兵を公使館「護衛」と限定しているので、王宮へ入って高宗を守ることは、越権行為なのである。とすれば、竹添公使は、公使館の象徴ともいうべき存在であるので、その護衛であると主張すべきなのかもしれないが、一個中隊ともなれば、無理な詭弁となるので、世界標準の「公法」をふりまわして、「王命」を主張せざるをえない。が、李鴻章は納得するはずもない。だから繰り返し、こう言うのである。

「竹添ハ職ニ（として）朝鮮京城ニ駐劄《ちゅうさつ》スルノ公使タリ。其時勢ノ傾向、現在ノ形状如何《いかん》ヲ熟知スルヤ明ナリ。而シテ其変乱ノ何タルヲ知悉《ちしつ》セルヤ、亦疑フベカラザルナリ」

守旧党（中国派）と革命党（日本派）の確執の末に宮廷クーデターがおこったという情勢を知らぬは

ずはないのだから、「王命」などという単純な大義名分をごもっともなどと肯くはずもない。「軽忽」だという意見を引かないのである。金玉均ら革命派と日本がつるんでいることを見透《みすか》した上での拒否である。事実、そうであったのだが、とりあえずここでは、国と国の建て前で遠まわしに語るしかない。竹添を名指しで攻撃しているのだから、露骨のようだが、内容は抽象的である。伊藤の弁は、国王の依頼が「急劇」だったので、李鴻章のいう実情を審《つまびらか》にする暇はなかったと言訳する。つまり竹添をかばう。彼を任命したのは、日本政府である。

「貴説ノ如ク竹添公使ハ久シク京城ニ在リト雖モ、中頃帰朝シテ変乱ノ前一月許《ばか》リ漸《ようや》ク任地ニ赴着セリ。故ニ、惟《おも》フニ同公使ハ当時ノ形勢ヲ知悉《ちしつ》セザリシヤ明ナリ」

と弁護している。李鴻章にとっては、竹添を俎上にのせて難詰しているが、彼のいう「当時の形勢」はもっと幅の広いものであり、竹添が帰朝している時期があろうがなかろうが、「知悉」していて当然のことなのである。とりあえず竹添を非難しているが、日本がこの事件の裏にあると、暗にからんでみせているのだといえる。これは、伊藤にも察知できるわけで、

「閣下、若《も》シ疑念ノミヲ以テ事ヲ論ゼバ、遂ニ底止《ていし》(談判破裂) スル所アルべカラズ」

と尻をまくっているが、「唯ダ竹添公使ノ所為ハ毫《ごう》モ道理ニ乖戻《かいるい》スルナキヲ信ズべキノミ」と、あくまで公使問題にして、それをかばうというかたちにして、彼の裏にある明治政府という国家の指針問題 (朝鮮への日本進出) に及ばぬようにしている。李鴻章は、伊藤が気色ばんで、「底止スル所アルべカラズ」と叫んでも、おそらく表情を変えず、話をすこしズラし、

「朝鮮国王ノ本大臣ニ書ヲ致シテ云フ所ニ拠《よ》レバ、今閣下ノ暗ニ指摘セラレタル朝鮮国王ノ親翰《しんかん》ハ、

王親《みずか》ラ筆シタルモノニ非ズ、則チ乱党ガ偽作シテ竹添公使ニ送リタルモノナリト、王躬《みず》カラ其偽書ナルヲ証明セリ」

と詰めよっている。伊藤のいう「王命」の裏には、「親翰」問題があり、はじめのうちは、両者そこまで詰めずに談じていたが、すこしずつ内側に入ってきている。高宗が、あれは偽書だと宗主国の李鴻章に弁解したとしても、なんら不思議でない。衰退期にある李朝は、薩摩と清国という二つの国を天びんにかけていた琉球王国と同じように、相手に合わせて、言葉をつくろうことに慣れている。ひとたび「偽書」論争がおこれば、埒があかなくなる。だから伊藤もこういうしかないのだ。

「朝鮮国王ノ斯カル書ヲ閣下ニ致シタルコトハ、本大臣ノ未ダ聞知《ぶんち》セザル所ナリ。其実否如何《いかん》ハ我ニ於テ何等ノ関係ヲ有セザルナリ」

といわざるをえないし、高宗が竹添公使にあたえた書の実否を李鴻章が問うのと同様、こちらにも「何等ノ関係」もないと伊藤は答えている。しかし、竹添が受けとった親翰には「玉璽《ぎょくじ》」があるので、日本としては「真正」と認めざるをえないということだけは、しっかり述べておく。この「玉璽」とて、真偽、真贋をいいだすと、迷々濛々たる底無し沼にはいってしまうものなのだが、日本の立場は鮮明にしておかねばならない。

「殊《こと》ニ同公使護衛兵ヲ率《ひきい》テ王宮ニ入リタルトキ、国王ハ同公使ニ向テ懇篤《こんとく》ナル謝辞ヲ述ベラレタリ。時勢全ク一変シタル今日ニ於テ、該国王ハ随時言ヲ左右ニスベシト雖モ、我ニ於テハ朝鮮国王ノ親翰ハ断ジテ疑ハザルナリ」

高宗の謝辞などは、中国側は見ていないのだから、ここに到ってはあまり有効な弁述といえないが、

「断ジテ疑ハザルナリ」、つまり「信」によって対抗するしかなく、心細いものである。

高宗、事件後はおろおろして言を左右にしているが、そのような人間に対して「信」を置くしかなくなっているともいえるのだが、そうは思わず、事件の発端となった時の高宗の行動をもっぱら正しとして中国と交渉するしかないのである。だからこう述べる。

「畢竟《ひっきょう》、時勢一変ノ今日ニ至テ、国王ノ口ニシ、或ハ筆ニシタル事ハ、何等成迹《せいせき》ノ事実ヲ変ズルノ効ナキモノトス」

ただし疑惑の網がかかった今、一方的に「信」でしかないという心細さはつきまとう。伊藤の表情には、カッカとした焦燥感のようなものが、浮かんでいたのではないか。おそらく李鴻章は、ゆったりと相手を見すえて構えている。

「本大臣ハ閣下ニ対シテ、唯ダ厚誼《こうぎ》ヲ尽サントスルノ外《ほか》、望ミヲ有セズ。本大臣、敢《あえ》テ外交上ノ権謀ヲ用ヒ、言ヲ巧ニシ、事ヲ飾ラントスルノ意アルニ非ズ」

としているものの、口先だけであり、竹添への疑惑をゆるめる気持ちはすこしもない。両国友好のため、伊藤に厚誼を尽さんという心からそういっているんだということに話を戻し、場のムードをすこしゆるめるや、ズバリと本題に入っている。

「直言スレバ、則《すなわ》チ金玉均等ハ、今日ノ問難ヲ起シタルノ乱首ナリ。而シテ竹添公使ハ其非謀ニ誘導セラレタルモノナルコト更ニ疑ナシ。朝鮮国王モ亦自ラ幾分ノ罪ヲ免レズ。何トナレバ、該国王ハ性柔弱ニシテ果決（果断決断）ニ乏シク、当時ノ所為、実ニ優柔不断ノ甚シキモノナレバナリ。（諸外国の？）同国使節モ能ク王ノ柔弱ヲ云ヒ、且竹添公使ノ金玉均等ト党スルト云ヘリ」

この李鴻章の発言は、ほとんど当をえているといってよいだろうと思われる。やすやすと、国家を荷うもの（欽差大臣）として認めるわけにいかぬだけの話だ。大久保利通が暗殺されて、すぐに内務卿となり、以来七年、明治憲法の制定に自ら着手、もはや政権把示の手段として内務卿にこだわらず、国家を一身に背負っているという矜持《きょうじ》もある。残る問題は、李鴻章の朝鮮への宗主国意識からの発言だということだが、これは埒があきそうもない。

クーデターを敢行した金玉均をその立場から李鴻章は悪党（乱首として）扱いしているが、日本にとっては「国益」につながる「志士」だともいえる。朝鮮の一部にとっても、金玉均らの改革派はそうであり、清朝の危機意識から、これまで以上に属邦意識を強めようとしている。李鴻章のように「乱首」と見なすわけにいかない。だからこそ、国家間の外交が成立する。伊藤は答える。

「今回ノ問難ヲ起シタルノ乱首ハ、誰タル歟《や》ヲ査明スルハ、要スルニ詮ナキ事ナリ。仮令《たとえ》朝鮮国王親《みず》カラ乱首タルモ、或ハ金玉均等タルモ、其事全ク朝鮮ノ内事ニ属シ、毫末《ごうまつ》モ我ニ関係スル所ナシ。故ニ本大臣ハ復《ま》タ其事ヲ論ズルヲ要セズ」

ピシャリとはねかえしている。

「唯ダ本大臣ノ茲《ここ》ニ断言セントスルモノハ、竹添公使ハ曾《かつ》テ其密謀ニ与《あず》カリタル等ノ事実アルコトナシト云フノ一事ニ在リ。本大臣ハ確乎《かっこ》トシテ之《これ》ヲ明言ス。然リト雖《いえど》モ、閣下猶ホ之ヲ疑ハバ、復タ何ヲカ云ハン。唯ダ我ニ於テハ、既ニ同公使ヲ糺問《きゅうもん》シテ、何等与謀（謀に与《あず》かる）ノ跡ナキヲ覈知《かくち》シテ、更ニ疑ハザルノミ」

クーデターは、朝鮮の「内事」である。それも、独立国としての内事である。干渉すべき問題でない。しかし清朝にとって朝鮮が属国であるならば、その内事は、干渉するに足りる事件である。ならば、日本と清は、噛み合わない。ただ公使の竹添進一郎が、この事件に関与していたとするならば、関係なしとはいえなくなるが、「糺問」の結果、共謀した痕跡はなく、彼の言葉を疑わないと言い切っている。暗には、もし痕跡があったとしても、日本国としては彼を信じるといっているのも同然であると、強気である。李鴻章も、そのままひきさがりはしない。

「本大臣ハ、素《もと》ヨリ、過般ノ変乱ニ関シ、徒《いたずら》ニ瑣末《さまつ》ノ点ニ渉《わた》リテ論ズルヲ欲セズ」

としたあと、伊藤の次の如き矛盾をついてくる。

「然レドモ、閣下既ニ其問題ヲ提出シ、罪ヲ我将官ニ帰シテ、其処罰ヲ要求セラルルニ於テハ、又其事迹ニ遡《さかのぼり》テ論究セザルヲ得ズ。就《つい》テハ尚ホ陳述スル所アルヲ以テ、説ヲ終ルマデ聴聞セラレンコトヲ希望ス」

閣下は、清の将官の罰を要求しているのだから、こちらが竹添の非を論じるのと同じになるのではないか。だから、もうすこしこちらの言い分の終るまで話の腰を折らず耳を傾けよというのである。

「諾了《だくりょう》（わかりました）。尚ホ閣下ニ所説アラバ、潜心聴聞スベシ」

一面、李鴻章の辛抱強い外交の手口に伊藤はひっかかったともいえるし、交渉決裂とならずに救われたともいえるが、かしこまって「諾了」と答えている。かくて、李鴻章は語り出す。

暗殺ハ兵力ノ助ケヲ借リズ

「朝鮮ニ我兵三営ヲ駐《とど》ムルコト、閣下ノ既ニ知悉スル所ナリ。曾《かつ》テ四年前、京城ノ変ニ際シ、貴国ノ公使館ハ乱民ノ焚《や》ク所トナリ、我兵ハ力ヲ尽シテ之ヲ鎮圧シ、其党首タル大院君ヲ幽《ゆう》シタル如キ、我兵ハ貴国人民ニ対シテ職ヲ殫《つ》クシ力アルヲ致セリ」

この説に対しては、日本は疑っている。乱民の背景に大院君のみならず、清朝（李鴻章の幕僚の袁世凱の指揮がある）があると考えているが、李鴻章は、あくまで建て前で語るつもりでいる。伊藤が建て前で突っ張っているのと同じである。

「在朝鮮ノ兵ハ我直接ノ命令ノ下ニ在ル者ナルガ故ニ、本大臣ヨリ命令ナキニ於テハ、自ラ寸歩モ動クベカラザルナリ」

と自らの権力の絶大なるを示したのち、袁世凱の暗躍については黙している。佐久間東山の『袁世凱伝』によれば、大院君を擁した朝鮮の保守派の軍が反乱を起こしたが、ただちに清朝は兵を送っている。その中に太平天国の討伐に従い、その後広東水師提督ともなった李鴻章の幕僚呉長慶《ごちょうけい》がおり、袁世凱はその部下であった。長慶は、直隷総督の李鴻章に具申、親兵二百を彼の部下につけ、「韓匪討伐の先鋒として韓京に長駆せしむ。既にして袁世凱、京城に到り見れば、暴徒は随処に蜂擁して市街を横行し、劫掠《ごうりゃく》殺戮を肆《ほしいまま》にせるが為め、満都宛《さな》がら沸ける鼎《かなえ》の如く騒然たり」ここで袁世凱は大院君がかげで糸を操っていると見抜き、彼を幽閉し、長慶の兵及び丁汝昌の艦隊が来るのを待ち、その間、「優柔不断なる韓廷の上下を恫喝し、以て胆小心怯なる東隣の使臣を高圧せり」と佐久間東山は書いている。

「然《しか》ルニ客年ノ変乱ニ際シテハ、貴国ノ兵、堅ク宮門ヲ閉鎖シ、宮闕《きゅうけつ》内ニ於テハ其護兵ノ力ニ頼リテ（閔一派）六大臣ヲ（金玉均の一派は）屠戮《とりく》シタリ。当時、朝鮮ノ官民、共ニ同ジク我兵営ニ来テ、王宮ニ赴ク為ニ補助ヲ与ヘンコトヲ歎願セリ。勢ヒ斯《かく》ノ如クナレバ、我将官ハ万止ムヲ得ズ其歎願ヲ聴《ゆる》スノ外ナカリキ」

と出兵の理由を李鴻章は説明している。その兵営（三営）を統率しているのは、壬午の変で大院君拉致の手柄をたて、属邦として朝鮮支配を強めようとしている李鴻章の信頼篤《あつ》き袁世凱である。

「本大臣ハ素ヨリ、竹添公使ハ六大臣謀殺ノ事ニ連累ナリト信ゼザレドモ、而《し》カモ六大臣ヲ屠戮《とりく》シタルハ、当時王宮ヲ守ル所ノ貴国兵ノ力ヲ藉《かり》テ成シ遂ゲラレタルハ疑ナシ。何トナレバ、貴国兵、城門ヲ堅ク鎖《とざ》シテ何人モ進入スルコトヲ許サズ、其間ニ乗ジ王宮内ニ於テ六大臣ヲ謀殺シタルヲ以テナリ」

佐久間東山の『袁世凱』によれば、この時、三営にいたのは、「明治十七年、再び京城の騒乱を脚色演出し、延《ひ》いて他日、日清両国干戈《かんか》相見《あいまみ》ゆるの因を為さしめしが、当時彼は既に馬建忠《ばけんちゅう》に代りて総理通商事宜に任ぜられ、以て李中堂の直参と為《な》り了《おお》せり」ところの袁世凱にほかならぬということになる。彼、その時「年僅《わずか》に二十八」と東山は記している。もちろん、李鴻章は、この天津談判で、袁世凱の名を匿している。日本側がはめられたと疑っていたとしても、「京城の騒乱を脚色演出」したのは、いたずらに幕僚の袁世凱だと自らいうはずもない。竹添公使の加担を指摘されている伊藤博文も、だからといってその名をあげて非難したりしていない。それでも、こうは反論している。

「閣下ノ所説ニ拠《よ》レバ、六大臣ヲ残殺シタルモノハ、我兵ノ力ニ拠《よっ》テ成シ遂ゲラレタリト云ハルルモ、能《よ》ク虚心熟思アリタシ」

と李鴻章の温容なる姿勢を崩さぬ強気に対し、言葉荒げの強気になっている。

「抑モ暗殺ハ必ズシモ兵力ノ助ケヲ借（リ）ルヲ要セズ。何時モ容易ニ成シ遂グベキモノナルコトヲ考ヘラルベシ。閣下ハ彼《か》ノ六大臣残殺ノ事ヲ以テ、我兵ノ直接補助ナリト云フコト能《あた》ハズ。或ハ其結果ニ於テ間接ニ多少ノ効アリシト云ハンカ。間接ノ結果ニ至（リ）テハ我之ガ責ニ任ズルノ理ナシ」

この弁、幕末に刺客となったり、孝明天皇暗殺者に擬されることもある伊藤博文ならではの迫力をもっている。李鴻章も、しまったと思ったのではないか。さらに伊藤は、

「之ニ反シテ、貴国ノ兵、我公使ヲ攻撃スル前ニ当リ、貴国将官ハ力ヲ尽シテ争闘ヲ避ケ防範ヲ加へ、以テ今回ノ案件ノ如キ非常ノ損害ヲ生ゼザランコトヲ注意スベキニ、敢テ之ヲ尽サザリキ」

と力強く詰めよっている。ここで李鴻章は、いささかたじろいだと思うが、

「本大臣ハ事実ノ詳細ニ渉リ、論談スルト欲セズト雖モ」

と逃げを打ちながら、

「彼ノ六大臣ノ首ヲ刎《は》ネタルハ決シテ国王ノ真意ニ出タルモノニ非ザルハ、爰《ここ》ニ一言セザルヲ得ズ」

と粘り腰を見せているが、伊藤は憤然として反駁している。

「本大臣ハ其事ノ如何《いかん》ヲ知ラズ。六大臣ヲ殺シタルハ、王ノ意ニ出タルト否トヲ問ハズ。或ハ国王其事ヲ知リ居タルト否トヲ論ゼズ。今日ノ問題ハ更ニ秋毫《しゅうごう》モ其事ニ関係スルコトナシ」

独立国の内政問題だといいたげである。さらに談判破裂の可能性を脅すようにちらつかせる。

「閣下ノ談論此ノ如クナルニ於テ、貴我双方談判ノ事、何レノ日カ底止スル所アラン。其六大臣ヲ残殺シタルノ原因ハ、我ニ取（リ）テ毫厘《ごうり》ノ関係アルコトナシ。唯ダ我関係重大ニシテ不問ニ附スコト能ハザルハ、即チ貴国ノ将官、大兵ヲ率テ、我公使ニ銃撃ヲ加ヘタル一事ナリ」

としている。「貴国ノ将官」とのみいって、名は秘せられているが、袁世凱であることは、伊藤も承知していたと思われる。

「今、閣下ノ説ニ、貴国ノ兵ハ三営ナリト云フ。仮ニ一営ヲ五百人ト算スルモ一千五百人ナリ。尚ホ其数ヲ減算スルモ亦千人ヲ下ラザルベシ。反対ニ於テ、我兵ハ僅ニ百二十人ニシテ、之ニ士官ヲ加ユルモ百四十人ヲ踰《こ》ヘズ。此ノ如ク寡少ノ兵、（宮城）内ニ守リテ、貴国ノ大兵、外ヨリ攻ム。其兵ノ多寡《たか》ヨリ見ルモ、又双方ノ地位ヨリ察スルモ、両兵ノ内、孰《いず》レカ進攻ノ地位ニ在リタルカハ問ハズシテ知ルベキノミ。我兵ハ攻守ノ地位ニ、孤立セルコト、更ニ疑ヲ容《い》レザルナリ」

なんと伊藤は、数字をもちだしている。戦いの勝敗は、兵法や武器の差もあり、かならずしも兵の「数」ではないが、とかく数を恃《たの》む。日本の軍は、数だけ見ても、圧倒的に劣勢である。

佐久間東山は、袁世凱は、独立派（金玉均）、事大派（閔泳翊《びんえいよく》）の両者に対し「細作《スパイ》」を送りこみ、さらに反目するようにとそそのかして操縦したが、もとより彼が支持し応援していたのは、閔妃《びんぴ》とその一族である。袁世凱と閔妃が出来ているという「醜聞」まで路上で囁かれるまでになっていたとその著にある。これが、朝鮮にいるものならだれもが知っている情勢である。李鴻章が、竹添は、かかる京城の情勢を知っていたはずだというのは、これであるが、この党争に火を送るべく煽動していたのが、袁世凱である。東山はいう。彼は、朝鮮を属藩として維持するためには、独立派を一網打尽にし、それを支持する日本を半島から駆逐するしかなしと踏み、

「時節の到来を待ちし也。然るに独立派も亦之《またこ》れを偵知して（クーデターの）計を我が竹添公使に謀りしを以て、公使竹添は直ちに本国政府に対し、清兵を撃攘して韓国独立を扶翼するか、或いは日清両国の釁《きん》を避けて日本党（金一派）を掩護するかの指揮を乞へり。政府則ち後策を採るべき電訓を発せしも、其の未だ着せざるに金（玉均）朴（泳孝）等、卒然大事を挙げて成らず。徒《いたず》らに袁世凱をして擅《ほしいまま》に半島の天地に名を成さしめたり」

佐久間東山は、天津談判一年後の明治十九年の日本橋生まれだから（九十三才の長命で昭和五十四年まで生きていた。この本は六年後の一九八五年に現代思潮社から出版された）、のちに調べて執筆しているのである。『二六新報』の記者時代、社会主義に関心を抱き、幸徳秋水らと知り、中国革命同盟会の宋《そう》教仁《きょうじん》と知己を結ぶ。明治三十九年には、宋の師である長沙の王闓運《おうかいうん》の門に入っている。明治四十五年、宣統帝退位、袁世凱は大統領となる。翌大正二年、宋教仁が上海で暗殺されている。

この『袁世凱伝』は、大正五年に記者として入社した『福岡新聞』に連載したものである。この連載中に袁世凱は死去。連載終って（七月二十九日）、しばらくして清末の漢詩人としても知られていた

師の王闓運も没している。大正十年には、イスラム教徒となっている。彼の生涯は異色なものだが、その彼の著を見ても、日清両国の謀略は見え見えの中で談判が行われていたのだ。

さて、兵数の差まで言われた李鴻章だが、まったく無視したまま、

「六大臣残殺ノ事ハ、今回ノ問難ノ原因ナルヲ以テ、話次偶《たま》マ其事蹟ニ及ベリ。仮令《たとえ》貴国ノ駐兵六大臣ノ残殺ニ連累シタルニ非ザルニモセヨ、貴国兵ノ守備アリタレバコソ、其力ニ頼（リ）テ成シ遂ゲラレタルニ非ズヤ」

とむしかえし、

「唯ダ其ノ咎《とが》ムベキハ、国王ノ優柔不断ト、金玉均ノ非謀ト、竹添公使ノ之ニ誘動セラレタルトノ三項アルノミ」

としたあと、かくいうからには、当方に二点の証拠ありという。

「第一ニ、我将官ハ当日ノ朝、竹添公使ニ書ヲ致シテ、我兵ノ王宮ニ進入スルヲ報ジ、貴国兵ノ王宮ヲ退カレンコトヲ請求シタルニ、竹添公使ハ其書簡ヲ受領シテ披読《ひどく》スルノ暇《いとま》ナカリシト云ヒ、其折、封スルヤ否ヤ已ニ発槍《はっそう》（砲）セリト云フモ、反対ニ於テ、此書簡ヲ送リタル以来、何等ノ回信モ与ヘザリキ」

「依ッテ我将官ハ士官ノ一人ヲシテ、刺ヲ齎《もた》ラシ王宮ニ到リ、竹添公使ニ面会ヲ乞ハシメタルニ、其我士官ハ内ニ入ルコトダモ許サレズ、却《かえ》ッテ内ヨリ不意ノ銃撃ニ逢ヘリ。而シテ其弾丸四人ノ兵卒ニ中《あた》リテ、立ドコロニ斃《たお》サル。此時偶然ニモ、銃丸其士官ノ手ニスル所ノ名刺ニ中リテ、片々地ニ墜《お》

ツ。遂ニ已ムヲ得ズ我兵ハ之ニ応撃スルニ至レリ」

李鴻章は、二国間の礼を十分に尽したことを述べるとともに、発砲は日本側からはじまったことを主張している。名刺に命中の件は偶然といいながら、でっちあげの匂いがこもる（銃弾に当った名刺も証拠としてこの場で示されたのかどうかははっきりしないが、そのようなものは、いくらでも工作できる）。袁世凱の知恵（報告）が李中堂に提出され、それをもとにしての弁なのか。伊藤博文は、予想のうちだったのか、楽々と日本側の情報をもとにして反論している。

「先ヅ如何ニシテ我兵ガ貴国兵ニ向テ発槍（砲）スルコトヲ得ル歟《や》。試（ミ）ニ思ヘ、当時貴我両兵ノ間ニ韓兵ノ在ルアリ。先ヅ韓兵ヲ撃チ斥《しりぞ》ケタル後ニ非ザレバ、銃丸貴国兵ニ達スルノ理ナシ。是ヲ以テ見ルモ、我兵ノ決シテ先ヅ発槍セズ、却テ貴国兵ノ先キニ発槍シタルヲ証スルニ足ルベシ」「況《いわ》ンヤ貴国兵ノ韓兵ト結（ビ）テ、相共ニ我兵ニ向（ヒ）テ発槍シタルヲ目撃シアル者アルヲヤ。勢ヒ此ノ如クナレバ、我士官ハ旨ヲ竹添公使ニ請ヒ、公使答フルニ止ムヲ得ズ応撃スルノ外、術《すべ》ナキヲ以テセリ」

しかし、かかるどさくさの中にあって、どちらが先か後かは、埒のないものであるが、いうだけは言っておかねばならぬのが、談判である。李鴻章は、最初の発砲が貴国兵か韓兵かどちらか知らぬといい（清兵とはいわぬ）、ただ清兵が四人斃れたのは動かしようのない事実だと、ひきさがらない。そこで伊藤は、（清兵でなく）韓兵が先に撃ったかどうかは、さして重要でないが、「我国権利ノ存スル所ハ何レマデモ主張セザルヲ得ズ」として、清国の兵が外より進攻し、内なる日本の兵が防禦にまわったことだけは、あきらかであるとしている。

ここで李鴻章は、「職、武官ノ末ニ列スル、茲《ここ》ニ二十年。故ニ臨戦合図ノ事、聊《いささ》カ諳《そら》ゼザルニ非ズ。其銃丸ノ何レヨリ来（タ）リタルカヲ定ムルハ頗《すこぶ》ル難事ナリ」と答えている。なんだ、知っているじゃないか、知っていていうのかというものだが、知っていてなお言うのが、国際紛争の談判である。二人は、その常識に従って、談判しているのである。この時、談判記録では、「大使（微笑シテ）」とある。李鴻章は絶えず唇に微笑を浮かべていたに違いないが、この時の伊藤は、李鴻章の自己体験の吐露に、はじめて緊張を解いて微笑したと思われる。そして次のような比喩を披露している。

「例ヘバ、路ニ二人ノ行合フアリ。而シテ其一人ガ、己レニ害ヲ加フルノ意ナキ他ノ一人ヲ突然打《うち》仆《たお》セシト仮定センニ、其罪孰《いず》レニ在ル歟《や》。試ニ閣下ニ問ハン」

この時「皆笑フ」と伊東巳代治は注している。両国の出席者が、みな笑うのであり、それは爆笑に近いか。緊迫していた場が、この問いによって一気に弛《ゆる》んだと思われる。

李鴻章は「（微笑シテ）此難問ニ答フルニハ甚ダ窮セリ」と答えている。彼は「武官ノ末ニ列スル、茲ニ二十年」といっている。太平天国の乱において淮軍《わいぐん》を率いて武勲を立てたイメージが強いのもそのためであるが、実際は、科挙官僚である。

安徽合肥《あんきごうひ》の人で、『清史稿』によれば父文安《ぶんあん》は刑部郎中にまで昇進した官僚であり、代々読書人の家柄である。鴻章自身は、道光二十七年の進士であり、庶吉士となったのち編修の職を授けられている。翰林院に属す編修は、出世コースである。太平天国の乱を鎮めたものとして、曾国藩の名は、淮軍を率いて嚇嚇《かくかく》たる勝利将軍となった李鴻章よりも高いが、彼も科挙官僚であり（道光十八年の進士）その文名も高い。

自ら武官に列しと述べていて、武将のイメージもある李鴻章は、曾国藩のもとに遊んで経世の学を講求したとある。当然、詩も文も書も嗜《たしな》むのである（みなヘボだが、水準は保つ）。そもそも弱冠（二十歳）以前にして郷試に合格、二十五歳の時には早くも北京の進士の試験に合格している。秀才なのである。文人官僚への道に窮々とわが身をおかず、戦場に身をさらし、しかしおそらく収賄はほしいままにしつつも（財産は残したという説もあるので）、気や志までは腐敗させずに、倒壊寸前の重い清朝をのらりくらりという伝統的な外交術を駆使し、妥協しないようで妥協をかさね、内に外にと敵にかこまれながら一人で背負っていたのだ（どこまで清朝の余命を長びかせることができるか、彼の志であるように思えることがある）。そのためか、しばらく「笑い」をとって、間を作ったとみるや反撃に移っている。おそるべき粘り腰だ。

「両国兵ノ間ニ争闘アリタル後、両三日ノ間、貴国臣民、我兵ノ為ニ暴殺セラレタリト云フニ至リテハ、本大臣予《あらかじ》メ其真実ニ非ザルヲ弁ゼザルヲ得ズ。現ニ我兵ハ貴国臣民ニ向テ、害ヲ加ヘザリシノミナラズ、其変乱ノ際、貴国臣民男女数人ヲ救ウテ、仁川ニ護送シタルニ非ズヤ」

こうなれば、多少緊張の弛んだ場にしばし憩《いこ》うているわけにもいかず、伊藤も心を引き戻して、こう反撃するしかない。

「如何ニモ貴国兵ノ我臣民数人ヲ仁川マデ護送セラレタル善行ハ、厚ク謝スベシ」

としたあと、

「然レドモ同時ニ、亦《また》貴国兵ノ暴行ヲ問罪セザルヲ得ズ。貴国兵ハ我居留民ヲ襲ウテ、財物ヲ毀損掠奪シ、甚シキニ至（リ）テハ夫ヲ殺シ妻ヲ辱《はずか》シメ、兇暴至ラザルナシ。本大臣ハ一面ニ於テ閣下ニ貴国兵ノ厚意ヲ謝シ、一面ニ於テ其兇暴ノ罪ヲ正サンコトヲ欲スルニ在リ」

一部の護送という善行によって、差し引きゼロ、チャラにはならぬ被害をこうむっているとし、強腰である。

「我兵ハ陣営ヨリ擅《ほしいまま》ニ外出スルヲ得ザルハ、閣下ノ知ル所ナラン。過般変乱ノ時、朝鮮国王ハ三日間我陣営ニ在リキ。故ニ我兵ハ一人タリトモ轅門《えんもん》ヨリ出デシコトナシ。或ハ在留貴国人民ハ韓人ト清人トヲ区別スルコト能《あた》ハザリシモ亦知ルベカラズ」

と李鴻章は反論する。高宗が事件後三日間も陣営にあったと告げているが、保護の名による軟禁であろうか。保護のために袁世凱指揮の下の兵は外出しなかったことを言おうとしている。また李鴻章の詭弁の中に、日本人は、清韓の人種的区別がつかぬといいきっているのは、面白い。たしかにそうもいえるのだ。伊藤は首をふる（外国人などは、清韓日の区別もつかず、今日でも世界中の人々は、中国を代表にして対する）。

「貴国人ト韓人ト何ノ紛《まぎら》ハシキコトアラン。衣服ヲ見ルモ明《あきらか》ナリ」

この弁にも一理はある。顔は、（奇しくも漢字文化圏の）三国はともに似ているにしても、衣裳（風俗）は異なる。清人は弁髪だから、たちどころに分別できるという意がこめられている。さらにいう。

「閣下モ考ヘラレタシ。我人民ハ韓人ヨリ暴行ヲ蒙《こうむ》リテ、貴国ノ兵ナリト誣《しい》スルノ理アランヤ。其貴国兵ナルコトハ明瞭ナリ」

韓人の暴行であるなら、独立国朝鮮李朝政権と日本の問題であるという皮肉がこめられている。避難、保護のもとに高宗を軟禁していることへの言及はないが、清国が属国視しているところから出た行為であり、なかなか嚙み合わぬぞと予想される問答なのでもある。多少の矛盾をつかれても、李鴻章は動じない。

「何ト云ハル、モ、決シテ我兵ニ非ズ。或ハ（日本人が）清人ナリシカ知ラズト雖モ、決シテ我清兵ニ非ズ」

と頑固である。証拠の写真をつきつけても（まだカメラは発達していず、報道写真は不可だが）、けっしてそうだと認めないだろう。認めないことに決めているからである。その癖、こうはいう。

「兎モ角、既往ニ属スルコトニシテ、貴国ニハ貴国ノ報告アラン。我方ニハ我方ノ報告アリ。孰《いず》レニモ協議ヲ遂ゲテ、余リ瑣末《さまつ》ニ渉《わた》リテ論争セザランコトヲ望ム」

と結ぶ。「既往」は、過去。すぐ曖昧なる人間の記憶論が踏まえられている。「報告」は、この時、韓国にいなかった伊藤と李鴻章は、二人のもとにあげられてくる情報をもとにしか談判できないという限界を言っている。「瑣末」は、どこかでたがいに打ち切らないと、際限なくなって両国間の談判は、いつまでたっても成立しなくなり、あまり細部にそちらがこだわって、私を窮地に追いこめるなら、いくら結着を見ても、批准の全権のない、内部に敵も多い私であることを忘れるなという脅しもしているのである。これらのことは、あきもせず繰り返し述べておくのは、李鴻章の外交術である。

午後三時からはじまった第一日目の談判は、かくして終った。伊東巳代治は終了時間まで記していないが、午後六時か七時ごろであろうか。三、四時間であるにしても、通訳つきなのだから、伊藤博文・李鴻章を問わず両国のスタッフ、ぐったりというところだろう。終ると、李鴻章は「大使ト共ニ食センコト」を請う。（あらかじめ両外交担当者間で打ち合わせずみの）外交儀礼であるが、もし伊藤が拒否すれば、談判破裂のしるしである。

「供膳ハ清国風ニシテ、殊ニ珍羞《ちんしゅう》（種）ナルヲ覚ユ。食事中、別ニ緊要ノ談話ナシ。唯ダ李ノ大使ニ対シテ、甚ダ慇懃《いんぎん》ノ状アリ」

これは、筆記者伊東巳代治の感想である。「緊要ノ談話ナシ」といえども、両国のスタッフは、今日の談判を省みながら、食を口に運び、相手の手応えを反芻《はんすう》し、次回の談判に思いをはせながら、噛んでいるのである。「珍羞」の細目まで記録するのが、通例であるが、そこまでの才識才倆《さいりょう》はない。

「食終リ午後十時、辞別ス。李送（リ）テ第二門前ニ出デ、大使次回会合ノ日ヲ問ヒ、李（ハ）翌々日ニセンコトヲ答フ。大使（ハ）之ヲ諾ス」

全て竹印が不都合

榎本武揚は、前日に李鴻章と逢っている。そのことは、北京日本公使館にいる妻のたつへ送った書簡（封書の宛先は、まだ幼い息子の「榎本春之助」となっているが、本文は妻「御たつとの」宛になっている）からわかる。

この日の朝三時に船で榎本自身が天津に先着したこと、未明には「伊藤大使一同」も安着したことを報告している。こまめに榎本は、妻多津に手紙を送っているが、それは愛情のしからしむところというより、それも少しはあるかもしれぬが、メモの代役という側面もあるのだろう（封書の宛先が春之助宛なのは、清朝の官憲に開封されることをおそれてのことか。開封の意志があれば、こんな幼稚なめくらましにだまされやしないだろう）。

「大使は明日午后三時李鴻章と面談の筈、拙者は今晩八時より李氏と面談の約束に御座候」

というくだりがある。この書簡をしたためたのは、天津領事館に到着した二日の午后三時ということなので、すこし遅れて到着の伊藤を迎えたのち就寝したとしても、まあまあの睡眠はとれている。伊藤も同じだろう。

談判が三日の午后三時からということは、天津領事の原敬と李鴻章側の事前交渉で決まっていたのかもしれない。この日の夜八時に北京公使の榎本が李鴻章と面談すると妻に伝えているのは（原領事も同行した筈）、外交儀礼としての挨拶の他に明日の交渉の確認もあり、日本側の伊藤博文が英語で談判することも伝えられていたとすれば、初日の英語によるスピーチは、さしたるハプニングというほどのことはあるまい。小生意気なといったところだろう。これまでヨーロッパ諸国の公使たちと数えきれないほど交渉してきた李鴻章の幕僚には（もちろん北京の外務省にも）、いかなる国の言葉にも対応できるだけのスタッフは揃っている。また次のような清仏戦争をめぐる情報が記されている。

「日本東京外務卿よりの電信にて（今日落手）フランスは弥《いよいよ》〈ランソン〉を支那兵に取り返され、太政大臣〈フェルリー〉氏の政府も一変致すべき様子に候。この様子にては仏清和談も覚束なしと察せられ候」

東京経由の情報による榎本の臆断であるが、これは、明日の天津談判に臨む李鴻章の心的背景だともいえる。これをよくわきまえた上で、日本側は明日の談判に出席せねばならぬ。（渡部書記生にも手紙の内容を示せと指示しているので、榎本の北京公使館で留守している多津宛の手紙は、妻にも政治を語る男というより、多重構造なのである。）

四月四日にも、武揚はたつに手紙を送っている。

「さて昨日より李氏と表向談判を始め候。次会は明五日午前三時より領事館江李氏来臨の筈に候。懸合向《かけあいむき》の成行《なりゆき》は固《もと》より今より申進《もうしし》ぜがたく候」

第二回の談判は、場所を移して日本の天津領事館となったことがわかる。また「昨夜は李氏の邸にて大使と共に晩食の饗応を受け、十時に帰館いたし候」ともつけくわえられている。これもメモのうちであろう。

妻のたつは、この日、北京から二日附けの手紙を受けとったとして、天津の「殿様」に返事を書いている。（他の往復書簡と違って、夫婦なので、両方ともそのまま榎本家に残るわけだ。）たつは、書記の渡部に、榎本の文面をかいつまんで話すのではなく、手紙そのものを見せている。それを見た彼の反応を、そのまま榎本に書き送っている。

「同氏より承り候へば、ダイハン（台湾）の内の小嶋を仏軍にて取し趣《おもむき》、どふぞ和義（和議）もと、のはず支那兵はまけつゞけ候へばよろしくといのりおり候」

どうやら渡部書記官は、天津談判の成功のためには、フランスが勝利したほうがよいと考えていたようだ。

いったい榎本は、朝鮮一件をどう考えていたのだろうか。とりわけ（あまりよく思っていなかった）竹添進一郎に対する見解である。明治十八年一月十四日附けの日本にいる姉の観月へ宛てた手紙の中で、

「朝鮮一件の（日本の）新聞は昨夕始めて十二月廿一日迄の者を落手候のみ。尤も其前総理衙門等より落手せし物は、いずれも竹添の処置宜しからずと、日本兵の暴なる事のみ載せ、これあり候。兎に角、竹添氏も余り朝鮮王を大事に致し過ぎ、却《かえ》って逆徒の手引きと相成りたる如き様、遥察いたされ候。同公使は多分再任せざるべき歟《や》と察せられ候」

とある。竹添に対し「朝鮮王を大事に致し過ぎ」が、このような結果を招いたとし、「再任」不可を予想している。明治十八年二月十八日、たつから東京の観月への手紙は、榎本が偏頭痛のため、妻が代筆したものと思われるが、井上馨が結んだ条約では日清間のことがいっさい解決されていず、もし北京で談判しても、「水掛け論」になるとしたあと、「何でもかんでも支那人が乱暴を致せしのみ（日本人民が）心得候も、大いなる間違ひと申す事にて、全て竹印が不都合をなせしに付、朝鮮への談判も急に寛仁態度と替り候様子に聞込み候」とあるように、なんら竹添進一郎公使を弁護するところはない。

竹添は、天草生まれの旧熊本藩士である。全権大使として朝鮮に派遣された外務卿の井上馨の交渉（一月七日）に参事院議官の井上毅（梧陰）が出席している。井上毅は、法制畑を歩き伊藤博文の懐刀の一人であり、明治憲法の起草者の一人として知られ、近来とみに評価が高い。彼も、竹添と同じ

旧熊本藩士で、藩儒木下犀潭《さいたん》門の四天王の一人と呼ばれたが、竹添もその一人である。竹添は、天保十三年生まれ、井上は天保十四年生まれである。

二人の仲は、どういうものであったか、どうもそりが合わなかった気もするが、ともに詩文の才に秀れている（のちに学者となる竹添には、声名を馳せた〈桟雲峡雨日記〉の他に〈独抱楼詩文稿〉がある。井上は、法文の起草の他に、〈梧陰存稿〉の詩文集がある）。伊東巳代治宛（明治十七年二月十五日）の手紙で、「小生は竹添と私交上の情誼も有レ之《これあり》、稍心痛の綾も有レ之候」と書いている。

この第二次京城事件が勃発するや、外務卿の井上馨の一行は、横浜から汽船に乗り、下関で滞留していたが、清国が約束を破り、使臣の呉大澂《ごたいちょう》が兵五百を率いて朝鮮に向かったという情報をえて、急遽、井上参事官の派遣となったのである（二大隊の兵を日本からも護衛として送る）。この井上毅が下関投錨中の船の中で認めた伊藤博文（宮内卿）・井上馨（外務卿）・吉田清成（外務大輔）に対して書いた手紙がある（十二月十九日）。

まず井上毅は、私の使命は仁川で竹添公使と話し合い、次の三点を確認することだとし、「公使京城に帰る事」「金宏集の来書を取消さしむる事」「国王保護の嘱託に付、証拠を明白ならしめ、其他後日の証拠を堅確ならしめる事」を箇条書きにしている。「公使京城に帰る事」は、竹添が難を逃れて任務先の京城を去っていたからである。これらの三つの条件以外、「敢て分毫《ぶんごう》も小生の一家私言抔《など》主張いたさざる心得候」としているのは、おそらく竹添と井上が知己の関係にあるため、「公」を越えて私情がでてしまうのではないか。政府の上層部が心配していることを見越した上での発言である。井上毅は、用心深い想像力を持っている。

大使派遣は、この時点でまだ決まっていなかったが、派遣の有無は、竹添公使の談判における「緩急駈引き」にあって重要なポイントとなり、ひとたび派遣と決まれば、竹添の談判は急を要しなくなるので、これまでの「欠点を補足して後日の論拠たらしむるに止め、派出大使の為に余地を遺す」のがよいからだとしている。大使（井上馨）に花をもたせることまで、井上は思慮している。廟議で大使派遣は不可となれば、竹添公使の談判は「十分に強く十分に急なる方（法）に無レ之《これな》くば、何《い》つ迄も埒明兼可レ申歟《らちあきかねもうすべきや》と存《ぞんじ》候」。

井上の「候文」は、歯切れがよい。彼の文才を窺うに足る。その端正な歯切れのよさは、知識とあいまって、自らの豊かな想像力に対する頭脳明晰な理化からきており、竹添の文才は、教養と詩魂から情化して出ているのと、大いに違うところだ。政治的には、竹添は劣る。井上は伊藤のような茫洋とした器はもたぬが、懐刀として鬼気迫る実務官僚であった。事実、胸を病んでいた。

しかし、政治は動く。秒刻みに動く。情勢が急変した場合のことも彼はしっかり考えている。たとえば「清韓の官吏に対し、ぐづ〳〵のみ致し居られぬ場合」、さきの三点以外の竹添から聴取した案件をもちださなくてはならなくなるので、左件の評決を願いたいというもので、

「乱暴人の処分の事。死七人救恤《きゅうじゅつ》の事。公使館焼失の償の事。善後の約束の事。急に日本駐在公使派遣の事」

の五項目である。つまり談判の標目である。しかし大使の派遣無用ときまった時は、交渉に当る竹添公使に、これらの項目の詳細な訓令を必要とするとしている。

この井上毅の書簡文は、「一……」という風に箇条書きのスタイル（体裁）をとっている。熟思した案を簡明にまとめ書きするためでもあるが、政治的には指示命令のスタイルでもある。伊藤井上吉田に指示するわけもないから、自ら案を提出し（あるいは要求され）、彼等の指示を仰いでいるわけであるが、かなり強烈である。

箇条書きのスタイルは、書簡文として無味乾燥になりがちだが、井上毅は、同じ箇条書きでも、多様に、かたちをかえてつかいわけており、それは彼の文才のたしかさを示しているが（伊藤博文は「賢兄」として感服している）、現下の政治情勢に対する己れの解釈にかぎりなく確信をもっており、それを政府の中枢部のものたちに理解してもらいたいという情熱のこもった理的工夫でもある。

さらに井上毅は、つづけてあらたな、やや詳細な箇条書きを書きつらねている。

「一　黎庶昌《れいしょしょう》（日本駐在公使）ノ照会ニ李鴻章ノ意ハ両国互派二大員一《たがいにたいいんをはす》云々トアリ。然ルニ彼レノ所謂大員トハ何等《なんとう》ノ人物ヲ出ス筈ニ候哉。或ハ前度ノ例ニテ馬建忠・羅豊禄輩ノ四五品ノ児輩《じはい》ニ過ギズ候ハヾ、我レヨリ堂々タル一等官ヲ派出サレ候テハ彼レノ愚弄ヲ喰ヒ候ニテ不都合ニ可レ有レ之《これあるべく》、右ハ前以テ彼ノ派遣其人ヲ問合セ可レ有レ之《これあるべく》候事ト、御注意迄ニ奉レ書上《かきたてまつりあげ》候」

とまずある。前回とは、第一次京城事変を言う。こんどの事変で、李鴻章は黎庶昌を通して「両国互派大員」を申してできたが、前回の例の如く、「四五品ノ児輩」を派遣し、「愚弄ヲ喰ヒ候」可能性もありうるので、どのような高官を送ってくるつもりなのかをさらに問い合わせるべきだと。馬建忠も羅豊禄も、のちの大官だが、この時点ではまだ「児輩」だったので、いかに有望な人材だとて、かく言うのである。外交は、バランスでもあるので、見くびられてはならぬという注意である（問い合わせしたかどうかは不明だが、日本が井上馨（外務卿）を送ったのに対して、談判の相手が呉大澂であったので、交渉を拒絶している。井上毅の推測は当ったわけだ）。つづく箇条書きは、かくの如くである。

「一　黎ノ照会ニ兵営口角ト有レ之。口角トハ喧嘩ノ事ニテ、何《いず》レノ国トイヘドモ兵隊ノ喧嘩ヨリ両国ノ兵端ヲ啓《ひら》ク様長《なが》ク気ナキ事アルベクモアラズ。此度《このたび》ノ事ハ両国隊長ノ指揮ノ下ニテ互ニ発砲シ、且《か》ツ彼レヨリハ我公使　幷《ならびに》　公使館ニ向《むかい》テ発砲シタル程ノ事ナケレバ、口角ニ推諉《すいい》（自らの責任は回避して、他に原因を転嫁する）スルニハ、余リ軽口《かるくち》ニテ可レ有レ之候。是ハ畢竟《ひっきょう》彼ヨリハ事ヲザット看ル方、便利ニ付、如《かくのごとき》レ是辞ヲ立テタルモノニ相見ヘ候。右、書面ニ付、何ト御返答相成《あいなり》候哉。其後ノ御様子承知仕《つかまつ》ラズ候ヘ共、屹度《きっと》善後ノ策ヲ付テ候為ニハ、我レハ事ヲ重ク看ナス方、便利ト存《ぞんじ》候」

この条で話題としている「口角」は、いわゆる「口角泡を飛ばす」の口角である。口角は、ケンカの意。兵隊のケンカにすぎないと。国家の出る幕でないので、穏便にすませたいという清朝側の腹づもりを見せてきたのだ。このことを日本の政府（外務省）に伝えたのは、「黎」である。「黎」とは黎庶昌のことである。

編集者ノート

本書は、大修館書店でかつて発行していた、中国学関係の雑誌『月刊しにか』の二〇〇二年四月号から二〇〇四年三月号まで、全二三回（休載一回）にわたって連載された「肘後集《ちゅうごしゅう》――明治人の清国見物」を単行本化したものである。

単行本にするための執筆作業は、同誌の休刊によって連載が終了した後、引き続き行われた。だいたい二～三か月に一度、御原稿をいただくようなペースで、約四年間にわたって仕事は続き、最後に御原稿をいただいたのは、二〇〇八年の二月末であった。先生がお亡くなりになる、一月ほど前のことである。

その結果、既存の連載分には大幅な加筆、修正が施され、さらに新規原稿も加わることとなった。新たに書き下ろされたのは、「岡千仞の巻」のすべてと、「伊藤博文の巻」の後半、「閣下全権ノ憑証ヲ一覧セン」以下である。

草森先生のおつもりとしては、さらに書き継いで天津談判の最後まで至る予定でいらした。最後にお目にかかった際に、「春になったら脱稿して、今年中に本にしたい」とおっしゃっていたのを思い出す。しかし、その構想は死によって永遠に中断されてしまった。天津談判の終わりに、伊藤博文は「中国なるもの」をいかに感じることになるのか。先生の筆でそのあたりを解き明かしてもらえなかったのは、かえすがえすも残念だ。しかし、本書にまとめた部分だけでも、近代日本人の中国原体験をていねいに読み解いていこうという意図は、十二分に果たされている。あえて、未完のまま出版する所以である。

　単行本にまとめる際の編集作業は、雑誌連載に引き続いて円満字が行った。原稿には、若干の書き損じがあったり、まれに文章のねじれなどが見られたりしたので、ワープロ打ちを進めながら鉛筆書きでチェックを入れておき、いずれ、まとめてご検討いただくつもりであった。しかし、先生亡き今は、それもかなわない。かといって、そのまま出版するわけにもいかない。先生の文体を壊さない範囲で、最低限の原稿整理の手を加えたことをお断りしておく。とはいえ、〝表記の統一〟といった類のことはお好みではなかったので、そういう観点からの整理はあまり行わなかった。

　書名については、李賀「陳商に贈る」中の一句、「楚辞《そじ》肘後に繋《か》かる」に基づく「肘後集」は、先生のお好みではあったろう。が、さすがに一般読者には伝わりにくいので、打ち合わせの際に何度も口にされていた「汚穢」をキーワードとして、こちらで考えさせていただいた。なお、カバーに用いたのは、御蔵書の中にあった『ポット上海史』（生活社、一九四〇）所載、一八九八年の上海南京路の写真である。

　草森先生が亡くなる直前、円満字は大修館書店を退職してフリーとなったが、この仕事を続けさせていただけたのは、同社編集第一部の黒崎昌行氏のご厚意による。また、同部の山口隆志氏にも、編集実務の上でご助力をいただいた。併せて御礼を申し上げる。

先生が荼毘に付されるのを見送った後、ひとりで永代橋のたもとまで足を運んで、半ば散ってしまった桜を眺めたあの日から、もうすぐ丸二年が経つ。ひょうひょうと橋を渡っていく鶴髪痩軀の先生の姿が、幻ででもあったかのように目に浮かぶ。

本書を霊前に捧げて、お世話になった御礼としたい。

（二〇一〇・三・一五、円満字　二郎）

[著者紹介]

草森　紳一（くさもり　しんいち）

1938年、北海道音更村（現、音更町）生まれ。帯広柏葉高校、慶応大学文学部中国文学科を卒業。編集者として働きながらマンガ評論を匿名で書き始め、1964年、フリーの物書きとなる。その後、写真、デザイン、広告、建築、美術、ファッション、中国、江戸、幕末、明治、書など多岐にわたるジャンルをテーマに執筆。行くところ可ならざるはないその幅広さと、執筆量の膨大さとは特に有名。2008年、急逝。

『ナンセンスの練習』（晶文社、1971）、『江戸のデザイン』（駸々堂出版、1972。毎日出版文化賞受賞）、『歳三の写真』（新人物往来社、1978）、『絶対の宣伝 ナチス・プロパガンダ』全4巻（番町書房、1978-79）、『コンパクトカメラの大冒険』（朝日新聞社、1987）、『食客風雲録 中国篇・日本篇』（青土社、1997）、『中国文化大革命の大宣伝』（芸術新聞社、2009）など著書は50冊を超え、没後も遺稿の出版が相次いでいる。

ＨＰ草森紳一記念館 白玉楼中の人：http://members3.jcom.home.ne.jp/kusamori_lib/

文字《もじ》の大陸《たいりく》 汚穢《おわい》の都《みやこ》 ――明治人清国見聞録《めいじじんしんこくけんぶんろく》

NDC 292 ／ 439p ／ 20cm

初版第１刷――2010年４月20日

著　者――草森《くさもり》 紳一《しんいち》
発行者――鈴木一行
発行所――株式会社大修館書店
〒101-8466 東京都千代田区神田錦町 3-24
電話 03-3295-6231（販売部）/03-3294-2352（編集部）
振替 00190-7-40504
[出版情報] http://www.taishukan.co.jp

装　丁――山崎　登
印刷所――広研印刷
製本所――ブロケード

ISBN978-4-469-23260-8　Printed in Japan